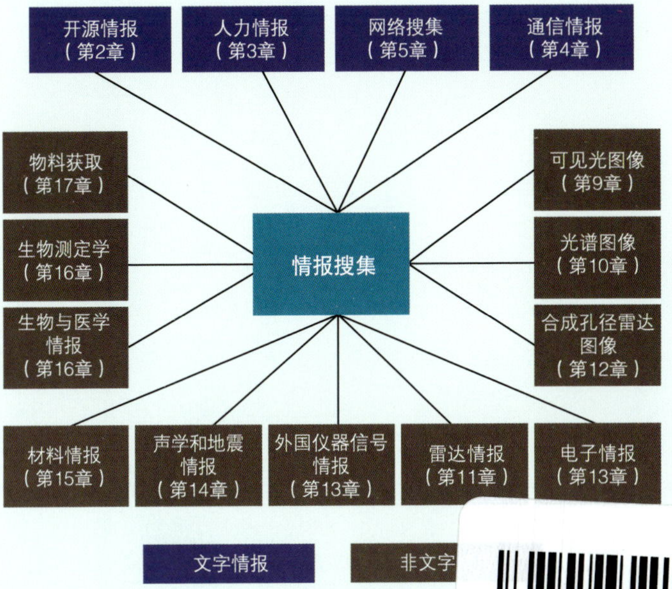

图 1.2　情报搜集分类法

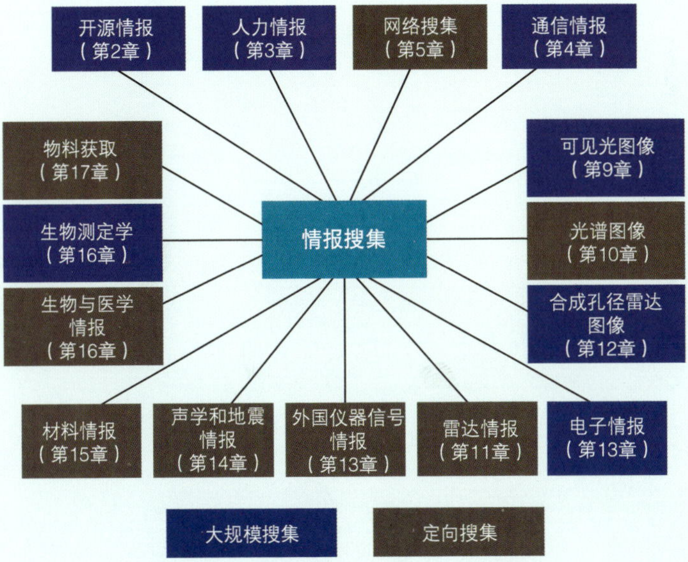

图 1.3　大规模搜集与定向搜集

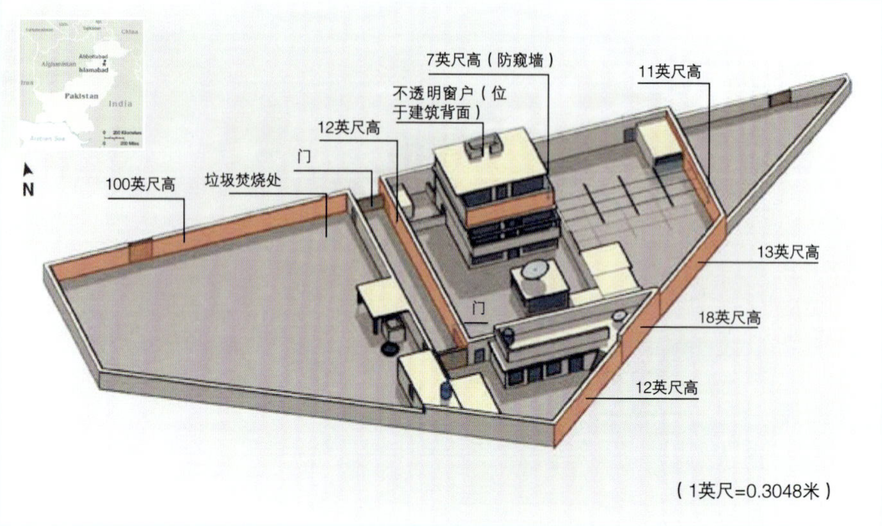

图 6.2　奥萨马·本·拉登在巴基斯坦阿伯塔巴德的复式建筑

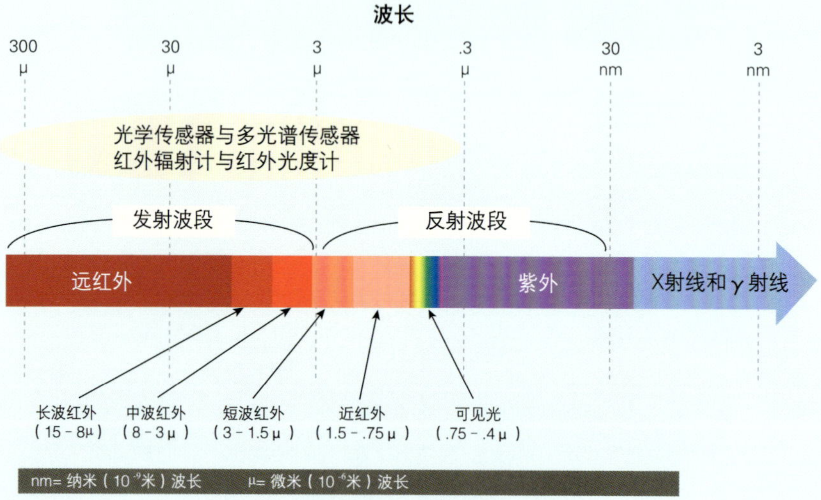

图 7.2　光谱

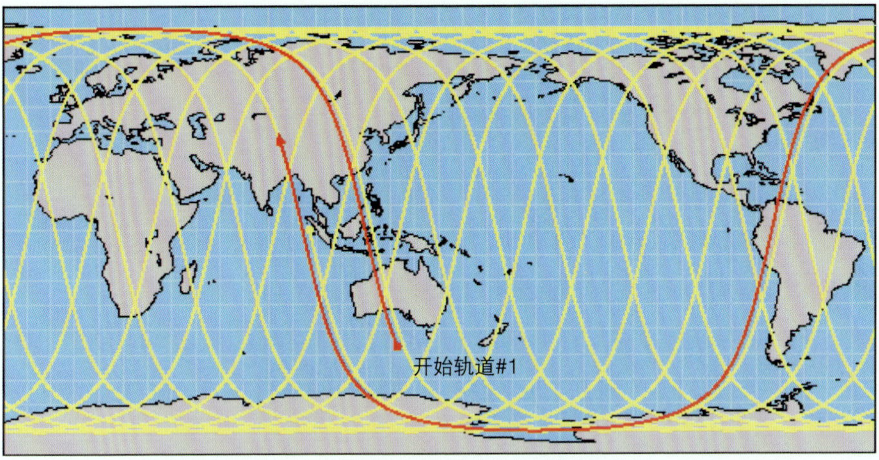

图 8.5　太阳同步轨道的地球覆盖

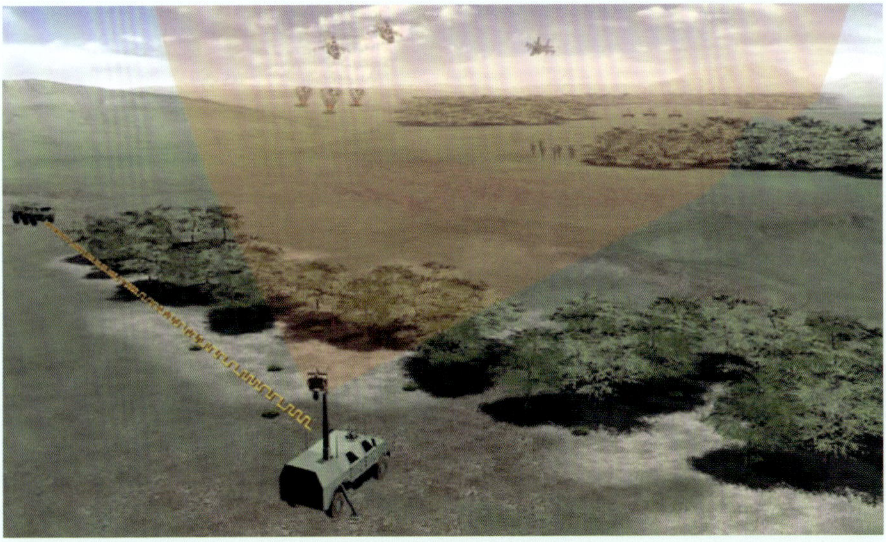

图 8.11　战地监视雷达

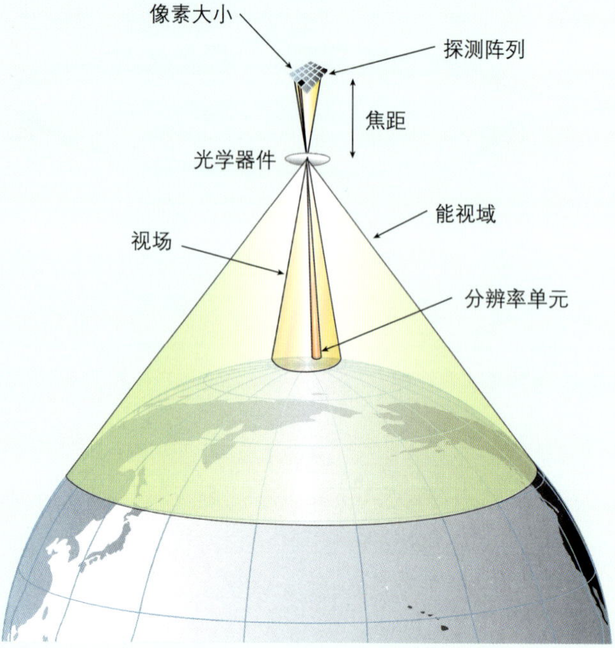

图 9.3　传感器视场和能视域

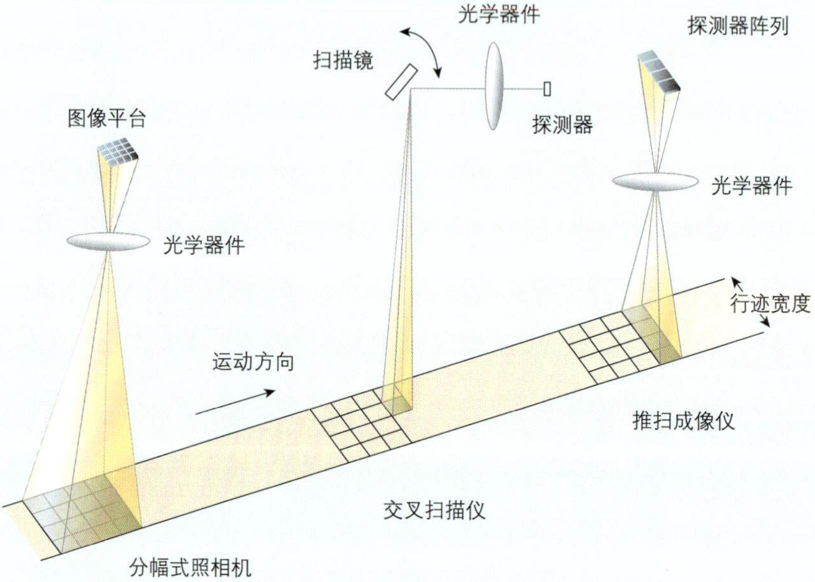

图 9.4　成像系统的分类

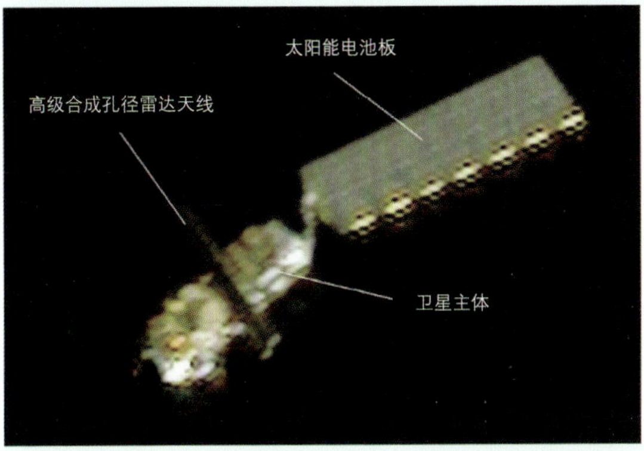

图 9.6　卫星对卫星图像下的欧洲环境卫星

感谢 Space.com 提供的欧洲环境卫星图片。

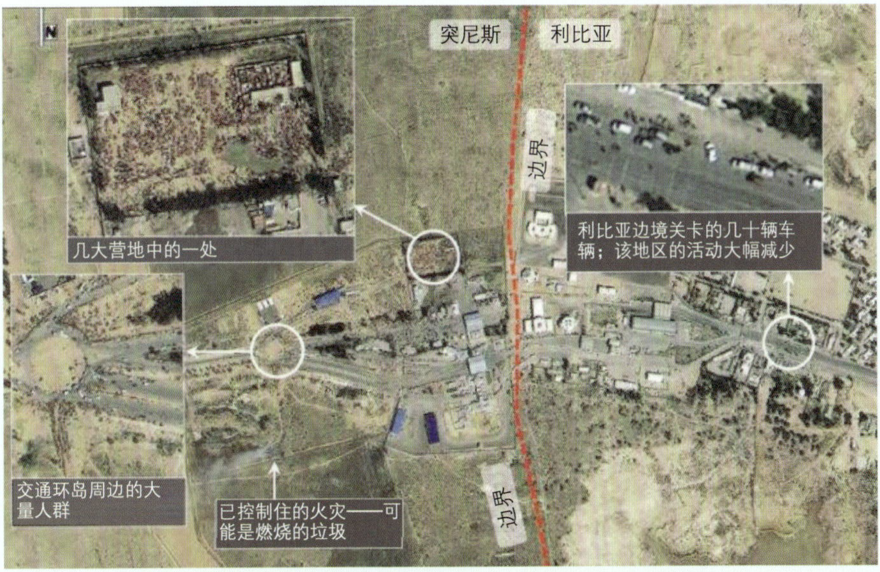

图 9.7　2011 年突尼斯境内流离失所的利比亚人

由地球之眼公司拍摄的卫星图像，经过 IHS 简氏分析人员分析。

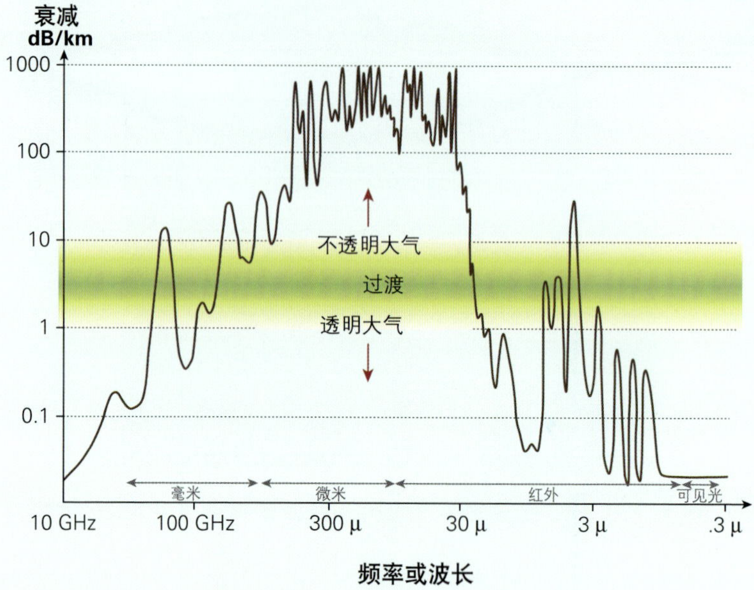

图 10.1　电磁波在大气中的衰减

图 10.2　辐射图像和可见光图像对比

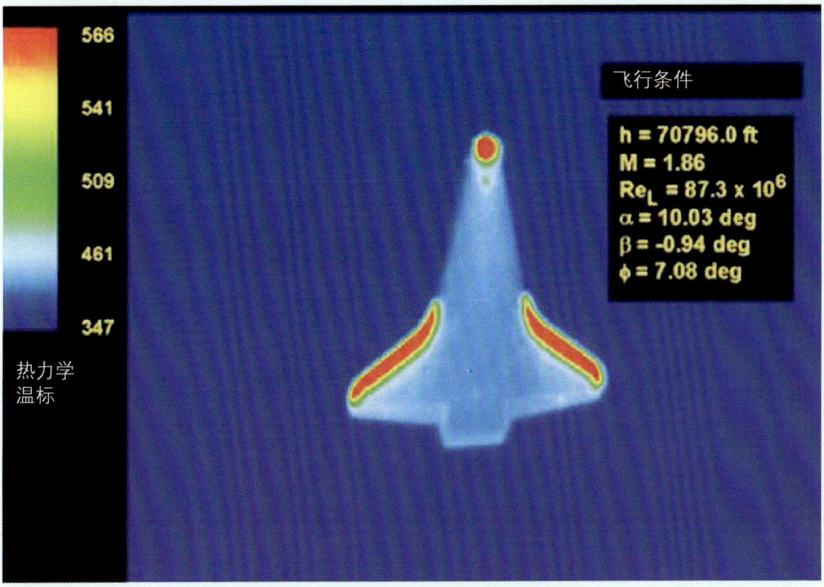

图 10.3　航天飞机的红外图像

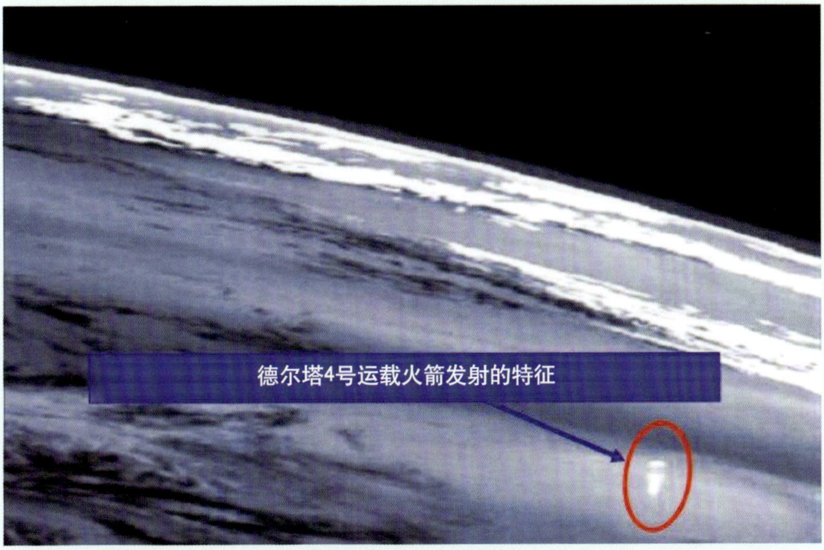

图 10.4　对德尔塔 4 号运载火箭发射进行高空持久红外特征搜集

图 10.8　假色图像

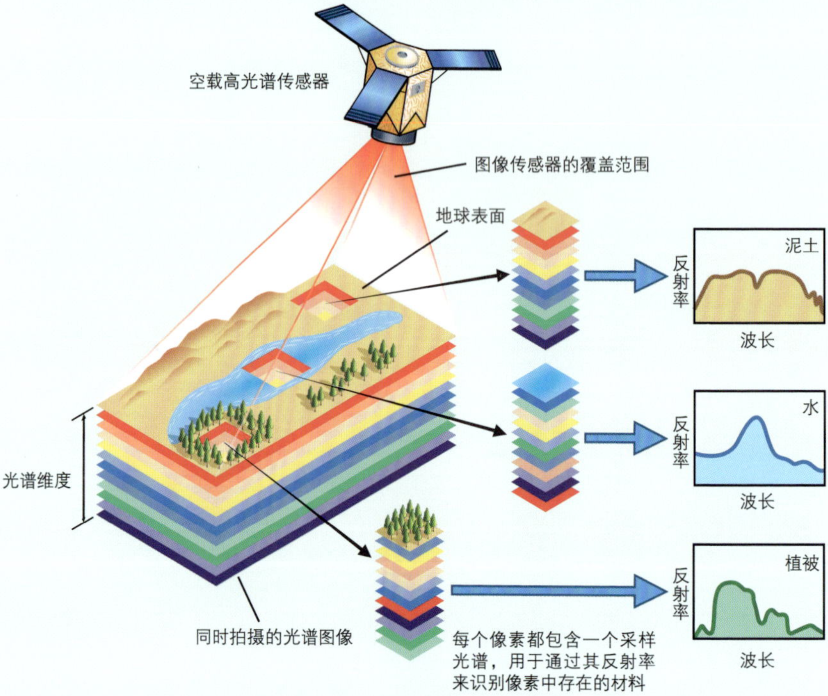

图 10.9　光谱图像的生成

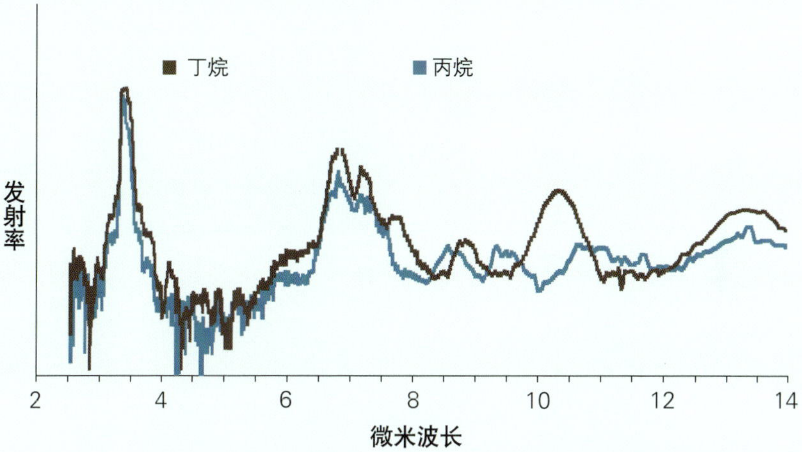

图 10.10　高光谱图像中两个气体像素的光谱特征

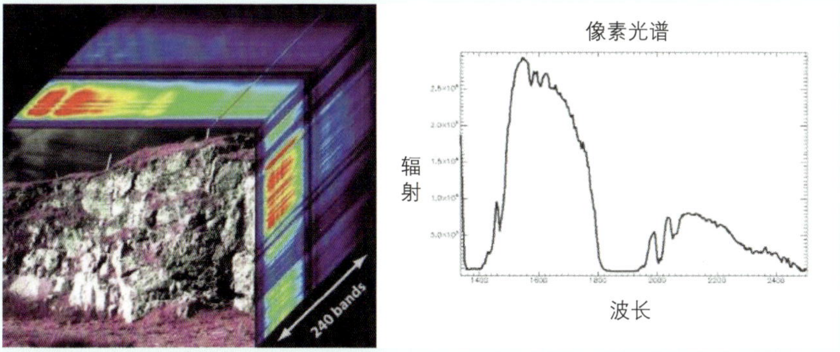

图 10.11　高光谱数据立方体

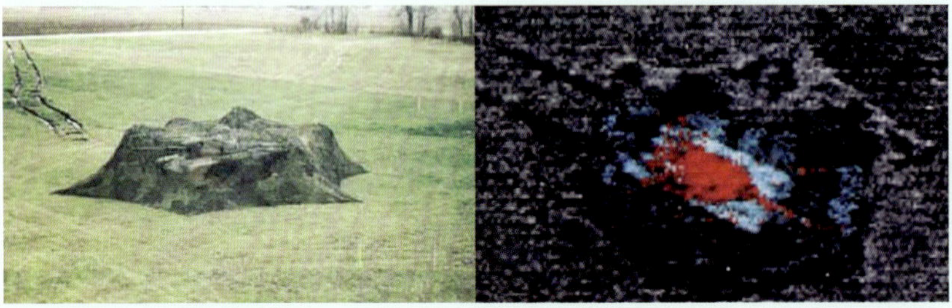

图 11.6　伪装网下坦克的激光雷达图像

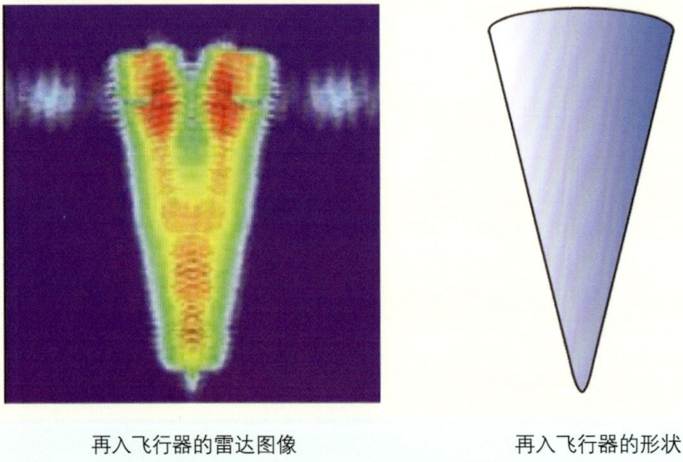

图 11.8　再入飞行器的雷达图像

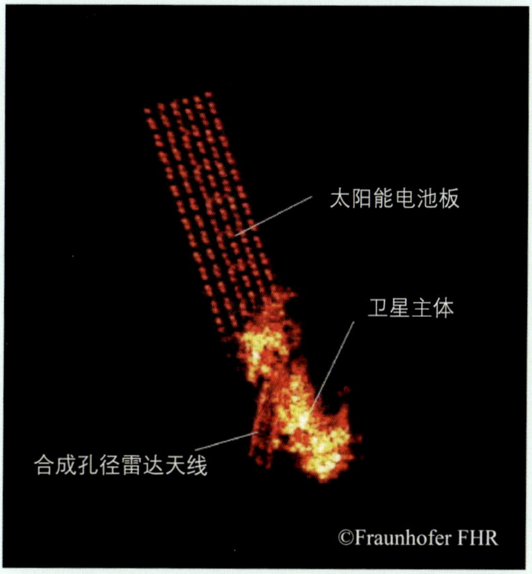

图 11.9 欧洲环境卫星的雷达图像

欧洲环境卫星的图片由 Space.com 和 Fraunhofer FHR 提供。

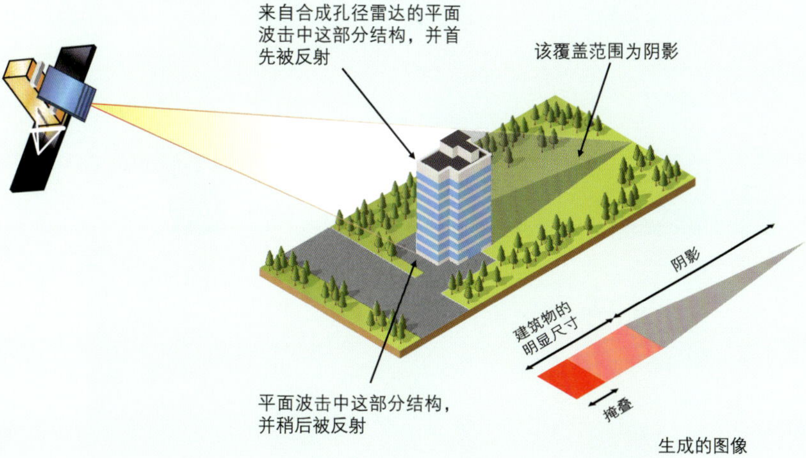

图 12.7 合成孔径雷达图像中的掩叠和阴影

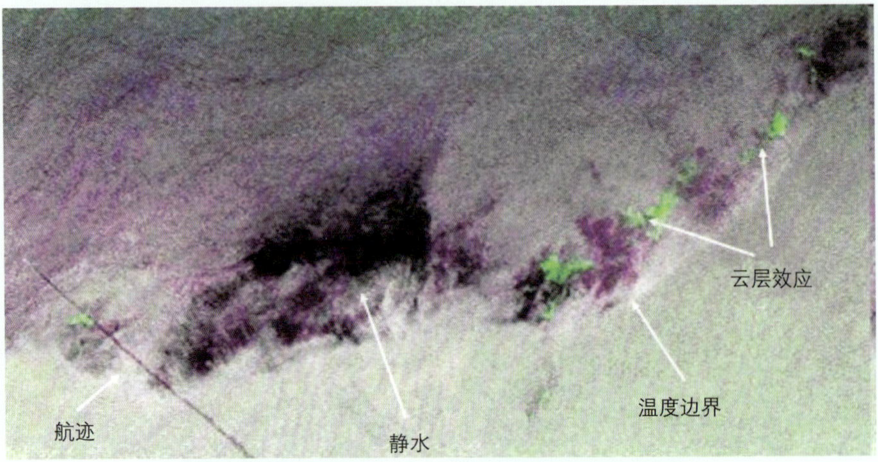

图 12.12　北大西洋的合成孔径雷达图像

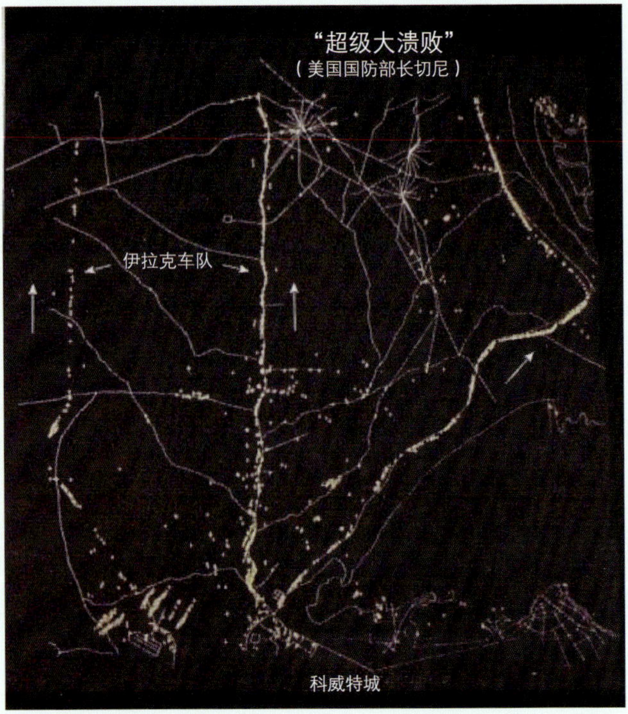

图 12.13　JSTARS MTI 关于伊拉克军队溃败的图像（1991 年）

图 13.3　德国奥格斯堡附近的 AN/FLR-9 环形配置天线阵

图 13.7　ELISA 电子情报卫星

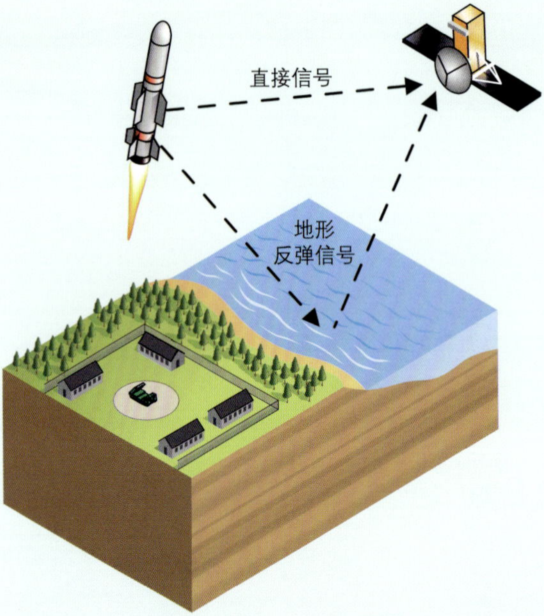

图 13.9 通过多路径信号接收确定目标高度

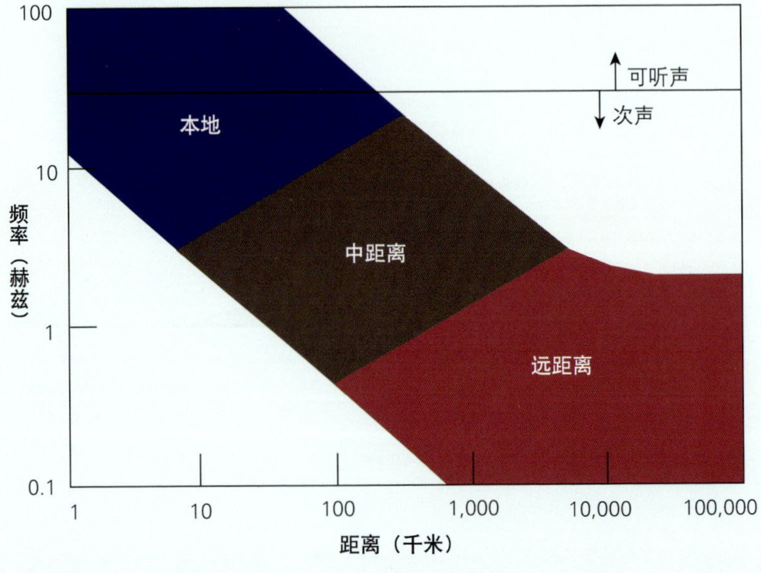

图 14.1 声音与次声探测体系

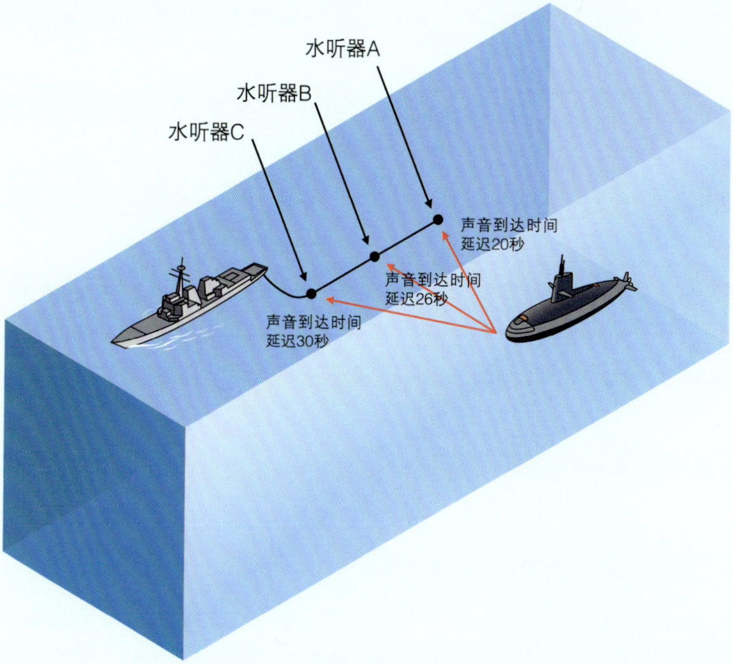

图 14.4　拖曳型水听器阵列

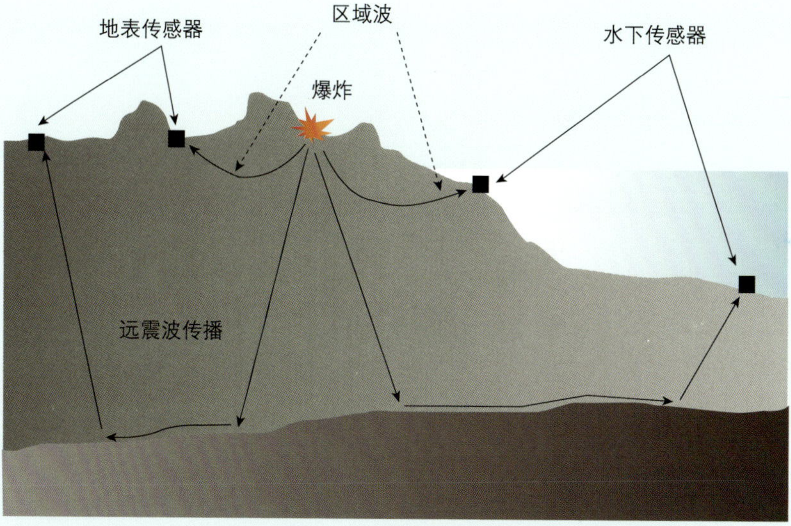

图 14.5　地震波传感路径

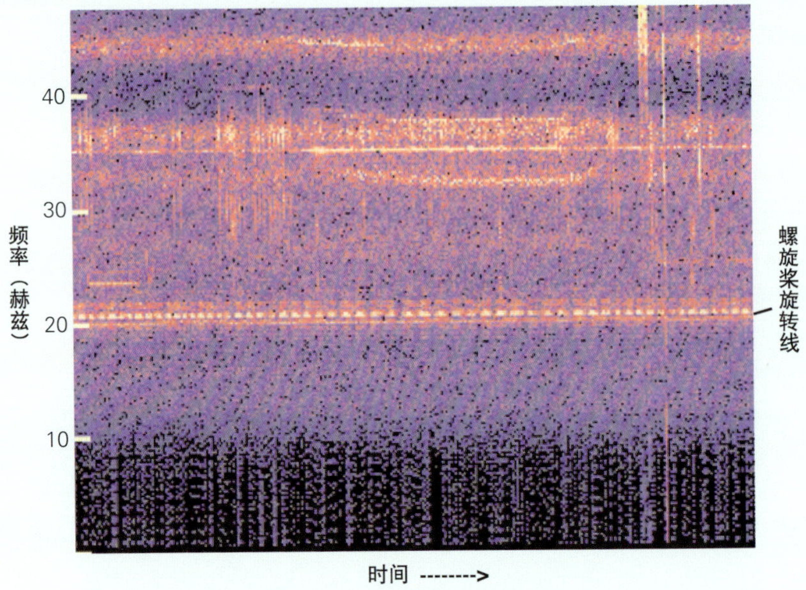

图 14.8　海面船只的声谱图

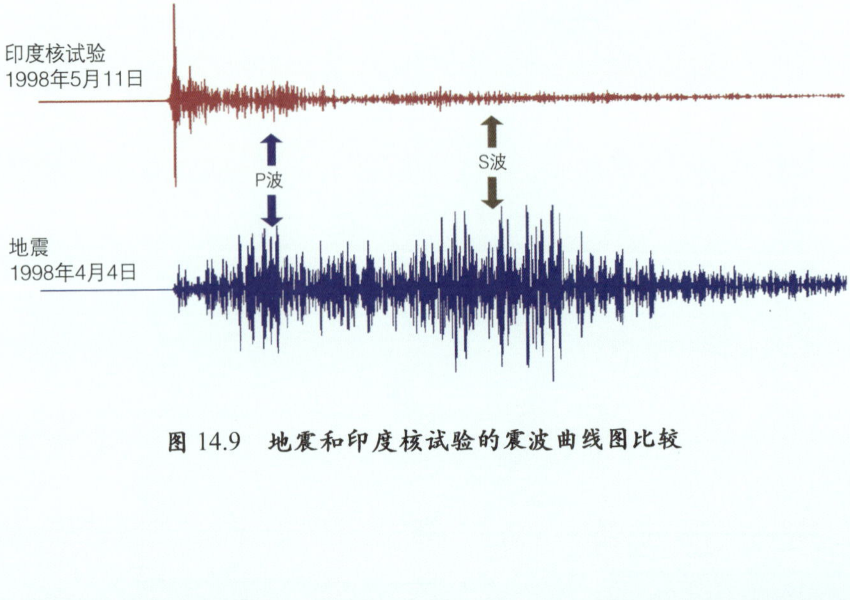

图 14.9　地震和印度核试验的震波曲线图比较

情报与反情报丛书

情报搜集

技术、方法与思维

[美] 罗伯特 · 克拉克 (Robert M. Clark) / 著
吴奕俊 / 译

Intelligence Collection

金城出版社
GOLD WALL PRESS
· 北京 ·

图书在版编目（CIP）数据

情报搜集：技术、方法与思维 /（美）罗伯特·克拉克（Robert M. Clark）著；吴奕俊译 . —北京：金城出版社有限公司，2021.10
（情报与反情报丛书 / 朱策英主编 . 第二辑）
书名原文：Intelligence Collection
ISBN 978-7-5155-2122-0

Ⅰ. ①情… Ⅱ. ①罗… ②吴… Ⅲ. ①军事情报－情报搜集 Ⅳ. ① E87

中国版本图书馆 CIP 数据核字 (2020) 第 261007 号

情报搜集：技术、方法与思维
QINGBAOSOUJI JISHU FANGFA YU SIWEI

作　　者	[美] 罗伯特·克拉克
译　　者	吴奕俊
策划编辑	朱策英
责任编辑	李晓凌
责任校对	李明辉
责任印制	李仕杰
开　　本	700毫米×960毫米　1/16
印　　张	36
字　　数	535千字
版　　次	2021年10月第1版
印　　次	2021年10月第1次印刷
印　　刷	天津旭丰源印刷有限公司
书　　号	ISBN 978-7-5155-2122-0
定　　价	128.00元

出版发行	**金城出版社有限公司** 北京市朝阳区利泽东二路3号　邮编：100102
发 行 部	(010) 84254364
编 辑 部	(010) 64271423
交流邮箱	gwpbooks@yahoo.com
总 编 室	(010) 64228516
网　　址	http://www.jccb.com.cn
电子邮箱	jinchengchuban@163.com
法律顾问	北京市安理律师事务所　(电话)18911105819

目录

第二部分　非文字情报搜集

图表目录

引 言

本书将对情报搜集进行全方位的介绍。我的《情报搜集技术》（*The Technical Collection of Intelligence*，已由金城出版社翻译出版）一书，针对的是想要进一步了解各种情报搜集技术的读者。《情报搜集》这本书不仅涵盖了《情报搜集技术》的内容，而且对非技术性情报搜集也进行了全方位的介绍。本书的行文对技术性情报搜集者以及非技术性情报搜集者来说都很容易理解，也很有意义。

为什么要在一本书中对两个似乎并不相干的领域进行探讨呢？因为如今想要解决一些极为紧急的情报问题，需要情报搜集者能够对不同的情报门类有全面的基本了解。如果读者认为第一部分和第二部分的内容只能应用于不同情报搜集者各自的工作场景中，那就错了。情报搜集者需要了解其他情报搜集者是如何操作的，这样才能帮助他人，反过来也能得到他们的帮助。同样，分析人员也需要了解情报搜集资产的潜力和局限性在哪里，如此才能明智地利用这些情报资产及所获知的结果解决一些分析性问题。

撰写本书的目的在于：

- 解释一些特定的情报搜集系统，包括每一套系统的潜力和局限性；
- 帮助情报搜集者和分析人员进行跨组织协作；
- 强调不同情报搜集门类之间方法共享的价值。

本书讨论的是各个情报门类的情报搜集者是如何对原始情报（raw

intelligence）进行搜集的，全源分析人员（all-source analyst）在情报产生过程中需要使用这些原始情报。这本书对以下人员具有实用价值：

- **教授**，指那些讲授本科或研究生情报学或政治科学专业课程的教授；
- **情报搜集从业者和管理者**，他们必须在各种**"烟囱"**（stovepipe）式情报搜集体系中共同协作（"烟囱"一词在美国广泛使用，指情报搜集组织的专业化和间隔化等特点）；
- **全源分析人员**，他们需要更详细地了解该如何与其合作伙伴进行任务分配和协作，以及该怎样对搜集到的情报进行评估并积极参与其中；
- **情报用户**，当搜集到的情报被用来支撑情报结论时，他们需要了解情报搜集的功能和局限性；
- **情报界的招募人员**，他们征召那些有天赋的人才，用来发展情报搜集系统，也让他们加入情报搜集的活动中。

这本书就是为了给这些读者作为参考或者作为情报搜集专业学生的教科书。本书介绍了情报搜集过程中所涉及的术语和一些重要事项，以及对情报的利用。着重介绍了情报搜集的整个运作过程，其中包含了对搜集到的情报材料所进行的单源分析（single source analysis）。关于这类信息的全源分析（all-source analysis），本书不会深入探讨。因为这一主题在本书的姊妹篇《情报分析：以目标为中心的方法》（*Intelligence Analysis: A Target-Centric Approach*，已由金城出版社翻译出版）一书中已经有所涉及。

一些基本概念

所有情报搜集门类，都有它们自己的专业术语，或者交流时所用的速记语。其中一些术语会在本书的一些章节中进行解释，其他大量术语可在术语表中查询。还有一些术语几乎所有情报搜集中都有所涉及，其定义如下。

原始情报与最终情报：情报搜集行动中获取的最终成果称为"原始情

报”。“最终情报”（finished intelligence，也译作“成品情报”）通常是指经过全源分析后所得的成果。（详见下文）

搜集：该术语在实践过程中有两层含义，本书中这两层含义都有所涉及。它可以指情报搜集从计划阶段到原始情报分发阶段的整个过程——本书书名所指的就是这层含义。或者，它也可以指整个过程中的一个步骤，在这一步骤中获取相关信息或具有情报价值的其他信息。通常上下文会表明其所指的是哪层含义。

情报搜集门类：搜集门类通常简称“INTs”，因为它们有相同的后缀，比如：COMINT（communications intelligence，通信情报）、ELINT（electronic intelligence，电子情报）和HUMINT（human intelligence，人力情报）。这一惯例衍生出许多术语，其中一些用于专业情报搜集和分析技术的术语看起来也似模似样，如“TrashINT”（“垃圾情报”）这种术语。

附属情报：该术语在所有情报搜集组织当中有着十分具体的含义。它指的并非组织原本固有的材料或信息，通常是由另一个情报搜集门类所得出的报告或情报。一个**通信情报**组织如果使用图像作为其通信情报报告的补充材料，那么就称该图像为附属情报。相反，如果一个**图像情报**（imagery intelligence，IMINT）组织在其报告中使用了任何通信情报，那么该通信情报就被称为“附属情报”。

秘密的与隐蔽的：外行经常会混淆这两个术语的含义。如果敌人或**目标**根本没有意识到行动的实施，那么这次行动就是秘密的（clandestine）。例如，传统的间谍活动就被认为是秘密的。如果敌人或目标知道行动在发生，但无法确定行动的来源所在（或者来源具有合乎情理的推诿性），那么这种行动就是隐蔽的（covert）。以一次政变图谋为例，对很多人来说，这次政变企图早已昭然若揭，但为这次政变图谋提供支援的对外情报机构的身份则要保密。

遗留系统：情报搜集项目在经过一段时间的发展后，会形成固定的情报搜集手段，同时也能积攒一批对情报产品感兴趣的用户。“遗留系统”

(legacy system)这一术语就是用来描述这样一种持续不断的情报搜集工作的，而且通常情况下情报用户的需求使得很难去终止这一努力。通常这个术语的使用具有贬义，因为遗留系统会消耗一个情报搜集组织所有的预算，这样就没有资金启动新的项目了。

单源分析与全源分析：全源分析人员，正如其字面意思所暗示的，会在得出最终情报的过程中利用所有相关情报来源。《情报分析：以目标为中心的方法》一书对单源分析与全源分析的职能有详细介绍。但在情报搜集组织中，也有一些分析人员在情报利用、分析以及搜集成果报告等方面专司其职，例如：通信情报分析人员、开源情报分析人员以及图像情报分析人员（现在通常被称为"**地理空间情报** [geospatial intelligence, GEOINT] 分析人员"）。而在这本书中，将会对单源分析人员（single-source analyst）的职能进行描述。

多源情报分析与全源分析：这两个术语之间的区别，是一个有争议的话题。一些作者认为它们之间不存在差异。而其他作者则将多源情报分析（通常又被称为"多源情报融合"）与后者区别开来，认为前者是一种将来自不同搜集来源的原始情报进行归并或融合的一种分析方式，通常用于支持作战行动。

竞争情报：由企业实施，以对当前和潜在竞争对手的优势和劣势进行评估。这与商业情报和市场情报有所不同。人们对这几个术语经常会弄混。**商业情报**（business intelligence）注重对内。而**市场情报**（market intelligence）注重的则是情报用户和产品市场。这两种情报一般不使用与情报本身相关的搜集方法。

致谢与免责声明

在本书中，我萃集了美国情报界和学术界许多人士的智慧，在此无法一一列出他们的姓名，但我十分感激他们给予的帮助。本书第 3 章“人力情报”中的大部分内容，是由我在马里兰大学学院的同事彼得 · 奥尔森（Peter Oleson）教授提供的初稿。本书第 18 章“情报搜集管理”中也有大量内容是由彼得提供的。在此，我十分感激彼得能够与我分享他的资料。

我尤其要感谢的是美国情报界界内和界外的那些审稿人，感谢他们贡献出宝贵的时间来提升本书的质量。我还要感谢国会季刊出版社的查丽斯 · 淇诺（Charisse Kiino）所给予的慷慨支持，以及世哲 / 国会季刊出版社的员工们为出版这本书所做的努力。在这里，最要感谢的是我的妻子兼合作伙伴阿比盖尔（Abigail），她对本书的内容进行了编辑并做了大量的修订工作，以使各位能够有更好的阅读体验。

本书中列出的所有事实、观点或做出的分析全部出自作者，并不代表中央情报局（可简称为“中情局”）或其他任何美国政府机构的官方立场或看法。书中所涉内容不可被臆断为或并不暗示美国政府或中央情报局对作者观点持有赞同态度。本书已经经过中央情报局审核，以防止机密信息泄露。

罗伯特 · 克拉克

写于北卡罗来纳州威明顿市

[第 1 章]

前　言

如图 1.1 所示，本书由三部分组成。第一部分和第二部分讲的是文字情报和非文字情报方面的内容。第三部分讲的是情报搜集管理方面的内容。

这种文字情报与非文字情报的划分逻辑已经得到其他情报书籍作者的认可。如图 1.1 所示，英国作家迈克尔 · 赫尔曼（Michael Herman）写过，关于情报搜集有两种基本类型：一种类型能直接体现出人类的思维过程（文字）；另一种类型则通过对事物进行观察和测量来提供证据（非文字）。[1]

换句话说，一种类型就是搜集人类用于沟通的**文字信息**（literal information）。分析人员和用户一般都能明白，我们是如何搜集并使用文字信息的。这类信息经过处理（翻译）后，不需要其他的特别利用就可被理解。它表示的就是字面上的意思。

相反，**非文字信息**（nonliteral information）在处理和利用过程中常常需要应用专业技术，以便于分析人员使用。许多用户并不理解这类信息。

从功能上来说，情报搜集包括文字情报和非文字情报的搜集。但是，分析人员、用户以及搜集人员对每一种信息的处理方式却相当不同。所以，有必要花点时间讨论一下它们之间的区别。

---

[1]　原注：Michael Herman, *Intelligence Services in the Information Age*（New York: Frank Cass Publishers, 2001）, 82.

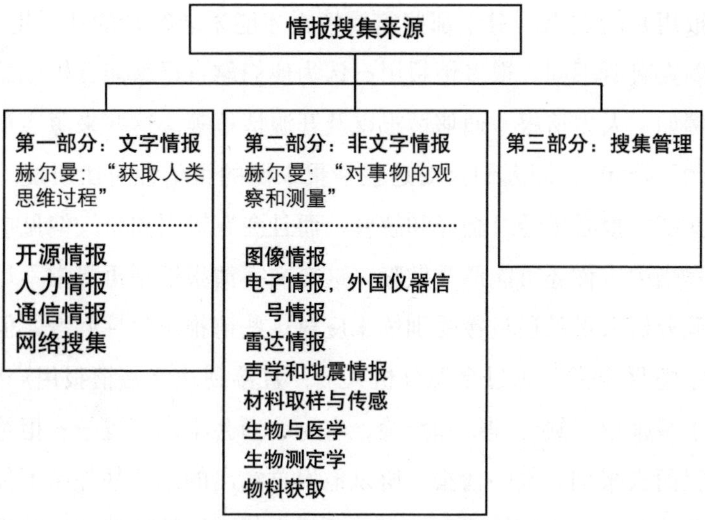

图 1.1 本书结构

分析人员的弱点。如果分析人员能够得到原始的情报材料并且有语言和文化专家从旁帮助，他们就能对通信情报、人力情报、网络搜集或是开源情报提出质疑。正如第一部分所描述，你也许会与翻译人员或是单源分析人员打交道（尤其是在人力情报和通信情报领域中）。但是，一旦非文字情报处理人员或利用人员做出了判断，除非你也是这个领域的专家，否则就很难去反驳。例如，在对一张高光谱图像或是一段电子情报录音进行判读时，就需要特殊的专业技能。就像你不会判读 X 光片（除非你是医生）一样，你也不会去判读高光谱或合成孔径雷达（SAR）图像的图片。除非你受过训练，否则你无法判读一段次声波录音或是一组磁场异变探测器的读数。即便是光学图像，虽然能在一定程度上对其进行判读，但仍会有细微的差别，所以最好还是留给图像分析人员去判读。这种无法独立核实非文字情报证据的无能为力感，让全源分析人员深感焦虑。通常，分析人员不得不接受单源分析人员所得出的结论，因为他们无法质疑结论的有效性。他们也无法辨识出情报中潜在的偏见和错误。

情报用户的弱点。对于那些需要情报才能采取行动的情报用户来说，他们的弱点有所不同。很多情报用户认为他们靠自己就能分析原始的文字情报，例如：人力情报、通信情报以及开源情报等。这些来源通常被认为是“软的”（soft），即人们会对这些情报来源的可信性有所质疑。一般情况下，文字情报必须经过翻译和解释，而且会有错误和个人偏见掺杂在这两个过程当中。你还可能遭受欺骗，这在文字情报当中再寻常不过。有经验的全源分析人员就通过接受训练来应对这些情报可信性问题。但是，原始的文字情报经常会越过全源分析人员，直接到达终端情报用户的手中；而且由于情报用户缺乏训练和经验，有时他们会本末倒置——拒绝那些有效的情报而去采纳无效的情报，所以他们总结出的结论往往站不住脚，甚至具有危险性。在少数情况下，当情报用户得到原始的非文字情报时，他们会遇到同样的问题，但通常在使用这些材料时会更加谨慎一些。

及时性。由于对及时信息需求的增加，文字情报和非文字情报之间的界定就变得更加重要了。情报必须具备及时性，特别是用于支持现代军事行动时。但文字信息来源几乎无法满足这一要求。正如迈克尔·赫尔曼提到的，情报用户认为“文本来源是不能被依靠的，尤其是在接近实时的情形下无法去依靠”。[1] 但是，在军事行动中有两种重要的非文字情报搜集来源：图像情报与电子情报，一般来说是能够满足时效性标准的。

动态库。文字情报被收藏在资源库中以便查询（通常只需输入关键词）。但与大型的动态库相比，这些资源库则是静态的，而且显得相对较小。大型动态库是专门用来储存非文字情报的。非文字情报中有许多专业领域，所以你得确定测探的目标以及对细节要测探到怎样的程度。对每个目标人物，你都有一套生物测定学“指纹”，同时你还有大量的核材料。第 10 章讨论的高光谱成像（hyperspectral imaging）需要大量的动态库，而它们很快就会过时。正如第 14 章所解释的，每一架飞机或每一辆坦克都

[1] 原注：Michael Herman, *Intelligence Services in the Information Age*（New York: Frank Cass Publishers, 2001）, 82.

有其独特的声音特征，通常情况下你可以辨识出特定的飞机或车辆，从而建立起规模更大的动态库。

正是基于这些原因，两种情报所需的分析方法也不相同，所以将文字情报搜集和非文字情报搜集分开讨论是合理的。

图 1.2（彩色效果见书前插页对应图片）概括了书中涉及的情报搜集的类型，并标明了该类型所在的章节。该图还将文字情报和非文字情报的类型进行了区分。

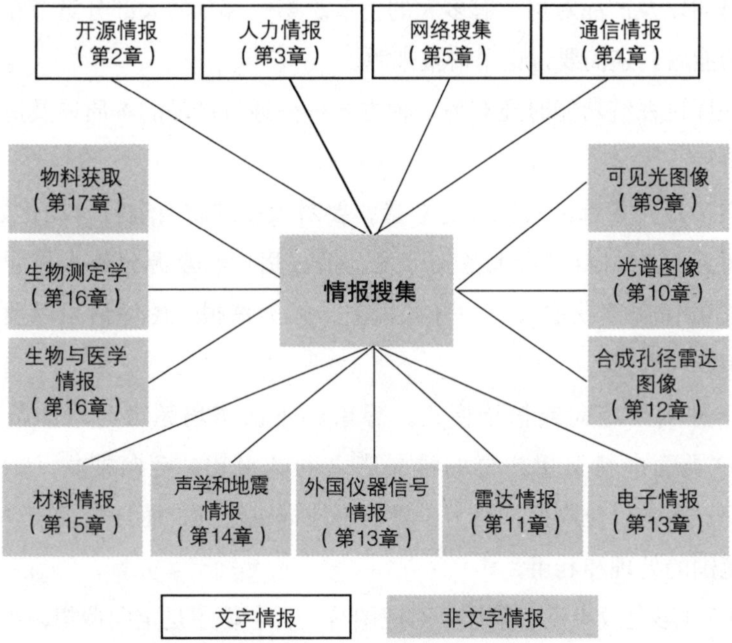

图 1.2 情报搜集分类法

第一部分：文字情报搜集

理解情报搜集（或者情报）的关键在于，将它看作一个复杂的系统并运用系统方法论去检验它。对任何系统，这套方法论都是从三方面对其进行特征描述的：功能、流程以及结构。所以依据这一方法论，在第一部分讨论文字情报搜集时，我们把重点放在其功能、流程以及结构上。下面，就让我们从情报搜集的背景对这三个特征进行探讨。

功能

功能决定了一个系统所产生的内容以及其服务对象。在情报搜集中，这意味着功能决定了情报用户的身份、系统为用户生产的产品、产品所能实现的目的以及产品对用户有多大的价值。第一部分的大部分章节在介绍完系统功能后，还简要讨论了情报来源。

但在探讨系统功能时还有另一种方式——通过产品的本质以及情报用户群去看待。

多数情报搜集都涉及庞大的数量，要对大量的材料进行自动化处理，然后将处理过的材料进行大范围分发。情报用户与全源分析人员能够在无须请求的情况下获取大量的开源情报、人力情报、图像情报以及信号情报（SIGINT）。

另一种则是定向或精选搜集。想象一下沃尔玛超市与诸如蒂芙尼珠宝店这类面向特定用户群的精品店之间的对比。定向搜集（targeted collection）通常价位高昂，只为少量的用户提供服务，而且数量较少。它需要大范围的处理和利用。

图 1.3（彩色效果见书前插页对应图片，棕色框中是定向搜集，蓝色框中是大规模搜集）灰色框中的就是定向搜集。白色框中的一般都是数量庞大的情报搜集，但有时也具有定向性。电子情报就是一个例子：它同时具备数量庞大和定向性两种特点，可参见第 13 章。

流程

在本书中，流程是指信息如何经过搜集阶段最终到达用户手中。通常人们会将流程描述成情报周期，但这个用词是不得当的；一般来说，情报工作，尤其是情报搜集工作，并不是循环运作的。

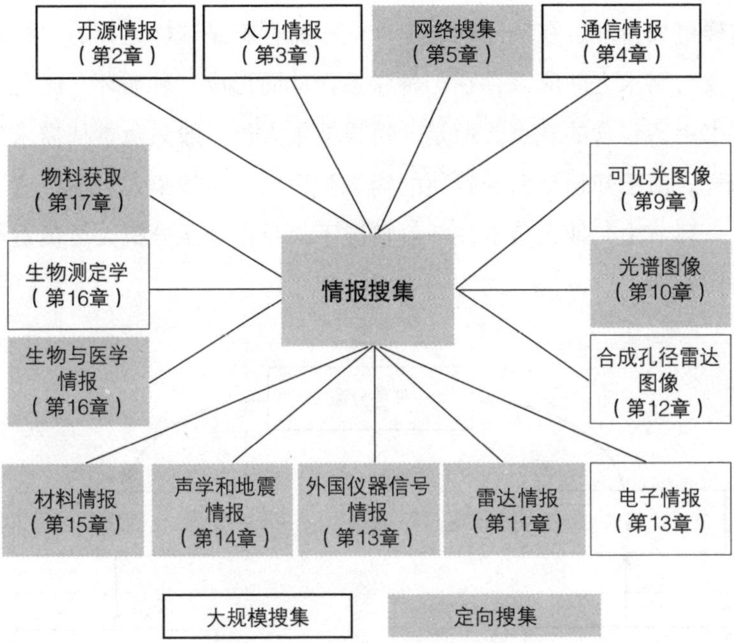

图 1.3　大规模搜集与定向搜集

《情报分析：以目标为中心的方法》一书详细解释了情报搜集流程为什么不是一个循环。但大部分情报学方面的书籍和课程依然继续将其看作是一个循环。而且搜集人员之间的观点也有所不同，他们倾向于将这一流程看作如图 1.4 所示的一种循环。

本书的重点内容就是图 1.4 所展示的整个流程。搜集人员习惯将这一流程分成三个明显阶段，如图所示：需求和任务分配阶段被称为“前端”(front end)，该阶段会决定所需搜集信息的内容以及将采用什么样的搜集手段，然后开始搜集。接着，将搜集到的情报进行处理、利用并且分发出去，这一阶段被称为“后端”(back end)。在理想的系统当中，你会发现知识空白。然后你会重新修改需求，整个流程又会重新开始。

在使用“前端”和“后端”这两个术语时，可以发现一个迹象。与其将这一过程看作一个循环，还不如将其看作是一个有前端和后端的直线流程，这样更加合理。在实际操作中，这一流程就是这样运作的。从理论上说，分发与需求之间应该存在一种联系，从而形成一种循环。这也是大部分教科书中所包含的观点。但是，情报搜集人员一般只负责从需求到分发这一流程。由于知识空白导致新的需求被提出，而搜集人员不负责这一环节。这一环节由其他人负责。一般情况下，是由全源分析人员负责与情报用户协作处理。

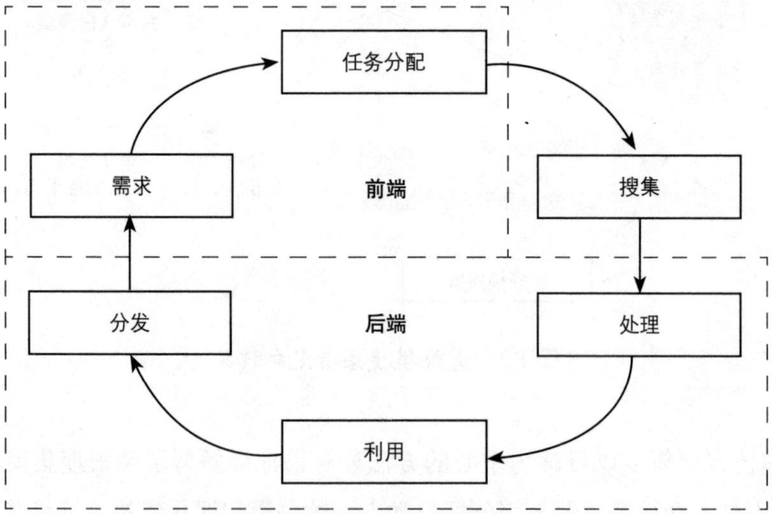

图 1.4　搜集者对情报周期的看法

结构

结构是指一个系统的组织方式及其组织原因。它涉及的是影响系统配置的驱动力。

当运用到情报搜集上时，结构是为了高效地（成本最低并且时效性最高)、有效地（冒最小的风险获取成功）获取有用情报。所以，你需要一种结构，既能执行整个流程，又能同时发挥其功能。因此，我们会把大部分时间用在讲解情报搜集的功能和流程上。但在本书中，我们只会笼统地对结构进行探讨。出于官僚主义的考量，情报搜集组织及其项目一直都有变动，而且这一状况还将持续下去。但是，基本的流程和功能会一直保持不变。

所有的情报搜集结构都是一种折中，并伴随着相应的问题。关于这些问题，我们会具体探讨。每个情报搜集门类都有自己的一套结构，但这些结构都有两个反复出现的主题：是建立一种烟囱式结构，还是建立一种协作式结构，搜集功能是集中式还是分散式。

烟囱式结构与协作式结构。大多数国家使用情报公会这样的组织来区分搜集方法以维护公平——对大型情报搜集组织的搜集职责范围进行界定。例如，在美国，国家地理空间情报局（National Geospatial-Intelligence Agency，NGA）就是负责搜集图像情报的组织。同样，美国国家安全局（NSA）和英国政府通信总部（Government Communications Headquarters，GCHQ）这两个组织责搜集信号情报。所以，这些含“情报”字样的机构都是官僚主义举措下的产物，并没有对情报本身进行适当的描述。我们称这些组织为烟囱式结构。图 1.5 展示的就是美国情报搜集的烟囱式结构，一定程度上也被一些国家沿用。

正如引言中提到的，“**烟囱**”这一术语所描述的一种结构就像一根相对独立的垂直管道。烟囱式结构在国家层面的情报搜集组织中是很常见的。它们在军事战术和执法层面比较少见。隔离是使用烟囱式结构的一个关键原因。这种隔离能够降低情报泄露的风险。一旦发生情报泄露就会导致国家层面的尴尬境地或是情报来源的损失（例如 2010 年发生的维基解密事件）。所以，各个情报搜集组织会采用各种各样的隔离形式，这样做尤其是要保护他们最重要的机密情报，也就是最为敏感的情报。本书会讨论到这些组织所使用的一些结构和流程。

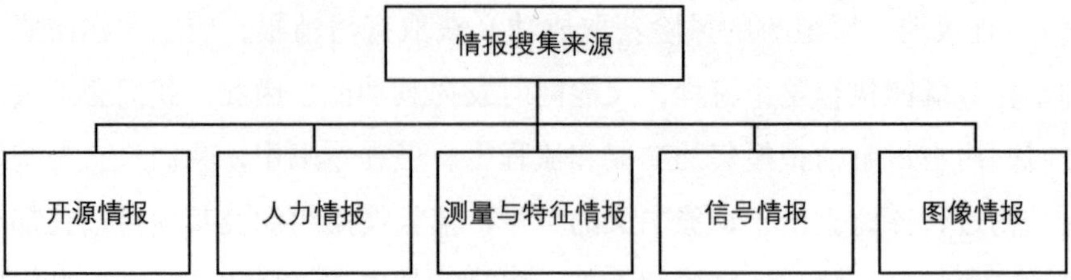

图 1.5 情报搜集的烟囱式结构

图 1.2 中的情报搜集分类法，对于那些熟悉美国传统分类（开源情报、人力情报、信号情报、图像情报或地理空间情报以及测量与特征情报）的读者们来说可能会有点奇怪。美国的这种界定方法，用来定义结构可能会有用处，但用来研究情报搜集的功能和流程就没什么用处了。它会导致术语的乱用，例如，当人们真正想描述通信情报时，通常用的却是“信号情报”。而且从传统意义来说，情报搜集中包含的其他类别，如信号情报（电子情报和外国仪器信号情报），在任务分配、处理、利用和分发阶段，采用的处理方法也大相径庭。

与烟囱式极端对立的是诸如融合中心这样的协作式单位。在融合中心，可以跨界自由分享情报。[1] 在保密等级较低的协作当中，融合中心是比较管用的。此种情况下，对情报来源和方法的保护并不是非常重要。但是，敏感信息被分享的范围越广，就越有可能被大众所知道。举一个简单的例子，假设一个小组中 99.9% 的人都值得信任；等到小组成员数量增加到 1000 人的时候，你就只有 36% 的可能性确保秘密不被外泄。

集中式结构与分散式结构。如图 1.5 所示，最上面一层的烟囱式结构下是不同的情报搜集类型，采用的是不同的结构，本书将对此进行探讨。在将一个组织结构化以便其进行情报搜集、处理、分析和分发的过程中，首先碰到的问题是：你是要创建一个集中式组织还是分散式组织，或者两

[1] 原注：在 Robert M. Clark, *Intelligence Analysis: A Target-Centric Approach*, 4th ed.（Washington, DC: CQ Press,2012）中，对融合中心及其运作方式做了解释。

者兼备？回答这个问题，你得考虑以下几点：

- 情报用户及其需要；
- 搜集来源；
- 处理需求。

让我们依次看一下这三点内容，认识到它们之间的联系是非常紧密的。

情报用户。一般从情报用户的角度来看，情报分为三个层次。军事用户通常会将情报分为战略性、战役性及战术性情报。[1] 像决策者和执法组织这样的其他用户有时会将情报分为两个层次：战略性情报和战术性情报。但是，这些层次之间的界限已经有所模糊，以至于这种区分已不再有意义了。美国马里兰大学的威廉·诺尔特（William Nolte）教授在通信情报领域有着丰富的经验，他认为“国家与部门级别的情报、军事领域与非军事领域的情报或者战略性情报与战术性情报，其实简单来说并没有现实性的区别”。[2] 但在这里，我们还是会继续提及这些区分，以便讨论情报搜集的结构。

情报用户主要考虑的一个因素就是所搜集信息的及时性。用户对时效性的需求有所不同，这取决于他接收的是战略性、战役性还是战术性情报。与战术性情报相比，战略性与战役性情报通常对时间的要求并不严格，所以用以支撑这类情报的结构往往是集中式的。

分散式结构往往用在战术性情报（军事领域或执法领域）上更为有效。它能够让情报单位对战术组织的及时需求迅速做出反应。战术性情报需要被迅速分发给作战区内终端情报用户的特定小组。为了提高效率，最终成型的结构需要提前设计好。一些执法群体（如缉毒组织）同样也需要应对时效性所带来的压力。所以，分散式结构在提供对时效性要求较高的情报时，具有优势。

---

[1] 原注：JCS Joint Pub 2–0, “Joint Doctrine for Intelligence Support to Operations,” Chapter 3.

[2] 原注：William M. Nolte, “Rethinking War and Intelligence,” in *Rethinking the Principles of War*, Anthony D. McIvor, ed.（Annapolis: Naval Institute Press, 2005）, 423.

来源。当情报搜集需要面对各种各样来源时，集中式组织的优点就凸显出来了。像主要大国的大型情报组织都是面向全世界搜集情报的。他们利用飞行器、卫星、公开的陆基站、海上搜集者，并采取隐蔽的和秘密的行动来搜集信息。由于搜集来源各有不同，因此许多搜集到的材料只有被整理在一起，对某一情况进行更加完整的描述时，才能理解这些情报的含义。这种情报的整理最好采用集中方式。

大多数战术性军事情报都是由部署在战区的各个单位（飞行器、陆上基地及船只）所搜集的，而且对于搜集人员所属的上级军事组织来说，这些情报是非常有利用价值的。所以，在将这些搜集资产递交给情报处理与分析单位的过程中，需要采取高度保密的通信方式。但即便是对在全球范围内都采用现代化保密通信手段的情报部门来说，将情报递交给一个中央单位几乎没有任何意义，除非该中央单位能够为情报增加价值。基于这点，再加上军事单位对其情报资产的控制欲，就导致军事领域的用户与其他用户（主要是国家层面的用户）之间紧张的局面。军事指挥官的一贯思路是，“如果我无法控制它，那我就不能依赖它”。因此，军事情报机构会认为，军事领域搜集到的信息应被归类为作战支援信息，而非情报。

关于情报来源，需要考虑的另一点是所搜集信息的敏感性。尽管战略性与战役性情报通常并不注重时效性，但其情报来源却往往比较敏感。集中控制往往更有利于保护来源和方法。

处理、分析和分发。最后，处理和分析需求使得情报搜集系统的结构被塑造完成。集中管理的一个优势在于，它能够实现我们常说的“群聚效应”（critical mass）。它能够将所有处理、利用和分析方面的人才聚集在一个地方，一起参与策划、校准、训练以及指导等工作。人才聚集的集中式处理方式能够产生最高的效益。集中式组织还能进行深层次的利用与分析，而这种深层次的利用与分析在分散式结构中很难实施。

集中式操作有一个被人诟病的地方，即这种操作方式会花费大量时间，因为集中式操作并不是简单地对情报进行判读然后分发出去，而是对情报进行细致的分析。问题的主要原因在于，集中式组织在分发信息方面没有竞争优势。此外，一名单源分析人员在提交报告前会倾向于全面弄懂情报材料的内容，这两个原因加起来就会延迟对时效性要求不高的信息的分析。情报界之外也有这样的例子，比如《死海古卷》(*Dead Sea Scrolls*) 的翻译项目。原本的计划是对该卷轴进行集中式翻译（几名译者被选定，每名译者一开始都有专有权对该卷轴中的某一部分进行翻译）。一开始被选中的那些译者一点儿也不着急（身为学者，他们想让自己对卷轴的分析和翻译得到认可），直到后来人们突然开始争相翻译这一材料。

当涉及信息的整理与分享时，分散式也有一定的问题。分散式不可避免地会导致事倍功半。还会导致信息的分享变得更加困难，因为竞争会促使人们为了利益而囤积信息。而且即便竞争加快了情报搜集的速度，这种优势也是要付出代价的。新闻组织也需要处理类似的问题，从他们的经验来看，分散式组织的确是有风险的。新闻组织在分发信息上的速度必须要快，这样才不会被他人抢占先机。他们都想先发制人。结果却是这些组织偶尔会由于贪功冒进而歪曲了事实。当有多家情报搜集组织竞争时，就会出现类似的问题。贪功冒进很容易导致产生错误的情报，或者至少会导致情报具有误导性。

其他结构。在较低层级进行组织时，我们最后都会再问这样一个问题：你会按照国家或来源，进一步让结构主题化吗？关注来源的团队熟悉的是特别的来源，但对用户的需求就不太熟悉（因为会有很多的用户）。主题型组织（例如反恐、经济、军事）比较关注用户的需求，但可能会漏掉情报来源的关键特征。国家或区域的次级组织会按照语言类别将语言学家聚集在一起，所以能够很好地应对情报的翻译事项。

最终，相较于只针对性地为一个用户群服务的小型情报行动，为大量情报用户服务的数量庞大的搜集组织通常会采用不同的结构。下文我们会讨论其中的差别。

第二部分：非文字情报搜集

本书第二部分在结构上与第一部分差不多。因为这部分在处理非文字搜集方面的内容时，更加注重的是对其流程的介绍。这部分的重点在于解释情报搜集传感器的工作原理，尤其把重点放在后端流程上。之所以这样转变，是因为全源分析人员及其用户并不是很了解非文字情报搜集系统的能力和局限性。

第二部分的内容交替使用了“非文字”和“技术性”情报搜集这样的术语。“技术性”这个词并不是指技术的使用。图 1.2 所示的所有情报搜集门类都依托于技术，尤其是通信情报和网络搜集无法脱离复杂的技术去运作。如前所述，技术性情报搜集在本书中被定义为对非文字信息的搜集、处理和利用等流程——这种信息并不是用于人与人之间的交流。

我们先对非文字（技术性）情报搜集系统进行概述。接着讨论传感器及搜集特征的基本概念。我们会在第 6 章对特征进行解释。此处有所提及，我们先简要介绍一下其定义：**特征**指的是，通过对所搜集情报进行处理后得出的人、物体或者活动的显著特征。大多数为获取情报所搜集到的特征都来源于电磁波谱（electromagnetic spectrum，其中包括光谱），而且是使用一种叫作“**遥感**”（remote sensing）的技术，从几千米到数万米不等的距离搜集到的。其他像从放射性材料中获取的特征，都是在很短的距离内搜集到的。在概括性地了解传感器的工作原理后，我们会对这种技术和系统进行深入讨论。其中会对情报领域用来搜集特征的平台（例如飞行器、卫星、船只以及地面站点）进行讨论。

接下来的几章会讨论一些特殊系统的工作原理，以及如何对结果进行处理。技术性搜集涉及雷达、射频接收机、激光器、无源光电设备、核辐射探测器以及地震或声学传感器等仪器的使用。这些仪器通过对雷达散射截面、辐射强度或温度进行测量来确定军事行动或策略的特征；对导弹、飞行器及推进系统的性能进行评估；监测研究、发展、测试和生产设备；

了解文化和经济活动、环境效应与自然现象。

另一类传感器是在电磁波谱范围之外运作。但大多数这类搜集传感器都是在小范围内运作，可以感应声音、磁力或原子能特征。我们会在之后的章节探讨非射频传感器。以传感器为主题的几章列举了一些在技术性搜集中使用到的传感器的具体案例，并讨论了技术性搜集传感器所固有的一些基本局限性，以及在使用过程中需要权衡的一些事项。

一些技术性搜集中根本不包含传感器的使用。相反的，这些特征是通过对实体对象和设备（通常是指“**物料**”）或者材料样本（通常也被归为“**材料**”一类）进行搜集而获取的。我们会在第 15 章到第 17 章对这种搜集类型进行探讨。

本书中界定并探讨的非文字情报搜集，在不同的情报组织中有不同的名称，这取决于所讨论的是哪种组织以及具体的领域。在美国及其盟国内，大多称其为“测量与特征情报”。该术语还囊括许多缩略词的含义，这些缩略词用来对独特情报来源进行鉴别，例如：

声学情报（声音信号的搜集）；

红外情报（红外线信号的搜集）；

激光情报（激光信号的搜集）；

核情报（核残渣及辐射的搜集）；

光学情报（非成像光学情报的搜集）；

雷达情报（雷达追踪以及对航空航天飞行器的测量）。

一些类别的技术性搜集有其具体的名称，例如：高级地理空间情报、电子情报、地理空间情报或是图像情报。这些术语使用起来很方便，而且其中一些在本书中是用来描述技术性情报搜集的子集。在美国及其盟国的情报界内，这些术语被大范围使用，所以读者需要了解它们的含义。即便如此，还有许多术语是毫无用处的，只能让人更加困惑或者使许多职责重叠，这种情况在美国情报界内尤甚。之前提到，许多名称都来源于政治和官僚领域，而非从实际的角度去考虑。

像“高级地理空间情报”和“地理空间情报”等术语在描述情报搜集上并没有什么用处。“地理空间情报”及最近进入大众视野的诸如“**基于活动的情报**”（activity-based intelligence）等术语根本就不属于情报搜集门类。它们属于全源分析的形式，而且所有的情报组织——包括国家级、军事支援及执法机关等情报组织，都会进行地理空间情报分析和基于活动的情报分析。

总而言之，美国及许多其他国家情报组织都是由我们所称的“情报搜集门类”的组织构成的，这些“情报搜集门类”通常被用来创建我们所说的“烟囱”结构，但其构建的学习内容会让传授知识的过程体验较差。本书中，这些术语有许多都被归类到技术性搜集当中，而这类搜集中都有一些相同的主题：

- 非文字信息的搜集（正如之前所提及）；
- 一种特征的识别；
- 将某一特征与一个人、特点或物体关联起来，并对人、特点或物体的状态变化进行识别（例如对他、她或它进行地理定位）。

我们可认为“测量与特征情报”这一术语涵盖了这一定义。但传统上我们所称的“信号情报”与“图像情报”中的许多流程，事实上包含了对某一物体或信号的测量以及某一识别特征的发展。例如，图像判读通常包括：用一幅图像测量物体，并且在一副图像中识别出其独特特征。

第三部分：搜集管理与策略

第三部分讨论的是搜集管理与搜集策略的发展。在美国有大量研究对搜集机构进行了调查，并提出不同情报门类（本书中所涉及的）之间需要加强互动。美国第 104 届国会开展了一项名为“21 世纪的情报界”（IC21: The Intelligence Community in the 21st Century）的研究。该研究建议将技术性搜集与利用活动（包括信号情报、图像情报及测量与特征情报）整合，形成一个技术性搜集机构——就跟搜集事务国家情报副总监提出的结构一样。[1] 本书并没有直接说明这一机构的优点，但在最后一章会重点关注跨学科情报搜集管理所带来的巨大挑战。

第三部分会解释在跨学科或烟囱式结构的情况下，如何最有效地对情报搜集进行管理。这部分内容重点针对的是前端阶段——计划、需求及任务分配阶段。其中大量的讨论都着眼于搜集策略，旨在尽可能使情报搜集行动达到下面所描述的有利情形。

理想的搜集策略是**秘密的**，即对手根本不知道有人在进行情报搜集。原因就是，如果对手知道了，那么情报搜集的价值就降低了。对手就会采取措施将损失降到最低（例如如果他怀疑己方已经暴露，他就会改变行动方案），并且阻止进一步的损失。想要暗中进行情报搜集，有很多种方法，本书包含了其中一些。你可以制作一个小巧的情报搜集装置并将其隐藏好。如果这个装置体积比较大，那么一定要具备移动性，这样你就能对其进行掩护，例如你可以将其掩护成管道维修车或装运啤酒的卡车。如果该装置能够飞行，你就可以神不知鬼不觉地使用它了。

一旦情报搜集行动被发现，对对手来说，接下来最不确定的就是情报搜集人员到底获取了什么信息。对手可能会知道，有情报人员潜入，或通信被截获，以及你的成像仪的功能是什么。但他可能不会知道何处有情报人员潜入，哪一段通信链被截获，也不知道你的成像仪针对的目标是什么。你需要尽可能多地将情报搜集的任务或目的隐藏起来。最后，在技术性情报搜集中，可能对手会知道你在进行情报搜集，但你所使用设备的性能（以及你所获得的情报内容）是无法被知晓的。所以在技术上有优势的话，就能在情报搜集中发挥作用。

接下来重要的是，如果对手知道损失的是什么情报以及情报是如何泄

---

[1] 原注：U.S. House of Representatives, Permanent Select Committee on Intelligence Staff Study, "IC21: The Intelligence Community in the 21st Century" (June 5, 1996).

露出去的，情报搜集就要对抗反情报搜集（包括毁灭、捕获、把柄要挟或拒止与欺骗等手段）。举一个简单的例子，在银行和许多商店中监控摄像机都是无处不在的。你也许知道那里有监控摄像机，但你没法选择反监控。面对一套配置完好的监控摄像机，你也许能够隐瞒你的身份，但却无法隐瞒你的行为活动。

最坏的情况是，对手知道你正在搜集的情报内容，并且能够采取措施进行反击。比如对手知道你是情报人员，知道你已经破解了他的哪些代码，知道你的网络搜集是在哪里成功的，知道你的图像目标是什么，还知道你从图像中获取了什么信息。一旦你不幸到了这最坏的一步，你就会落入圈套，被对方操纵。

小　结

从广义上来讲，情报搜集分为两大类。一类以文字情报的形式获取人类思维过程。一类根据对事物的观察和测量产生非文字情报。除了语言翻译外，我们能够在不需要特殊帮助的情况下去理解文字情报。非文字情报需要专家对其进行处理和利用，使其能够被理解，即便如此，我们通常还是需要专司于某一情报搜集门类的分析人员帮我们进行阐释。

我们最好从系统的角度去看待情报搜集，即通过对情报搜集系统的功能、流程和结构去进行检测。

- **搜集功能**与使用到的情报来源、搜集产生的情报及所服务的对象相关。从功能上来说，情报搜集可以分为两大类。许多情报搜集的量非常大，针对大的用户群，并且大范围进行分发；这种可被看作是大规模或大量的情报搜集。另一个类型是指定向的或精选的情报搜集，它只针对规模较小的用户群生产少量的情报。
- **搜集流程**可解释信息如何通过搜集阶段到达用户（通常是全源情

报分析人员）。搜集者认为该流程分三个阶段：前端，包括需求和任务分配；搜集；后端，包括处理、利用和分发（processing, exploitation, and dissemination，通常缩写为 PED）。

- **搜集结构**的着眼点在于其使用的组织形式。在最顶层，这通常表现为我们所称的“烟囱式结构”，因为对于信息流来说，它们相对被隔离化和间隔化。最顶层以下，结构可能被烟囱化或社团化，而且可能表现为集中的形式、分散的形式或两者都有。情报用户、来源的属性及处理和利用的需求，决定了哪一种结构是最合适的。

在第一部分中，提到的四种文字情报搜集系统——开源情报、人力情报、通信情报以及网络搜集，都是使用这种系统分析模型去进行检测的。

第二部分讲的是非文字（技术性）情报搜集系统，其中大多数系统都是依赖遥感技术，利用部分电磁波谱。第二部分与第一部分使用的组织方式是类似的，都着眼于情报搜集系统的运作原理及后端流程。与在第一部分中所描述的手段相比，这些非文字情报搜集中的大多数手段并不那么为人熟知。

第三部分讲的是情报搜集管理，着眼点放在前端部分，在这一部分，专业知识上的需求和空白会被转化成一种搜集策略，然后再对情报搜集资产进行任务分配。

理想的搜集策略并不会表现出明显的威胁性。通常是指，这种情报搜集**没有预警性**、**不依惯例**并且**难以预测**。比较好的情况是，搜集行动具有隐秘性；对手根本不知道有人在进行情报搜集。如果隐秘性这一点没有做到的话，最好让对手无法确定你搜集到的情报中遗失了什么。如果对手知道遗失的情报以及遗失的方式，那么至少得保证情报搜集行动要对抗反情报搜集（包括毁灭、捕获、把柄要挟或拒止与欺骗手段）。最坏的情是，对手获知了所有信息，能够有效地反击情报搜集行动，比如通过拒止、欺骗及认知管理等手段。

第一部分

文字情报搜集

[第 2 章]

开源情报

"开源情报"一词是指可公开获取，但可用于产生情报的材料。传统上的开源信息是指已出版物——报纸、书籍及期刊。它们原先叫作"**文献情报**"（literature intelligence，LITINT）。人们不再使用这一词是因为其含义不够全面，未能将电台及电视广播纳入其中。

今天，开源情报涵盖的范围远不止传统出版物，"**开源情报**"（open source intelligence，OSINT）一词已成为标准用语。它包括报纸、杂志、电台、电视及计算机信息等媒体，会议、座谈会及各专业协会与学术论文上的专业学术材料，政府报告及官方数据，还有用户产生的网络内容，比如社交媒体网站、视频分享网站、推特、维基百科以及博客。商业性数据库有着海量的经济数据，只需订阅便能获取。它们虽然不是传统意义上的出版物，但全都可以算作开源情报材料。

开源情报搜集被定义为一个过程，其中包括从公开的情报来源中查找、选择并获取信息，包括翻译外文材料，还包括对其进行分析以取得可付诸行动的情报。接下来的几节将介绍各开源情报组织的结构、其情报来源以及产生开源情报的过程。

一、功能

无论数量上还是质量上，开源情报材料都是情报的主要来源。在美国，获取情报所需的材料中，90% 为开源情报。[1] 相较于其他文字情报来源，如人力情报和通信情报，它的主要价值是相对容易获取。它对于情报用户机构（例如执法部门）来说也是有价值的，因为缺乏许可限制了情报人员接触涉密材料的机会。开源情报在情报工作中有两大作用：

- 其最明显的一个作用为，它是情报成品的来源。全源分析人员都应该从开源情报起步，因为其成本低廉，使用方便。分析人员在转向成本高昂的情报资源之前，应充分发挥开源情报的潜力。他们几乎不应该要求搜集人员追查开源情报中已有的东西。同时，当他们从成本高昂的情报来源中找到新线索时，常常要回头查找开源情报资料。在实践中，这一方法应用不多，原因在于认知问题，这在下一节将会讨论。
- 另一个作用是触发已搜集的情报，或通过其他情报，如通信情报或人力情报来验证已搜集的情报。

对开源情报的认知

尽管开源情报价值高，获得的方式多，但政府内部仍在争论其是否为合法的情报搜集方式。政府情报，在很多人的眼中是指发现秘密。因此，全源分析人员并不能充分了解开源情报，这一认知问题阻碍了其作用的发挥。1996 年，美国国会组建了一个委员会专门研究情报问题，他们发现有大量现成的开源情报资料，而情报部门却没有迅速加以利用。[2]

---

[1] 原注：Susan B. Glaser, “Probing Galaxies of Data for Nuggets,” *Washington Post*（November 25, 2005）, A35.

[2] 原注：*Commission on the Roles and Capabilities of the United States Intelligence Community*（1996）, Chapter 8, accessed 21 September 2012 at http://www.gpoaccess.gov/int/int012.pdf.

据另一委员会所言，差不多 10 年之后，情况才稍有改变。该委员会成立的目的是对情报部门之前错误的战前评估——伊拉克正在发展大规模杀伤性武器——进行评定。该委员会 2005 年的报告称，开源情报材料“为情报提供了巨大的可能性”，“只可惜，这些非隐秘的情报来源常常遭到价值的贬低，并且未得到充分利用”。[1] 委员会继续总结道：分析人员“太依赖于秘密信息，而很少使用非隐秘的公开信息。非隐秘的情报来源在理解社会、文化、政治倾向上极有帮助，但未得有效利用”。[2]

尽管两个委员会都批评全源分析人员无视开源情报，但至少有两点理由让分析人员不愿意在最终情报上更多地使用开源情报材料：

- 分析人员不想承认他们在开源情报材料中有所发现。[3] 从某种意义上说，开源情报是一种威胁。毕竟，谁都可以这么做，还不需要获得许可。
- 很多分析人员认为，通过隐蔽手段搜集的秘密数据要比公开或非机密数据更重要，因此更为重视这类情报。[4]

这种对开源情报的偏见引起了广泛的批评。而这现象确有其存在的基础：竞争优势的概念。无论是在政务还是商务中，所有参与者都想要寻求压过对手的竞争优势。开源情报是对所有人开放，因此无法提供他们想要的优势。秘密信息则可以，于是政府性和竞争情报分析人员会倾

[1] 原注：“Report of the Commission on the Intelligence Capabilities of the United States Regarding Weapons of Mass Destruction,” March 31, 2005, p. 13, accessed 24 September 2012 at http://www.gpo.gov/fdsys/pkg/GPO-WMD/content-detail.html.

[2] 原注：“Report of the Commission on the Intelligence Capabilities of the United States Regarding Weapons of Mass Destruction,” March 31, 2005, p. 13, accessed 24 September 2012 at http://www.gpo.gov/fdsys/pkg/GPO-WMD/content-detail.html.

[3] 原注：Susan B. Glaser, “Probing Galaxies of Data for Nuggets,” *Washington Post*,（November 25, 2005）, A35.

[4] 原注：Rob Johnson, *Analytic Culture in the US Intelligence Community*, Center for the Study of Intelligence（CIA, Washington, DC, 2005）, 24.

向于使用它。[1]

这一认知问题让秘密情报机构（据作者所知，虽然不是美国情报机构）在报告开源情报材料时，将其当作是某个特工搜集的一样。经常发生的情况是，负责某事件的官员想要证明自己的价值时，会编造不存在的特工，然后拿开源情报材料当他们的报告。一些秘密情报机构的总部会追踪目标国家的开源情报出版物，以确保他们的人力情报汇报时没有直接复制开源情报。

保持地区与全球覆盖

任何一个拥有全球性利益的国家，一定会关注当下世界范围内对其国家利益有发展机遇或威胁的信息。就情报工作而言，它必须要保持**全球覆盖**。同时，所有的国家都有地区性的关注，他们必须为周边国家维持类似的数据库。就情报工作而言，他们必须要保持**地区覆盖**。

为解决这些需求，美国情报界制作了**《基本资料汇编》**(Basic Encyclopedia，BE）——提供各种地区性情报（港口、机场、军事基地、经济情报、环境情报等等）。这类情报大部分都没有加密，也被叫作**"基线资料"**(baseline)。以下是开源情报为主、加密来源为辅的两例：

- 美国情报部门长久以来存有名为《基本资料汇编》的文档。该纲要性文档描述了所有可能对情报机构和军事指挥部的行动或策划人员有帮助的设施。该资料汇编包含每处设施识别、位置及功能方面的基本数据，并为其分配独一无二的资料号码。它可以用来选择潜在的打击目标或者识别不可打击的目标（如公共设施和医院）。这一纲要性文件原名是《轰炸资料汇编》(Bombing Encyclopedia)，但随后被更名的原因是，新添加进文件的清真寺、公共设施及医院会

---

[1] 原注：William M. Nolte, "Rethinking War and Intelligence," in *Rethinking the Principles of War*, Anthony D. McIvor, ed.（Naval Institute Press, Annapolis, 2005）, 432.

被误以为是攻击目标。

- 美国中央情报局每年都会发布线上[1]和加密版的《世界概况》(World Factbook)。线上的版本可看作是地区覆盖的基线资料，为几乎所有国家提供外交、军事及情报服务。

该基线资料可以通过开源情报方式获取，无须安全许可，编辑人员就能让资料保持最新状态。或者说，它们在必要时可得到快速更新，而无须长期维护。比方说，某国进入被监视状态（可能因该国出现了愈加严重的危机，或者情报用户的兴趣增加了）。现有的基线资料过时了，能以开源情报的方式得到快速更新，并以加密材料作为补充。

为特定分析产品提供支持

几乎所有的最终情报都依赖于开源情报——其中有些依赖的程度更高。下文是情报门类的分类。哪怕政府控制了媒体，报道中细微的差别（报道了什么，没报道什么）也能提供有价值的启发。在互联网出现之前便是如此，如今依然没变。社交网络增加了一个新的维度，将在后续章节讨论。

政治情报。政治情报分析常常用到开源情报。政府领导人的声明透露了不少政府内部的态度、意图、个性（用于个性剖析）以及可能存在的压力。对这些声明的分析必须结合其背景（比如他们谈论的对象或者日程安排），评估时也要充分了解领导人的民族与组织文化。在情报流程的章节会详细阐述这一点。

在评估政治情报时，有两种偏见要予以区分：系统性偏见与随机性偏见。体重秤（使用弹簧控制的旧型号）的偏见是系统性的。它会持续在实际体重上下波动，你可以对其进行校准。根据弹簧的温度和人的站姿，它

---

[1] 原注：The World Factbook is accessible at https://www.cia.gov/library/publications/the-world-factbook/.

同时也有小幅的随机性偏见。确定这类偏见更为困难，而且它对体重秤而言也没必要。

与之类似，一些电视新闻频道（首先想到的是“福克斯新闻”及“微软全国有线广播电视公司”）也有一种政治性偏见。而且《纽约时报》和《华尔街日报》在同一件事情上的看法也不一致。这些都是系统性偏见。校准的方法就是在判读新闻报道时将它们纳入考量。它们也会出现我们所说的随机性偏见：它们偶尔会偏离党派的路线。就像体重秤一样，这些随机性偏见很难识别。与体重秤的随机性偏见不同，这些偏见的影响更大，因为它们常常能表明新闻报道背后的某个议程。

其他国家的媒体也一样。这些偏见对情报工作可产生巨大影响。对于资历丰富的政治分析人员来说，公开声明中细微的差别可能含有大量信息。在政府控制的媒体中（比如以前的苏联），用词上的细小变化可能标志着一次政策变动。[1] 分析苏联政治的人员，在美国情报界中被称为“克里姆林宫问题专家”（kremlinologist），他们曾经专职寻找这样的细微变化。

经济情报。据估计，高达 95% 的经济情报都是从开源情报中得来。[2] 经济分析人员倚重国际贸易和国家经济的大型数据库，它们的建立者是诸如联合国的国际组织。分析人员利用这些和其他情报来源，将经济中数个领域的数据整合，比如农业生产、贸易、原材料、工业产值以及能源等等。与政治报道类似，这些数据的细微变动可对情报产生重大影响。

经济分析人员也依靠宏观经济模型来评估经济产业的走向，开源情报则为这些模型提供主要信息原料。

冷战期间，苏联罕见地大量使用了开源情报的经济报道。克里姆林宫的官员们不信任手中关于本国经济的官方报道。他们读得很仔细，有时还按照西方学者或中情局发布的本国经济评估来行动。一个有趣的插曲是，

---

[1] 原注：Glasser, “Probing Galaxies of Data for Nuggets,” A35.

[2] 原注：Daniel Patrick Moynihan, *Secrecy: The American Experience*（New Haven, CT: Yale University Press, 1998）, 227.

在领导人读了中情局的报告之后，克里姆林宫的后续行动否定了该报告中的主要结论。中情局在报告中称苏联的石油产业正面临严重的短缺问题。研究报告发布后，克里姆林宫的人员主导了一次侧重石油与天然气产业的重大投资转向。在 20 世纪 70 年代后期，苏联的石油开采大幅增长，短缺问题一直未出现。[1]

军事情报。军事和科技情报依赖开源情报材料，特别是用于触发其他情报搜集来源。开源情报材料通常被认为对军事情报用处不大，因为“好”材料都是加密的。事实上，一组未加密的事实放在一起，可以变成加密材料。通常是对事实的分析使得搜集的情报被加密，如下例所示。

第二次世界大战期间，情报工作的重大胜利依靠的就是巧妙运用开源情报。德国人一直对涉及战争物资生产的开源情报材料进行有效的审查。但他们公布了所有物资的运费，包括石油。根据运费，美国战略情报局一个年轻的分析人员瓦尔特 · 利维（Walter Levy）做了地理空间建模，确定了德国炼油厂的确切位置，随后这里成为盟军轰炸机的攻击目标。[2]

军事组织也会公开他们对战略和战术公开的思考。大多数军事学院出版的期刊中，教授和学生都会分享他们对军事事务的观点。高级官员也经常写同样主题的文章或书籍。在 1970 年的电影《巴顿》（*Patton*）中，乔治 · 巴顿将军（General George Patton）读到一本由其对手、陆军元帅隆美尔（Erwin Rommel）所写的战术书籍。在电影中，巴顿利用这些知识击败了隆美尔的军队。

在案例中，问题不是缺乏关于军事发展的开源情报材料，这样的材料生

---

[1] 原注：James Noren, “CIA’s Analysis of the Soviet Economy,” Chapter 2 in “Watching the Bear: Essays on CIA’s Analysis of the Soviet Union”（CIA Center for the Study of Intelligence, 2001）, accessed 21 September 2012 at https://www.cia.gov/library/center-for-the-study-of-intelligence/csi-publications/books-and-monographs/watching-the-bear-essays-on-cias-analysis-of-the-soviet-union/article02.html.

[2] 原注：Walter Laqueur, *The Uses and Limits of Intelligence*（Somerset, NJ: Transaction Publishers, 1993）, 43.

产了不少。问题之一在于，找出哪些材料值得相信——稍后我们将在分析情报来源时讨论该主题；问题之二在于，要正确判读材料，如下例所示。

其他情报。许多其他情报门类严重依赖开源情报。科学、技术和环境情报都广泛使用开源情报。有个情报门类极度依赖开源情报，它有许多名称：社会情报、心理社会情报以及军事用语中“人文地形”(human terrain)。人文地形包括当地文化、习俗、宗教信仰、经济状况和政治态度方面的信息。[1] 开源情报材料在提供关于恐怖分子和叛乱团伙的情报方面特别有效。[2] 这些团伙依靠网络、公开出版物、电台和电视广播来招募和召集信徒参与其活动。与恐怖分子相关材料的数量如此之大，以至于出现了恐怖主义的开源情报汇编。[3] 例如，驻乌兹别克斯坦的英国广播公司(BBC) 区域监测站通常转录亲近塔利班的阿富汗电台的广播，以提供新思路来研究激进的伊斯兰主义者。[4]

过去 20 年来，执法部门对开源情报的使用显著增加。互联网犯罪的增多使得执法部门更为频繁地使用开源情报材料来识别、追踪和逮捕这些罪犯：

- 白领犯罪者广泛利用互联网进行诈骗。执法部门使用相同的媒介来识别犯罪者。
- 社交网站吸引性犯罪者和追踪狂。执法部门利用这些网站逮捕他们。
- 许多有组织犯罪集团，例如黑帮，使用网络进行通信。监测通信令

[1] 原注：Lt. Col. Jack Marr et al., “Human Terrain Mapping: A Critical First Step in Winning the COIN Fight,” *Military Review*（March–April 2008）, 18–24.

[2] 原注：Glasser, “Probing Galaxies of Data for Nuggets,” A35.

[3] 原注：参见例子，“Terrorism Open Source Intelligence Reports”，之前每周由 Interaction Systems Incorporated 为美国军方正式发布。

[4] 原注：Cahal Milmo, “After 70 Years Monitoring the Airwaves, BBC Listening Post Could Be Cut Off,” The Independent（July 13, 2010）, accessed 3 March 2012 at http://www.independent.co.uk/news/media/tv-radio/after-70-years-monitoring-the-airwaves-bbc-listening-post-could-be-cut-off-2025090.html.

警察得以有针对地实施执法行动。

竞争情报。开源情报可能是竞争情报的主要来源，因为网络搜集[1]、秘密的人力情报和通信情报搜集就算不非法，对公司来说也是存在问题的活动。但公司必须按政府要求进行归档，其中许多内容是公开的。新闻稿和贸易展上的记录文件提供了额外的见解。《巴伦周刊》和道琼斯等公司向其情报用户大量提供相关公司的财务信息。信用报告公司，如美国的邓白氏（Dun & Bradstreet）和日本的帝国征信（Teikoku Databank），可以让人更深入地了解各公司的财务状况。

大量有关企业高管的个人信息也是公开的。它可以提供他们教育、家庭、文化根源和以往行政决策的细节。这些细节能创建一个“心理画像”（psychological profile）。它可以详细说明这些人的社交网和生意伙伴。

其他用途

除了作为最终情报的原料外，开源情报对情报工作还有很多用处。让我们来看看其中的几个。

提供背景信息和确认信息。开源情报与加密情报结合使用时是最有价值的。通过将政府在新闻中的声明，与从外交通信获得的信息和秘密的人力情报进行比较，可以了解很多。在竞争性情报界也是如此。对公司的真实计划和意图的深入了解，往往来自将新闻稿与从人力情报处获得的情报进行比较。

通常情况下，当情报搜集人员提出某意向目标时，开源情报有助于填补相关知识的空白。例如，假设通过图像观察到码头上的一艘船、船的用途、货物或目的地，这具有一定的情报价值。开源情报信息，如由伦敦劳埃德海上保险公司持有的货物清单，可以提供答案。针对大规模人口流动，可以从线上发布的记录找到信息，例如无国界医生组织的报告或联合

[1] 原注：此处的“网络搜集”并不包括常规的网页研究活动。第5章给网络搜集下了定义。

国人道主义报告。

提供合理的覆盖范围。开源情报的一个巨大优势是，它可以与盟国共享或用于外交对抗情况（例如在外交照会中）。它在国土安全方面具有类似的价值，因为它可以与当地执法机构和第一线人员共享。加密信息的一个主要问题是其公开性，特别是在联合行动、外交照会和执法行动中。如果信息以开源情报形式获得，则可用作掩盖最初以敏感手段（例如人力情报或通信情报）搜集这些信息的事实。

例如，假设分析人员收到一份敏感的人力情报，指出伊朗政府正在各地部署的新反舰巡航导弹威胁到阿曼湾的航运。该报告不能与使用海峡的联盟伙伴或商业托运商共享。但当地人很可能会注意到该导弹的部署，并将其发在社交网站上，或许有关该部署的流言会以一纸新闻的方式传到阿曼。通常情报分析人员不太选用这样一个可疑的来源。但根据从人力情报获得的信息来看，报告是准确的，分析人员便可引用开源情报材料来佐证他的结论。

欺骗和信号发送。在与对手通信时，开源情报常常很有用。显然，它可以用于欺骗或影响对手的决定。容易被忽视的是，它还可用于信号发送，藏在诸如报纸的公开文章中或以口头传达，后者将在人力情报的章节讨论。

信号发送是商业情报的一种常见做法。在商业中，信号通常通过行为而非词语来传达。竞争对手的价格增加或减少、一次收购、一条新产品线或一次重大重组等，都可能会揭示公司未来的市场意图。

分析信号需要检查信号的内容、背景、时机及其来源。对媒体发表的声明与从外交渠道做出的声明有很大不同——后者通常更有分量。

二、流程

我们将以线性的方式讨论开源情报的流程。它与情报工作很像，但其实是两回事。它是跳跃性的，有时向后，有时向前。但若以线性排序，其主要步骤如下：

1. 计划并识别情报来源；
2. 搜集（找到有价值的东西并予以验证）；
3. 处理（翻译）；
4. 分析；
5. 分发。

让我们按这个顺序讲解，但同时要认识到开源情报分析人员不按步骤进行——比如有时会从“分析”步骤折返，以查找更多的材料或对“分析”进行验证。

计划并识别情报来源

由于可用的开源情报信息数量巨大，搜集时必须清楚哪些可以用于情报。从历史上看，大多数开源情报材料都是印刷品（精装）。今天，最常用的情报来源是网络。所以，让我们先看看已经占主导地位的开源情报来源：互联网。

互联网。互联网已在较短的时间内成为开源情报材料最大的存储库。几乎任何有情报价值的主题都在网上有广泛的报道。然而，材料的质量良莠不齐，互联网上有很多误导性甚至完全错误的内容，分析人员必须谨慎使用。但网上也有很多有用的材料，商业浏览器和搜索引擎使得材料搜索相对容易。总的来说，互联网已经成为多种情报产品的有用来源。

作为一种通信媒介，互联网的界定模糊：是开源情报，网络搜集情报还是通信情报？任何一种都可以。在将互联网描述成开源情报时，我们谈论的是可通过某种搜索引擎或公共网站来访问的材料。需要超常手段（例如黑客）获取的材料（例如电子邮件）属于网络搜集情报的类别。（详见第 5 章）

线上数据库。各类线上数据库可用于开源情报研究。全球信息网络的快速扩张为分析人员提供了大量之前无法获得的归类信息。现在这些信息大都可通过付费的方式在互联网上获得。这些商业数据库的数量和实用性正在迅速变化。高级商业情报来源最初包括法克提瓦（Factiva）、律商联讯（Lexis-Nexis）和戴乐格（Dialog）。今天出现了许多专业数据库，甚至还有几个免费的通用数据库，如维基百科。

专业数据库与互联网上大量可用的一般材料相比具有一些优势。它们通常按主题归类以便于搜索，且会注意其有效性。例如，网上专利数据库，无论对政府还是竞争情报而言，都是更为有用的技术性情报来源。一直以来，它们被证明是最有价值的技术性情报来源之一。对于执行机密研究的许多组织来说，专利是公开发布其结果的唯一手段。其他来源包括简氏（Jane's，主军事装备业务）、牛津分析公司（Oxford Analytica）和伦敦劳埃德公司（Lloyds of London，主运输业务）等专业数据库。数据库还有不少，新的数据库也会层出不穷。想要高效搜索，可能需要图书馆员或专业搜索领域的专家。

对于非在线材料，用物理或电子手段搜集时必须明确识别其来源。以下描述的是一些主要来源。

纸质文件来源。如前所述，传统的开源情报材料是纸质文件，主要为书籍、杂志和报纸。虽然现在这些大都可从网上获得，但有一些仍然不行。纸质开源情报文献的来源可以是图书馆，以及那些常与外国同行打交道的科学家和商人。一些报纸、电话簿、专著、期刊和技术文献仍然只有纸质版。

广播和电视。在第二次世界大战期间，英国广播公司和外国广播监测处（Foreign Broadcast Monitoring Service，外国广播信息系统［Foreign Broadcast Information System，FBIS］的前身）开始监测德国和意大利的无线电广播。BBC的工作始于1939年，当时英国政府要求英国广播公司翻译并传播外国杂志和报纸新闻。它被称作“英国广播公司监测计划”（BBC Monitoring），发生在雷丁市附近，一家位于凯维森的古老英国大厦里，至今仍存在。它公开搜集 100 多种语言的材料，向公务员、部长和商业用户提供材料结果。[1] 英国广播公司在《外国广播文摘》中报告了有情报价值的无线电广播。[2]

英国秘密情报局（British Secret Service［SIS］，即军情六处）开展了一次手段新奇且非常成功的秘密行动。该行动利用了英国广播公司在第二次世界大战期间对德国广播电台的监测。英国的一个“黑电台”（black radio，在心理战中，一方伪装成另一方的无线电广播）配备了地道的德语演讲者（包括反纳粹战俘志愿者）。该电台自称是德国国防军电台，为陆军播报新闻。穿插在真实新闻之间的是一些为了让德国国防军和纳粹党产生摩擦的不实报道。其完整故事则在塞夫顿 · 德尔默（Sefton Delmer）的书《黑色回旋镖》（*Black Boomerang*）中有记载。[3]

战争结束后，英国广播公司和外国广播信息系统将电视广播也纳入监测范围内。电视广播中外国领导人的演讲很有价值，而且不仅仅是对内容的评估。视频还让分析人员有机会评估国家领导人的身心健康状况，这一话题将在第 16 章中详细讨论。[4]

灰色文献。最有用的纸质文件是那些限量发行的文档文件，它们被称为“灰色文献”（Gray Literature）。此术语适用于通过正常商业渠道无法获取的限量出版物。许多研究和制造组织会发布包含敏感或专有信息的控制报告或内部流通的期刊。贸易展和贸易会议则会以论文或会议记录的形式限量发行类似的文件。

---

[1] 原注：Cahal Milmo, “After 70 Years Monitoring the Airwaves, BBC Listening Post Could Be Cut Off.”

[2] 原注：“OSINT Report 3/2010,” International Relations and Security Network, ETH Zurich（October 2010）, accessed 21 September 2012 at http://www.isn.ethz.ch/isn/Digital-Library/ISN-Insights/Detail?lng=en&ots627=fce62fe0–528d-4884–9cdf-283c282cf0b2&id=122008.

[3] 原注：Sefton Delmer, *Black Boomerang*（New York: Viking Press, 1962）

[4] 原注：Gary Thomas, “Spies Track Physical Illnesses of Foreign Leaders”（September 20, 2011）, Voice of America, accessed 21 September 2012 at http://www.voanews.com/english/news/usa/Spies-Track-Physical-Illnesses-of-Foreign-Leaders-130222673.html.

这些期刊有一部分实际上是加密的，其他的则有访问限制。所以，称它们是开源情报有些夸张。例如在冷战时期，美国分析人员了解到苏联军方制作了一本名为《军事思想》的涉密杂志，其中包含对领导层战争观的宝贵见解。大多数情况下，分析人员不能成功获得这一刊物，因为苏联严格控制这类期刊的流通。

然而，由于文档控制不当或分发错误，一些敏感期刊可能在公共图书馆或私人收藏中找到，并且它们通常可以通过秘密搜集手段（例如代理人）获得。例如，一名情报官拿到一份在东南亚公开活动中分发的恐怖主义训练手册。[1] 一些限制流通的苏联电子科技杂志，出于某种原因，会出现在一所联邦德国大学的图书馆里。[2]

商业组织的内部出版物，即使不受限，通常也比行业期刊更有价值，它们更倾向于详细介绍组织内正在进行的工作。同样属于灰色文献的会议记录，通常比广泛分发的期刊和杂志更有价值。

互联网则提供同等类型的灰色文献——内容受密码保护的网站和聊天室。这样的网站通常具有很大的情报价值。当然问题是怎样进去——这是第 5 章讨论的主题。

人力来源及商业图像。一些情报组织认为，某些类型的人力情报和图像情报应归类于定义较宽松的开源情报材料。例如，北约认为开源情报包括公开的专家或观察人员。[3] 非政府组织，如红十字国际委员会和无国界医生，就符合这一定义。它们处于人力情报和开源情报之间的边界地带。

商业图像也可看作开源情报。例如，商业成像卫星如今大量公开拍到

[1] 原注：Peter Eisler, “Today’s Spies Find Secrets in Plain Sight,” *USA Today*（April 1, 2008）, accessed 21 September 2012 at http://www.usatoday.comhttp://www.usatoday.com/tech/news/surveillance/2008-03-31-internet-spies_N.htm.

[2] 原注：1973 年与中情局高级分析人员诺曼·戴维斯的私人对话。

[3] 原注：“NATO Open Source Intelligence Handbook”（November 2001）, p. 9, accessed 21 September 2012 at http://www.oss.net/dynamaster/file_archive/030201/ca5fb66734f540fbb4f8f6ef759b258c/NATO%200SINT%20Handbook%20v1.2%20-%20Jan%202002.pdf.

的图像，其中某些可在线免费使用，部分则收费。但在第 9 章和第 10 章中，商业图像则是作为图像情报处理的。

搜集

如上文所述，情报搜集有两大步骤：找到有情报价值的目标并予以验证。

找到有情报价值的目标。前言中指出，开源情报的神奇之处在于，它是现成的。它可能就摆在那儿，但找到真正不错的相关材料是非常困难的。我们已经讨论了灰色文献查找的难度。社交网站很容易访问，但在众多网站中找到重要的网站是一项艰巨的任务。

讽刺的是，开源情报的问题之一是其数量庞大；全源分析人员不可能利用所有可用的开源情报材料。事实上，全源分析人员甚至不可能知道所有可用的方法来获得开源情报材料。追踪数据源的工作需要全心投入。解决方案则是在研究时求助于专家。在政府情报机构中，开源情报分析人员可以充当专家这一角色。其他人则可求助于图书馆员，他们能熟练地找到全球的纸质材料，这对获得灰色文献特别有帮助。他们可以帮忙检索并获取来自许多不同数据库，包括商业数据库的文档。如今全球都可以使用这些数据库，几乎任何国家或企业都应该有研究能力出色的分析人员。

在线数据源的一个老问题是，人们无法从数量庞大的数据中提取出相关信息。全源分析人员会不可避免地遇到信息过多的情况。政府和商业发展项目都仍然朝着建立人机结合团队的目标而努力，这将大大提高人们在复杂的数据密集型领域中的分析能力。这样的团队也将大大提高其在大量无关信息中识别隐藏关键线索的能力，能将大量零散的事实组合起来以得到有效的结论，并有助于产生进一步分析的新模式。我们可以期待，从杂乱信息中提取相关信息的能力将得到稳步改善。但目前问题是，如何在大量的可用材料中找到有情报价值的目标。[1]

---

[1] 原注：Glasser, “Probing Galaxies of Data for Nuggets,” A35.

长久以来，开源情报搜索都被认为是全源情报分析人员的附加职责，这一做法似乎有些目光短浅。谁都不会认真地建议，要求这些分析人员搜集自己的信号或图像情报（虽然在商业图像情报中，分析人员有时会这样做）。然而，这恰恰是我们处理开源情报材料的办法。

图书馆员和开源情报分析人员可以更有效地进行搜索，这是他们的专长。问题才提出，他们就已知道在哪里可以找到最有用的情报来源。因此，他们可以迅速专注于手中的情报问题，并查找具有所需信息的情报来源。[1]

但将搜索问题交到这些专家手中，也有失去相关材料的风险。全源分析人员清楚搜索的主题，还能发现那些若无相关专业经验极易被忽视的细微之处。推荐的一个折中方案是，让情报组织培训一群高度熟练的开源情报分析人员和图书馆专业人员，让他们与全源分析人员一起工作，以便为分析过程提供专门的开源情报支持。[2]

挑战是，情报组织必须谨慎地进行互联网搜索，而开源情报分析人员对此颇为熟练。一些网站实际上在识别和追踪不知情的访问者，甚至可以找到并感染他们的计算机。在这种环境下，保护情报来源以及如何保护成为一个问题。知名的情报组织进行一次网络搜索可能会被人注意到，导致泄露目标或情报。你不得不匿名搜索。所有网站都能够追踪访问者的数量。某些国家或地区（如华盛顿特区）的情报需求突然激增，可能会向敌对情报组织透露它们的漏洞所在。

验证。验证材料是否真实有效，这在前互联网时期处理起来更容易，因为那时你处理的是已确定来源的纸质材料。现在电子数据库即便有已知和可信的来源，信息的可靠性也可能是一个问题。

---

[1] 原注：“NATO Open Source Intelligence Handbook”(November 2001), 19.

[2] 原注：Eliot A. Jardines, Testimony before the House Committee on Homeland Security, Subcommittee on Intelligence, Information Sharing，and Terrorism Risk Assessment (June 21, 2005) .

今天，可靠性即区分真伪的问题仍然存在。它增加了分析的成本。材料必须得到非常仔细的审查和分析。开源情报是敌对机构植入误导性材料的最佳途径。如前所述，它也是信号发送的好办法，因为只有它才能确定被敌对机构接收到（除了外交讨论）。验证环节中一些标准检查内容如下：

a. **准确性**。对已知的有效来源进行交叉检查往往是必要的，尤其是针对现有的最终情报。这通常是全源分析人员的工作，但有时则较适合开源情报分析人员。

b. **可信性和真实性**。可信性的检查方式很多。可以检查网址。它是什么类型的域名，例如 .com，.org，.edu，.gov，.mil，或是国家域名代码？可检查所提供材料的来源是否得当，是否为个人页面。可单独搜索作者的姓名（有时嵌在网站的源代码中）。可检查主机服务器的拥有者及其位置。然后交叉检查以确定作者是否位于服务器附近。还可以查看是谁链接到该网站上，查看该网站是否在可靠的网站目录中。

c. **动态性**。旧材料不一定是坏材料，但发布日期较近的材料通常更有情报价值。任何时候都要确定所有材料的发布日期，这样才能评估其重要性。

d. **赞助情况**。了解赞助情况对于分析阶段检查偏见很重要。

请注意，未能通过有效性检查并不意味着信息是无用的。有效性存疑的网页甚至也可能具有情报价值。比如，尝试欺骗的网站可能没有通过有效性检查，但进行欺骗这一事实可以告诉你很多关于对手意图的信息。

处理

处理环节通常要将外文翻译成本国语言。其主要过程涉及语言专业知识，尤其是非洲、阿拉伯和南亚地区的语言，并确保翻译没有偏见。我们来逐一了解下。

语言专业知识。具有全球利益的情报机构似乎一直都缺乏足够的翻译人手。在难懂的语种方面，熟练人员的短缺尤其严重。在美国，追踪恐怖主义活动以及阿富汗冲突，使得对波斯语、普什图语和达里语等语种的需求上升。美国参议院情报特别委员会（Senate Select Committee on Intelligence）在 2011 年的报告中总结了美国翻译人才的短缺情况：

> 委员会认为，尽管从过去到现在都在努力提高语言处理的能力，但对情报机构的任务起关键作用的语种仍严重缺乏人手。虽然情报机构试图更正他们的招募模式并增加语言培训计划，但许多人仍然严重依赖与他们签署合同的语言学家、口译者和关键语言的笔译。关键语种人员的持续不足，再加上通过开源情报和其他手段得到的信息量不断增加，加剧了国家外语能力不足对情报搜集和分析的影响。[1]

在美国等国，有很多本地居民能流利地说某些复杂的语言，如阿拉伯语和波斯语。但通常这些居民都出生在伊拉克和伊朗等国家，或有家人生活在国外。他们很难获取安全许可。第 4 章中已有讨论，在安全许可这一问题上，相较于通信情报分析人员，开源情报分析人员的麻烦更小。毕竟开源情报是未加密的。即使如此，大多数情报组织也不希望透露他们正在翻译的内容，因为这会透露出他们对某种特定的情报感兴趣。

情报机构总是可以选择向其同行寻求翻译帮助。这在需要翻译大量材料的情况下，可能是唯一可行的解决方案。例如，美国可以要求科威特或阿拉伯联合酋长国进行阿拉伯语的翻译。这样就不涉及许可问题。它增加了翻译中包含某种偏见的风险，如下所述。

---

[1] 原注：United States Senate, “Report of the Select Committee on Intelligence, United States Senate, covering the period January 3, 2009 to January 4, 2011.” U.S. Government Printing Office（March 17, 2011）, p. 26, accessed 21 September 2012 at http://www.intelligence.senate.gov/pdfs/1123.pdf.

翻译偏见。开源情报报告的用户往往假设翻译会准确地反映原文的含义。但有时并不是这样，原因就在于翻译偏见。我们在翻译外文材料时必须处理两种偏见，一种是坏事，一种是好事。如果它们的存在不被承认和评估，那两种都会是坏事。让我们逐一看看。

a. **来源偏见**。这在前面已有讨论。来源偏见并非坏事；事实上，只要你知道它的存在，清楚其偏见在哪儿，它就是有益的。它可以帮你评估刚收到的信息。了解偏见来源有助于正确地理解情报，以及洞察政府或派系内部的想法。

- 泰米尔伊拉姆猛虎组织（亦称“泰米尔猛虎”）在斯里兰卡叛乱期间发展出一个遍及全球的媒体网络，其从 20 世纪 70 年代末以来便一直在运营。2007 至 2008 年期间，由组织控制的出版物透露，猛虎组织认为他们正在失利。这些出版物认为，军事手段解决冲突是不可取的，这显然是试图为停火和谈判造势。猛虎组织在 2009 年被军队消灭。

b. **译者偏见**。我们想要事实，但（情报来源，而不是译者）各种见解也有情报价值。诀窍在于要抓住前者，而不是后者的见解。无论是翻译母语的译者，还是母语为所服务情报机构语言的译者（例如讲英语的美国人和英国人），译者偏见都会发生。

英语是第二语言的译者面临的困难是：他们理解他们自己语言的细微差别，但可能很难用英语表达出来。此外，他们经常对正在翻译的信息持有个人看法，这些个人看法可能会被放进译文中。对于讲母语的人来说，克服一生的文化倾向，并提供真正的中立翻译是很难的。

母语为所属机构语言的译者往往有类似的困难。他们可能会理解英语的细微差别，但可能会错过第二语言中的微妙含义。他们的个人观点也可能会被带入译文。如果你要做翻译，而原文中的想法真的令人厌恶或与你的个人信念完全相反，那你可能很难得到正确的译文。

译者偏见有解决办法，但大多不够全面或者过于昂贵。软件翻译是处理大量材料的廉价方式，但它不够全面，不能抓住细微之处。一些词或概念根本没法从一种语言翻成另一种语言。这不是真正的译者偏见，但结果是相同的。基于网络的翻译软件被广泛用于翻译，但在识别深层含义方面也有同样的困难。如前所述，网络对那些粗心人士是设有陷阱的。

对同一材料进行多次单独翻译，是一种开销较大的译者偏见处理方式。你必须要找没有同样偏见的译者。例如，找一个基地组织的同情者做一次翻译（如果你可以找到），再找一个信念相反的人重复翻译。然后仔细检查翻译不同的部分。比它便宜一些的替代方案是，让另一名译者进行同行评审。全源分析人员也用同样的技巧帮助避免偏见。

还有个问题则是（有意或无意）鼓励译者偏见的组织文化。翻译过程给故意乱翻留出空间，而组织的心态会导致这一情况发生。它通常表现为这样的翻译形式：译文偏向于对其上级机构政策的支持。

解决方法很简单，但难以在实践中实现：开源情报分析组的上级组织不应在翻译材料上拥有既得利益。

分析

翻译最有价值的部分通常是开源情报分析人员的评论。没有背景或上下文的直接翻译可能会误导人。开源情报分析人员在提供上下文方面可以发挥很大作用；毕竟，这是分析人员的主要工作，其通常在目标文化方面有着深厚的背景。

如果一篇外国新闻或期刊文章不需要翻译（例如美国或英国的英语文章），那么仔细检查出版物背后的动机很重要。用日语和英语出版的日本新闻报道通常有很大的差异，日文版可能会提供更准确的描述，英文版很可能单调些，以使它符合美国读者的胃口。

某一主题的出版物数量可以透露出很多东西。对于商业公司而言，它可以表明对某技术或概念的兴趣。例如，专利并不总是申请来保护发明的；有时，它们旨在吓唬竞争对手或者是作为专利所有人的专业证明。

政府常用出版物数量来传递信息，尤其是针对其人民的宣传信息。同一消息的不断宣传可以增加其接受度。开源情报分析人员应该在评论中明确指出这一情况，而不仅仅是翻译和报告。

因此，开源情报分析的目的是将材料置于上下文中。其方法有两种：来源分析和内容分析。

来源分析。某种程度上，来源分析已在验证的环节中完成。这一步骤涉及对来源的资质、官方地位和影响的彻底评估。同其他领域的情报相同，开源情报的一般规则是：说话的内容没有说话者重要。政府首脑的声明通常比州领导的声明更有分量。财政部长关于预算问题的声明也比内政部长发表的声明更重要。

在冷战期间，许多对苏联出版物的评估都遇到了类似的问题。因此，对情报来源进行评估是分析步骤中至关重要的部分。分析人员应该说明他们为什么认为某些作者和文章可信并反映出官方的思想，他们应找出情报来源可能存在的不确定之处。这一过程也有助于识别欺骗和信号发送。

来源分析还需要查看随时间变化的模式。开源情报出版物的作者通常有过其他出版历史。国家和企业领导人的演讲和采访有很多次。记者写过的文章很多。来源分析常常要将新材料与过去的材料进行对比并观察模式的变化。

内容分析。在讨论内容分析是什么之前，让我们先确定内容分析不是什么。

开源情报分析，尤其是内容分析，不包括对材料内容做出实质性判断。那是全源分析人员的职责，他们能利用丰富的情报来源。

内容分析，是一种模式研究工具。它可用来确定某些单词、概念、主题、短语、字符或句子在文本或文本合集中的存在。其目的是量化并分析单词和概念的存在、含义和关系。由此，内容分析人员可以进一步推断关于材料、作者和受众背后的信息。

内容分析有个隐含的假定，即最常提到的单词和短语能反映出每次通信的核心意图。内容分析还能确定说话者潜在的动机或观点。确立媒体来源的政治观点就是典型的例子。内容分析可以识别系统偏见，这一点之前已有讨论。比如，它可以看出福克斯新闻与微软全国有线广播电视公司或哥伦比亚广播公司（CBS）之间不同的政治观点。它也能分辨出《纽约时报》和《华尔街日报》的不同观点。

内容分析可回答以下几例问题：

- 文章的前提有哪些？它能告诉你多少关于情报来源的知识？例如，情报来源的内容是否名副其实？（前面描述的“黑色回旋镖”无线电台取得的大部分成效，是由于其声称是德国陆军广播电台）。
- 为什么写这篇文章？如果是为了宣传，它的目的是什么？
- 这则消息逻辑上会产生什么后果（例如影响）？
- 文章是否偏离了其标准的文化模式？如果是，原因是什么？
- 出版的渠道或风格是否重要？
- 可以通过文章总结出个人或群体的心理或情感状态吗？
- 通过文章内容能否推断出个人、团体和机构的意图、关注点和话题的走向？

显然，其中部分问题已超出全源分析人员的能力范围。但开源情报分析人员常有独特的见解。1963 年古巴导弹危机期间，有一个例子很好地说明了开源情报分析人员的价值。英国广播公司的分析人员发现，苏联领导人尼基塔·赫鲁晓夫在一次莫斯科广播电台节目中隐晦提出要平静地结束危机（使用开源情报发送信号的例子）。[1] 该提议由英国广播公司传递给肯尼迪总统，国务卿迪安·拉斯克（Dean Rusk）由此发表了著名的声明：“我们怒目而视，而对方却先眨眼了。”

大多数网络用户收到例如银行或美国政府的电子邮件时，通常会例行

[1] 原注：Cahal Milmo, “After 70 Years Monitoring the Airwaves, BBC Listening Post Could Be Cut Off.”

进行内容分析。银行和美国政府有特定的写作风格，这对东欧犯罪集团来说是很难复制的。

分发

在涉密来源数量有限的情况下，分发信息是相对较容易的工作。而在开源情报工作中，就不那么容易了。你得访问和搜索大量的开源情报资料。你可以使用推动方式：向可能感兴趣的用户发送精选材料。也可以使用拉动方法：使用户可以用搜索引擎找到材料。常用的解决方案是推动和拉动相结合：使出版物的标题或摘要能以各种方法被找到，然后如果特定用户有要求，则对材料进行翻译。

大多数开源情报材料都能以各种方法获取到。并且，因为大多数开源情报资料都不涉密，互联网自然就充当了分发的媒介。政府和企业可以利用虚拟专用网络（virtual private network，VPN）来控制分发。例如，北大西洋公约组织（NATO）就有这样的网络，即北大西洋公约组织广域网(NATO wide area network)，它被用来进行开源情报分发。提供开源情报的公司（如“简氏”）会收取该项网络服务的订阅费。

我们有理由不去广泛分发某些开源情报产品。如果材料显示出某种细微的潜在情报用途，它就需要更仔细的保护。灰色文献的创作者常限制其分发。这种良好的做法可以起到类似保密的作用，防止更多的人知晓灰色文献已被情报机构获取和翻译。

版权也可以对产品强制施加一些控制。像美国政府就使用了“仅官方使用”（这不是真正的分类）等标识，以免被指控侵犯版权。但当信息需要与全世界或者私人组织，比如人道主义援助组织共享时，版权则可能会成为一个大问题。

各国政府还面临着如何处理开源情报中敏感材料的问题。开源情报中相当部分的材料都被认为是由受影响的政府所加密，尤其是线上（比如维基解密）发布的材料。[1] 显然，开源情报的材料并不一定是解密的。有些国家的政府，试图利用自己发布的新闻来反制令其尴尬的信息披露。其他国家的政府则倾向于忽视这些冒犯性材料。美国政府的雇员及其承包商则很小心，既不确认也不否认出现在其公开媒体中的内容。

大多数消息的分发是针对终端用户（情报用户）和全源分析人员的。但有一些分发旨在支持其他情报搜集门类。情报搜集者用“**密报**”（tip-off）一词来形容向情报界其他人员提醒时效性极强情报搜集机会的过程。开源情报中常有“密报”，尤其是对通信情报和人力情报搜集人员而言。“密报”的来源包括新闻机构及私人观察员，他们会就自己的观察发布消息和照片。对于搜集瞬息万变的时事信息而言，比如 2011 年初的中东动乱，这可是宝贵的情报来源。当然，这些来源可能会产生误导或偏见；开源情报分析人员的部分技能就是解释上下文并将任何偏见描述出来。

“**目标定位**”在本质上与“密报”类似，但通常时间更久，意图更明显。它包括：为通信情报和人力情报识别目标人员和组织，并为图像情报识别目标地点。社交网站——博客、脸书、领英及类似网站——提供了大量可用于定位目标的材料。即使情报搜集人员不能通过社交网络直接找到关键人物，也可通过其交际网的朋友或同事间接地找到目标。

三、结构

开源情报和其他情报搜集门类有两方面的不同：

- 首先，任何人都可以搜集。它已经商业化了很多年。小型情报机构、恐怖分子和商业实体都可以方便地利用它。开源情报很容易被恐怖主义团体所利用，我们从恐怖分子的文字中可以知道他们严重依赖它。开源情报是一种均衡器，它令小型情报机构得以与大型机构竞争。

[1] 原注：Glasser, “Probing Galaxies of Data for Nuggets,” A35.

- 其次，产品无须特殊保护。不过消息的分发可能涉及版权问题。开源情报的翻译可以揭示出情报机构对特定主题感兴趣，但不愿将之公开。

这两处差异塑造了开源情报组织的结构和运行方式。直到 20 世纪 90 年代中期，开源情报的结构都是稳定的。政府搜集并翻译外国媒体：报纸、期刊以及来自目标国家的电台和电视广播。目标国家的媒体有着长期记录。这些媒体中信息的量和可信性是相对可预测的。

在美国，大部分开源情报材料是由外国广播信息系统搜集和分发的。如前所述，外国广播信息系统起源于第二次世界大战之前的外国广播监测处。它随后成为中央情报局科学技术理事会（Central Intelligence Agency's Directorate of Science and Technology）的开源情报分部。它在美国政府内监测、翻译和分发美国之外媒体的公开新闻和消息。它在世界各地都保留了若干监测站。

为了辅助外国广播信息系统的工作，多年来，几个情报机构（包括国家安全局、国防情报局和军事情报机构）都保留自己单独的小组，用来获取和翻译开源情报资料，解决他们特定的情报需求。在英国，英国广播公司有着悠久的开源情报搜集历史，起到了类似于外国广播信息系统的作用。很多其他国家在冷战期间也随之效仿。民主德国情报组织国家安全部每月要分析 1000 份西方杂志和 100 部图书，每天要总结 100 多份报纸和 12 小时的联邦德国广播电台与电视节目。[1]

自 20 世纪 90 年代以来发生很多机构变化。那段时间里，全球化正在进行中，政府、非政府组织和商业公司需要不断获取全球范围内的信息，一个行业就此诞生。今天，许多公司提供全球范围的开源情报信息，形成了所谓的“私营情报社团”（private-sector intelligence community）。有四家这样的公司，它们为别是美国斯特拉福（Stratfor）公司、智桥

[1] 原注：“OSINT Report 3/2010.”

（Intellibridge）公司、英国简氏信息集团以及牛津分析公司。[1] 此外不少公司也专门为银行、农业和能源等行业的商业公司提供专业的开源情报信息。

同时，美国政府内部的一些研究显示，人们需要更好的开源情报结构。其中一项则是大规模杀伤性武器委员会的报告，它建议让一个较集中的组织负责搜集开源情报材料。结果是，2005 年外国广播信息系统归属中央情报局，属于受国家情报总监（Director of National Intelligence，DNI）管控的开源中心（Open Source Center，OSC）。其任务是搜集和分析无偿获取的情报。

但由于大量的开源情报材料需要进行翻译和分析，许多政府组织会继续满足其专业需求。美国国防部（DoD）、国土安全部（DHS）、缉毒局（Drug Enforcement Administration，DEA）和大多数情报界组织都有一些开源情报能力。执法机构也常使用开源情报。感谢万维网和在线机器翻译，几乎任何人都可以成为开源情报分析人员。结果是美国的开源情报结构混乱——既非集中式也非完全分散式。每种结构实际上都有它的优点：

- 集中式结构的好处是规模效应。你可以拥有几乎任何目标语言的分析人员。你还可以避免重复翻译。此外，当有预算时，开源情报会得到支持。
- 分散式结构的优点则在于，许多开源分析中心可以更好地为其母公司服务。例如，美国国家安全局的开源情报翻译工作重点关注外国通信系统设计，并针对其特性提供详细信息——这是通信情报搜集者高度关注的主题。

分散式安排的效果很好，以至于开源情报实际上可以当作是“小作坊式的业务”。任何国家、企业或非政府组织都可以建立开源搜集和分析中

[1] 原注：CIA, “Are You Ready?”（Global Futures Partnership, July 2001）, accessed 21 September 2012 at http://www.oss.net/dynamaster/file_archive/090916/6e2588a3d13c9db47d49d9c23b464d79/Are%20You%20Ready.pdf.

心。与所有其他情报相比，它很便宜。这让情报机构、非政府组织和国际公司三者有平等的参与机会。

四、小结

开源材料可能是最为广泛使用的情报来源，大多数情报产品都是以它为基础。政治和经济情报在很大程度上都依赖开源情报，科学、技术和环境情报也是如此。军事情报，尤其在打击恐怖主义和发展军方所称的“人文地形”的情报方面，也会依赖开源情报。执法机构越来越频繁地使用开源情报——互联网——打击网络犯罪，并逮捕性侵者和追踪狂。开源情报价格低廉、未被加密还不需要特殊保护，它有助于联合行动中的情报共享，也能帮助指导涉密情报的搜集。

尽管它有价值，也得了广泛采用，一些作者仍质疑开源情报是否为合法的情报搜集门类。因此，全源分析人员对开源情报产生了认知方面的困扰，这导致他们对开源情报的滥用（或不使用）。政府情报组织常常忽视开源情报，偏好支持涉密信息。认知问题和使用问题的部分原因在于，任何人都可以使用开源情报，因此它未能提供竞争优势。

传统意义上的开源信息是指公开可用的出版材料——报纸、书籍和杂志。今天的主要来源是包括线上数据库在内的万维网。但很多高价值的材料仍然只有纸质版（如报纸、书籍和杂志）。第二次世界大战以来，电台广播和电视广播一直是有用的情报来源，且仍然如此。灰色文献——未加密但并未广泛使用的材料——依然很重要。

开源情报流程通常有 5 个阶段：

1. 计划和识别情报来源。首先的挑战是在可用的材料中找到真正有价值的。这通常要依靠搜索专家。

2. 找到有情报价值的目标，并予以验证。材料必须得到非常仔细的审查和分析。开源情报是敌对机构植入误导性材料的最佳途径。验证需要查看材料的准确性、可信性和真实性，要查明材料是怎么流通的，其赞助者是谁。

3. 翻译。大多数来源带有一些偏见，关键是要知道是什么偏见。但有时翻译者或他们的上级组织本身也有偏见，扭曲译文的意义。

4. 分析。为来源的偏见和提供材料的动机做出评述。通过来源分析或内容分析将材料放在上下文中。内容是什么没有说话者是谁重要。内容分析是一种模式研究工具，它用于发现与过去出版物相比的重大偏差，或在材料中找到隐含信息。

5. 分发。开源情报具有庞大的用户群，材料必须能被人们获取并搜索。这可以通过推动——向特定用户发送精选的译文来达成；或通过拉动——让用户可以搜索所有材料并获取有情报价值的内容。

开源信息的结构多样。大型组织向美国和英国情报界（分别为 OSC 和 BBC）提供开源翻译和分析支持。但在世界范围内来看，这是一个“小作坊式”的行业，小型专业机构也能轻松胜任。集中式组织可实现规模效应；分散式组织可专门为其上级组织提供开源报告。

[第 3 章]

人力情报

本章的内容是关于利用人力资源来搜集情报。“**人力情报**”这一术语既用来形容通过人力资源搜集的情报，也指情报的搜集过程。通常是政府来完成人力情报这一工作的，但世界上大部分的人力情报都是由非政府组织或者商业团体搜集的。

一、功能

人力情报指的是，就国内外相关情报主题设法从他人身上搜集情报。下面是有关人力情报在关键任务领域或情报学科的功能总结。

军事支持

人力情报在军事对抗中可以创造出决定性的优势。历史上有过多次这样的例子：

- 弗朗西斯·沃尔辛厄姆爵士（Sir Francis Walsingham）的间谍网络向他提供了有关西班牙无敌舰队的作战计划、准备情况和作战能力的详细信息，帮助英格兰舰队在 1588 年击败它。一位名叫安东尼·斯坦登（Anthony Standen）的间谍向英国人透露了西班牙无敌舰队抵达的具体时间。

- 在第一次世界大战之前，俄罗斯情报部门招募了奥匈帝国反对派领导人阿尔弗雷德·雷德上校（Colonel Alfred Redl），他向俄罗斯透露了奥地利入侵塞尔维亚的计划。俄罗斯人与塞尔维亚的军事指挥官共享了这些资料，以便塞尔维亚人为入侵做好充分准备。除了向俄罗斯提供奥地利军事秘密外，雷德还向奥地利军方提供了有关俄罗斯军事力量的错误信息，并揭露了奥地利特工在俄罗斯的身份。[1]
- 在 1962 年古巴导弹危机期间，肯尼迪总统收到来自克格勃奥列格·潘科夫斯基中校（Lieutenant Colonel Oleg Penkovsky）的情报——苏联核武库比之前预计的小得多，其导弹燃料系统还没有完全投入使用，苏联导弹制导系统也还无法运作。肯尼迪借此情报实施了更激进的政策，其中包括派海军封锁古巴。

冷战期间，苏联在人力情报领域也取得了成功。保罗·雷蒙德（Paul Redmond）说，“如果战争爆发，仅这四起间谍案件就能够为苏联提供决定性的优势”：

- 沃克（Walker）间谍网使克格勃能够判读美国海军的加密通信系统；
- 克莱德·康拉德（Clyde Conrad）间谍网详细提供了美国陆军在西欧的作战计划和通信情况；
- 罗伯特·汉森（Robert Hanssen）向苏联提供了美国政府应对核攻击的各项计划；
- 奥尔德里奇·埃姆斯（Aldrich Ames）在 20 世纪 80 年代中期破坏了

[1] 原注：Richard Grenier, “Colonel Redl: The Man Behind the Screen Myth,” *New York Times*（October 13, 1985）, accessed 21 September 2012 at http://www.nytimes.com/1985/10/13/movies/colonel-redl-the-man-behind-the-screen-myth.html.

美国中央情报局在苏联的人力情报网。[1]

人力情报在军事战略和行动策划方面提供了宝贵的意见。但在战争中，常规搜集和使用的大部分人力情报本质上是战术性的。审讯囚犯能够获取大量有关敌方军队士气、位置以及作战准备等一手信息。这种手段虽然老套，但却十分有用。在美国内战期间，除了皮科特将军（General Pickett）手下的军队，美国南部联盟其他所有军队中都有人成为葛底斯堡联盟审讯者们的阶下囚；根据这些囚犯的情报，他们准确地总结出皮科特将军将在次日带领生力军发动攻击。

人力情报在武器开发项目中，从概念到生产、部署及系统的操作，都能给予开发者一些借鉴。它也可以提供一些研究上的细节，从而推动技术上的突破或者发现潜在威胁。

人力情报还能把那些通过通信情报、图像情报和开源情报搜集到的数据，变得更加容易理解，以此来提高效率，并且对通过技术搜集系统搜集到的数据也能够提出重要的见解。分析人员在获得通过人力情报搜集到的计划、设备或技术性文件等相关信息后，对于其武器性能或生产技术就会有深刻的了解，这样就能对从其他来源搜集到的数据进行补充。

政治和经济支持

人力情报通常是有关国外领导人态度和决策的最佳情报来源。它可以提供计划、贸易机密和有关政治不稳定性或者政权更迭的情报。人力情报常是政治和贸易谈判的后盾。如果你能知晓对方的谈判策略，这场谈判最终将会有利于你方。通常类似谈判策略的信息会被视为机密，即使在谈判结束之后也不会公开。但在 2010 年，德国外交部长办公室主任赫尔穆

[1] 原注：P. Redmond, "The Challenges of Counterintelligence." Chapter 33 in L. Johnson（ed.）, *The Oxford Handbook of National Security Intelligence*（Oxford: Oxford University Press, 2010）, 541.

特·梅茨纳（Helmut Metzner）因为向美国大使馆官员提供敏感的政治消息而被解雇。后来，他的间谍角色被维基解密的出版物曝光。[1]

反恐和缉毒

人力情报在支持反恐怖主义和缉毒行动以及处理一般犯罪活动方面至关重要。它通常是获取犯罪对手计划和意图的最佳来源，也是处理非法网络犯罪的最佳方法。与技术性搜集相结合的时候，人力情报特别有效。

- 1993 年，在追捕并杀死毒枭巴勃罗·埃斯科巴（Pablo Escobar）的过程中，需要对搜集来源进行整合。哥伦比亚和美国情报团队就把通过人力情报搜集的埃斯科巴的关系网络、财务结构和运营模式等信息合并。利用通信情报来搜集埃斯科巴的手机通信，以帮助定位人力情报目标。[2]
- 2011 年，在对奥萨马·本·拉登（Osama bin Laden）住所的突袭导致他死亡之前，美国开展了大规模的人力情报行动和技术监视。人力情报行动包括审讯关塔那摩湾（Guantanamo Bay）的基地组织（al Qaeda）囚犯，监视本·拉登的信使，以及在阿伯塔巴德（Abbottabad）附近租一个安全屋进行监视。这种人力情报和其他技术监视措施一道，让国家地理空间情报局得以提供有关基地组织的大量图像情报。[3]

---

[1] 原注：Ian Traynor, "WikiLeaks Cables Claim First Scalp as German Minister's Aide is Sacked," *The Guardian*（December 3, 2010）, accessed 21 September 2012 at http://www.guardian.co.uk/media/2010/dec/03/wikileaks-first-scalp-german-aide.

[2] 原注：Mark Bowden, *Killing Pablo*（Atlantic Monthly Press, 2001）.

[3] 原注："Timeline: The Intelligence Hunt Leading to Bin Laden," *BBC News South Asia*（May 6, 2011）, accessed 21 September 2012 at http://www.bbc.co.uk/news/world-south-asia-13279283.

执法

人力情报是执法过程中最基本的信息搜集方法之一。多年来，美国联邦调查局和国家执法部门利用人力来源（线人，告密者）狠狠地打击了美国黑手党。[1] 最近，人力来源在缉毒和国内反恐斗争中也发挥了巨大的作用。但这些人力情报搜集者不是招募的，而是自愿的。

欺骗和信号发送

欺骗和信号发送的主题在第 2 章有过介绍。信号常通过人力情报承载。

识别和解读对手的信号是人力情报搜集者必须面对的难题之一。根据情况，信号可以通过语言、动作、表现或根据信号环境中非常细微的差异来发出。

在谈判中，信号既可以是语言的也可以是非语言的。真信号通常用于代替公开声明，以提供信息，同时保留否认权。假信号被用于误导，通常是为了获得谈判优势。

有相似文化的两个个体之间的信号即使很微妙，也很容易互相理解信号的含义。比如两家美国公司的高管可以自信地向对方发出信号，因为他们都明白规则。但是，美国高管和印度尼西亚高管很可能会误解对方的信号。信号中的文化差异可能是巨大的。不同的文化依赖于语言和非语言信号来传达信息。

商业人力情报

商业间谍技术在工业革命期间迅速发展，当时英国在许多制造业中占

[1] 原注：Clarence Walker, “A Special Investigative Report: American Mafia Recruits Sicilian Mafia,” in *American Mafia.com*（August 2004）,accessed 21 September 2012 at http://www.americanmafia.com/Feature_Articles_272.html.

有优势，是法国、德国、荷兰和瑞典追赶的目标，他们想挖走那些熟练的工匠（如果可能则带着他们的工具一起）。[1] 当然，英国也礼尚往来，瞄准了其他国家有优势的技术。国防领域的人经常让他们的员工只专注于主要过程的单一部分，如炼钢或化工原料。没有人能向外人透露整个处理过程。[2]

苏联后来改进了这项技术。在苏联军事工业中，除非这个人是负责执行的高级官员，否则单个叛逃者或间谍无法了解全局。苏联的系统尽量做到间隔化。这个系统虽然可以减少间谍或者叛逃者获得人力情报的可能性，但代价高昂，妨碍了需要这些信息的人的适应能力和知识共享。

如今人力情报是许多商业组织情报信息的主要来源，许多政府也将人力情报用于商业目的。对于商业组织来说，难点就是在合法且不违背道德原则的前提下搜集人力情报。大多数公司不会出于道德原因而使用秘密的人力情报（例如，让商业间谍去竞争对手处做卧底）。即使在没有道德约束的公司，也会设法避免使用秘密的人力情报，因为暴露后可能会代价高昂。下面举两个例子说明使用秘密商业人力情报被暴露后的危险：

- 2000 年，甲骨文公司承认聘请了一名调查员，让他秘密寻找可对微软公司不利的文档；据报道，这种策略包括在华盛顿特区对政治组织进行秘密搜索，以及向看门人购买被当成垃圾处理，能显示微软不当活动的文件。[3]
- 2001 年，宝洁公司涉嫌非法搜集竞争对手联合利华的商业信息，包括通过非正式技术——“垃圾搜索”（dumpster diving）或者叫它 TRASHINT，从联合利华的酒店垃圾中筛选文件。据报道，在遭到

[1]　原注：David S. Landes, *The Wealth and Poverty of Nations*（New York: W. W. Norton and Company, 1998）, 276.

[2]　原注：David S. Landes, *The Wealth and Poverty of Nations*（New York: W. W. Norton and Company, 1998）, 279.

[3]　原注：David S. Landes, *The Wealth and Poverty of Nations*（New York: W. W. Norton and Company, 1998）, 279.

曝光之后，宝洁为了和解同意支付联合利华 1000 万美元。[1]

这两起事件被揭发之后，涉案公司的形象一落千丈。

政府的商业间谍则是另一回事。政府似乎不会受到道德和法律上的限制。美国国会报告谴责法国和以色列“大量参与”对美国的经济间谍活动。[2]

不断变化的目标

在二战期间及之后的整个冷战期间，美国和盟国的人力情报在已知的、相对稳定的目标上具有优势。纳粹德国、日本和苏联是有难度的目标，但他们仍然是人力情报搜集的目标，而且某种程度上是可预测的。在人力情报搜集领域，实行长期计划比短期计划更容易一些。

自 20 世纪 90 年代以来，美国及其冷战盟国不得不应对一系列复杂的目标。前中央情报主任（DCI）指出：“我们已经杀死了一条凶猛的龙。但我们现在生活在一个充斥着各种毒蛇的丛林中。”[3] 除此之外，越来越多的目标是网络。而这些新目标中，有许多是特别难以渗透的族裔、家庭或家族组织。美国和英联邦情报部门必须面对比过去更加多样化的语言和文化。相比冷战期间，他们不得不招募人手，进行培训，采购装备以应对更多的问题。

因此，目标在不断改变，对人力情报搜集来说很难跟上这种步伐。人力情报缺乏其他情报所拥有的目标灵活性——它受到情报来源的知识和权

---

[1] 原注：Arthur Weiss, “How Far Can Primary Research Go?” *Competitive Intelligence Magazine*（November–December 2001）, 18.

[2] 原注：“France, Israel Cited in CIA Espionage Study,” *Los Angeles Times*（August 15, 1996, accessed 21 September 2012 at http://articles.latimes.com/1996-08-15/business/fi-34524_1_economic-espionage.

[3] 原注：Douglas F. Garthoff, “Directors of Central Intelligence as Leaders of the US Intelligence Community, 1946–2005”（2007）, Chapter 12, accessed 21 September 2012 at https://www.cia.gov/library/center-for-the-study-of-intelligence/csi-publications/books-and-monographs/directors-of-central-intelligence-as-leaders-of-the-u-s-intelligence-community/chapter_12.htm.

限的限制。其中的机会主义占比很大。一些最好的情报来源是“不速之客”(walk-in)。过去20年的一个重大转变是，从国家目标转向非国家目标。但人力情报不能简单地被重新定向。综上所述，人力情报的能力很难大幅提升。

同时，这一新的目标群体使秘密情报机构具有越来越重要的作用：能搜集来自不同渠道的情报。因为秘密情报机构在目标国家有部署，且知道如何在目标国活动，它可以为许多其他的情报手段提供支撑。通信情报、网络搜集、电子情报、外国仪器信号情报、材料取样、声学监测（acoustic monitoring)，都是可以在秘密情报机构协助下进行搜集的情报例子。

二、流程

这部分有关**谍报技术**（tradecraft)，即秘密或公开地获取人力情报的技术，包括搜集和开发良好的情报来源并且有效地运行它们。这还包括一些更激进的技术，比如秘密窃取文件和密码。

如前所述，人力情报大致分为两类：秘密人力情报和公开人力情报。这两者实施的过程十分不同。秘密的人力情报行动需要大量和复杂的基础设施作为支撑，包括海外办事处、安全屋、卧底身份和专业培训。在美国，中央情报局一直是提供秘密人力情报的主要来源。美国军方也秘密搜集了人力情报，但大部分情况下他们是公开搜集的。在竞争情报世界中，大部分人力情报是公开搜集的。

下文会概述主要的人力情报来源，从熟悉的秘密来源开始，包括流亡者、叛逃者以及说服和审讯的对象。这些来源的共同之处是，情报是由一个人与另一个人交流互动获得的。

政府人力情报活动的产品包括大使馆官员的评估，从联系人获得的信息，来自付费情报特工的信息，通过购买或盗窃秘密获取的文档或设备。

人力情报的来源可以是外交官和国防人员的随行人员、国际会议与会者、叛逃者、流亡者或难民。（随行人员是指外交人员在国外配备的技术专家。流亡者通常是由于政治或经济原因永久离开其祖国的人。）

志愿者（合作的个人或者组织）也可以利用特权来提供他们在工作过程中得到的信息。非政府组织近年来蓬勃发展，并且成为提供外国发展情况的越来越有用的来源。

秘密搜集

在书籍和电影中常出现的人力情报类型，都是秘密搜集的类型。当情报搜集者是某个政府组织时，这就是典型的秘密情报机构。基本上，秘密搜集是指让专案官（case officer，秘密情报机构的雇员）招募和启用特工（不是雇员）来从事间谍活动。通常情况下，特工是（也不总是）他们要进行间谍活动的目标国家的公民。

间谍活动在任何国家都是非法的。但很少国家拥有真正有效的反间谍机构。因此，在大多数国家，进行间谍活动的环境是相对安全的，有能力的情报部门可以开展业务（虽然有时会有风险）。例如，伊朗、俄罗斯等国有一个庞大的内部安全机构。因此，对于秘密行动来说，这是非常恶劣的环境。在某几个国家（如朝鲜），招募和启用特工是非常困难的。

通过秘密的人力情报来源（经典的间谍、内奸或特工，能在间谍小说中看到）获得信息，可能成本最高。因此，必须仔细斟酌选择。但它是确认计划和意图等的最佳方式。

专案官通常靠招募的特工或志愿者提供情报。还有一个类别在执法中广泛应用，那就是线人：他们不受控制也不主动接受任务。

秘密情报人员还会参与材料和物料的获取。第 15 章和第 17 章讨论了所搜集材料和物料的情报用途。本章后文讨论的两种常见搜集方法是，窃取和使用幌子公司。

秘密搜集通常包括三个阶段：招募特工，启用特工，以及结束关系。下面让我们来看看。

招募过程。这个过程包括发现一个潜在的特工，评估他的潜力，招募和审查他。招募过程复杂，耗时数年；招募速度太快，通常效果不佳。下面描述的每个步骤都有挑战和危险，需要经过评估，所以一般来说招募是一个非常仔细的过程。

a. **发现**。发现就是识别一个潜在的特工。通常的做法是观察驻外国的政府官员，寻找他对自己国家或个人情况不满意的证据，或者他也可能因为其他原因而愿意成为间谍。不忠、自恋、差劲的父母关系、失败的婚姻或滥用药物，都可能会让这个人选择当特工。如果有人之前了解这些潜在的特工，并且相信他们容易被招募的话，这些人便会向组织推荐他们。[1]

一个优秀特工的一般特征是：

- 他或她应该或者乐意当间谍。被迫做特工的话，他会想尽快结束间谍关系，并可能向专案官说谎。
- 对所寻求的信息或所寻求访问的地点具有合理的访问权限。一些特工可能只需要将技术搜集团队带入地点，让他们安装监视设备。
- 做一个被别人信赖的人。在军队里，军官应该得到士兵的信任。恐怖分子应该在他的组织里得到信任。
- 拥有能够承受间谍活动压力的心理素质。

社交网络现在能让人通过识别社交、经济和生活方式偏好来发现潜在的特工。通过跨平台应用程序中的社交插件（例如，连接 Facebook 和 Twitter 账户），个人数据变得更容易获取。同时，对单个网络站点的访问将可以打开一个人的整个社交网络世界供人利用。

b. **评估**。一些特工会经历一整套的招募流程，也有一些人绕过了发现的过程，这些人就是**“不速之客”**，他们通常在一个国家的国外大使馆出

[1] 原注：R. Wallace and H. K. Melton, *Spycraft: The Secret History of the CIA's Spytechs, from Communism to al-Qaeda*（New York: Dutton, 2008）, 365.

现并且自愿当间谍。冷战期间对立双方各自阵营里最出色的间谍都是“不速之客”。美国就受益于这些间谍，比如奥列格 · 潘科夫斯基、理夏德 · 库林斯基（Ryszard Kuklinski）和阿道夫 · 托尔卡切夫（Adolf Tolkachev）。苏联也是成功的，它获得了约翰 · 沃克（John Walker）、奥德里奇 · 埃姆斯和罗伯特 · 汉森这样的间谍人员。

无论是主动招募者还是“不速之客”，每个潜在特工都需要被评估，判断他与上述特征是否符合，以及他成为特工的动机是什么。评估动机对于与这个特工有效互动交流非常重要。对于间谍来说，他们每个人的动机都是不同的。MICE（金钱、意识形态、把柄要挟、自负）是对潜在特工的动机进行分类的方法，虽然报复自己的国家往往是第五个因素。

金钱往往是美国间谍的最主要动机。前中央情报局反情报官员詹姆斯 · 奥尔森（James Olson）指出：“美国人出于许多原因背弃了他们的国家，主要是为了钱。”[1] 沃克、埃姆斯和汉森这样的间谍获得了数百万美元。

意识形态是冷战时期双方间谍的主要动机。美国和英国的许多间谍给苏联提供情报，是因为支持共产主义。国防情报局分析人员安娜 · 蒙特斯（Ana Montes），国务院雇员沃尔特和格温多林 · 梅耶斯（Gwendolyn Myers）支持卡斯特罗政权，并自愿为古巴做间谍。古巴情报机构没有给他们任何钱。苏联许多“不速之客”间谍的动机是对体制的仇恨，虽然有些人也希望通过做间谍来摆脱经济困难。抵制苏联意识形态是波兰总参谋部上校理夏德 · 库林斯基做间谍的诱因，他找到中央情报局并自愿为美国进行间谍活动。苏联准备利用波兰为自身谋利益，这一点激怒了库林斯基。他在 9 年内向美国和北约提供了许多关于华约组织的绝密战略计划和其他情报。[2]

---

[1] 原注：James Olson, *The Ten Commandments of Counterintelligence*, Center for the Study of Intelligence（2007）, p. 242. Accessed 21 September 2012 at https://www.cia.gov/library/center-for-the-study-of-intelligence/csi-publications/csi-studies/studies/fall_winter_2001/article08.html.

[2] 原注：Benjamin Weiser, *A Secret Life*（New York: Public Affairs, 2004）.

把柄要挟意味着使用强制或勒索手段来获得特工的合作。以把柄要挟来迫使目标人物当间谍有明显的缺点，这点稍后讨论。曾经同性恋身份被当作把柄来强迫他人当间谍，但现在在大多数社会，这已经不再是把柄了。[1]

自负也可以是动机之一，虽然它很少是从事间谍活动的唯一动机。显然，自负是罗伯特·汉森做间谍的一个主要因素，他有一种比联邦调查局其他同事优秀的优越感。[2] 奥列格·潘科夫斯基选择做间谍的部分动机也是自负。

但成为特工的动机并不是那么简单和直接。大部分情况下是由许多动机共同起作用的。乔纳森·波拉德（Jonathan Pollard）试图向几个国家出售秘密，但他为以色列从事间谍活动的动机似乎主要是意识形态原因。罗伯特·汉森做特工的初始动机似乎是经济困难，但后来他的行为表明自负在他的动机中似乎占更大一部分。

评估过程还包括，潜在候选人是否有访问正在寻找之信息的权限，以及如果打算长期从事这一行业，他能否在他的职业生涯中取得进步，并在未来有访问权限。许多被招募者多年都没有创造任何价值。还有一个与其他来源权衡的问题。能否通过其他的方式获取信息呢？这会让招募对象显得多余。招募间谍需要大量的资源，负责招募的人也要付出大量的精力，同时还要调用秘密行动支持网络。如果信息可以通过其他方式获得或者推断出来，那它就是首选的方式。

此外，在评估过程中，招募组织必须确定候选人是否为敌方阵营的**卧底**。卧底指的是被刻意放在敌对情报组织面前，有吸引力的潜在招募对象。目的是让目标机构主动联系卧底，让对方相信自己发现、发展，并招募了特工。如果目标对象上钩并接受了这个特工，那该特工真正服务的对

[1] 原注：James Olson, *The Ten Commandments of Counterintelligence*.

[2] 原注：D. Wise, *Spy: The Inside Story of How the FBI's Robert Hanssen Betrayed America*（New York: Random House, 2002）, 270–281.

象就可以知道对方官员的身份和弱点、搜集要求及其谍报技术。[1] 这个特工也可以传递错误的信息给招募他的组织。

c. **招募**。在完成全部和有利的评估之后，负责的专案官就要向这个潜在特工进行游说。而专案官本身就是招募成功与否的关键。在了解这个潜在特工动机的基础上，专案官会用优厚的待遇来诱惑他。专案官可能会对这个特工承诺说，可以帮助他完成想要去做但又没完成的事情。招募人员会向这个发展对象提供许多好处，比如给其家人提供专门的医疗待遇，为其孩子提供西式的教育，或者提供购买房子所需要的钱等。

有些招募需要很长时间。一些工作会因为许多原因而失败——比如候选人只是单纯不想当间谍，或者他想要的是招募组织不能提供的，再或者他会给负责招募的官员——专案官带来危险。

一些国家在招募特工时使用“冒充身份”（false flag）。就是说，负责招募的官员会声称自己属于某个组织，但实际上他却效力于另一个组织。以色列的外国情报机构摩萨德（Mossad），就因为经常使用这种方法招募阿拉伯间谍而闻名。大多数阿拉伯人不愿意成为以色列的间谍，但许多人愿意为他们自认为是另一个阿拉伯国家或组织的机构效力。

胁迫和贿赂主要是针对西方使用的工具。贿赂可以是很隐晦的。一位评论家指出：“典型的方式是，你帮助他们，他们帮助你发展出口业务，向凯马特（Kmart）商场出售便宜的沙拉碗。”[2]

胁迫往往会通过抓住一个人的把柄，比如说行为不检点或者曾有过犯罪活动而勒索这个人。苏联在莫斯科长期设有特定的酒店房间，那里装了监听设备和摄像头，用来记录外国游客的活动和他们在这个房间里发生的不检点行为。如今在一些国家，接待他国人条件更好的酒店也有类似的

[1] 原注：John Ehrman, “What Are We Talking About When We Talk About Counterintelligence?” Center for the Study of Intelligence, *Studies in Intelligence*,Vol. 53, No. 2(2009), 18, accessed 21 September 2012 at https://www.cia.gov/library/center-for-the-study-of-intelligence/csi-publications/csi-studies/studies/v0153n02/toward-a-theory-of-ci.html.

[2] 原注：Wise, *Spy: The Inside Story of How the FBI's Robert Hanssen Betrayed America*, 12.

装备。[1] 这些外国人被掌握的任何把柄都可以用来胁迫他们成为间谍。但是，被胁迫的人通常不会成为好的间谍。因为他不符合做间谍的最基本条件：自愿成为间谍。美国驻莫斯科大使馆海军陆战队队员克莱顿·洛内特（Clayton Lonetree）的女朋友被克格勃控制了，他被迫为苏联人效力去监视自己的国家。最后洛内特由于内疚而自首。[2]

d. **审查**。成功招募之后，要做的就是对这个新特工进行审查。审查涉及测试他是否撒谎，比如确认他是否为卧底。美国依赖测谎仪，他们会询问这个特工的生活方式、联系人、信息获取权限及其过往经历，然后查看他们的回答有没有撒谎。测谎仪问世之前，其他许多国家使用其他技术进行审查。

管理特工。招募程序完成后，新特工会被启用，此时就是收获回报的时候了。特工必须知道要搜集什么情报，而且搜集的情报必须反馈给上级，进行评估和汇报。一些特工知道，对于他们的管理者来说，什么才是重要的。情报人员能当好特工的一个原因是，他们常常知道需要些什么。另一个原因是，他们知道要使用什么谍报技术。但几乎所有特工都需要经过一些培训，特别是在参加会议和与其专案官进行其他交流的时候。

训练阶段结束后，最主要的挑战是如何维系特工与管理者之间的双向交流。间谍活动一开始，间谍们就必须秘密向其管理者反馈信息。专案官需要为特工做出指引，特工需要为专案官提供信息（原始情报）。有时这是在双方秘密会晤中进行的，比如在酒吧里或在公园长凳上。面对面的会晤是非常危险的，但这对评估、培训和解决问题来说又是必不可少的，如此才能确保双方明白相互的要求，更改计划或目标。

在像俄罗斯、伊朗等有着复杂的反情报技术和安全措施的国家，面对面的会晤尤其危险，因此安排间接联系人常常是最好的交流方式。反间谍

[1] 原注：Wise, *Spy: The Inside Story of How the FBI's Robert Hanssen Betrayed America*, 14.

[2] 原注：M. Beardon and J. Risen, *The Main Enemy: The Inside Story of the CIA's Final Showdown with the KGB*（New York: Random House, 2003）, 198–202.

活动的一项重要任务，就是辨识直接和间接的间谍交流活动。

值得注意的是，特工最容易被抓住的时候，就是他们试图将秘密传递给第三方的时候，而不是获取情报的时候。[1] 克格勃第七局就是针对特工需要传递信息这一弱点进行安全监控的。克格勃监控团队从伦敦的特工乔治·布莱克（George Blake）那里获得情报后，追踪英国外交官夫人珍妮特·奇泽姆（Janet Chisholm），发现了内鬼奥列格·潘科夫斯基。[2]

秘密情报机构发明了一些技术以减小这一缺陷带来的影响。接头易物和建立情报交换点是最古老的两种方法。

接头易物指的是一套直接将物品从一个人传给另一个人的技巧。这通常会用在拥挤的公共场所，来躲过视频监控。特工与专案官擦肩而过，或者突然撞一下对方，物品就在双方之间传递了（传递的东西有可能是双方手里外形一样的公文包或报纸）。

情报交换点也是用于避免特工与其专案官直接见面的一种方式。情报交换点可以是一面墙上松动的砖头，图书馆的一本书，一个树洞，也可以是一块巨石之下。应该建立情报交换点，这样就能在传递情报的同时，让接头人不被公众或安保部队监察人员发现。专案官或特工还需要发出一些信号，比如用粉笔在墙上做个记号，让对方知道情报交换点已经建立起来，可以用于传递情报了。

布莱恩·里根（Brian Regan）一直想成为一名间谍，他创建了一种新的情报交换点。他在弗吉尼亚波卡洪塔斯州立公园（Pocahontas State Park）埋了几个装满涉密文件的袋子。里根计划将这些文件的埋藏地点卖给出价最高的人。2001 年 8 月，他带着地址，准备与伊拉克官员会面，在登机去苏黎世的时候被逮捕了。[3]

---

[1] 原注：R. Wallace and H. K. R. Melton, *Spycraft*, 420.

[2] 原注：R. Wallace and H. K. R. Melton, *Spycraft*, 31.

[3] 原注：Yudhijit Bhattacharjee, "Tale of a Would-be Spy, Buried Treasure, and Uncrackable Code," *Wired*（January 25, 2010）, accessed 21 September 2012 at http://www.wired.com/magazine/2010/01/ff_hideandseek/4/.

像接头易物和情报交换点等传统方法，已经通过很多借助现代通信技术的方法得到补充。这些方法统称为“隐蔽通信”（covert communications），在美国则被简称为“COVCOM”。

隐蔽通信最古老的技术之一是“**隐写术**”（steganography），也可以称为“密写”。传统的方法是，用隐形墨水在显然无伤大雅的文字之间另外写上信息。反间谍活动的人通常会拆开可疑信件（行话为“邮检启封”[flaps and seals] 行动），并检测是否有密写内容。因此，密写在复杂的情报机构中并不常用。密写仍然在缺少通信技术方法的国家中使用。二战期间，特工使用一种复杂的隐写术，叫“微点拷贝”（microdot）：它是一种摄影技术，能将一页的文档缩小到一个针头那么小，使其看起来像是一个句号。

在通信情报章节提到的现代隐写术运用了计算机技术。互联网的兴起为秘密通信的使用提供了很多机会，比如网吧。它也催生了新型的隐写术。在数字隐写术中，通过电子通信将隐写编码植入文档、图片文件或程序中。由于媒体文件容量大，因此它们对隐写传送来说是理想的选择。举个简单的例子，发送者也许会先用一个无害的图像文件，每隔 100 个像素调整一下颜色，以对应字母表中的一个字母。这种改变是如此的微小，以至于别人不仔细去看都发现不了。

无线电为特工及其管理者提供了一种快速的远程通信方式，有时可以跨越很长的距离。20 世纪中叶，因为高频无线电能跨洲传送信息，所以它被广泛用于特工通信。但无线电通信会被拦截。有几项技术可以用来防止拦截。其中更受欢迎的是，用简洁的传送方式传送压缩信息（称为“快速传输”[burst transmissions]）。特工还使用一种叫作“低截获概率”（low probability of intercept，LPI）的通信方式。其中包括扩展频谱（spread spectrum，用一种看起来像噪声的信号传送给正常接收者）和跳频技术（frequency hopping，在无线电频谱中快速从一个地方跳到另一个地方，以防止窃听）。

20 世纪后半叶，很多特工转为依靠卫星和移动电话进行通信。卫星给特工提供了一种传递情报和接收指示的更为安全的方式。据报道，20 世纪 60 年代，中情局在低地球轨道（low earth orbit，LEO）上使用代号为“鸟书”（BIRDBOOK）的无线电中继卫星，来维持与特工的隐蔽通信。然而，这种低地球轨道的弊端是，卫星在经过特工的位置时，只能覆盖几分钟。[1]

加密术也被用于保护可能被拦截的情报内容，但这需要特工有更精密的支持系统。密码专家之前就能破解特工使用的大部分代码。1942 至 1945 年期间，美国和英国在“维诺纳”（VENONA）计划中截获苏联特工的通信并逐渐将其解密。现代密码学提供了一些能被广泛使用，且利用当前技术几乎无法破译的代码。但如果你成功破译特工的通信，找出情报来源，就有可能破获整个间谍网。对朱利叶斯（Julius）、埃塞尔·罗森堡（Ethel Rosenberg）和阿尔杰·希斯（Alger Hiss）的逮捕和定罪，很大程度上就是基于“维诺纳”截获的情报。[2]

除了通信外，还有很多琐事要做，大致可将其归类为照料和供给。特工必须配置设备，例如微型摄像机、无线电和影印机，以进行安全搜集和情报传递。特工必须有工资，而且支付方式不应引起反间谍机构的注意。为防止行动失败，必须要为特工及其家人安排一定的保护措施。

退出策略。关系不会一直持续下去，而这种与人力情报来源的关系最终也会结束。有时这种情报来源（指线人）的价值会减少或消失殆尽，其权限也许会丢失，又或许他或她所能提供的信息不再那么重要。也许情报来源不再可信（或许他从来就不可信）。如果秘密情报来源没有自然死亡或者没有被捕，那么在某个时候可能需要放弃这个情报来源。由于情报来源和管理者随着时间的推移建立了情感上的关系，这种关系的结束往往对于双方来说都是痛苦的。

---

[1] 原注：R. Wallace and H. K. R. Melton, *Spycraft: The Secret History of the CIA's Spytechs, from Communism to al-Qaeda*, 421–441.

[2] 原注：Robert L. Benson, "The Venona Story," NSA/CSS Historical Publications, accessed 24 September 2011 at http://web.archive.org/web/20060614231955/http://www.nsa.gov/publications/publi00039.cfm.

有时情报来源一直都有价值，但他被抓住的风险就会变得过高。在这种情况下，情报来源常常不得不转移（离开他的祖国，到一个安全的地方）。在这种情况下，有些秘密情报机构会与特工断绝联系，但大部分人会觉得有道义把特工从危险的处境中带离（如果可能，会把他的近亲也带离）。比如，以色列的情报机构，会把前特工和与其合作的人带离危险之地，在以色列重新安置他们。2000 年，以色列从黎巴嫩撤军时，带走了很多黎巴嫩特工，并重新安置他们。[1]

特工的撤离通常比上面这个例子更为复杂，因为这样的行动要在敌国进行。这常常需要重新编制他们的身份、个人档案、履历，并对他们进行伪装。所用的履历必须经过精心编排。在众多精心安排的撤离计划中，其中有一次行动虽然并没有特工的参与，但这次行动却是撤离计划的典范。1979 年 11 月，伊朗占领了美国大使馆。1980 年 1 月，中情局成功将 6 名美国使馆人员从驻德黑兰的加拿大大使馆解救出来。解救计划需要加拿大政府的大力支持（因此这个行动被命名为“加拿大雀跃行动”[Canadian Caper]）。此外，还需要一个假的电影公司，挑选出一个电影脚本，其中需要在德黑兰拍摄一幕枪击战，然后让伊朗政府批准这部电影，再将这 6 名使馆人员伪装成演员，给他们提供假的护照和个人信息，让每位外交人员通过机场的检查。[2] 各类书刊、电视电影以及 2012 年上映的电影《逃离德黑兰》，都对这一事件进行过叙述。

支持秘密搜集

有很多技术可用于支持秘密的情报搜集。以下就是一些重要的技术。

---

[1] 原注：Shlomo Shpiro, “Speak No Evil,” in Jan Goldman（ed.）, *Ethics of Spying*, Volume 2（Lanham, MD: The Scarecrow Press, 2010）, 63

[2] 原注：Antonio J. Mendez, “A Classic Case of Deception,” CIA *Studies in Intelligence*,（Winter 1999/2000）, accessed 25 September 2011 at https://www.cia.gov/library/center-for-the-study-of-intelligence/csi-publications/csi-studies/studies/winter99–00/art1.html.

掩护。人力情报搜集人员必须去往国外。大部分情况下，如果他们的职业被敌国知晓，他们就不能有效发挥作用。特别是秘密情报机构的人员，他们必须隐藏自己的真正身份，因此就需要一些掩护（比如，一个假的身份）。

有两种掩护类型——官方的和非官方的。有官方掩护身份的人在官方政府任职。掩护的最高层次是非官方的掩护身份。这样的情报人员被称为"非官方掩护人员"（nonofficial cover，NOC）。对于反间谍机构来说，"非官方掩护人员"的身份非常难以发现，但如果被发现，就更容易受到攻击。

苏联凭借"非法移民"这种形式，在非官方掩护的利用方面有着最激进的做法。"非法移民"拥有假的身份和档案，他们在小的时候就被挑选出来，接受集中训练，然后被安排一个新身份。这个身份常常是没有家人的年轻死者的。间谍活动开始前，他们也许会被送出国几年甚至几十年。记录在案的苏维埃间谍有鲁道夫·阿贝尔（Rudolf Abel，真名维利亚姆·菲舍 [Vilyam Genrikhovich Fisher]）和戈登·朗斯代尔（Gordon Lonsdale，真名科隆·莫洛迪 [Colon Trofimovich Molody]）。前者为在美国刺探原子弹情报的间谍提供支持，1957 年被逮捕，而后者于 1961 年在伦敦被逮捕。苏联垮台以来，俄罗斯继续采用这种"非法移民"，不过效果明显没有冷战前期那么好。2010 年 6 月 27 日，在调查一桩盗用一名加拿大死者身份的案件时，美国联邦调查局抓捕了 11 个使用假名和假家庭背景的间谍。这 11 名间谍的刺探工作并不太成功，他们被用于换取在俄罗斯被捕的美国间谍。[1]

非官方身份的掩护类型很多。菲舍在纽约开了间摄影工作室。莫洛迪的掩护身份是卖自动唱机的商人。11 名在 2010 年被逮捕的间谍有着不同的履历，如记者、房地产经纪人、智囊团职员、金融服务代表、会计师、旅游经

[1] 原注：Peter Baker, "Swap Idea Emerged Early in Case of Russia Agents," *New York Times*（July 9, 2010）, accessed 21 September 2012 at http://www.nytimes.com/2010/07/10/world/europe/10russia.html?ref=russianspyring2010&pagewanted=2.

纪人和软件测试师。中情局和英国军情六处都使用非官方掩护人员。[1]

对于秘密情报机构来说，各种形式的海外掩护身份逐渐成为一个问题。外国政府的历史数据越来越容易被获取，像生物测定学等技术的使用也越来越普及，这些都使身份掩护变得更为困难。对于从事间谍活动的官员来说，跨境活动尤为危险。随着生物信息的出现，假档案更容易被发现。此外，有了互联网，调查可疑人员背景的能力迅速得到增强。事实上，在网络上没留下半点足迹的人也会被当作怀疑对象。

结果，非官方掩护身份正变得越来越必要，但也越来越难以维持，必须创造新型的非官方掩护身份。间谍招募的非传统平台也变得越来越必要，其成本比维持官方掩护身份平台更为高昂。[2]

a. **掩护公司**。前文着重讨论个人的掩护身份。秘密情报机构同样需要组织掩护身份，以支持海外秘密情报机构活动，如后勤工作、隐蔽行动、获取海外情报信息等。这些常常牵涉到掩护公司和相关合作公司。以下是掩护公司的主要用途和具体的例子。

b. **间谍掩护身份**。1924 年，苏联成立了苏美贸易公司，总部在纽约。直到 20 世纪 30 年代，该公司都是苏联和美国之间的贸易机构。该公司还为众多苏联间谍机构人员提供了便利的掩护。

c. **隐蔽行动支持**。美国航空公司是较为知名的掩护公司之一，在业内被称为“业主”：1950 年 8 月，中情局购买了民航运输公司（Civil Air Transport）的资产，该公司是二战后由克莱尔 · 陈纳德将军（General Claire L. Chennault）和怀丁 · 魏劳尔（Whiting Willauer）在中国建立的。随后，它被重命名为美国航空公司，其航线覆盖整个亚洲的商业路线，在各方面都表现得像是一家私有商业航空公司。与此同时，这家航空公司为

---

[1] 原注：Nicholas Anderson, *NOC: Non-official Cover: British Secret Operations*（London,UK: Enigma Books, 2009）.

[2] 原注：“A Tide Turns,” *The Economist*（July 21, 2010）, accessed 21 September 2012 at http://www.economist.com/node/16590867/.

秘密情报行动提供飞机和机组人员。[1]

在朝鲜战争，印度支那地区发生的抗法冲突和起义，以及随后的越南战争中，美国航空公司为大量的隐蔽行动提供了支援。1976 年，越南战争结束后不久，美国航空公司就结束运营了。

d. **技术与物资获取**。很多情报机构利用掩护公司和相关合作公司的掩护来获取技术和物资。由于西欧、美国，特别是日本技术先进，俄罗斯等国很久之前就把他们当作目标。

掩护公司获取技术和物资有几种选择。它们常被用于对一些来自合法公司的技术和物资进行招标。为了提高竞争力和促进销售，受害公司通常会提供具体的技术信息。[2] 在被用作购买物资和进行违禁品出口的转运点方面，掩护公司也能起到这方面的作用。

在美国，掩护公司有着作为合法“美国法人”的优势；这一重要身份限制了中情局和美国国家安全局监控公司活动的能力。2005 年，美国联邦调查局反情报活动总负责人戴夫 · 萨迪（Dave Szady），报告称他国在美国运营了超过 3000 家掩护公司，而这些公司的主要目的就是购买或盗取管制技术。

在美国和西欧这样有大量公司申报要求的国家，掩护公司的所有权或公司的控制权比较难以隐藏。但在其他地方，所有权就会比较容易隐藏起来。伊朗在迪拜创立了一个掩护公司网（掩护成学校或私人实验室），以获取应用在伊拉克的简易爆炸装置（improvised explosive device，IED）及其核能项目方面的技术。迪拜关闭这间掩护公司后，伊朗在马来西亚也设置了相似的网络。[3]

监视与反监视。所有秘密情报机构，作为情报搜集和反间谍活动的一

---

[1] 原注：William M. Leary, “About Air America,” accessed 21 September 2012 at http://www.air-america.org/About/History.shtml.

[2] 原注：E. M. Roche, *Corporate Spy: Industrial Espionage and Counterintelligence in the Multinational Enterprise*（New York: Barraclough, 2008）, 131–135.

[3] 原注：Joby Warrick, “Iran Using Fronts to Get Bomb Parts from US,” *Washington Post*（January 11, 2009）, A01.

部分，都在进行监视和反监视的工作。

- 监视大致分为两种形式：由人类操控的传统监视，这常常是在公共场所进行观察和窃听；技术性监视，运用技术工具——例如摄影机、音频设备和通信拦截设备。
- 反监视旨在探测和破坏敌方对己方间谍行动进行监测的意图。伪装是众多运用于破坏监视或进行转移的技术之一。破坏技术性监视，在业内有个专门的术语：技术性监视对抗措施（technical surveillance countermeasure），常被简称为“TSCM”。

监视常常需要首先辨认敌方的情报工作人员——专案官。这些官员常常是敌国大使馆的职员。辨识大使馆中的情报人员，在美国国内是联邦调查局的工作，在国外则是中情局的工作。在英国，军情五处和军情六处之间也有相似的划分。国内监视则简单得多；因为你能够掌控大局，能从当地执法部门和电信公司中得到帮助。在海外，你的反间谍官员的活动大部分都是违法的，因此获得这些资源不那么容易。不过在一些国家，联络机构（比如当地的执法部门）能被用于协助监视。电信公司员工或执法人员能被聘为特工来协助进行监视或反监视活动。

好的监视团队会接受大量的训练，通常在监视和反监视方面拥有多年的经验。这是一门有学问的艺术。在这个领域，最好的情报机构同样会配备精密的高科技设备来协助进行监视行动。

双重间谍和鼹鼠。进攻型反间谍行动的一个主要“工具”是双重间谍。双重间谍可以是目标情报机构的员工或特工，又或是因为被发现或因为不合作而面临威胁（通常面临死亡威胁）的特工。双重间谍常常用于传递错误信息，或在反间谍行动中用来识别其他特工。他们成功与否，取决于他们敌对的组织信不信任他们；他们所帮助的组织能否提供正确但没有什么价值的情报给他们，让他们传递给敌方组织以建立敌方组织对他们的信任。

采用双重间谍常常是为了控制国外的情报活动。其中一个最著名的例子是，古巴情报机构成功发现和策反了中情局在古巴的特工；20 世纪 70

年代和 80 年代，在古巴的大量美国特工都有可能是双重间谍。

情报机构最害怕的是一种特定类型的双重间谍“**鼹鼠**”，这种间谍受己方信任，给敌对机构提供信息。另一方面，人力情报的终极目标是渗入国外情报机构——理想的情况是，双重间谍在反情报部门工作。艾姆斯和汉森的案例就说明了这样的双重间谍能造成多大的危害。

这种担忧本身可以对很多情报机构自身造成伤害。反情报活动负责人詹姆斯 · 安格尔顿（James Angleton）痴迷于寻找中情局内部的“鼹鼠”，就是一个著名的例子。抓住“鼹鼠”和扰乱正常的情报活动之间是需要去权衡利弊的。在安格尔顿的案子中，很多观察者总结，他对中情局士气和行动所造成的伤害，远高于找到“鼹鼠”可能带来的一切好处（如果存在的话）。[1] 斯大林时代期间或之后，克格勃及其前身都同样痴迷于寻找“鼹鼠”，有着类似的问题。冷战期间，英国军情五处的大部分时间都花在搜寻“鼹鼠”，其内部也确实有很多“鼹鼠”。[2]

秘密潜入。秘密潜入常常能够提升秘密情报机构的搜集效果。它能用于盗取或复制文件或计算机中有情报价值的信息，又或者能安放窃听设备或网络搜集装置以继续搜集情报。大部分的秘密机构都拥有进行秘密潜入的能力。苏联克格勃、以色列辛贝特和联邦调查局都曾秘密潜入过国外大使馆复制文件、盗取密码本、植入或安装音频设备。[3] 众所周知，俄罗斯、法国等国都会秘密进入宾馆房间，检查来访官员和商人落下的公文包和计算机。

最大的挑战首先是不被抓住，其次是不留下被秘密潜入的任何证据。因此，秘密服务已经发展成为一门精致的艺术。这门艺术有着很多与秘密潜

[1] 原注：参见例子 , Tom Mangold, *Cold Warrior: James Jesus Angleton—CIA'sMaster Spy Hunter*（New York: Simon & Schuster, 1991）。

[2] 原注：参见 Peter Wright, *Spycatcher*（New York: Viking Penguin, 1987），查看更多有关军情五处和军情六处内部搜寻“鼹鼠”的细节。

[3] 原注：Christopher Andrew and Vasili Mitrokhin, *The World Was Going Our Way*（Cambridge, MA: Perseus Books, 2005）, 225.

入相关的技巧。开锁、复制钥匙和解开密码锁都是众所周知的例子。秘密潜入并不总是涉及房间和保险箱。如前所述，这种被称为“邮检启封”的技能，被用于打开和复制也许有情报价值的邮件，而不留下开启邮件的证据。[1]

秘密搜集的问题

多年以来，在文献中针对秘密人力情报工作一直都有很多批评。以下是一些主要的观点：

- 人力情报是一种脏活。毕竟，大部分秘密搜集技巧在东道国是违法的。即便是一些光明正大进行的技巧也违法。像拷问和暗杀等方式显然超过了法律和道德的底线。但尽管如此，它们还是为一些情报机构所用。招募和管理特工时，你不得不“与恶魔打交道”。这是一种肮脏的勾当，不管是情报用户还是专案官，如果对完成工作有必要，都必须忍受譬如毒贩和杀手这些令人厌恶的人。该领域的一位专家对我总结说，“这就是要雇用我们不想雇的人为我们工作”。情报搜集的优先权和国家利益必须与人权相权衡，当雇用这样的人，且随后被发现，那么人力情报组织必须处理形象问题。
- 从传统意义上看，人力情报是一种没有什么技术含量的文化。管理者和专案官都满足于这样的低技术含量方法。对人力情报技巧，特别是人际交往技巧的要求比较高，因为专案官和特工之间的联系十分重要。技术搜集系统提供了大量的机会，但世界上很多人力情报组织并没有迅速采用它们。
- 这样做的倾向是避免风险。人力情报本身就是情报搜集中非常危险的一种形式——风险包括身份暴露，政治上的尴尬和个人安危。尽管人力情报能够提供独特的见解，但它也最有可能引起政治上的尴尬。这取决于参与的人，不同的人有着不同的缺陷和偏见。而且秘

[1] 原注：Wallace and Melton, *Spycraft*, 208–213.

密情报机构管理层链条中有很多人拒绝冒险。

- 人力情报被认为**不可靠**（squishy）。就像开源情报那样，它可能被认为是不可靠的情报。由于这些情报被认为不可靠，情报用户如何使用就取决于它们有多符合使用者的观点了。人力情报资源会因为偏见或个人动机而带有误导性，有些则是敌方反间谍机构采取欺骗行动的工具。

对秘密搜集的另一个主要批判是，其搜集工作不及时。情报用户希望搜集人员能根据他们的要求给出及时的反馈；图像情报、通信情报和开源情报能及时回应，他们对此已习以为常。但秘密人力情报的工作无法做到这一点。秘密人力情报不像通信情报或图像情报；它需要长时间的搜集。这也常常需要长期的投资和耐心，而这样的耐心正是大部分情报用户所缺乏的。对于国外情报行动，专案官不得不重新招募情报人员，对他们进行培训，甚至是语言培训。必须对情报来源（指线人）进行开发、验证、培训和定位。在收到需求后，情报人员需要一定时间才能获取到情报，但情报用户很少能意识到这一点。

与其他情报门类相比，人力情报需要花费更多时间，因为需要联系这方面的情报来源，即使情报来源已被开发出来（也就是招募到情报来源）。而且，必须高度重视安全问题，保护秘密情报机构的情报来源，这就意味着从情报来源发现情报到信息抵达情报分析人员，会有长时间的延迟。在危机期间和战争时期，快速传递易损坏的数据极为重要，但加快速度往往会增加情报来源被暴露的风险。

可用的情报来源可能没有标准答案。从本质上来说，人力情报并非总能瞄准目标。搜集人员不得不用上手头的情报来源以提供最好的机会。解决这一难题有很多方式；一个情报来源不能提供的信息也许能会在另一个情报来源身上找到，又或许能通过拼凑几个情报来源的信息来获得。但同样，这需要时间。

最后，人力情报的管理必须解决一个问题，这同样存在于其他搜集系统中：抵制夸大情报报告的诱惑。毕竟，搜集人员的工作成绩取决于能否提供有用的情报。有时，特别是在人力情报中，这种诱惑会导致人们夸大或篡改报告。耶胡迪·吉尔（Yehudi Gill），以色列摩萨德（以色列情报机构）一位德高望重的专案官，就因为篡改报告于 1997 年被逮捕，接着被判处有期徒刑 5 年。当他重用的叙利亚特工没再给他提供有价值的情报时，吉尔就胡编乱造一番。他关于叙利亚军方行动的一些错误情报，差点导致以色列和叙利亚之间不必要的军事对抗。[1]

公开搜集

尽管媒体都聚焦在秘密行动上，但实际上大多数的人力情报搜集工作是公开进行的。以下是一些常见的搜集技巧。

诱导。诱导是一种从谈话中获取主题信息的方式，在消息来源还未察觉的情况下尤为适用。诱导在外交官和军官的聚会场合中，以及商界企业高管的社交和销售会谈的场合中，使用十分广泛。实际上，诱导对一名成功的外交官来说也许是最有价值的工具。由于外交官熟悉游戏规则，所获得的信息鲜有明晰的，但外交官聚会能传递出一些信息，因而仍然具有价值。同样在商界，企业高管们通过非正式的会面，向其竞争对手发送与他们意图相关的信号，在通过更正式途径发送信号会违反反垄断法的时候尤为如此。

想要在情报来源的原籍国或组织内进行直接接触，通常比较困难，而且整体环境也不利于诱导技巧的使用。然而，这些情报来源常常在国际会议或者其他专家的会面中讨论他们的工作。在这样的专业性会议中，尤其是在有经济学家、行业专家、科学家或者工程师一起陈述其论文内容时，诱导会十分有效。这些专家是人力情报的可靠来源。他们越自负，所透露的信息——尤其是有价值的信息——就会更多。他们在其祖国和组织中还

[1] 原注：Shlomo Shpiro, “Speak No Evil,” 61–62.

会和其他专家进行交流。那些有相应资历的分析人员通常会参与这样的会议，并通过诱导的方式进行情报搜集。

长久以来，通过诱导进行情报搜集对外交官们来说是一项传统，而且他们拥有外交豁免权来确保不会因被当作间谍而受到起诉。实际上，大部分外交官都会对他们所搜集和分析的情报进行细致的辨识；他们并不认为自己是间谍。然而，正如 2010 年维基解密事件所揭示的，大使馆电报所包含的信息是情报的一个重要来源。

美国著名情报官艾伦·杜勒斯（Allen Dulles）最早就是以外交官的身份从事情报工作的。杜勒斯毕业于普林斯顿大学，在 1916 年进入外交部门。第一次世界大战期间，他在几个欧洲国家工作，主要任务就是搜集情报信息。他作为情报官的职业生涯也被人所熟知。然而，在担任外交官期间，他无意中错失了一次本来可以改变历史的机会。杜勒斯在瑞士工作时，曾审查并拒绝了弗拉基米尔·列宁（Vladimir Lenin）出访美国的申请，错失了一次与列宁的私人会面。

通常，人们会认为大使馆外交官员的主要职责是处理政治、经济事务，但大多数使馆工作人员中也有武官，负责搜集军事情报。在美国，诸如联邦调查局和缉毒局这样的机构都会有负责执法问题的联络人员，以及负责搜集反恐和缉毒情报的人员。美国农业部代表所搜集的信息——尽管通常不被认为是情报——也拥有同样的影响。

据报道，在差遣武官的美国国防人力情报机构中，80% 的工作人员都采用公开的情报搜集方式，如搜集公开的信息，参加科学与专业会议，以及采访那些掌握相关信息的人。[1]

在诱导中获取信息，挑战在于提出恰当的问题。专家由于在主题方面拥有丰富的知识，并且平时和其他专家交谈时，经常会自然而然地用到这样的诱导，因而较为擅长通过提出恰当的问题来进行诱导。但是，专家也

[1] 原注：*Commission on the Roles and Capabilities of the United States Intelligence Community*（1996）, Chapter 10, accessed 21 September 2012 at http://www.gpoaccess.gov/int/int014.pdf.

会把个人偏见带到这一过程当中。

诱导的艺术性体现在精心策划——也就是说，我们应当选择正确的场合与时间来进行提问，有时还需要提供一些诱因。

一种类似诱导的方式是利用**抽样技术**（sampling technique），这可被认为是群体诱导。抽样技术最广泛的应用就是民意调查，这些是构建人文地形模型的宝贵资源。如果分析人员需要了解一大群人的情况（比如阿拉伯人对中东问题的态度）时，他们不需要对群体中的每一个人都进行复杂的调查，而这也是不切实际的。因此，分析人员只对一个小群体进行评估。抽样理论为选取最优样本提供方法，并评估结果中的错误。

另一种类似诱导的方式是进行信息交易，这和联络机构做的工作十分相似。彼得·舒瓦兹（Peter Schwartz）在荷兰皇家壳牌工作的时候，通过场景对选定群体进行沟通，经常使用场景作为交流的媒介——比如，从航空公司燃料期货到航线管理层方面的见解。这样，他获得了来自航线规划的管理层信息，借此可以再次完善他的场景。[1]

参观工厂。参观制造工厂或其他设施是一个经过时间检验，被证明非常有效的一种获取情报的方式。18 世纪早期，中国的瓷器制造技术领先。直到一位牧师来到中国，拜访了皇室制瓷厂，于是获得瓷器制造的秘密，并带回法国。同样，法国的制瓷技术后来为英国的商业间谍所窃取。约一个世纪后，一个富裕的波士顿人弗朗西斯·卡伯特·洛厄尔（Francis Cabot Lowel）参观了英格兰和苏格兰的纺织厂，记住了设计样式和地板布局，在马萨诸塞州的沃尔瑟姆仿造了这样的工厂。由此一来，英国便失去了在棉花产业上的优势地位。[2]

冷战期间，参观工厂通常是为了获取军用先进技术。苏联等国，都想尽办法频繁参观美国的工业设施，成功获得了先进的军用和民用技术。

---

[1] 原注：Peter Schwartz, *The Art of the Long View*（New York: Doubleday, 1991）, 78.

[2] 原注：Brian Champion, "A Review of Selected Cases of Industrial Espionage and Economic Spying, 1568–1945," *Intelligence and National Security*, v. 13, no. 2（1998）, 123–143.

联络。美国国家情报机构发现，与其他国家的情报和执法团体建立联络关系只是权宜之计，因为有时即便两国已经建立了官方关系，两国之间也仍旧十分冷淡。2001 年前，美国中央情报局声称，已经与世界上 400 多个安全、警察和情报机构建立了联络关系。[1] 对反恐情报的需求使得对情报联络的需求大大提升，如今这个数字只会更加庞大。商业（竞争情报）团体有自己的联络网，来维持和政府、非政府组织以及其他合作机构的联系，并分享信息，如恐怖分子对驻外管理层的威胁，以及产品造假等问题。

联络关系的本质和紧密性依赖于双方互相信任的程度和信心，也依赖于双方在周到考量和安全方面的声誉。正如迈克尔·赫尔曼（Michael Herman）指出的："国家安全声誉的好坏，在国际情报中是十分重要的考虑因素。"[2] 冷战期间，因为担心民主德国的势力渗透，美国和其他国家并不愿意与联邦德国共享情报信息（事实证明的确如此）。

情报联络在政府组织或非政府组织间普遍存在。非政府组织提供了大量的机会，以便为政府或商业公司建立关于情报搜集的联络。下面两个经典例子可以说明这个问题。这两个例子都发生在第二次世界大战期间，美国海军情报局和黑手党组织合作，利用码头工人公会进行反间谍活动，以及战略情报局随后对意大利西西里岛的法西斯政府开展反间谍活动。黑手党首领"幸运的"卢西亚诺被从监狱释放，报道称，这是因为他在反情报工作以及西西里行动中提供了协助。[3]

与黑手党合作的道德问题多年来一直在热烈讨论中，许多情报工作者认为，情报机构不应与犯罪组织进行合作。最终双方都有所退让，争论总

---

[1] 原注：Gregory F. Treverton, *Reshaping National Intelligence for an Age of Information*（Cambridge, MA: Cambridge University Press, 2001）, 137.

[2] 原注：Michael Herman, *Intelligence Power in Peace and War*（Cambridge, UK: Cambridge University Press, 1996）, 211.

[3] 原注：Richard Eels and Peter Nehemkis, *Corporate Intelligence and Espionage*（Old Tappan, NJ: Macmillan, 1984）, 59; Charles D. Ameringer, *U.S. Foreign Intelligence*（Lanham, MD: Lexington Books, 1990）, 170.

是以这样一句俗语结束 :“如果你和一条狗睡觉，那么会被跳蚤咬醒。”双方争论的焦点在于，选择联络对象时不应带有偏见——如果对方起到的帮助比其造成的伤害要大，那么就可以进行合作。

联络存在很多风险，其中之一就是虚假证实。一些情报部门并不愿意总是和同一个特工进行合作，这并不奇怪。(毕竟，如果有机构愿意为你所知道的东西付钱，其他机构也可能会这么做。）特工的信息通过联络被不同情报机构共享时，情报似乎会从不同的情报来源落到分析人员手里——可能来自联络机构，可能来自分析人员自己的人力情报机构。这样一来，单个特工的信息就会更加可信，而这其实是其本身所不具备的。

由于联络机构总会有自己的议程，因此联络报告存在其特有的可信度问题。美国和其他国家都大量使用联络机构，同时也不断意识到乙方搜集者的潜在偏见。

另一个关于联络的问题是，你必须依靠联络机构来核实情报来源的可信度（正如前文所说，需要审查来源)。2000 年开始，德国联邦情报局(BND）通过一个代号为“曲线球”（Curveball）的联络人，向美国提供关于伊拉克生物战计划的情报。在这件事中，德方显然对情报来源持怀疑态度，并不允许美国情报人员与其进行深入交谈。虽然如此，美国的分析人员仍然严重依赖“曲线球”所提供的信息，最终导致了 2002 年的误判，认为伊拉克正在着手生物战计划。[1]

与态度中立或不友好的对象联络，会造成额外的风险。你不知道友好的机构会用你提供的情报做出些什么，中立或不友好的机构就更加让人无法确定了。16 世纪，在苏莱曼大帝的统治下，奥斯曼帝国依靠与威尼斯外交和人力情报机构的联系，建立了一个称职的情报机构。但威尼斯

[1] 原注 :“Report of the Commission on the Intelligence Capabilities of the United States Regarding Weapons of Mass Destruction”(March 31, 2005) , 80, accessed at http://www.gpo.gov/fdsys/pkg/GPO-WMD/content-detail.html.

人却利用这样的关系向欧洲政府通告了苏丹人的性格与活动。[1] 奉行不结盟政策的瑞典，在二战期间同时与纳粹和盟军的情报部门进行合作；在冷战期间，又与西方大国（主要是英美两国）进行合作。[2] 这样的结果对瑞典及其联络伙伴来说十分受益；但对双方而言，瑞典也同样加剧了与敌方的紧张关系。

2011 年，利比亚穆阿迈尔·卡扎菲（Muammar Qaddafi）政府的垮台导致利比亚情报文件公开。这些文件的报道，暗示了卡扎菲的情报机构与英国军情六处和美国中央情报局都有联络关系。[3]

这种与中立国家或敌方政府的联络关系通常涉及某种形式的交换，相比得到的结果，这种交换可能并不值得。一个窝藏恐怖分子的独裁政权可能会愿意以恐怖分子为交换条件，来获取关于国内反对势力的情报。对于很多政府来说，情报的价格都太高昂。[4] 但据观察，敌方之间的联络关系可以维持相当长的一段时间。比如以色列的情报机构与很多阿拉伯国家的情报机构有长期的合作关系。据称，美国情报机构在"9 · 11 事件"后与叙利亚建立了联络关系，因为美国不认为叙利亚与事件有利益关系，会使其支持该袭击。[5] 在这些情况下，情报都必须经过极为谨慎的审查，最起码要和其他情报来源进行交叉检查。一个潜在的危险在于，联络机构可能会操纵其提供的情报来满足自己的利益。

本章提到的联络工作，都是既可公开进行，也可私下进行。其中一些联络关系非常敏感，必须秘密处理。比如两国官方外交关系不佳时，或如

---

[1] 原注：Lord Kinross, *The Ottoman Centuries*（New York: William Morrow, 1971）, 175.

[2] 原注：Wilhelm Agrell, "Sweden and the Dilemmas of Neutral Intelligence Liaison," *Journal of Strategic Studies*（August 2006）, 633–651.

[3] 原注：Rod Nordland, "Files Note Close CIA Ties to Qaddafi Spy Unit," *New York Times*（September 3, 2011）.

[4] 原注：Jennifer E. Sims, "Foreign Intelligence Liaison: Devils, Deals, and Details," *International Journal of Intelligence & Counter Intelligence*, Vol. 19, No. 2（Summer 2006）, 195–217.

[5] 原注：Jennifer E. Sims, "Foreign Intelligence Liaison: Devils, Deals, and Details," *International Journal of Intelligence & Counter Intelligence*, Vol. 19, No. 2（Summer 2006）, 195–217.

果得知与第三国的联络关系会给双方中的任何一方造成问题时，这样的秘密处理就显得尤为必要。

双边联络关系通常都会涉及交换信息。但有时这样的信息交换对某一方来说还可能会有别的价值。除信息之外，一方也可能得到用于情报搜集的装备（比如，提高为对方提供情报的质量）。有时，交换情报是为了得到外交上或商业上的好处。

造成的结果是，这种双边联络看起来似乎并不对等。第二次世界大战中，意大利本想与德国共享情报，但德国并不愿意这样对待意大利。[6] 冷战期间，苏联克格勃与东欧国家的情报机构联络，意在让苏联获取更多利益，而不是让东欧国家得到更多好处。尽管如此，从纳粹德国和苏联的事例来看，这种联络合作的首要受益者提供了某种价值——对盟国的军事援助。

多边联络呈现出公开的趋势。多边联络越来越普遍，这是由国家威胁转向国际威胁的结果，很多国家都有共同的利益（比如在打击盗版、毒品走私和恐怖主义方面）。联络，尤其是多边联络的好处在于，情报不再是零和博弈（zero-sum game）。一国获取情报并不简单地意味着另一国失去自己的秘密，而是多个国家都会从中获益。

讯问。讯问指的是在受控状态下的诱导。不同之处在于，讯问者从身体上控制着对象，在一定程度上也控制着情报来源的命运——被讯问者通常是罪犯、战俘、流亡者或是叛逃者。采用的具体策略，取决于讯问者的控制程度，以及被讯问者配合的意愿。流亡者和叛逃者通常会表现出极大的配合意愿。

a. ***流亡者和叛逃者***。政府情报机构会定期与他们合作。流亡者是合法地离开一个国家的人，但在一些国家，如果他们掌握重大情报价值的信息，是不被允许离开的。叛逃者是非法地离开一个国家，通常这些人掌握着有价值的信息。

然而，无论是流亡者还是叛逃者，往往都会因为经济问题或政治问题，主动离开祖国。因此，他们在这些问题上的客观性是令人质疑的，并

[6] 原注：Ben Macintyre, *Operation Mincemeat*（New York: Harmony Books, 2010）, 253.

且他们提供的信息也应当得到仔细筛查。通过诱导的方式获取情报时，问对问题就显得尤为重要；叛逃者尤为希望取悦他们的新朋友，因此通常会回答那些要求他们回答的问题。

公司（竞争性的）情报机构经常利用不同类型的流亡者或叛逃者（曾为竞争对手工作过的人）来获取关于行业秘密的信息，比如营销策略、成本和专有流程。在客观性方面，公司流亡者和叛逃者通常与政府叛逃者存在同样的问题。他们总是背负着之前的就业协议和法律问题的包袱，而这些都是传统流亡者或叛逃者没有被迫背负的东西。此外，在一个国家内改变效忠的企业时，公司流亡者和叛逃者如果被指控窃取行业秘密，便不能再指望得到政府的庇护。不过，从国际上来看，是可以得到这种庇护的。

- 在 1993—1994 年间，通用汽车公司的洛佩斯（J. Ignacio Lopez de Arriortua）和 6 位其他高层管理者转投大众汽车，国际汽车行业都见证了其戏剧性的背叛。洛佩斯和他的同事显然随身携带着一定数量的通用汽车公司的敏感文件，任何叛逃者如果想要增加自己在新公司的价值都应该会这么做。洛佩斯被指控在 1993 年离开通用汽车公司，成为大众汽车的高管时，策划窃取了超过 20 箱的文件，这些文件内容有关研究、计划、制造、销售等各个领域。不过德国政府依然遵从长期的光荣传统，为叛逃者提供政府庇护。他们起初拒绝起诉洛佩斯，随后起诉被撤销了。大众汽车最终在民事诉讼中对通用汽车公司进行了赔偿。美国的大陪审团随后以欺诈和运送窃取文件的名义控告洛佩斯，但西班牙最高法院拒绝引渡洛佩斯。[1] 公司叛逃者的叛逃对象国如果与美国的关系不那么友好，通常会获得更多的保护，他们的公司也会如此。

---

[1] 原注：Emma Daly, “Spain Court Refuses to Extradite Man G.M. Says Took Its Secrets,” *New York Times*（June 20, 2001）, accessed 21 September 2012 at http://www.nytimes.com/2001/06/20/business/spain-court-refuses-to-extradite-man-gm-says-took-its-secrets.html?ref=joseignaciolopezdearriortua.

- 加里 · 敏（Gary Min）在杜邦公司担任了 10 年的化学研究员，之后在 2005 年 10 月，加入了杜邦公司的竞争对手英国威格斯公司（Victrex）。那年的 8 到 10 月，加里 · 敏从杜邦公司的文件中下载了 22000 份敏感文件。他在威格斯公司使用的笔记本计算机在 2006 年 2 月 8 日遭到查获，当时他正在日内瓦与威格斯公司高层开会。这部没收的计算机里包含加里 · 敏下载的一些文件，后来计算机被交给联邦调查局。经由杜邦公司高层透露，威格斯公司在逮捕加里 · 敏时提供了协助。加里 · 敏随后承认罪行，表示自己试图窃取杜邦公司价值 4 亿美元的行业秘密，被判入狱 18 个月。[1]

以上两例揭示出，所谓的“内部威胁”模式都差不多。大部分对公司专有信息和机密信息的窃取，都是由在职员工造成的。不仅如此，窃取通常发生在这个员工决定离开与正式离开期间。[2]

b. **犯人和在押人员**。军人和执法人员在受控形势下具有进行人力情报搜集的巨大优势。他们可以强迫犯人和在押人员提供信息，或与之就提供信息达成协议。关于敌方的位置、目的、士气等情报都可以从战俘口中获得。执法人员可以从犯人口中获得实物资产和金融资产的位置，以及网络犯罪头目的身份等信息。审问关塔那摩湾的基地组织囚犯一直备受争议。但是，这些被扣押者的回答却提供了极为关键的信息片段，最终导致本 · 拉登位置的暴露及死亡。[3]

第 2 章描述了第二次世界大战期间“黑色回旋镖行动”，以及英国运营的电台伪装成德国军事新闻电台的事情。这个电台的新闻报道将真实的

---

[1] 原注：Larry Greenemeier, “Massive Insider Breach at DuPont,” *Information Week*（February 15, 2007）, accessed 21 September 2012 at http://www.informationweek.com/news/197006474.

[2] 原注：Larry Greenemeier, “Massive Insider Breach at DuPont,” *Information Week*（February 15, 2007）, accessed 21 September 2012 at http://www.informationweek.com/news/197006474.

[3] 原注：Marc A. Thiessen, “Punishing the Heroes,” *Pittsburgh Post-Gazette*（May 6, 2011), accessed 21 September 2012 at http://www.post-gazette.com/pg/11126/1144413–109–0.stm?cmpid=news.xml.

事件事无巨细地描述一番，同时也微妙地补充一点东西，增加的内容经过精心设计，旨在给德国国防军和纳粹党之间制造裂痕。这次秘密宣传对基于战俘的情报进行了全新利用。材料主要来源于审问。做法是利用巧妙隐藏在战俘娱乐区的麦克风来窃听战俘间的对话，也利用了德军战俘寄回家的家书中记录的个人生活细节。[1] 一些对纳粹不满的德国战俘也会主动帮忙广播。

大部分西方国家都对审问犯人和在押人员的高压程度有法律限制。由于美国有时缺少这些限制，其在伊拉克的不当行为已成为一个政治性问题。伊拉克发生的最臭名昭著的事情，就是 2004 年阿布格莱布监狱审问和虐待事件。作为对此次虐待事件的部分回应，以及该事件中医生起到的作用，美国医学协会（American Medical Association）宣称，医生参与军队或执法机构对犯人的审讯是不道德的。

当前，美国禁止采取任何会造成肉体痛苦的审讯方式。审讯者不得使用水刑，造成受审者体温过低或灼伤，模拟执行死刑，剥夺在押者身体必需之食物、水和医疗护理，也不得在审问中使用犬类。

暂且不谈法律和道德上的问题，很多人认为，疼痛、高压和威胁对获取有用的情报并没有多大作用。相关研究总结道："科学管理的情报机构从不会采取高压审问方式，也不会将其作为获得可靠情报信息的有效途径。"[2] 很多经验丰富的审问者也认为，更温和的方式已被证明十分有效。医学及生物伦理学教授史蒂文 · 迈尔斯（Steven Miles）总结道："有效的审问旨在建立密切关系，明确表达共同利益，利用对象对狱友的嫉妒，或者和犯人交换一些在他们看来与其利益相关的信息。"[3]

很多更严厉、更具欺骗性的审问技巧已被证明，即便不用高压式的审

[1] 原注：Sefton Delmer, *Black Boomerang*（New York: Viking Press, 1962）.

[2] 原注：Intelligence Science Board, *Educing Information: Interrogation: Science and Art*, National Defense Intelligence College Press（2006）, 130.

[3] 原注：Steven Miles, "Torture and the Medical Profession," in *Ethics of Spying*, Vol. 2, Jan Goldman, ed.（Lanham, MD: Scarecrow Press, 2010）, 183.

讯，也是很有用的。执法者长期运用“一人唱红脸、一人唱白脸”的双簧手段审讯犯罪嫌疑人，这在其他领域也同样适用。特别是，冒充身份的情景会让被扣押者产生一种错觉，感觉自己正受到其他国家或组织的控制，这一方法屡屡奏效。另一个有效的方法是将犯人单独隔开，虽然这种方法在《日内瓦协议》中被禁止使用，但对非战俘的扣押人员十分有效。

三、结构

人力情报搜集与绝大多数情报搜集的不同之处在于来源的多样性。就开源情报而言，任何人都能搜集人力情报，许多人也正从事此类工作。对政府及商业实体来说，存在一个结构性难题。潜在搜集人员众多，怎样才能有效地组织人力情报的搜集与分发？

而且，政府人力情报与非政府人力情报均拥有非常大的用户群体。他们的需求致使人力情报来源呈现多样性。政府用户的需求与军事支持用户的需求不同，搜集来源也有显著区别。因此，大部分政府人力情报在结构上有以下三种基本分类：秘密与公开、国外与国内、军事与非军事。

秘密人力情报与公开人力情报

大多数政府都有秘密情报机构，其名称各异：美国中央情报局的国家秘密行动处（National Clandestine Service，NCS），英国秘密情报局（SIS，即大家熟知的军情六处），俄罗斯对外情报局（SVR，前身是苏联克格勃）。这些名称各异的秘密机构负责多项事务，但并不涉及暗地派遣特工搜集情报（即秘密的人力情报搜集）。它们主要负责一系列国外秘密情报工作，其中包括谍报活动、反间谍活动、隐蔽行动、相关的对外联络活动等。例如，秘密情报机构将会：

- 与本国及他国政府机构开展联合行动；
- 窃听电话，安装监听设备；
- 强行获取或通过一定方式获取受保护的设施、保险箱、计算机中的内容；
- 窃取、破坏、影响他国加密能力，以便于获取通信情报；
- 为了保障其运作，使政府免遭其他情报机构入侵，进行一系列反间谍活动，诸如积极安插双重间谍和渗透他国情报机构；
- 秘密安装并维护信号情报、测量与特征情报的探测装置；
- 利用各种技术和渠道，以秘密行动的方式实施相关计划，影响他国政府及其发展。[1]

以上活动的统一性方面并不在于其与人力情报存在一定联系，而在于这些高度多样化但相互联系的行动最应该由秘密情报机构实施。[2]

因此，并非所有秘密情报机构的活动都涉及人力情报搜集。反之亦然。并非所有政府搜集的人力情报均由秘密情报机构包揽。外交机构长期参与公开和秘密的情报搜集工作。执法机构亦是如此。

公开人力情报搜集主要是为了满足政府部门的需求，但这些情报可能会在政府内广泛共享。绝大多数外交机构会公开搜集情报，尽管他们并不将之称为“情报”。其他诸多政府机构希望掌握自己的人力情报。美国国务院提交的报告与人力情报非常相似；财政部、商务部、农业部等均在他国设有相应外交专员，负责提交类似报告。这些机构通常不参与秘密人力情报搜集，而是依靠诱导手段。

与公开人力情报的分散式结构不同，秘密人力情报往往由单一组织严

---

[1] 原注：U.S. Congress, “IC21: The Intelligence Community in the 21st Century”（June 5, 1996）, Chapter 9, accessed 21 September 2012 at http://www.gpo.gov/fdsys/pkg/GPO-IC21/content-detail.html.

[2] 原注：U.S. Congress, “IC21: The Intelligence Community in the 21st Century”（June 5, 1996）, Chapter 9, accessed 21 September 2012 at http://www.gpo.gov/fdsys/pkg/GPO-IC21/content-detail.html.

格把控。另外，正如针对同一目标的独立工作一样，秘密情报机构之间可能互相阻碍——一种极端情况是两个机构试图招募同一人员或从同一人员处获取信息；又或者某机构试图招募一名人员，另一个（理应是友方的）机构则要求当地警局逮捕他。这种情况时有发生！

国外情报与国内情报

道德与法律的限制往往促使人力情报结构分化。首要的是，这涉及国内情报与国外情报的划分问题。英国依旧分设国内情报部门（军情五处）与国外情报部门（军情六处）。俄罗斯设有联邦安全局（Federal Security Service，FSB）与对外情报局。在以色列，摩萨德处理对外情报，国家安全总局（辛贝特）则负责国内情报与反情报工作。[1] 美国一直设有两个机构——负责国外情报的中央情报局与负责国内情报的联邦调查局。

有些国家只设立一个部门处理国内外情报。如此整合也有一定好处：由单一部门进行管控，更容易避免有情报价值的人员出境（或入境）后失联。这是“9·11”袭击事件后凸显的一个问题。随后在2005年，美国国家秘密行动处成立，该机构负责协调美国联邦调查局与国防情报局等其他部门的国外人力情报行动。国家秘密行动处直属于中央情报局，人员构成主要有情报搜集管理官员、行动官员（专案官）、准军事行动官员，以及后勤人员。但国内和国外情报部门依旧保持分离。国家秘密行动处负责国外情报，联邦调查局负责国内情报，二者需要紧密合作。

自2005年起，美国对国内情报与国外情报的官方界定愈发模糊，如今应将其统筹归入国家情报机构的管辖范围。然而，现实并不如人力情报搜集领域那么简单。在美国，人力情报搜集仍然是多个国家机构的共同职责。

比如说，美国联邦调查局情报部门的任务涉及渗透跨国网络，如恐怖组织、国外情报机构、寻求扩散大规模杀伤性武器的组织、犯罪集团。至

[1] 原注：Shlomo Shpiro, “Speak No Evil,” 60.

少，它与国土安全部在反恐职责，与缉毒局在禁毒职责，与当地执法部门在打击犯罪集团职责上都存在重叠。机构之间的紧张关系不断加剧，比如同样搜集人力情报的联邦调查局与纽约警局（New York Police Department, NYPD）之间。纽约警局情报部门派遣探员（作为执法领域的人力情报搜集者）出境，前往印度等国家，此举激怒了联邦调查局领导层。[1]

美国并不是面临此类紧张关系的个例。英国安全机构，即军情五处，负责“保卫英国国家安全，抵御来自间谍、恐怖主义、恶势力组织、外国势力代理人的活动，抵御通过政治、工业或暴力手段推翻或破坏议会民主制等企图的威胁”。但军情五处与当地执法部门难免存在职责重叠。

国家执法单位与地方执法单位各自设有秘密与公开的人力情报部门。卧底警员活跃于各地区，其他警员则公开搜集人力情报，这是他们例行巡逻或审讯犯人的一部分。联邦调查局在三 K 党（Ku Klux Klan）中长期安插秘密特工，监视其行动。

军事人力情报与非军事人力情报

资源充足的国家往往会把军事人力情报与非军事人力情报的搜集分离开来。俄罗斯分设克格勃（如今的对外情报局）与军事情报机构格鲁乌（GRU）。以色列国防军下属的军事情报局（AMAN）负责提供军事情报，独立于摩萨德。

然而，负责搜集国外情报的秘密机构都会提供军事方面的人力情报，尤其当这些情报有助于国家决策时。这种职责重叠会引发重复工作、经费竞争等问题。

涉及军事情报，共存的两个情报部门必须在组织上相互适应。首先，

[1] 原注：Jeff Stein, “NYPD Intelligence Making FBI Blue,” *Washington Post*（April 26, 2010）, accessed 21 September 2012 at http://voices.washingtonpost.com/spy-talk/2010/04/nypd_intelligence_making_fbi_b.html.

国家军事情报需求与战地军事情报需求有很大的区别。军队依靠外交专员的报告获取国家（战略）情报。战区的作战部队通常成立战地人力情报小组，负责从囚犯审讯、秘密人力情报等来源中搜集战术情报。

自美国建国以来，美国军事机构一直管控这两类人力情报。陆军、海军以及后来的国防部都在增强人力情报能力，为其行动提供支持保障。这种上升到国家层面的行动主要由驻外武官向其所属机构汇报。1965 年，此类行动由国防武官系统集中管控，所有军队驻外武官也因此被归入国防情报局的管理范畴。[1]

其次，公开人力情报与秘密人力情报的区别必须考虑。如今，美军及其作战指挥部已成立相应部门来招募间谍，盘问相关人员以获取他国武器系统、条令以及其他对军官有用的信息。秘密人力情报行动的重要性因部门不同而有所差异，在某些部门中还会随着时间变化而变化。1966—1977 年，美国海军成立秘密情报机构小组——海军野战支援组（Naval Field Operations Support Group），即第 157 特遣部队（Task Force 157）。冷战期间，美国陆军一直高度重视人力情报。从 1981 到 1989 年，其情报支援活动负责提供秘密人力情报，执行支持军事行动的秘密行动。[2]

美军现有的秘密人力情报结构可追溯至 1995 年，当时国防情报局刚刚成立国防部人力情报机构（Defense HUMINT Service，DHS），吸收了此类机构的大部分成果。因此，严重受影响的美国陆军强烈反对此举。改组的本意是减少四个独立军事人力情报部门的开支，加强军事人力情报方面的协作。与此同时，公开人力情报与秘密人力情报被归入同一个部门的职责范畴。DHS 还需管理国防武官系统，因此肩负了为军方用户公开搜集情报的重任。[3]

---

[1] 原注：*Commission on the Roles and Capabilities of the United States Intelligence Community*, Chapter 10.

[2] 原注：*Commission on the Roles and Capabilities of the United States Intelligence Community*, Chapter 10.

[3] 原注：*Commission on the Roles and Capabilities of the United States Intelligence Community*, Chapter 10.

商业

大部分竞争性的情报单位依靠公司雇员搜集人力情报。一些跨国公司还建立相应的结构体系，鼓励大量员工搜集并汇报世界范围内的竞争情报。某些野心勃勃的公司依靠独立顾问获取人力情报。启用独立顾问有一定的风险，有些人可能会采用违反职业道德的手段，比如通过欺诈手段（冒充采购专员等）获取情报。

大部分国家的法律严禁搜集针对其他机构的秘密人力情报。但有些公司依旧罔顾法律，搜集秘密的人力情报信息。一些政府还通过商业机构获取秘密人力情报。

秘密人力情报的结构

由于诸多原因，秘密人力情报与公开人力情报的结构往往大不相同。与公开人力情报相比，秘密人力情报采用不同的情报技术，其受到的法律限制也不同。招募和管理间谍的技巧，与诱导与会者、审讯犯人是不同的。秘密行动的支持结构比公开人力情报更为复杂。

如上文所述，几乎所有人都能搜集人力情报。一些情报机构（如美英两国）对秘密来源的选择和保护更为注重。他们有一个集中式组织，招募、启用特工由总部全权负责，按惯例给特工提供薪资等福利保障。对于秘密行动的管控同样是集中式的；一般会指派一人（比如美国中情局或俄罗斯对外情报局的分站站长）常驻在一个国家，负责审批当地所有的秘密行动，但这在跨国行动中仍然会产生问题。久而久之，这种集中式结构被指责为过于官僚主义、僵化和墨守成规。[1]

相反，一些机构选择更为分散、自由的结构。为了增强实力，这些机构

[1] 原注：Richard L. Russell, “The Weakest Link,” in *Rethinking the Principles of War*, Anthony D. McIvor, ed.（Annapolis, MD: Naval Institute Press, 2005）, 471.

接受增加的风险。这些机构或不依赖于受雇特工，或靠志愿者协助受雇特工。

- 规模相对较小的摩萨德在很大程度上依赖 sayanim（该词源自希伯来语，意为“帮助”），指的是世界各地数以万计的志愿者们。sayanim 为摩萨德提供信息，或提供如护照、汽车贷款、监视据点、应急资金、医疗救护等行动支持。[1]

除最高领导层外，秘密人力情报必须下设子结构。按任务划分最为理想，但难度很大。比如反恐、禁毒、军事行动支援，三者往往存在重叠。

最常见的是按区域划分（比如俄罗斯、撒哈拉以南的非洲）。但针对高优先级的跨国问题，有必要成立专项行动组，比如反对恐怖主义、防止大规模杀伤性武器扩散等。因此，最后的结构会是复合式的。不管选用哪种分类方式，某些跨单位协作是很必要的。各个单位可能有各自的工作重点，比如政治问题、军事问题、经济问题，但某些人力情报来源或许可以提供涉及以上所有方面的情报。

四、小结

就像间谍小说中描述的，传统的人力情报搜集往往是秘密进行的。国家层面的人力情报往往由秘密情报机构的官员负责，即所谓的“专案官”。专案官通常会采用被招募者或志愿者（称为“不速之客”），他们的行动受到情报机构的管控。国家与地区执法部门则通过线人获取秘密人力情报，这种情报来源不受管控，通常也不主动接受任务分配。

秘密情报机构的职责不仅仅局限于秘密搜集情报。这些行动的统一性方面并不在于其与人力情报存在一定联系，而在于这些高度多样化但相互

---

[1] 原注：Gordon Thomas, “Mossad’s License to Kill,” *Telegraph*（February 17, 2010), accessed 21 September 2012 at http://www.telegraph.co.uk/news/worldnews/middleeast/israel/7254807/Mossads-licence-to-kill.html.

联系的行动最应该由秘密情报机构实施。其中包括联络、隐蔽行动、反情报行动。因此，并非所有秘密情报机构的行动都涉及人力情报搜集。反之亦然。并非所有政府搜集的人力情报均由秘密情报机构包揽。外交部门长期参与公开或秘密的情报搜集工作。执法部门亦是如此。

除了间谍（特工）以外，人力情报还可以通过公开或秘密地接触联络人、流亡者、叛逃者、扣押人员、旅行者获得：

- 叛逃者属于非法离境人员，他们比合法的流亡者更有可能掌握有价值的信息。
- 外交官长期通过公开场合或联络其他外交官等方式搜集情报。以军队、执法、农业专员为例，他们会为其所属总部搜集相关专业情报——尽管他们可能不将其称作情报。联络可以带来诸多好处，但也存在一定的风险，对方可能会利用这层关系进行认知管控，可能会卷入令人厌恶的活动，也可能会遭遇无法接受的交易条件。
- 审讯犯人与扣押人员的好处在于可以掌控来源，引诱他们吐露信息。
- 归国的海外旅行者与留学生则是通过诱导获取情报的潜在来源。采用旅行者作为商业间谍已是沿用数个世纪的方式了。希望掌握先进技术的政府，将这种间谍技术发展到炉火纯青的地步。

秘密人力情报搜集在大部分国家属于违法行为，它设有一系列复杂、精密的流程以保护来源（特工）免遭曝光，并抵御反情报活动。该流程有三个主要阶段——招募特工，启用特工，结束关系。招募特工涉及：

- 找出或识别潜在特工——此人须有成为间谍的意愿，有获取所需信息的渠道，受自己组织的信任以及有成为间谍的抗压能力；
- 评估此人的动机——通常是金钱、意识形态、把柄要挟（遭胁迫或勒索）、自负或复仇；
- 招募或进行一番游说，有时会用“冒充身份”——冒充他们认为对自己有利的国家一方（如俄国等采用高压手段，但此类特工身受胁迫，往往表现欠佳）；

- 审查，这在确保情报来源的合法性方面是至关重要的，例如不是敌对机构派来的卧底。

管理特工需要指导搜集行动，并将搜集到的材料递交总部。对特工的支持与保障则要求情报专案官提供间谍装备、资金与掩护身份。这一阶段的主要挑战有：秘密联系特工，通过秘密情报传递点、接头易物等手段获取特工的信息。

所有秘密关系最终都会结束，而结束这一阶段必须事先计划。由于暴露的风险巨大，特工可能会主动离开，被动离职或不得已秘密退出。

秘密人力情报机构人员在他国行动时有一定的掩护身份。掩护身份有两种类型——官方的与非官方的。最深层次的掩护是非官方的。此类情报人员被美国中情局与英国秘密情报局称为“NOC”，被俄罗斯情报机构称为“Illegal”。由于生物测定学技术与遍布互联网的可用资料数据，两种掩护身份的维持都愈发困难。

大型情报机构利用掩护公司，即中情局下属企业，为间谍活动提供掩护，为秘密行动提供支持保障，获取科技、装备、工业技术。

秘密情报机构的一系列行动大体上可归为“谍报技术”。监视与反监视正是其中两种。监视包括人员监视或技术侦察（搜集音频或视频信息）。顾名思义，反监视旨在粉碎敌对情报部门的监视企图。第三种间谍情报技术活动——秘密进入，包括获取上锁房间、保险箱、计算机、邮件（所谓的“邮检启封”）的访问权限。其目标有两个，一是不被抓现行，二是不留下任何证据。

情报部门非常希望有双重间谍（被策反的原敌对特工）或卧底（安插在敌对机构的特工）为自己效力。每个秘密情报机构都很害怕自己的特工被策反，或者本部门内被安插卧底。反情报的主要职能在于招募前者，甄别后者。

人力情报主要靠公开方式搜集，而非秘密手段，主要运用如下一种技术：

诱导是一种从谈话中获取主题信息的方式，在消息来源还未察觉的情况下尤为适用。这种手段广泛应用于外交人员、军事武官的会晤以及商业领域。它需要选择恰当的环境，把握合适的时机，提出正确的问题。抽样技术也是一种使用中的技术，常用于民意调查。为获取制造工艺与技术的相关情报而参观工厂的做法有着非常悠久的历史，在冷战时期更是广泛运用。

联络关系大多是双边的，涉及共享情报，通常会交换设备、外交或商业利益。在应对恐怖主义、武器扩散等问题上，多边关系的重要性愈发凸显。

审讯常用于从犯人或扣押人员口中获取信息。逼迫审讯，包括所谓的“强化审讯”手段给审讯活动冠以恶名。其实不必采用这种具有争议性的手段，还有其他诸多技巧可以说服或诱导犯人和扣押人员，使他们合作并提供情报。

人力情报的搜集组织、情报来源、搜集目的纷繁多样。因此，人力情报中存在许多不同的结构、潜在的搜集重叠和情报共享问题。法律限制或情报搜集的本质往往要求将国内搜集与国外搜集区分开，正如美国、英国、俄罗斯、以色列所做的那样。但为了更好地追踪情报人员的出入境情况，一些国家将两种职能归入同一部门。由于军队是最大的单一情报用户，大多数国家会设立处理军事情报的独立部门，并进一步将其细分为国家级别与战术级别。国土安全部门与当地执法部门的工作范畴界定问题仍然悬而未决。跨国公司出于商业目的搜集人力情报，有时会与政府部门共享情报。

[第 4 章]

通信情报

通信情报是指拦截对方的通信，并进行处理和报告。美国国家安全局将通信情报定义为，“由非预期接收者从外国通信中得出的技术和情报信息”。[1]（执法机构无疑会从该定义中删除“外国”一词）该定义中的通信包括语音和数据通信、传真、视频及任何其他刻意的信息传输。互联网传输是一种通信形式，但其情报搜集和分析在第 2 章和第 5 章已讨论过。

一般来说，通信情报比电信的发展还要早。信号（信号旗）通信、美洲印第安人烟雾信号的截获和分析，在几个世纪前就很普遍。几十年来，各国政府会例行拦截外国政府通信。今天的通信情报是一个大规模的活动，它为用户提供外交、军事、经济和科学发展的国际情报，同时为国内执法工作提供支持。

一、功能

通信情报的功能——目标——20 世纪一直在发生变化并急剧地扩展。

[1] 原注：National Security Council Intelligence Directive No. 6, National Security Council of the United States（1972 年 2 月 17 日；1952 年第一次发布）.

前半个世纪，通信情报的主要目标是军事和外交通信。从中期开始，世界贸易迅速发展，经济情报的搜集变得重要。大约在同一时期，通信情报也开始提供关于科学和技术发展的信息。20 世纪末，毒品贩运、洗钱和有组织犯罪成为重要目标。在 21 世纪头 10 年，国际恐怖主义则成为优先目标。

在战略层面，通信情报搜集像人力情报搜集一样，让人得以洞悉各类计划和意图。它可以提供有关人员、组织、金融交易、设备、设施、程序、日程安排、预算、运营、测试、部署和环境条件的信息。通信情报让人可以洞察个人和组织关系。它能透露出敏感或涉密项目的详细信息。过去很少有通信情报能提供大量细节，因为它主要处理的是简短对话。而现在，随着大量的材料通过数据通信或传真进行传输，情况已发生改变。

据报道，利比亚 Rabta 化工厂曾生产化学战（chemical warfare，CW）毒剂，通信情报为这一发现提供了关键线索。1998 年，该工厂发生了有毒废物溢出。根据美国国会技术评估办公室的报告，利比亚官员紧急联络设计该工厂的联邦德国公司 Imhausen-Chemie。为了得到清理和修复工厂的建议，他们与德国人进行了讨论，结果发现该工厂实际上是在生产化学战毒剂，而德国公司早已知情。[1]

通信情报战略上的目标包括政府领导层、研发机构、测试设施、犯罪组织、经济活动（如国际资金转移）、测试和操作活动的参与者，以及执行政策的讨论。例如，美国密码分析人员在第二次世界大战爆发之前破解日本外交密码（“紫密”，Purple Code）的历史事件众所周知。人们有所不知的是，苏联密码分析人员一年后也破解了该密码。此举使莫斯科在整个战争期间都拥有战略优势，苏联清楚日本人不会攻击它，斯大林因此得以将一半的远东军事力量向西部署以打击德国人。[2]

---

[1] 原注：U.S. Congress, *Technologies Underlying Weapons of Mass Destruction*, OTA-BfP-ISC-115（Washington, DC: U.S. Government Printing Office, December1993）43.

[2] 原注：Christopher Andrew and Vasili Mitrokhin, *The Sword and the Shield*（New York:Perseus Books, 1999）, 95.

在战略情报、战术情报之间，通信情报可为行动规划提供支持。它在战时有一些成功的案例。在第二次世界大战期间，美国能在中途岛战役中打败日本海军，主要是因为美国的密码分析人员破解了日本海军代码，并确认了日本目标为中途岛。在欧洲，英国破解了德国“恩尼格玛”加密代码，促成了包括诺曼底登陆等第二次世界大战中多次战役的成功。[1] 通信情报还可以在非军事领域，比如谈判方面，提供支持。1921 年，美国与其他海军强国在华盛顿就《海军军备条约》进行谈判，通信情报令美国获得了巨大优势。赫伯特 · 雅德利（Herbert Yardley）主管下的美国“黑室”（Black Chamber，美国密码局，美国国家安全局的前身）当时在监测各国代表的通信。雅德利的团队破解了日本参会者使用的密码。随后美国谈判方便能够获悉日方愿意接受的最低谈判条件，否则日本人可能早就退出会谈。[2]

在二战后的几十年里，加密技术已超越了密码分析。想要重复这场战争中盟军的成功，即使可能，也将极其困难。所有国家都在战争中学到了教训，现在大多数密码分析的成功案例都是因为通信运营商犯了错误。当然，大量军事和民用无线电业务仍然没有加密，但几乎所有的敏感军事通信都有加密，而且，对高度机密的民用通信进行加密也成为趋势。

大多数战术通信情报由世界各地的军事机构所主导。它们让训练有素的语言学家监听敌对力量的移动无线电通信。军用通信情报大量拦截敌方空对地通信、地对地通信以及海军通信。

执法机构也严重依赖通信情报，通常其用途是为行动提供支持，以及打击非法网络。第 3 章提到的追捕巴勃罗 · 埃斯科巴，就是严重依赖战术通信情报的典型例子。

---

[1] 原注：F. W. Winterbotham, *The Ultra Secret*（New York: Dell, 1974）.

[2] 原注：NSA/CSS, “Pearl Harbor Review—The Black Chamber,” accessed 21 September 2012 at http://www.nsa.gov/about/cryptologic_heritage/center_crypt_history/pearl_harbor_review/black_chamber.shtml.

与前面章节中讨论的情报搜集系统一样，通信情报能提供情报成品，也能为其他情报搜集者提供支持。例如，它可以在即将发生的事件中为图像情报的目标定位进行提示。它能为负责人力情报的专案官确定潜在招募人员的前景，同时它对审查来源也大有用处。

二、流程

通信情报的搜集涉及几大步骤。最开始的环节一直是目标定位，然后是获得访问权限并从通信链路中搜集信息。接下来就是所谓的“后端环节”：处理、分析，最后是分发原始情报。让我们逐一讨论这些步骤。

目标定位

首要的是，通信情报机构必须选择搜集目标，并确定搜集目标的优先次序。通信情报有很多潜在来源。事实上，可以尝试并搜集齐全的情报来源实在太多。只要它使用电子或音频方式来传达文字信息，它就可以算作通信情报来源。问题是，在大量可用的潜在来源中决定要追踪哪些来源。考虑到截取并将搜集到的材料转换成有用情报的困难和风险，解决方法通常是选择最易满足情报需求的情报来源。以下总结了一些最常用的来源，以及可以从这些来源中得到的情报类型。用于从射频通信情报来源中搜集情报的传感器将在第 13 章中讨论。

传声器和音频发射器。有线传声器是一种古老技术，但仍被一些情报机构广泛使用。它低廉、可靠又持久。不幸的是，反情报单位也很容易找到它。长久以来，它被用于执法和反情报行动中。

音频发射器（即“bug”，通常被称为“窃听器”），也已使用了数十年。因为它发送无线电信号而没有使用导线，所以比有线传声器更容易安装。它成本也很低廉，而且使用起来不需要多高级的专业技能，因此它在不那么复杂的情报机构和工业间谍活动中特别流行。音频发射器通常使用低辐射功率来避免探测，它有自己的电力供应（除非其可以接入建筑物的电力系统），并且足够小，可以很有效地隐藏自己。越来越多的窃听器都可以同时提供视频和音频。

微型化、电源和传输技术方面的革新使得音频或视频发射器的效果更好，也更难以被人找到。突发传输（很短的无线电信号，通常为 1 秒或更短）、扩展频谱（通常是看起来像噪声的信号）和其他技术，可用来降低人们探测到窃听器的概率。更为精密的窃听器使用难以探测的红外传输技术。远程命令和控制技术已被用来开关发射器，降低被探测到的概率并节省电量。

远程声学监听。在情报机构不能进入某设施安装有线传声器或音频发射器的情况下，有时可以使用多种远程声学监听技术中的一种。所有这些技术都取决于，安装在房间结构中或房间内部的部件接收声音和机械振动的能力。

这样的传感器被称为“**地震检波器**”，是一种专业用途的传声器。地震检波器直接从建筑结构中接收机械振动，并通过有线或无线电发射机将音频传送出该设施。无论振动来自人声还是机器噪声，地震检波器都能有效地接收几个房间以外的声音。通常，地震检波器会放置于结构梁中，结构梁会延伸到要监视的区域。房间中对话发出的振动沿着结构梁行进，然后由地震检波器接收到。

流体传输法（fluidics）是一种暗中搜集音频信息的方法。它利用了声能在液体或气体中传输损失相对较少的特性。因此，如果水管接收了声能，音频信号将在管道内行进很长距离，并能用传声器或地震检波器远程接收到。电缆或风道也能将音频传输相当远的距离。乘客们曾经在商用飞机上使用的老式音频听筒，就利用风道的传导作用而采用了空心管材料。

自 20 世纪 40 年代以来，一种称为“**射频泛洪算法**”（radio frequency

flooding）的技术已被用于情报搜集。泛洪信号通常在微波范围内工作，用于远程搜集信息，与雷达探测目标类似。信号的泛洪取决于物体，特别是金属物体，对房间中的音频做出反应而发出的轻微振动。击中金属物体的微波能量束被其反射，并伴随着一些由音频振动引发的微弱调制信号。如果可以搜集和解调反射的能量，便能监视该区域中的对话。诸如从电视或无线电台发出的无害信号，我们也能对此成功地运用泛洪技术，以确定某一军事驻地。

也许射频泛洪算法最有名的案例是，冷战早期由苏联主导的，针对美国驻莫斯科大使馆的事件。当时苏联将仿造的美国国徽送给美国大使，后者将国徽摆在书房里当作装饰品。苏联在国徽中隐藏了一个无源声音接收装置。1952 年，乔治 · 凯南（George F. Kennan）任大使期间，在一次常规的安全检查中发现国徽内含有一个金属条，它会随房间内的声音而轻微振动。苏联人在附近用强射频信号射向国徽，金属条则将经过大使办公室内任何声响调制成信号辐射回去。[1]

自 20 世纪 60 年代以来，激光雷达技术已被用于搜集办公室内的窗户或类似固定装置上的音频振动。其原理与射频泛洪技术相同。红外激光器（对于人眼不可见）可以瞄准数百码远的办公室窗户。如果激光器选择了适当的红外波段，窗玻璃就能反射该红外能量。办公室内的通话将导致窗玻璃轻微振动，这些音频振动将会调制反射的激光能量。然后激光发射器附近的光学接收机可以接收反向散射能量，解调并恢复音频。使用这种激光装置的技术现在已得到广泛应用。[2]

电话监听。让我们简略看看各类电话——有线电话、曾仅存于车辆中的移动电话，以及今天通过移动信号塔网络进行通信的手机。用于电话通信的技术已经今非昔比，而拦截通话的系统为了与之同步也有所改变。

---

[1] 原注：John Wingfield, *Bugging*（London: Robert Hale Ltd., 1984）, 21–22.

[2] 原注："Laser Microphone" (December 22, 2007), accessed 23 September 2012 at www.bobjunior.com/project/laser-microphone/.

固定电话在今天看来近乎古董。但它们仍然很普遍，仍是通信情报的目标。有一种老方法是通过窃听器监听电话。窃听器可以放置在电话和转接中心之间的线路上。有时由于错误设计或是被改装过，尽管电话听筒是挂断状态（或者是挂在托架中的老式听筒），它仍会接收该区域中的通话。

如果设备安装得当，能从电话公司的中继线路截取电缆传输或微波点对点的传输内容，则通信情报设备也可大量截取通话。在民用系统中，这类拦截的难题是通话量过于庞大。通信情报的分析人员会忙得不可开交——尤其是在必须翻译的情况下。必须要有识别特定电话的方法，才能选择出有情报价值的通话内容。理想情况下，可以提前识别有情报价值的电话号码。如果没有，通常只能识别通话中的关键词。

军事单位中的战术通信情报通常依赖于战场电话通话。在静态战争（即堑壕战）中，这些电话使用的是铺设在战场上的电线。在一战和朝鲜战争期间，人们发现这样的通话可被敌人埋在附近且用听筒连接的电缆截获。这被称为“地面回波截获”（ground return intercept）技术。

移动电话（如今主要是移动电话）基本上已经取代了民用固定电话。冷战期间一次广为人知的通信情报行动，就拦截了配备在克里姆林宫领导豪华轿车中的移动电话。由美国和英国驻莫斯科大使馆监听站操控的拦截行动，提供了有关克里姆林宫决策进程，以及苏联领导人个性和弱点的大量细节。1971 年 9 月，专栏作家杰克 · 安德森（Jack Anderson）在《华盛顿邮报》披露它们的存在后，这些拦截行动的价值便急剧下降。[1]

今天，移动电话网络对于通信情报来说是个容易的目标。单个设备或整个移动信号塔都可被定位。[2] 拦截既可以在电话本身附近进行，也可在

[1] 原注：John M. McConnell, “The Evolution of Intelligence and the Public Policy Debate on Encryption,” Seminar on Intelligence, Command and Control, Center of Information Policy Research（Cambridge, MA: Harvard University School of Government, January 1997）, 151.

[2] 原注：“Wireless Eavesdropping—Not Just for Intelligence Peeps Anymore,” *Infosecurity*（November 12, 2010）, accessed 21 September 2012 at http://www.infosecurity-magazine.com/view/13953/wireless-eavesdropping-not-just-for-intelligence-peeps-anymore.

信号塔或路由中心附近进行。

今天的移动电话网络虽有加密，但大部分强度不高。世界上最流行的移动电话加密手段是全球移动通信系统（GSM)。GSM 加密一般都能破解，不仅仅是因为政府的通信情报机构可以做到，民间可购买到的拦截工具套件就可以在这些手机上破解无线 GSM 加密，工具价格仅约 2000 美元。该套件能模仿手机发射塔基站，控制手机。然后破解加密，接着如该领域某专家所言，“接管你的手机，像信号塔一样管理你的手机，将手机的通话通过网络转发出去”。[1]

手机虽是移动的，但它们仍可以被定位和追踪，这在监视目标时是巨大优势。几乎所有的手机都配有全球定位系统（GPS)，它可以精确定位手机的位置；即使这样行不通，拦截者还可以通过识别正在使用的信号塔或使用定向设备来定位手机的位置。再回顾一下哥伦比亚警察抓捕毒枭巴勃罗·埃斯科巴的案件，当时警方就是通过使用美国提供的定向设备来对其手机进行定位，发现他就在麦德林市。[2]

恐怖分子和毒贩大量使用手机。军事和执法部门多次的成功行动，导致这些手机用户采取了一些防御措施。保持通话简短和使用暗号之类的技术已成为防御手段，但不是每次都有效。例如，埃斯科巴了解被截获的风险，于是他保持通话简短，以免再出现相同的结果。

各政府在搜集通话时常用的方法是，将拦截地点安置在国外（通常是大使馆或领事馆）受保护的建筑中。在这里，他们可以截获微波塔通信，还能定期截获手机通话和诸如警用无线电之类的双向无线电。冷战期间，苏联在华盛顿地区维持五个这样的场所，在纽约则有四个。[3]

---

[1] 原注：“Wireless Eavesdropping—Not Just for Intelligence Peeps Anymore,” *Infosecurity*（November 12, 2010）, accessed 21 September 2012 at http://www.infosecurity-magazine.com/view/13953/wireless-eavesdropping-not-just-for-intelligence-peeps-anymore.

[2] 原注：Mark Bowden, “A 15-Month Manhunt Ends in a Hail of Bullets,” *Philadelphia Inquirer*（December 17, 2000）.

[3] 原注：Andrew and Mitrokhin, *The Sword and the Shield*, 344.

对讲通信（Push-to-Talk，即按即说）。对讲通信长久以来也是通信情报的目标。它被称为“即按即说”是因为它类似民用频段的电台，“听”和“说”不能同时进行。必须按下发送按钮进行通信，然后释放它才能收听。军事部队用于空对地和地对地战术通信的无线电装置，很多都是对讲系统。在二战期间，美国陆军依靠手持无线电，即对讲机，来进行地面战术通信。这些无线电都是德国和日本战场通信情报单位的目标。事实证明，在伊拉克和阿富汗战争中，更现代的“即按即说”无线电设备已成为战场部署的信号情报单位搜集情报的有价值目标。尤其在镇压城市叛乱的情况下，短距离（视距）无线通信很常见。叛乱分子通常使用手持对讲无线电话或手机。[1]

2002 年一部电影《风语者》（*Windtalkers*）让众人了解到，使用密码通信员（code talker）可以保持战术对讲通信的保密性。这部电影的现实基础是，美国海军于二战期间雇用印第安纳瓦霍部落人在太平洋战场当无线电操作员。纳瓦霍语不是一种书面语言，很少有外人了解它。日本人一直没法破解该密码。为人们所不知的是，密码通信（code talking）是在一战结束之际出现的。当时美国陆军出于同样的目的，在可能被德国人窃听的电话线上安插了印第安乔克托部落人。[2]

水下声频。与潜艇之间的海军战术通信使用了水下声频。这使得潜艇在接收通信时不用浮出水面。自从美国海军在 1945 年利用了第一台水下电话（绰号“格特鲁德”，Gertrude）之后，世界上大多数潜艇都装备了与之类似的设备。这些电话只能在相对较短的距离内工作，但它们可被其他潜艇或声呐浮标截获。[3]

高频通信。1914 年 8 月下旬的坦嫩贝格战役是高频通信情报最早且

---

[1] 原注：Matthew M. Aid, *The Secret Sentry*（New York: Bloomsbury Press, 2009）, 266–267.

[2] 原注：“Chocktaw Code Talkers of WWI,” accessed 21 September 2012 at https://pantherfile.uwm.edu/michael/www/choctaw/code.htm.

[3] 原注：A. Quazi and W. Konrad, “Underwater Acoustic Communications,” *IEEE Communications Magazine*（March 1982）, 24–29.

最重要的成功案例之一，当时正值一战开战初期。俄罗斯第 1 和第 2 集团军通过东普鲁士向德国第 8 集团军进发。俄罗斯总部之间的通信由高频无线电（接收的地理范围较广）收发，其中部分通信没有加密。8 月 25 日晚，德国无线电单位拦截的信息透露了以上两支俄罗斯部队的部署和任务情况。在接下来的几天里，他们截获了更多消息，了解到俄罗斯军队的军力、位置及行动。德国指挥官很快意识到萨姆索诺夫（Samsonov）将军率领的第 2 集团军正被派遣至德国城镇坦嫩贝格附近的开阔位置；他还了解到，如果萨姆索诺夫的军队遭到攻击，俄罗斯将军伦宁坎普（Rennenkampf）麾下的第 1 集团军将无法提供支援。

德国第 8 集团军司令冯 · 兴登堡（von Hindenberg）将军将全军调至有利位置，以进攻俄第 2 集团军。8 月 26 日攻击开始，接下来的三天里，他又在有额外拦截到的俄罗斯无线电通信预警的情况下，部署部队应对俄军的反攻。结果德国获得全面胜利，俄罗斯第 2 集团军被全歼，萨姆索诺夫将军自杀，东线战场最终陷入僵局。[1]

在二战期间，通信情报被广泛应用于监控船舶和潜艇的远程高频通信。大型测向天线令战争双方得以定位海上单位并追踪它们的行动。

20 世纪后半叶，卫星通信很大程度上取代了高频通信来进行远程通信。但高频通信在越战期间作为战术之用再次兴起。美国陆军发现，一种称为“近垂直入射天波”（Near Vertical Incidence Skywave，NVIS）的技术可以在短距离内提供可靠的通信，哪怕是山区地形。信号几乎以垂直角度发射，经电离层反射，返回至数百千米范围内的接收机。因为信号传送距离不远，NVIS 具备一定的安全性。通信情报单位只能在靠近发射机的位置（大约几百千米，取决于工作频率和电离层的条件）截取信号。

高容量通信系统。许多通信系统能承载大量数据。多年来，这些流量由微波无线电中继通信和地下同轴电缆（包括海底电缆）承载。卫星通信

[1] 原注：更多信息，请参阅 Wilhelm Flicke, *War Secrets in the Ether*（Laguna Hills, CA: Aegean Park Press, 1994），4–12。

在20世纪后半叶开始承担一部分。今天，大部分流量则是由光纤电缆承载。这些媒介都承载着各类数据通信。它们通常包括电视、电话、传真、数据链接、专用语音、视频和数据。

a. **微波无线电中继**。微波点对点通信使用具有固定天线的金属塔。塔必须建在彼此的视线内，因此它们相隔约20英里[1]（取决于地形）。天线将窄波束发射到下一个塔；通常将拦截天线放置在窄主波束中的某处或靠近中继塔，来进行拦截。光纤在很多地区已经替换了中继塔，而这些塔则被改造用于移动电话通信。但无线电中继仍然在世界许多地方使用，特别是难以铺设光纤电缆的山区地带。

b. **卫星通信**。通信卫星承载了许多国际电话和数据流量，并且一些卫星系统有固定轨道以完全满足国内需要。卫星承载的流量可能会被很多意外的接收者拦截。卫星携带大量的新闻和商业通话内容，使其成为政治和经济情报的高价值目标。卫星也会承载军事通信，但它们通常被加密。

任何国家都可以购买通信卫星地面接收站，并用它来截获通信。虽然依据《国际法》这是非法的，但这种基于商业情报目的的活动今后可能会增加。许多政府常规性地监听卫星通信，对它们进行筛选以获得有价值信息——有的信息可令本国公司获得国际市场竞争力。

在冷战期间，苏联有一些接收站能够拦截国际通信。最著名的是安装在古巴卢尔德（Lourdes）的接收站。它被描述为“苏联境外最先进的情报搜集设施”。它可以监测美国海事、军事和太空通信，以及美国境内的通话。[2]

据报道，法国已经发展出通信情报接收站网络，系统地窃听全世界的卫星通信。监测站分布在法属圭亚那、法国西南部的多姆市（Domme）和新喀里多尼亚（New Caledonia）。[3]其他一些国家则运营着卫星通信情报

[1] 编注：1英里约为1.609千米。

[2] 原注：Dino Brugioni, *Eyeball to Eyeball: The Inside Story of the Cuban Missile Crisis* (New York: Random House, 1990), 560.

[3] 原注：Dino Brugioni, *Eyeball to Eyeball: The Inside Story of the Cuban Missile Crisis* (New York: Random House, 1990), 560.

站点。以色列在内盖夫（Negev，巴勒斯坦一地区）的乌尔姆（Urim）设有一个大型通信情报基地。据报道，该基地主要搜集国际通信卫星、海事卫星的航海通信，以及由阿拉伯国家运营的许多区域卫星。[1] 即使是相对较小的瑞士情报机构，也在运作一个由三个地区的站点所构成的网络，即“Onyx”，以监控国际民用和军事通信。[2]

c. **电缆**。像微波中继或卫星通信一样，电缆也承载了庞大的流量。但它更加难以截获（因为需要某种形式的物理接入；有线信号不能用天线远程截获）。然而，一个简单的方法则是在电缆转接处接入电缆数据。美国这样做已有数年，其项目名为“沙姆克行动”（Operation SHAMROCK）。然而，美国国家安全局并未采取接入电缆这样有难度的方法，而是直接通过从美国境内的三大国际有线电视公司获得流量。[3]

根据文献，美国和其他国家已经在接入海底电缆通信方面取得了一些成功。在 20 世纪 70 年代初，美国政府发现了一条与千岛群岛平行的海底电缆，它连接了苏联在符拉迪沃斯托克（Vladivostok）和彼得罗巴甫洛夫斯克（Petropavlovsk）的主要海军基地。于是一个名为“IVY BELLS”的项目成立，其目的是接入该电缆。

然而，在 1981 年，西方国家的卫星在拍摄画面中发现一支小型俄罗斯海军舰队聚集在监听装置安装的确切位置上，然后该项目便戛然而止。其项目消息于 1980 年 1 月由罗伯特·佩尔顿（Robert Pelton）出卖给克格

---

[1] 原注：Nicky Hager, “Israel’s Omniscient Ears,” *Le Monde diplomatique*（September 4, 2010）.

[2] 原注：Swiss Federal Department of Defense (September 6, 2007) (in French) accessed 21 September 2012 at Project ONYX réalisé : la Délégation des Commissions de gestion et l’Autorité de contrôle indépendante contrôlent sa conformité au droit.

[3] 原注：L. Britt Snider, “Recollections from the Church Committee’s Investigation of NSA,” *CSI Studies in Intelligence*（Winter 1999–2000）, accessed 21 September 2012 at https://www.cia.gov/library/center-for-the-study-of-intelligence/csi-publications/csi-studies/studies/winter99–00/art4.html.

勃（KGB，苏联国家安全委员会）。[1]

被称为“8200 部队”（Unit 8200）的以色列通信情报组织，显然在地中海东部正进行着类似的行动。据称，8200 部队在西西里岛接入了连接以色列和欧洲的海底电缆。[2] 中东和北非的一些其他国家也在该地区使用海底电缆；这些电缆也对以色列有情报价值。

电缆流量最初由铜质同轴电缆承载，设计上非常类似于家用电视机中使用的同轴电缆。因为它传送了射频信号，所以截获时不需要实际切进电缆外皮。

在大多数地区，铜缆被替换成光纤电缆，这使得截获难度更高。实际上，有两大挑战。第一，光纤电缆中有多根光纤，每根光纤都承载大量的流量。你必须选出有情报价值的光纤，再选出每根光纤内的特定材料。第二，光纤的宽带宽使得下载所有数据以进行后续处理的做法不切实际。

然而，在做出选择之前，你必须接入光纤。传输距离较远的光纤会沿途设有中继器以放大发射的信号。

确定目标优先次序。因为有如此多的通信情报目标选择，你必须确定优先级情报目标最有可能使用的来源，并优先关注此类情报来源。

- 以前恐怖分子频繁使用手机，直到被截获的后果过于严重，他们才有所改变。但他们仍谨慎地使用手机。同时，他们也会利用互联网。
- 国家决策者和外交官使用电话、卫星和电缆（包括海底电缆）进行通信。但这些通信大多是加密的。
- 高级军官使用与国家政策官员大致相同的手段。战场单位广泛依赖无线电通信，包括无线电对讲系统。大多数战略级别的通信是加密的，比如战场无线电。
- 跨国企业使用互联网、卫星和电缆进行通信。企业越来越依赖于对

[1] 原注：Sherry Sontag and Christopher Drew, *Blind Man's Bluff*（New York:HarperCollins, 1998）, 98.

[2] 原注：Hager, “Israel's Omniscient Ears.”

传输过程中敏感的公司信息进行加密。

- 对犯罪组织的定位使用的是电话窃听、安装窃听器，以及截获手机通话。

目标取舍要对搜集的难度或风险与情报的重要性进行权衡。例如，需要运用人力情报的搜集活动，例如接入光缆，既困难又有风险。因此，只有当潜在收益很大时，才应该进行此类尝试。相反，卫星通信和对讲通信容易搜集并且风险非常低。因此，对于低优先级的需求，可以将它们作为目标。

获得权限

定位目标后，你必须获得通信链接的访问权限。通信情报需要以某种形式接入目标通信的媒介，才能搜集通信。这是一个非常简单的过程。空对地通信（对讲通信）和传统的高频通信很容易在较广的地面范围内截获。微波点对点通信则需要靠近传输塔或链路的主波束。但有些信号较难获取，因为它们被故意设计得难以截获（例如，通过将频率带宽扩展到拦截接收机无法匹配的程度，或者发送非常弱的信号，刚好够目标接收机接收）。这些被称为“**低截获概率**”通信。其他形式则需要不寻常的、昂贵的或侵入性的方法才能获得权限。例如，电缆和有线电话通信通常需要物理接入。不同的获得权限方式上节已讨论过。

搜集

搜集涉及两个步骤：在获得权限之后从通信中获取信息（通常称为“拦截”，interception），并将该信息传递到其可被处理的位置。通常，这里有一个关键的过滤步骤。一条大型通信链路（例如光纤电缆或卫星通信）包含的大部分数据流量，很少有或几乎没有情报价值。因此，必须丢弃很多截获的信号，因为没有足够的带宽来将所有材料发送到处理中心。这一过滤步骤，通常在获得链路权限之后以调查的方式完成。调查确定了重要材料，这样在随后的搜集步骤中，其他材料便可舍弃。例如，对光纤电缆接入的调查，将识别无用电视信号并将之舍弃。对接入点还会有另一项周期性的调查，其目的是确保没有遗漏任何有价值的材料。[1]

对于无线通信，特别是移动电话和对讲无线电，搜集的一个要点是对来源进行地理定位。在射频通信情报（RF COMINT）中使用的多种地理定位技术将于第13章中详细讨论。

处理

搜集后，必须对材料进行处理。处理是将搜集的信息转换成适用于分析的形式，有时也会转换成适用于直接传送情报的形式：要么自动进行，要么在人的监督下进行。如果材料的来源渠道单一，且已知很重要，转换起来便相对容易。

但在搜集的材料进一步处理之前，它必须经过另一个过滤步骤。即使材料的量比最初搜集时显著减少，但如果没有进一步过滤，剩余的材料对于系统而言仍过于庞大。对于大容量通信，处理过程的挑战是从大量的材料中识别出有情报价值的那一小部分，甚至有时对于单个渠道通信来说也是如此。其中一种方法是对处理系统进行编程，以检测出有情报价值的单词和电话号码。[2] 这顶多算是该过程中的一个步骤，并不完美。有情报价值的材料不可避免地会出现被“舍弃”（bit heaven）的情况，因为这类材料被认为没有价值。

经历这种严格的过滤步骤筛选后的材料必须进行分类，评出优先顺

---

[1] 原注：Duncan Campbell, “Interception Capabilities 2000,” A report to the Director General for Research of the European Parliament, April 1999, accessed 21 September 2012 at http://www.fas.org/irp/eprint/ic2000/ic2000.htm.

[2] 原注：Hager, “Israel’s Omniscient Ears.”

序，并传送给分析人员以得到充分利用。第一步通常是将材料转换成标准格式，并附加消息或标上相关信息，例如电话会议的各方号码会随之附上，它们可用于以后的电话号码搜索。

接下来会有许多其他的处理技术，来进一步将数量消减到可管理的大小。其中的技术有：

- 处理者必须从大量渠道中提取流量，并将其分类以供进一步处理。它们通常会分为三大类：音频级渠道，其流量通常为通话内容；传真通信；以及数据（包括消息流量）。这三类需要分开，因为它们随后将经过不同类型的处理步骤。
- 词语识别通常用于识别可能有情报价值的通信内容。大多数通信情报库中包含人员、地点或具有情报价值的事物的名称，并且这些词在消息中只要出现就会被标识以用于进一步处理。
- 语音识别系统也一样，当说话者说出某些关键词时，它会自动选择有情报价值的通话。[1]

最后，如果材料被加密，它必须被转发到专门进行密码分析的小组。详述如下：

密码分析。通信情报单位基本上有两种方法来破解加密消息。难一点的方法是雇用技术熟练的密码分析人员，同时辅以强大的计算机来破解密码。简单的方法是派人（通常是人力情报特工）窃取密码。俄罗斯长久以来都在通过偷窃这一简单的权宜之计来偷取密码。沙皇俄国的情报机构，奥克拉那警备队（Okhrana），被认为在当时拥有最好的密码破译者，这主要是凭借其购买或窃取密码的努力。它在苏联政权时的替代者，国家政治保安总局（OGPU，克格勃的前身）也保留了这一传统，至少维持了相等的水平。[2]

密码分析是最复杂和困难的处理阶段。它一直是一门晦涩的技术，即使是在拥有计算机分析技术的今天，也仍然如此。它同时使用人力和计算

[1] 原注：Hager, “Israel’s Omniscient Ears.”

[2] 原注：Andrew and Mitrokhin, *The Sword and the Shield*, 43–45.

机资源，非常昂贵，所以必须确定情报来源具有突出的价值，才可投入这些资源来破解密码。

直到二战后不久的一段时间，只有军事、情报和外交通信被加密，所以人们推测破解这些密码会有情报价值。大多数这些密码的破解，可以通过盗取密钥、密码分析人员的辛勤工作、发送者的失误以及运气这几要素协同来完成。

当前最常用的加密技术是“一次性密钥”(one-time pad)，其中的单词被转换为数字，然后数字通过额外的密钥产生变化。这样的密钥被称为“一次性密钥”，因为如果密钥是保密的并且仅使用一次，那么所得到的加密消息便是不可破解的。它基于密钥（本）中的相应字符将消息中的每个字符随机地变为另一个字符。

但这些年来，密钥的失效（例如，密钥被偷窃）或误用，已让许多密码分析取得成功。在第 3 章提到代号为“VENONA”的英美密码分析行动的成功，就是误用一次性密钥的结果。在二战期间及结束之际，一些苏联的情报和外交信息在发送时重复使用了一次性密钥，这让美国密码分析人员得以破解消息，导致一些在美国和英国的苏联情报员暴露了身份。[1]

密码分析往往依赖这样一个事实，即某些词常常出现在官方通信，尤其是军事通信中。这种简单密码分析的反制方法之一是，用不相关的文本填充密钥。在二战期间，美国海军常常在加密通信的开头和结尾添加这样的文本，使其成为这场战争中最容易引人误解的官方消息。

在莱特湾海战期间，威廉 · 哈尔西（William Halsey）海军上将的 34 号特遣队被日军诱敌深入，使得莱特湾的防御出现巨大空隙。太平洋舰队指挥官切斯特 · 尼米兹（Chester Nimitz）海军上将向哈尔西发送了一条消息（解密后）：“TURKEY TROTS TO WATER GG FROM CINCPAC ACTION COM THIRD FLEET INFO COMINCH CTF SEVENTY-SEVEN X WHERE IS RPT

---

[1] 原注：Andrew and Mitrokhin, *The Sword and the Shield*, 143.

WHERE IS TASK FORCE THIRTY FOUR RR THE WORLD WONDERS. ”[1]

开头（GG 之前）和结尾（RR 之后）的文本是密钥填充，这些应该在哈尔西看到消息之前删去，结果却没有。哈尔西显然饱览群书，他知道结尾的文本“THE WORLD WONDERS”会令人想起阿尔弗雷德·丁尼生（Alfred Lord Tennyson）的《轻骑兵的冲锋》（*The Charge of the Light Brigade*）里面的诗句。哈尔西将最后一句视作刻意的侮辱，因而勃然大怒。

数字计算机使加密变得广泛起来。计算机可以生成密钥，并使用它进行加密——其中有些加密容易被计算机密码分析破解，而一些较好的加密几乎无法破解。从那时起，许多政府都在努力应对由此带来的过度加密。政府想稳固其安全机构解密通信情报的能力。同时，政府也希望保护自己的企业，防止窃听者获得商业情报。但是，如何保护你的商业部门，同时又保证犯罪分子和恐怖分子不使用相同的密码技术？如果你是信号情报组织的负责人，想要破解每个人的密码，但不想让别人破解你的密码或你所保护组织的密码，这两者之间实在难以权衡。

此外，独立的团体最终也将开发自己的“不可破解”的密码。还有一种选择是，广泛提供一些只能由政府机构破解的密码——尽管一些政府将使用这种能力来帮助自己的企业与对手竞争。政府随后可以保留更为复杂的加密技术以供自己使用，他们正是这样做的。

但政府动作缓慢。改变政府政策，形成合适的结构来使这些措施生效，都需要时间。这给互联网时代的个人和小团体带来了巨大的优势；这些小实体适应速度快，技术精湛。有一段时间，加密者已经打败了破解者。加密技术超越了密码分析。要保证恐怖分子和毒贩无法接触这些“不可破解”的密码，成了一个绕不开的问题。

恐怖分子和毒贩防止别人发现其信息的另一种手段是隐写术。隐写术在人力情报的章节被当作一种秘密书写手段进行介绍。广义上的隐写术

[1] 原注：James D. Fornfischer, *The Last Stand of the Tin Can Sailors*（New York: Bantam Dell, 2004）, 213.

指的是，通过将消息嵌入其他看似无关的消息中，以隐藏信息的技术和科学。现代隐写术将消息隐藏在计算机文件内。它通过替换图形、音频、文本，或者 HTML 文件中无用或未使用的数据来隐藏信息。所隐藏的信息经常是嵌入在地图或照片中。例如，一张地貌景观的数字图像可能包含一份公报或地图。一个数字歌曲文件可能包含目标建筑物的蓝图。[1] 除非通信情报处理人员知道特定文件中有隐藏内容，否则很难找到它。

语言翻译。任何通信情报机构处理的材料大都为外语材料。所以最后的处理步骤通常是语言翻译。

通信情报翻译与开源情报翻译面临同样的挑战，而因为许可问题，其有过之而无不及。翻译开源情报时可使用母语者，但安全许可的问题限制了他们翻译通信情报。在“9 · 11 事件”及随后的阿富汗冲突之后，美国和通信情报圈的盟友发现他们急需人才翻译当地的几种主要语言：普什图语、达里语、乌兹别克语和土库曼语。据报道，美国国家安全局只有两三个翻译者可以翻译这些语言。[2]

对于任何必须提供全球覆盖的通信情报机构来说，这一问题还将持续下去。任何地方都可以爆发危机，而了解当地语言的翻译人才却无法储存以备将来使用。由于安全许可的问题，通信情报的翻译者通常为非母语者。这个缺点对于战术军事通信情报来说并不严重，毕竟很容易理解这类通信。然而，对于战略通信情报而言，这可能是个严重问题，因为在这种情报中，翻译中的细微差别都可能是至关重要的。

通信情报在今天使用的主要限制在于：正如其依赖训练有素的语言学家一样，它需要大量人手，是一种劳动密集型的工作。最终，话语的机器翻译可以帮助缓解这一瓶颈问题，它的主要工作是在通信中筛选出最重要

---

[1] 原注：United States Institute of Peace, “Terror on the Internet: Questions and Answers,” accessed 21 September 2012 at http://www.usip.org/publications-tools/terror-internet/terror-internet-questions-and-answers.

[2] 原注：Aid, *The Secret Sentry*, 220.

的信息，以供人力翻译者仔细检查。

分析

在翻译之后，处理环节的下一阶段是由分析人员详细查看。分析阶段需要将材料放在上下文中（使用间接来源和过去对同一来源的拦截），并附上分析人员的评论。情报用户的性质和时间的限制决定了材料分析的深度。战术材料通常要求快速分析，并且来源和用户都是众所周知的，因此该过程是自动进行的，材料可能被分析得很浅或者根本没被分析。

大部分通信情报分析都涉及对通信内容的准确评估。一开始，分析人员经常要识别和处理被隐藏和具有欺骗性的材料。当目标使用手机或互联网时，他们可能会围绕一个话题谈论，并使用预先安排的密码来交流。“9 · 11”攻击者使用预先安排的密语公开交流并传送信息。例如，“城市规划学院”是指世界贸易中心，而五角大楼被称为“美术学院”。穆罕默德 · 阿塔（Mohammed Atta）向其他 18 个发动“9 · 11”攻击的恐怖分子发出的最后加密信息如下：“还有 3 周本学期将开学，我们已在法学院、城市规划学院、美术学院和工程学院确认了 19 门学科。”[1] 当然，19 门学科指的是即将登上 4 架飞机的成员数量。

情报用户经常反对这个分析步骤，认为它减慢了分发的环节。但对于战略通信情报来说，绕过分析步骤是个重大错误。不经分析的通信情报可能会有误导性。

二战期间，前英国首相温斯顿 · 丘吉尔在阅读陆军元帅埃尔温 · 隆美尔的解密电报时得出结论，即德国人在北非极度缺乏补给。基于对这些原始通信内容的判读，丘吉尔迫使他的将军对隆美尔发起进攻。丘吉尔没有意识到，他自己的情报分析人员当时会这样告诉他：隆美尔一直在夸大自

[1] 原注：United States Institute of Peace, “Terror on the Internet: Questions and Answers.”

己的短缺情况，以证明其对物资和增援的需求。[1]

最近，国务卿科林·鲍威尔（Colin Powell）在2003年联合国演讲中使用了由国家安全局截获的三次信息，来“证明”美国关于伊拉克掩盖其拥有大规模杀伤性武器（WMD）的论点。三次截获信息都有些模棱两可。第一次讨论了“改装车辆”，据推测它是用于大规模杀伤性武器的开发。第二次截获的信息据说涉及一项“清理”弹药库的命令。第三次则是命令“去除任何无线指令中出现的‘神经毒剂’的说法”。后来的证据表明，三次截获信息都与伊拉克试图清除其大规模杀伤性武器计划的证据有关，避免给美国一个入侵的理由，只是最后徒劳无功。[2] 如果将模棱两可的截获信息与其他的通信情报和间接来源进行比对，很可能在鲍威尔演讲之前，就可以确定它们的实际意义。

因此，如上例所示，原始通信情报可能被情报用户误解。但通信情报的分析步骤也可能会将曲解带入信息中。在实践中，翻译者也是分析者，这就存在偏见的可能性。分析人员希望他们的材料被人阅读并采用。他们知道有趣或具挑衅意味的材料更有可能被阅读和采用。所以自然而然，他们会夸大报告的重要性，连经验丰富的情报分析人员都会落入这个陷阱。

内容分析已在前文中予以讨论。但有两种分析技巧与内容无关。它们是特征分析和流量分析，两者甚至在加密通信上也有用武之地。

特征分析。特征是通信情报中的一个重要部分，这在本书的第二部分有更详尽的论述。没有两个完全相同的通信系统，了解某个特定的人或组织正在使用什么通信系统通常具有情报价值。在电话通信中，特征可能直接来自呼叫本身：出现在你电话上的号码或手机上的来电显示，会标识出谁是呼叫者。

---

[1] 原注：Michael Herman, *Intelligence Power in Peace and War*（Cambridge, MA:Cambridge University Press, 1996）, 96.

[2] 原注：Aid, *The Secret Sentry*, 243–244.

当通信不包含识别数据时，设备操作者的身份有时可使用生物测定技术如声波纹（在本书后面讨论）来确定。该技术相当古老。早在中世纪，通信情报通常是指信件的截获和阅读，笔迹分析有时是用于识别作者身份。从 19 世纪末到二战期间莫尔斯电码得到广泛应用，密码操作员可以通过他人输入密码的特有模式来识别另一个操作员，这一特性即所谓的“手法”(fist)。这是生物测定学的早期形式。

现代通信技术使识别过程更为精确，不过执行起来在技术上更具挑战性。两个看起来相同的移动电话传输的信号略有不同——可能是在频率、信号稳定性或者虚假信号发射这三方面不同。[1] 两根光纤在它们传输的信号中有细微的差异。如果这些差异可以测量，则能为每个通信设备建立唯一的特征。

此外，消费性电子产品正在提供更多能与个体相关联的独特特征。随着这些设备进入我们的个人生活和职业生活——Wi-Fi、蓝牙、黑莓手机、iPad、智能手表和 GPS 设备——我们正在增加可能的射频特征的数量，它们放在一起可以创建一个独特的模式。通过被动地监控由个人设备生成的特征，我们可以得出统计相关性，不仅能用来推断个人的身份，还能用于追踪这个人。[2]

流量分析。流量分析是从所谓的“外部特征”，即从通信信号的特性获得情报的方法，而不用查看通信内容。当消息的内容不可获得时，例如使用了加密，流量分析特别有效。例如，外部特征可以用于确定通信发射器的位置和移动。但流量分析可以确定更多细节，并且与特征分析相结合

---

[1] 原注：U.S. Federal Highway Administration, “Assessment of Automated Data Collection Technologies for Calculation of Commercial Motor Vehicle Border Crossing Travel Time Delay” (April 2002), accessed 21 September 2012 at http://ops.fhwa.dot.gov/freight/freight_analysis/auto_tech/sect_2a.htm.

[2] 原注：George Spafford, “Underlying Patterns Can Reveal Information Security Targets,” SearchSecurity.com, accessed 21 September 2012 at http://searchsecurity.techtarget.com/news/article/0,289142,sid14_gci1193714,00.html.

时尤其有效。

流量分析的通常目标是，通过观察通信模式来构建通信网络（或者社交网）的模型。流量分析人员通过查看这些通信的模式，来识别出个人或官方的交际网。流量分析通常用于评估军事通信和犯罪集团内的流量。可以基于通信模式做出如下判断：

- 来自某个节点的频繁通信，可以让流量分析人员推断出网络负责人的身份，或找出网络的控制站点；
- 在可显示出与事件相关的站点处于活跃状态时候，推断出谁在说话；
- 频繁通信常常表明行动尚处于计划阶段；
- 无通信表明无活动，或规划阶段完成；
- 迅速、简短的通信往往与谈判有关。

在某种程度上，流量分析可以通过技术手段来反制，诸如在网络中插入虚拟流量。

分发

通信情报的分发涉及：(1) 使材料分发至正确的用户，并且及时，这样才有使用价值；(2) 保护情报来源。最具时效性、价值最重要的通信情报是与发展中的危机相关的，例如船只或飞机失事，或者针对它们的攻击。美国国家安全局一直以来都能提供与危机相关的通信情报快速反应报告。其负责这方面情报的正式结构被称为“CRITIC 系统”。[1]

前面讨论的标记过程有助于将材料分发至正确的用户。其分发的主要方法是通过电缆，电缆通信中的标签、主题词或关键词能帮助终端用户搜索到相关的通信情报数据。

---

[1] 原注：NSA, “Cryptologic Almanac 50th Anniversary Series: The Formation of NSOC,” accessed 2 October 2011 at http://www.nsa.gov/public_info/_files/crypto_almanac_50th/the_formation_of_nsoc.pdf.

战场分发。战场上有大批军队，因此将通信情报送至正确的军队层级一直是个难题，尤其是在快速变换的战场态势中。美国军队 2003 年入侵伊拉克期间发现，将截获的消息迅速传达至集团军司令和军长是可以办到的。困难的是将它传达至师长及其下属——就算有时能送达师长和营长手里，但也并不是很容易，这种传达对避免遭伏击和发现进攻机会非常重要。[1] 其问题首先在于，要将战场的安全通信能力降低到较低水平。其次则是保护情报来源的必要性，这将在下文讨论。

保护情报来源。战术通信情报对小型军事单位或执法单位（如上所述的师长或营长）最为有用。它必须以低密级的情报进行快速分发。战略和战役数据通常更为敏感，需要更深入的分析；它通常保密级别也更高。一些通信情报的材料价值之高，以至于必须不惜一切代价保护情报来源；例如，成功解密的消息不能走漏风声。“超级通信情报”（Ultra COMINT）就是一例，它基于二战期间德国恩尼格玛密码机的解密数据，在分发时受到各种分发程序的保护，例如用人工携带的方式传达给军事指挥官，有时甚至不与指挥官的情报员分享。额外的保护手段还有限制指挥官针对数据采取动作。例如，不能单单根据超级通信情报来攻击轴心国航运船只和潜艇；若有攻击，必须编造一些掩盖性的故事（比如依靠侦察飞行或虚构的间谍）来解释攻击的发生。[2]

与超级通信情报一样，特别敏感的材料通常有特殊的密码词，并且只有一小部分人知道密码词。通信情报的管理者必须权衡利弊，既要把信息提供给用户，又要避免信息来源的损失。这样的保护是有充分理由的。由于情报用户对通信情报使用不当，不少有价值的情报来源已经失去。如前所述，1971 年报纸专栏作家杰克 · 安德森（Jack Anderson）披露事件之

[1] 原注：Aid, *The Secret Sentry*, 258–262.

[2] 原注：F. W. Winterbotham, *The Ultra Secret: The Inside Story of Operation Ultra*（Bletchley Park and Enigma, London: Orion Books Ltd, 1974）.

后，美国便失去了监听苏联领导人移动无线电通信的能力。[1] 据报道，《华盛顿时报》1998 年的一篇文章指出美国正在监听奥萨马 · 本 · 拉登的手机，此后他便不再使用手机。

密报。通信情报在向其他搜集手段提供“密报”方面起着关键作用。如果某个有情报价值的事件即将发生，它通常能第一个提供线索。接下来，人力情报、图像情报和其他信号情报便可以针对即将发生的事件分派任务。这些事件有：导弹测试、即将离开港口的船只、军事单位的移动、正在运输的毒品——所有这些都可以由通信情报发出“密报”来提醒。

共享和联络关系。许多通信来源都有情报价值，并且任何大型通信情报机构都会经常搜集超出其处理能力之外的更多材料。直接的解决方案是分担工作量：将搜集、处理和分析分开。例如，可以让中央通信情报机构处理战略通信，让军事单位处理大多数的战术通信。

如果范围再扩大一些，友好国家可以通过联络关系来共享通信情报的工作量。这种资源共享有很多优势。有些国家比你的国家更容易接触到具体目标，尤其是内部目标。合作国可以处理部分工作，相比你所在的机构，他们或许拥有能译出更复杂语言的翻译人员。

因此，与人力情报一样，通信情报中的联络关系也很重要。美国一直非常积极地与其他国家保持这种联络。美国与英国、加拿大、澳大利亚和新西兰之间的正式联络关系可追溯到二战。[2] 这种所谓的“五眼”情报联盟的关系是双边关系的特殊模式。双边关系通常是首选，因为情报共享所造成的问题在多边关系中会迅速增多。美国与挪威、丹麦和瑞典的双边联络关系，在冷战早期提供了宝贵的信号情报。这三个国家靠近苏联西北边界的地理位置，令它们在信号情报搜集方面有着独特的优势。[3] 苏联有自

[1] 原注：Aid, *The Secret Sentry*, 152.

[2] 原注：Duncan Campbell, “Interception Capabilities 2000.”

[3] 原注：Matthew M. Aid, “In the Right Place at the Right Time: US Signals Intelligence Relations with Scandinavia, 1945–1960,” *Journal of Strategic Studies*, Vol. 29, No. 4（August 2006）, 575–605.

己的通信情报联络网，它们与古巴及其东欧伙伴保持着密切合作。古巴令其拥有独特的通信情报优势，因为它的地理位置与美国很接近。

联络关系的形成通常取决于各方有长期共同的利益，例如打击恐怖主义。一些盟国的利益需求不太相同——英国显然更注重欧洲事务，澳大利亚更侧重于亚洲事务。这两个国家在通信情报的处理和利用方面，在承担责任的相应部分上也有自己的既得利益。但如果没有共同的利益，联络合作就会难以实现。例如，从灰色军火交易中获利的国家可能不会帮助打击这种交易。

显然，共享有其风险。联络关系的合伙人不可避免地会担心互相之间的监视。“五眼”联盟国从未担心过这一问题；基本上，他们不会监视彼此。但正如反情报人士指出的，没有友好的情报机构，只有来自友好国家的情报机构。而苏联克格勃当时的确暗中监视了东欧同盟国。

更严重的问题在于，其他情报机构可能有来自敌对国家的“鼹鼠”。如此共享就会导致情报来源的丢失。如下面例子所示，即使没有“鼹鼠”，其他的机构也可能有安全漏洞。

二战中，德国将军埃尔温·隆美尔因为多次在北非以战术优势打败英国而被称为“沙漠之狐”。其成功的助因在于，他很清楚英国人下一步要做什么，这让他得以抓住最佳的时机反击。他的情报来源是负责联络英国军队的联络员——美国陆军上校邦纳·弗兰克·费勒斯（Bonner Frank Fellers）。费勒斯的通信被德国人截获和解读。他的信息是通过无线电发送的，加密方式是美国国务院的“黑色密码”。该密码的详细内容，被意大利间谍于 1941 年 9 月从美国驻意大利大使馆盗出；密码也被德国密码分析人员所破解，后者由此破译了费勒斯从开罗发出的黑色密码消息，并立即将其提供给隆美尔。[1]

---

[1] 原注：HistoryNet.com, “Intercepted Communications for Field Marshal Erwin Rommel,” accessed 21 September 2012 at http://www.historynet.com/intercepted-communications-for-field-marshal-erwin-rommel.htm.

另一个担忧是共享方有可能反过来对自己不利。这发生在 1978 年伊朗革命之后，美国当时失去了不少情报来源和情报手段。可能的情况是，“五眼”联盟国虽不会互相背叛，但他们确实有着不同的目标。当美国与沙特阿拉伯等国家分享情报时，这一问题会更加严重；他们可以为通信情报提供帮助，但你会担心他们利用截获的材料帮助实现自己的目标。

分享的另一问题在于，你与一个国家的关系可能会妨碍你与另一个国家的关系。一个希望与巴基斯坦和印度，或同时与以色列和埃及分享情报的国家，由于他们相互敌对的历史，将在外交上面临难题。解决方案则是让这些联络关系高度保密，以避免冒犯到其他国家。

三、结构

前言中讨论了两种普遍的搜集结构：烟囱式与协作式，集中式、分散式或混合式。通信情报的世界中都有它们的身影。

烟囱式与协作式

这里的主要区别是所搜集信息的敏感性。战略和战役通信情报的来源往往非常敏感。例如，它们可能较依赖于成功破解某种加密方案。这样的通信情报通常需要高度的保密以防他人在未授权的情况下公开，并且其情报的分发也仅限于相对较小的情报用户群。烟囱式结构很适合这种保密需求。

相比之下，战术通信情报是分发给大量终端用户，但它通常不需要如此程度的保密。协作式结构在这里能派上用场。

集中式

集中式通信情报组织被广泛用于支持战略情报和战役情报，该产品通常时效性不强。当通信情报面临多种情报来源时，集中式也有不少优点。因为它可以调用多种可用的情报来源，而且在处理欺骗性信息方面也具有优势。

通信量很大时最好采用集中式处理。破译密码需要优秀的密码分析人员和强大的计算机。所有这些资源都最好放置在一个单独中心里。

集中式通信情报组织通常对产品实行独占控制。这也许有利于保护情报来源和搜集手段，但如果组织采用《死海古卷》(在第 1 章里讨论过）的思路来囤积信息以获得分析优势，结果则相反。

分散式

分散式结构有着明确的优势。如第 1 章所述，信息的囤积不构成问题。没有哪个机构能够单独控制通信情报产品。此外，从属于军事和执法部门的通信情报单位很可能非常了解其情报用户的需求，并能迅速做出反应。

由于这些原因，大多数军事机构试图将其通信情报搜集与中央机构分离。例如在冷战期间，苏联通信情报在组织上比美国或英国的通信情报更为独立。当时克格勃负责的是外交和其他民用通信。格鲁乌负责军事通信情报。苏联在冷战早期尝试过建立一个单独的通信情报组织，但其显然是在克格勃与国防部之间的博弈中流产了。[1] 这种模式在克格勃于 1991 年解散后仍然得以保留。通信情报的职能由重组后的前克格勃部门接任，并更名为联邦政府通信情报局（Federal Agency of Government Communications and Information，FAPSI)。 2003 年 3 月 FAPSI 被撤销，重新并入克格勃国内情报的继任机构——联邦安全局（FSB)。然而，在整个过程中，格鲁乌继续保留军事通信情报的职能。

[1] 原注：Andrew and Mitrokhin, *The Sword and the Shield*, 337.

同样，为了响应情报用户的特殊需求，中情局多年来保留了自己的通信情报单位。被称为“D 部门”的机构为满足秘密行动和反情报需求，专门搜集国际无线电话通信，并主导海外的拦截行动。[1]

基于同样的原因，执法部门的通信情报通常采用分散式。这是因为它主要关注个别案例，并且常搜集时效性很强的信息。大多数这样的通信情报是针对单个移动电话或音频设备（例如窃听器）。

混合式

大型通信情报组织的结构必须满足多种情报用户的不同需求，因此其通常采用部分分散的混合式结构。尤其是，支持战术通信情报的结构，要提前设计好以照顾到分发速度。这意味着要预先设置好系统，识别关键通信，对其进行截获和翻译，并趁着产品仍具情报价值，将其提供给战场情报单位。通常情况下，战场部署的单位都是这样设置的，但与此同时，他们也需要从位于世界各地的国家级搜集机构获得信息。因此最好采取混合式。

此外，由于通信量的增加，无论多大的通信情报组织，都要全力搜集、处理和分析情报用户想要的所有材料。这种过载会因为所有情报共有的问题而加剧：如果你不加以阻止，动态情报或战术情报会消耗所有的可用资源。其他组织不可避免地要收拾烂摊子。例如，据报道，美国国家安全局无力向西半球的缉毒行动提供资源，缉毒局只能被迫接手该通信情报任务。[2]

通常的解决方案是，将通信情报的利用和分析靠近有战术和执法需求

---

[1] 原注：CIA, “Family Jewels” declassified document（May 16, 1973）, 544–546, accessed 21 September 2012 at http://www.gwu.edu/~nsarchiv/NSAEBB/NSAEBB222/family_jewels_full_ocr.pdf.

[2] 原注：Aid, *The Secret Sentry*, 305.

的情报用户。伊拉克或阿富汗战场上就为军队采用过这种做法，前文中缉毒局在缉毒通信情报中也是如此。然而，该产品通常必须提供给广泛分布的用户群，就像反恐和缉毒情报部门一样。因此，采取集中式结构进行大范围的产品分发很合理。即使如此，以另一种方式分权仍然可行，即前文所述的，通过联络别国的情报机构来分摊工作量。

美国和英国的通信情报机构已经采取了这种混合式结构——这种模式在近年来变得愈加突出。在通信情报的搜集和分析方面，其军事作用在伊拉克和阿富汗冲突期间都得到大幅增强。

商业通信情报

商业通信情报组织的结构受另一种考量——合法性影响。它使得商业情报组织结构集中，各部分结合紧密。传统意义上，搜集通信情报被认为是政府的职权，私人主体这么做通常是非法的。但在世界各地的商业市场上，都能轻易获得通信情报的搜集设备。比如很多公司提供的设备和服务，可以窃听移动电话并接入光纤电缆。这些设备还可以搜索、过滤和检索通过监听获得的大量数据。[1] 最好的商业情报单位可不便宜，但它们可以媲美政府通信情报组织所能提供的最好单位。因此，越来越多的国家将通信情报用于获取经济和政治情报，特别是卫星通信。一些商业企业也这样做。

所以无论是否合法，服务于商业目的的通信情报都有一席之地。这种做法有多普遍，很难说。商业通信情报单位往往规模小，产品也因其非法地位而被严格控制。一些情况下，通信拦截作业会被外包给那些在秘密世界活动的值得依赖的专家。

---

[1] 原注：Shaun Waterman, “Surveillance Tools: Not Just for Spies Now,” *Washington Times* (December 5, 2011), accessed 21 September 2012 at http://www.washingtontimes.com/news/2011/dec/5/surveillance-tools-not-just-for-spies-anymore/.

四、小结

通信情报是指拦截对手的通信，并进行处理、分析和报告。它不仅包括窃听器和传统的有线传声器，还拥有搜集语音、数据和传真通信时使用的高阶技术。通信情报现在属于大规模活动，它为情报用户提供国际外交、军事、经济和科学发展的情报，并支援本土的执法行动。它让人们得以洞察各国政府、军队及罪犯的计划和意图。它能追踪恐怖分子、毒贩的行动和资金流向。它还为其他类别的情报搜集提供线索，尤其是人力情报和图像情报。

通信情报的搜集过程从定位阶段开始。前文提到，通信情报机构必须选择搜集目标并将其按优先顺序排好。情报来源实在太多，你无法一网打尽。你必须选择优先考虑的情报目标所使用的情报来源。定位目标，就要权衡搜集的难度或风险与材料的重要性。

过去 50 年来，各种形式的通信都在激增，这让通信情报的潜在目标激增。它们划分为两类：低容量或单信道（通常为专用通信链路上的单个语音通信），高容量或多信道（通常为通信链路上的数百或数千个独立的语音、数据或视频通信）。在搜集规划和目标定位（前端），以及处理、利用和分发阶段（后端）时，必须对这两种类型的情报来源进行不同的处理。

有线传声器拦截是一门古老技术，但一些情报机构仍在大量使用这种技术。它便宜又可靠。不过，反情报单位也很容易找到它。某些类型的传声器依赖于建筑物中的结构或安置的物体来接收声音，并通过建筑结构的一部分来传输声音。

音频发射器或窃听器也是几十年以来很有用的搜集器。它可以发射无线电信号而不必使用导线，因此比有线传声器更容易安置。此外，它造价低廉，且不需要高超的技术技能，因此它在不那么复杂的情报组织和工业间谍中颇受欢迎。

过去的电话监听依赖于识别有情报价值的电话，并在其内部安置窃听器。如今大多数电话监听都集中于移动电话通信，因为它是犯罪集团和恐怖分子首选的通信方式。无加密的移动电话网络是通信情报很容易得手的目标，即便被加密，其水平也不会很高。手机是可移动的，但它们仍可以被定位和追踪。单个移动电话或整个移动信号塔都可以成为目标。拦截可以在电话附近、信号塔附近或是路由中心进行。

军事机构使用训练有素的语言学家监控敌对势力的移动无线电通信，因此主导了全球大部分的通信情报活动。为行动提供支持的通信情报，也称为“战术通信情报”，它在执法工作和打击非法网络中得到了广泛应用。军事通信尤其依赖无线电。高频无线电从过去到今天一直在使用。视距无线电（line-of-sight radio），也被称作“对讲通信”，用于军事上的空对地通信。这两种类型都可以在很大的范围内进行拦截。

高容量或多信道通信能携带大量有情报价值的材料：

- 微波无线电中继系统可在塔与塔之间传输窄波束，它需要在塔的附近搜集，或者将截取天线定位于窄主波束中的某处。
- 卫星通信可承载国内和国际电话，并可携带数据流量与视频。许多国家都有专门的拦截站用于截获此类流量。
- 金属和光纤电缆在许多地区取代了微波无线电中继，并且在海底和陆地上都有使用。这种电缆需要物理接入的方式来截获通信。光纤电缆的使用越来越多，因为它能提供很宽的带宽，可传输有着良好安全性的大容量通信。

定位目标后，你必须得到访问通信链接的权限。通信情报需要以某种形式接入目标通信介质，才能够搜集通信。

搜集涉及两个步骤：在接入目标之后从通信中获取信息（通常称为“拦截”），并将该信息传输到可进行处理的位置。不过这里通常还有一个关键的过滤步骤，从而将材料的量减少至可管理的水平。

处理大量的通信截获内容，要在操作前进行多次数据过滤，以丢弃不具情报价值的材料。严格过滤后的材料必须进行分类，确定优先顺序，并传递给分析人员进行详细的利用和分析。

如果材料被加密，则下一步进行密码分析——破译加密信息。简单的破解方法是，以某种方式窃取到密码或加密密钥——这是人力情报的工作。难一点的方法则是暴力破解，即使用强大的计算机处理加密文本以找出密钥。

在大多数情况下，分析前的最后一步是语言翻译。对于在全球范围内拥有利益的情报机构而言，是否在目标语言方面拥有足够的译者是个长久的问题。另一个问题则是如何确保翻译的准确性。

在分析阶段，材料的内容和上下文会得到检查。关键词搜索常被用于识别重要的通信内容。要反制搜集方的关键词搜索，可以在谈论主题时绕圈子，或者使用隐喻性语言。除了查看材料内容之外，分析人员还要利用所谓的“外部分析”：

- 流量分析可用于识别网络中的关键站点，即使该资料被加密，网络通信的模式有时也可以提供与筹划中行动相关的情报。
- 特征分析可用来识别和追踪目标。这利用了“没有两个通信系统完全相同”的原理，并且有时系统运营商的运营模式是独一无二的。

通信情报的分发涉及：(1) 使材料分发至正确的情报用户，并且及时，这样才有使用价值；(2) 保护情报来源。通常在军事行动正在进行的情况下，很难将材料传递至下级指挥官。如果材料高度机密，则需要额外的情报来源保护措施。例如，可以限制军队依据材料采取行动的能力。

所搜集通信的数量和性质，能决定通信情报组织的结构。如果数据量大，情报来源多，情报用户数量庞大，需要解密，且没有迫切的时效性，那么综合所有特征，可采用大型的集中式通信情报组织。如果搜集规模小，时效性很重要，那么通信情报必须响应特定组织的需求，最好采用分散式。

战略通信情报和战役通信情报通常不需要较强的时效性，但它们常常需要广泛且专业的处理和分析。此外，其产品通常是敏感的，因此必须严格控制，分发给选定情报用户。虽然搜集工作可以在全世界进行，但这些考量使得处理和分析变得集中化。

相反，战术军事通信情报需要快速分发给战场内的特定最终用户群。因此，最终选择的支持战术通信情报的结构，要提前设计好以照顾到分发速度。这样的材料通常并不会完全做间隔化处理。这意味着要提前建立一个分散式系统，识别关键通信，并进行拦截和翻译，然后趁着产品仍然具有情报价值时，将其提供给战场单位中的用户。因此，最终的结构通常为集中式和分散式的混合。执法行动中的通信情报结构通常也是分散式的，因为它在本地运行，并专注于非常具体的目标。

[第 5 章]

网络搜集

针对情报处理系统或网络的情报搜集不属于任何传统情报搜集门类。它通常与人力情报相关，因为它通常是人力情报人员开展技术性搜集工作的扩展。网络搜集还类似于通信情报，特别是涉及数据通信网络搜集时。针对公开可用的信息处理系统的搜集，如万维网，属于开源情报的范畴。本章集中探讨针对受保护系统的搜集，尽管这类搜集通常以网络为渠道。

多数关于网络搜集或黑客行为的文章都从防御的角度书写，因此比较悲观且充满警告意味。本章采用更为乐观的角度，因为它采用了攻击者的观点。战略冲突的一个基本准则是**攻击总能赢**。这条准则尤其适用于网络搜集。因为在战略冲突的其他领域，攻击者有优势。防御必须抵抗所有可能的攻击形式。攻击者只需找到最薄弱处，并攻击该处。攻击者享有时间优势；耐心和坚持是成功的关键。正如前黑客达斯汀 · 戴克斯（Dustin Dykes）指出："安防系统必须次次获胜；而黑客只需获胜一次。"[1] 防御者所能做的就是增加搜集的难度和成本，或减缓搜集的速度。想要通过持久战来获胜并不是个好选择。

防御者的思维定式、计算机网络的复杂性和偶尔出现的简单人为失

[1] 原注：引自 Kevin D. Mitnick and William L. Simon, *The Art of Intrusion*（Indianapolis, IN: Wiley, 2005）, 115。

误，有助于攻击者入侵。

- **思维定式**。网络管理员和网络防御者发现很难站在黑客的角度去思考。[1] 理所当然的，防御者愿意相信其系统是安全的，而网络搜集者对这一情况要更为了解。黑客的座右铭是："只要安防有缺陷，我们就会找到它。"[2] 计算机安全程序倾向于关注漏洞，因为漏洞比威胁更容易评估。政府和私企发现很难像黑客一样看待目标——计算机、网络和数据库。因为缺乏对威胁的了解，公司和国家将宝贵的资源投入到不存在的威胁中，仅仅是因为他们着眼于考虑所有的可能性。鉴于防御者没有从攻击者的角度进行威胁评估，防御者未能对受到攻击的领域投入足够的资源。
- **复杂性**。相比小型或复杂程度低的程序和网络，大型软件程序和大型网络常常拥有更多漏洞。此外，每天都会出现新漏洞，这就是攻击者具有时间优势的原因。不断变化的系统硬件、系统软件和应用软件；频繁安装的补丁和升级；新功能的引入，如即时通信、网际中继聊天和蓝牙——这些都为攻击提供了源源不断的新机会。系统的每次修改都会创建潜在的漏洞。不断变化形成了凯文·米特尼克（Kevin Mitnick）所说的"目标丰富的环境"，他过去是黑客，现在是计算机安全专家。[3]
- **人为失误**。情报搜集的成功通常建立在对手的失误之上，计算机网络能提供众多失误的机会，从而使系统易受到攻击。不佳的网络配置控制也很常见。有时设备没有正确地连接到网络上。

到目前为止，我们一直使用"**攻击**"一词来表示非法侵入计算机或网

[1] 原注：引自 Kevin D. Mitnick and William L. Simon, *The Art of Intrusion*(Indianapolis, IN: Wiley, 2005），43。

[2] 原注：引自 Kevin D. Mitnick and William L. Simon, *The Art of Intrusion*(Indianapolis, IN: Wiley, 2005），43。

[3] 原注：引自 Kevin D. Mitnick and William L. Simon, *The Art of Intrusion*(Indianapolis, IN: Wiley, 2005），62。

络。但本章并未探讨被称为“信息战”、“网络战”或“计算机网络攻击”(computer network attack，CNA)的各种网络活动。计算机网络攻击由军队和黑客执行，旨在实施削弱、破坏、拒止或欺骗等行动。通常，很容易观察到计算机网络攻击的效果。但在我们讨论的搜集行动中，计算机或网络其实是正常运转的。在本章的剩余部分，**攻击**意味着计算机网络攻击；我们将用**搜集**或**间谍活动**来描述网络搜集。

网络搜集通常有两大类：计算机网络利用（computer network exploitation，CNE)，对单个计算机或内联网（私人维护的、需要访问权限的计算机网络）的直接或间接利用。下文描述了利用网络和单个计算机获取情报的一些通用技术。鉴于这是一个瞬息万变的高级技术领域，这些描述难免会有粗略之处。

一、功能

本部分论述了网络搜集目标和搜集者获得的利益。

对于技术发达国家而言，如俄罗斯、以色列和法国，针对网络和计算机的行动可能已成为最富有成效的情报来源。一个原因是，能在计算机中获取巨量、多样的有用情报。这不仅包括直接具有情报价值的信息，如军事态势、计划和经济数据，还包括有助于确定其他情报搜集资产的信息。例如，可以将在线求职搜索网站作为目标，从而获取人员情报。这些网站上的简历常常能提供分类项目的细节，并提供人员资料，从而有助于确定通信情报活动或人力情报来源招募的个体目标。[1] 其中，多数情报都属于开源情报领域，但一些材料要求进行复杂的计算机网络利用才能获取。网

[1] 原注：Kevin G. Coleman, “Cyber Espionage Targets Sensitive Data” (December 29, 2008), accessed 21 September 2012 at http://sip-trunking.tmcnet.com/topics/security/articles/47927-cyber-espionage-targets-sensitive-data.htm.

络搜集愈加重要的另一个原因是，获取情报的风险相对较低。据报道，美国国家反间谍机构提出了这个问题："如果你能偷偷从另一个大陆获取大量电子情报，为什么还要冒险采取间谍行动？"詹姆斯·路易斯博士（Dr. James A. Lewis）是战略和国际研究中心的技术和公共政策项目主任，他简洁地阐述了这个问题：

> 不涉及使用武力的恶意网络活动几乎不会产生后果。因此，尽管各国对使用网络技术进行攻击非常谨慎，但在使用网络技术进行间谍活动或犯罪方面几乎没有限制。即使由国家发起，网络犯罪也不足以引起军事反应。各国不会为了间谍活动而开战。鉴于上述原因，网络空间的直接威胁包括间谍活动和犯罪。[1]

全球计算机能力的增强和商用计算机间谍能力的发展，令政府、工业间谍和黑客的计算机网络利用频率大幅增长。近十年来，商用计算机间谍活动持续增加，而且难以将这类活动与国家安全目标区分开来。很多团体对搜集商业情报有兴趣，包括竞争者、敌方情报机构、有组织的犯罪集团和恶作剧者或黑客。越来越多的，这些情报工作由政府机构而不是非政府机构发起。情报机构主要获取情报；罪犯窃取资源和勒索钱财；黑客对以上均有涉猎，还会破坏信息系统。

对网络作战（包括计算机网络攻击和计算机网络利用）的大量报道，其实都与外国实体（政府、公司、犯罪企业和自由黑客）想要对美国开展间谍或盗窃活动等企图有关。但就全球而言，绝大多数计算机网络利用和计算机网络攻击针对的很可能是非美国公司和外国政府，而且具有很强的

---

[1] 原注：James A. Lewis, Center for Strategic and International Studies, Testimony before the House of Representatives Committee on Oversight and Government Reform Subcommittee on National Security, Homeland Defense and Foreign Operations on "Cybersecurity: Assessing the Immediate Threat to the United States"(May 25, 2011), accessed 21 September 2012 at http://csis.org/files/ts110525_lewis.pdf.

隐蔽性。政府和私企都不愿意让他们的失误为公众所知——假定他们能发现自己的失误。

如果某台计算机上的情报对某个国家或某个商业或犯罪企业有价值，它就是网络搜集的目标。大多数具有情报价值的信息存在于某处的计算机上。特定的目标取决于国家或组织的利益。很多国家会将邻国设定为获取政治情报的目标，而将贸易伙伴设定为获取经济情报的目标。以色列很可能会关注恐怖组织和阿拉伯政府。对于众多国家和公司而言，外国公司持有的专有资料能提供商业优势或实现技术飞跃。工业间谍活动在发达国家很盛行，部分是因为它能为网络搜集提供相对的软目标，部分是因为成功之后所带来的经济收益。

为了阐明即便是较为先进的国家也容易遭受网络搜集的影响，让我们考虑一下通常被认为在情报领域的硬目标：伊朗、朝鲜等。

美国信号情报领域一名海军高级退休军官称，俄罗斯、法国、以色列等针对美国开展的网络间谍活动最多，至少部分是由于经济原因。[1]

作为众矢之的的伊朗同样是网络搜集的目标。据报道，2009 至 2010 年间，伊朗的纳坦兹核设施感染了一种名为“震网”的破坏性恶意程序（稍后探讨）。2011 年发现了该恶意程序的变体，被称为“Duqu”（以《星球大战》反派角色的名字命名）。Daqu 利用了微软文字处理软件的一个漏洞，而且似乎把矛头指向了位于伊朗和苏丹的特定目标。相比“震网”的攻击设定，Daqu 的设计显然只为对上述国家中的特定目标进行网络搜集。[2] 尽管朝鲜被安全困扰，但它也是受到计算机网络利用侵害的另一代表国家。只有几千名朝鲜人能连接万维网。而剩下的人只能连接

---

[1] 原注：Seymour M. Hersh, “The Online Threat,” *The New Yorker*（November 1, 2010）, 44–55.

[2] 原注：R. M. Schneiderman, “New Computer Malware May Presage Another Cyberattack, Potentially on Iran,” *The Daily Beast*（November 16, 2011）, accessed 21 September 2012 at http://www.thedailybeast.com/articles/2011/11/16/new-computer-worm-may-presage-another-cyber-attack-potentially-on-iran.html.

Kwangmyong，它是朝鲜计算机研究中心于 2000 年前后在平壤建成的、全国性的内联网。Kwangmyong 连接大学、图书馆、网吧和其他拥有网站和电子邮箱的机构。[1] 但它易受计算机网络利用侵害的程度至少与万维网不相上下，而且鉴于它是内联网，会给用户带来错误的安全感。能同时连接万维网和 Kwangmyong 的朝鲜人可以（有意或无意地）创建一条数据过滤路径，让人能够获取内联网计算机上的数据。

相比上述国家，欠发达国家更容易成为网络间谍活动的目标。通常，这些国家的政府缺乏网络防御的经验，而网络经验丰富的国家很可能利用技术优势常规获取互联网、内联网和独立设备上的政治、经济和军事情报，就像它们利用自己在通信情报方面的优势一样。欠发达国家成为目标还有另一个原因。它们的政府和商业企业能提供简易的切入点，搜集难以攻破的第三方目标政府的情报。比如，某西欧政府的网络系统无论有多安全，因为与之相关的撒哈拉以南非洲某国的计算机网络的薄弱保护措施，其与该国外交交易的敏感细节都可能会泄露。

二、流程

网络搜集以丰富和快速增长的一系列硬件和软件为目标，主要类型包括：

- 能连接互联网的计算机和内联网，包括平板计算机和智能电话；
- 未连接互联网的内联网，如军事网络；
- 独立机器（未连接任何网络）。

本节着眼于针对上述类型目标的网络搜集过程。

[1] 原注：Sangwon Yoon, "Is the Inter-Korean Conflict Going Cyber?" *Al Jazeera* (June 24, 2011), accessed 21 September 2012 at http://www.aljazeera.com/indepth/features/2011/06/20116206572748130.html.

计算机网络利用

利用目标网络有无数方法。情报搜集者必须先获得目标网络的访问权限，拥有利用网络的工具，并抹去行动的证据。搜集者可以利用网络中出现的或供应链引发的漏洞。他们可以伪装成被授权用户或使用人力资产来获得网络的物理访问权限。一旦获得访问权限，他们通常植入软件，称为**“后门程序”**。植入的软件会与控制机构通信，从而允许搜集者从网络获取数据。该过程可以概括为五步 ：

- 目标选择是定向搜集的第一步。关于潜在目标的情报汇编来自各种公共资源，包括社交和专业网站、会议记录、学术论文和项目信息，以便编写出目标的概况。
- 无源网络分析和绘图涉及非侵入性的目标网络探测，这确认了网络设备的存在，并绘制出设备的连通性。在该步骤中，探测器像情报分析人员一样，通过分析证据碎片来了解网络，然后创建系统模型。
- 通过公开可得的密钥对目标网络及其组件进行漏洞扫描。漏洞扫描可以在联网和断网情况下进行，而且这一活动会用到顶尖黑客采用的很多工具。它涉及各种专业技术，如网络诊断（pinging）和端口扫描。
- 漏洞利用这一步就是众所周知的黑客入侵。搜集者进行调查，建立目标系统的访问权限，并植入软件，以便今后访问。如前所述，大多数植入的软件称为“后门程序”——一种软件代码，能实现未经授权的计算机或网络访问，同时还能完美地保持隐蔽。
- 持续的情报搜集使用后门程序，通过持续访问从计算机或网络中获取有用的情报信息。

在第二和第三步——网络分析和绘图以及漏洞扫描中，成功的主要标准是不被发现。扫描器尤其需要躲开各种入侵检测系统或**嗅探器**（用于检测访问权限、搜索入侵者的软件程序或人工管理员）的探测。这些措施日益增加了搜集者面临的风险 ；过去发现嗅探器还是比较容易的，但新式的嗅探器软件隐蔽性较高。一旦搜集者惊动了防御者，就很难获得网络的访问权限了。

后两个步骤，即利用和持续的搜集，要求搜集者安装后门程序并隐藏其存在。后门程序（有时被称为“天窗程序”）能轻易实现对计算机软件或操作系统的继续访问。系统开发人员安装合法的后门程序，以绕开安全程序。这能允许他们随时进入系统运行测试、升级系统或修复问题。通常当系统投入使用时，这些合法的后门程序会被除去。然而，后门程序可能会因失误而保留或有意保留以允许后续的维护。

众所周知，最令人兴奋的后门程序仅存在于几十年前的电影中。《战争游戏》（1983 年）的中心情节是，一名高中生黑客发现了一个后门程序，该程序能让他获得北美空防司令部战略防御软件的访问权限。他认为自己无意中发现了一个复杂的新计算机游戏，于是开始采取几乎会引发第三次世界大战的行动。

后门程序或许是搜集者用来进行工业计算机间谍活动的主要工具。在较弱的防御系统中，后门程序可以提供无限制的系统数据访问权限。竞争对手可以通过后门程序无数次地获取宝贵的企业专有信息。[1]

也可能直接从目标选择步骤到情报利用步骤。当目标收到一封似乎源自可信来源（熟人或同事）的电子邮件时，这种情况就可能发生。邮件可能要求目标打开附件；常用的附件有 Adobe PDF 文件、图片和微软办公软件文件。当受害者用计算机上有漏洞的程序（如 Excel、PowerPoint、Word 或 Adobe Acrobat）打开该文件时，后门程序获得执行，计算机就会遭到入侵。同时，一个表面看起来正常的文件或图片会出现在目标的计算机屏幕上，因此接收者没有理由怀疑出现了任何差错。电子邮件被广泛用于情报利用，因为可以通过查看雇员的邮件模式确认他或她的信任关系和职业网络。

或者，电子邮件会引导目标登陆含有后门程序的网站，结果大致相

[1] 原注：John McAfee and Colin Haynes, *Computer Viruses, Worms, Data Diddlers, Killer Programs, and Other Threats to Your System*（New York: St. Martin's Press,1989）, 79.

同。这种网站被称为“**隐藏下载网站**”。它通常依靠网络浏览器和浏览器加载项的漏洞。如果计算机存在漏洞，用户只需访问这类网站，甚至无须下载任何东西，计算机就会感染恶意程序。[1]

当目标遭到入侵的计算机向搜集者的服务器发送信标信号后，持续搜集就开始了。这种“签到”或发送信标的活动会按照设计混入常规的网站流量。被入侵的计算机发送其 IP 地址和操作系统信息，然后接收并执行搜集者的命令，使搜集者完全掌控用户的系统。然后搜集者可以从计算机中获取文件，发送电子邮件或数据，或迫使被入侵的计算机下载额外的恶意程序。自此，搜集者可以使用被感染计算机在目标网络中攻击受害者的联系人或其他计算机。[2]

持续的搜集使用业内称为“情报利用”的一些工具。**情报利用**工具在未经用户同意、最好在用户没有察觉的情况下，利用软件漏洞来感染、破坏或控制计算机。情报利用工具利用操作系统、网络浏览器、应用程序或其他软件组件的漏洞。[3] 随着所有这些目标中的漏洞得到发现和修正，情报利用工具的首选目标不断变化。例如，奥多比动画播放器（Adobe Flash Player）的漏洞被攻击程度一直较低，但到 2011 年该软件突然成为主要目标。2012 年全年，奥多比提供补丁和更新来减少漏洞，结果却碰到了新型恶意软件，因为黑客攻击了打过补丁的版本，甚至在手机版的动画播放器上安装木马病毒（下文会探讨）。[4]

---

[1] 原注：*Microsoft Security Intelligence Report*, Vol. 12, accessed 16 September 2012 at http://www.microsoft.com/security/sir/default. aspx.

[2] 原注：Joint Report JR03-2010, “Shadows in the Cloud: Investigating Cyber Espionage 2.0,” Joint report of the Information Warfare Monitor and Shadowserver Foundation(April 6, 2010), accessed 21 September 2012 http://www.scribd.com/doc/29435784/SHADOWS-IN-THE-CLOUD-Investigating-Cyber-Espionage-2-0.

[3] 原注：*Microsoft Security Intelligence Report*, Vol. 12.

[4] 原注：Ben Weitzenkorn, “Adobe Flash Player Hit by Hackers on Both Ends,” *Security News Daily*, accessed 21 September 2012 at http://www.securitynewsdaily.com/2191-adobe-flash-player-iphone-android.html.

最广为人知的四种情报利用工具是特洛伊木马（常简称为“木马”）、蠕虫、系统权限获取器（rootkit）和叩键记录器（keystroke logger）。

- **特洛伊木马**是看似无害却隐藏主要目的的程序。它的目的是窃取目标计算机系统的数据。操作系统和几乎所有的应用软件包——屏幕保护程序、电子表格、文字处理软件、数据库管理器——都可能是特洛伊木马。例如，文字处理软件中的简易木马可能会复制该软件保存的所有文件，并将其保存在木马主人之后能访问的地方。另一种简易特洛伊木马一旦被激活，会静待用户试图注销的时刻，然后它模拟真实的注销状态，却仍然保持用户的联机状态。当用户下次试图登陆时，木马会为自己的主人获取其密码并模拟登陆。
- **蠕虫**具备木马的很多功能，它还能安装后门程序。但与木马相反，蠕虫被设计成完全隐蔽的程序，而非伪装成无害的程序。黑客曾用蠕虫指示银行计算机向非法账户转账。蠕虫还被用于向未经授权的接收者传输受控数据；这就是蠕虫在网络搜集中的作用。
- **系统权限获取器**是软件代码，旨在躲避探测的同时控制计算机。该术语源自 Unix 操作系统中对计算机根本控制（根权限，root access）的表达。在微软 Windows 系统中，它的对应术语是管理员权限。系统权限获取器常常隐藏在木马中。
- **叩键记录器**或键盘记录器，可用于硬件或软件。它们的一般目的是获取和记录叩键。就网络搜集而言，它们专门适用于获取密码和加密密钥。硬件键盘记录器通常安装在键盘上，一定程度上要求获得键盘的访问权限——不过无线键盘的出现为搜集者提供了另一个选择，即通过监控附近的无线信号来搜集叩键。软件键盘记录器通常被植入计算机的操作系统中。

尽管上述漏洞利用工具都可被用于网络间谍活动，但用它们攻击**零日漏洞**（zero-day vulnerability）才是最有效的。零日漏洞又被称为“零时差漏洞”或“当日漏洞”（zero-hour or day zero vulnerability），它是防御者或软件开发人员知悉的应用程序漏洞。它的名字源于软件开发人员首次意识到该漏洞的时间（被称为“零时差”或“零日”）。意识到该漏洞之前，开发人员显然无法开发安全修复程序或将修复程序分发给软件用户。零日漏洞利用工具（利用安全缺口执行入侵的软件）受到黑客和网络间谍机构的高度重视，因为无法有效防御这些工具——至少在零日之前不可能。[1]

通过网络搜集信息要做的不仅是部署这些漏洞利用工具。网络间谍组织必须控制这些漏洞工具，获得想要信息的同时保持隐秘性，或者至少能合理地拒止。这些行动往往通过所谓的“僵尸网络”（botnet）进行。僵尸网络的控制器通常被称为“指挥与控制（command-and-control，C&C）服务器”。它会通过通信信道发指令到僵尸网络，指挥僵尸网络感染计算机（称为“僵尸”）；通信信道包括网络中继聊天（Internet Relay Chat）或超文本传输协议（HTTP）。僵尸网络的指挥与控制服务器的真实地址难以确认，因此难以被关闭。

2011 年第四季度，微软安全监视系统记录了全球恶意感染软件来源（分布网站）。[2] 这本身无法反映出所有情形；其中很多网站都只是中间站，真正的攻击是从其他网站发出，且往往都是境外网站。例如，加拿大和中东往往更有可能是中间站而非真正攻击来源。

比较攻击站的分布与恶意感染软件的位置，再次加强了本章此前提过的一个观点：缺乏高水平网络专业知识的国家更容易被恶意软件攻击。

正如下面例子中解读的，当黑客进入系统，被感染系统通常无法识别真正的来源或入侵目的。

1999 到 2000 年，身份不明的黑客入侵了美国国防部和洛斯·阿拉莫斯（Los Alamos）和劳伦斯·利弗莫尔（Lawrence Livermore）实验室的计算机，下载了大量“敏感非机密”内部文件。此次攻击行为追溯到海外国

[1] 原注：*Microsoft Security Intelligence Report*, Vol 12.

[2] 原注：*Microsoft Security Intelligence Report*, Vol 12.

家，但该国官方否认参与，而此次入侵随后突然中止。[1]

2008 到 2009 年，一支加拿大网络安全专家团队调查一个由中央控制且有组织的网络间谍网。该网最初针对目标是印度计算机网络、联合国等。此间谍网利用大量云计算系统和免费的虚拟主机服务隐藏搜集工作的来源。但泄露出的数据反映出这些信息搜集工作针对目标的模式，即从社交网络平台和社交媒体系统搜集用户信息，涉及平台包括推特、谷歌论坛、博客网站和雅虎邮箱等。一部分泄露出的材料显示了间谍活动的兴趣范围：

- 印度政府外交信函，2 份注明“SECRET（机密）”的文件，6 份“RESTRICTED（保密）”文件和 5 份“CONFIDENTIAL（秘密）”文件。
- 2009 年 1 到 11 月，发出 1500 份邮件。
- 印度军方情报官员的详细个人信息。
- 印度导弹和火炮系统的文档。
- 涉及中印关系问题等的学术论文。

尽管搜集了详细的证据，调查人员却无法确定间谍网络的身份和动机。调查人员只能证明，发起该信息搜集行动的指挥与控制服务器来自某地。

直接访问计算机或内联网

与连接互联网的网络或系统相比，对与互联网物理隔离的网络（内联网）或一台完全不与互联网连接的计算机，则需要用不同于计算机网络利用的搜集手段。搜集者必须以某种方式访问计算机或内联网。一旦通过网络插头或电缆、设备柜或其他类似的设备获得了访问路径，基本上就没有搜集不到的信息。从防御方的角度看，博弈结束了，而防御失

[1] 原注：Association of Foreign Intelligence Officers（AFIO）Weekly Intelligence Note 36-02（September 9, 2002）, available from the association by contacting afio@afio.com.

败了。

最简单的目标之一，就是旅行或会议中携带的个人笔记本计算机。只需几分钟的不间断访问，搜集者就可以下载一台笔记本计算机硬盘驱动器中的内容。例如，计算机或任何包含电子存储功能的设备——单独的硬盘驱动器或U盘驱动器设备——在出入境时可被合法搜查，并且常常会被搜查。给材料加密并不能阻止信息被搜集。海关人员可以要求提供加密密钥，拒绝旅行者入境或者没收计算机。很多情况下，海关人员都是寻找与恐怖主义相关的材料，或者色情信息、仇恨言论等；但在因商业间谍出名的国家，也可能会将获得的材料用于情报用途。

获得接触笔记本计算机的机会，则为搜集者提供了一次性的访问权限。但如果确认该笔记本计算机随后将会联网，搜集者也能在计算机中安装后门程序。

在计算机和内联网从不离开保密设施的情况下，远程进入系统显然不可能，则有必要采取现场行动以访问该网络。这就包括通过物理接触或接近目标，部署任何计算机网络利用工具。在情报领域，这叫作“人力情报活动”；在黑客领域，它们通常被称为**“社交工程”**（social engineering）。[1]其中包括经典的人力情报活动技巧，如通过欺诈、贿赂或者在机构中招募可信人员以及秘密潜入来获取信息。甚至可以使用某些非常粗糙的手段，如将被感染病毒的记忆卡遗落在停车场，希望某人捡起记忆卡，并将它接入网络。[2]人力情报活动取得成功往往需要人为错误或疏忽的推动，而复杂的内联网尤其需要倚靠这二者。

即使是物理访问受保护区以外的区域，也能对直接访问或是计算机网络利用提供帮助。此前曾提到的TRASHINT（垃圾搜索）技术有时能成为网络攻击或利用的前奏。从垃圾中经常可以获取网络信息、系统结

---

[1] 原注：Mitnick and Simon, *The Art of Intrusion*, Chapter 10.

[2] 原注："War in the Fifth Domain," *The Economist* (July 1, 2010), accessed 21 September 2012 at http://www.economist.com/node/16478792?story_id=16478792.

构和密码。

无线设备是间谍工作中特别具有吸引力的目标，不论针对设备本身，还是针对其连接的计算机来说，都是如此。比如，2011 年以来，由谷歌和开放手机联盟（Open Handset Alliance）公布的，能够感染安卓手机操作系统的漏洞数量暴涨。[1] 许多连接到安全内联网的计算机都配备了无线设备，例如，无线键盘或无线鼠标，或与无线打印机连接。除非无线设备被拆除，否则它们就是内联网的薄弱突破口。

针对无线设备使用的网络间谍产品遍布全球。总部位于英国的伽马国际公司（Gamma International）就生产其中一种设备。该设备名为 Finfisher，能用于访问无线网络、智能手机、计算机、普通手机或拦截网络即时语音通信（Skype），并获得加密密码。它的特征之一是，能发送伪装成苹果音乐商店更新包的病毒给目标，以感染装有公司监控软件的计算机。2011 年埃及总统胡斯尼 · 穆巴拉克（Hosni Mubarak）被示威者推翻以前，该公司的 Finfisher 设备曾被销售给他控制的秘密警察。[2]

另一种特别适用于无线设备的技术，就是在公司安装软件必要的补丁程序时引入漏洞。平板计算机和其他移动设备使用率不断增加，使得下载的应用成为恶意软件的有效载体。

以下是网络搜集在实践中的几个示例。

间谍软件 AGENT.BTZ 感染

2008 年，一台受感染的 U 盘驱动器插入了美国国防部笔记本计算机，据称导致国防部机密计算机网络的“重大损失”。植入闪存驱动器，随后

[1] 原注：*Microsoft Security Intelligence Report*, Vol. 12.

[2] 原注：Kim Zetter, “Spy Firm Videos Show How to Hack WiFi, Skype, and Email,” *Wired*(December 8, 2011), accessed 21 September 2012 at http://www.wired.com/threatlevel/2011/12/spy-firm-videos/.

被命名为 Agent.btz 的漏洞软件，扩散到美军中央司令部的网络中。[1] 一旦网络被感染，任何在该设备上使用的移动存储器都将下载恶意软件，并能够扩散到其他计算机和网络中去。该恶意软件随后感染了两大机密网络和一些非机密网络，这可能正是此次感染的后果。被国防部和国务院用来传递非机密文件的秘密网间协议路由器网络（Secret Internet Protocol Router Network，SIPRNet）有被感染，同样被感染的还有全球联合情报通信系统（Joint Worldwide Intelligence Communications System，JWICS），该系统用于传递绝密信息。[2]

此次感染事件引起轩然大波。美国国防部宣称，这是美国军方计算机有史以来遭遇的最严重入侵。俄罗斯黑客过去曾使用该代码，因此美国国防部认为，俄罗斯情报机构正是此次泄密的幕后主使。[3] 但从 Agent.btz 事件发生的环境来看，这种猜测并不可靠。为了进行网络搜集，恶意软件不得不和指挥与控制计算机进行通信，以接受该删除哪些文件及如何将其转发的指令。但秘密网间协议路由器网络和全球联合情报通信系统对公共网络的连接，一直受到最大程度的限制（和严密监控）。没有这样的连接，闯入者无法利用 Agent.btz 提供的访问途径。实际上，闯入者甚至无法判断，Agent.btz 是否感染了美军中央司令部的网络。

随后，Agent.btz 的清除工作既耗费时间又耗费财力。但按照成熟的国外情报机构的标准，这种攻击是相对粗糙的，尤其是这种攻击缺乏上文提到的适当撤退机制（adequate exfiltration mechanism）。接下来的案例则展

[1] 原注：William J. Lynn III, “Defending a New Domain,” *Foreign Affairs*(September/October 2010), accessed 21 September 2012 at http://www.foreignaffairs.com/articles/66552/william-j-lynn-iii/defending-a-new-domain.

[2] 原注：Ellen Nakashima, “A Cyber-Spy Is Halted, but Not a Debate,” *Washington Post*（December 9, 2011）, 1.

[3] 原注：Lisa Daniel, “Lynn Outlines Cyber Threats, Defensive Measures,” American Forces Press Service（August 25, 2010）, accessed 21 September 2012 at http://www.defense.gov/news/newsarticle.aspx?id=60600.

示了计算机网络利用的情况。

震网病毒

与 Agent.btz 相比，震网病毒则明确了自身能精确攻击的类型，即对计算机网络攻击和计算机网络利用最有效。震网病毒具有蠕虫病毒的特性，能够感染并造成某些执行特定任务的计算机瘫痪。调查者认为，其攻击目标是伊朗纳坦兹的铀浓缩设施里控制同位素分离离心机的计算机。

震网病毒自 2009 年开始，连续运行了 10 个月，进行了持续和定向的攻击。据报道，该病毒至少有 3 个版本，在这一期间被植入。调查人员发现，该病毒的第一个版本仅仅编写完才 12 小时，就在 2009 年 6 月实施了第一次成功的感染。在 2010 年 4 月的一次攻击中，震网病毒感染了基于 Windows 系统的零日漏洞。

进入系统后，震网病毒就能在搜寻西门子公司制造的特定设备期间，感染所有基于 Windows 系统的工业控制计算机。除了发现目标，震网病毒还被设定为能通过多次让设备超速运行，损坏铀离心机阵列，与此同时也能给监控系统的显示器发送虚假信息，隐藏其攻击。[1]

这次攻击可以说至少是部分成功的。2009 年底，国际调查组来到纳坦兹，发现近 1000 台气体离心机已脱机。调查人员因此推测，攻击使得纳坦兹铀浓缩设施的某些部分无法正常运行。

因为蠕虫病毒进入系统存在几种可能，对铀浓缩设施被感染的原因一直有多种猜测。纳坦兹这样的秘密机构并不会直接与互联网连接。攻击者可感染可能与他们分享信息的业内组织，接着通过恶意软件感染纳坦兹的网络。也有可能是，发送给纳坦兹工作人员的邮件包含了病毒。或者是，给某个工

---

[1] 原注：John Markoff, “Malware Aimed at Iran Hit Five Sites, Report Says,” *New York Times* (February 11, 2011), accessed 21 September 2012 at http://www. nytimes. com/2011/02/13/science/13stuxnet.html.

作人员提供了含有病毒的U盘。[1] 像震网病毒这种成熟且有针对性的蠕虫病毒，需要经过测试，确保其能成功感染目标，并且最好能不对非攻击目标造成损坏。震网病毒能记录所有被它感染的计算机地址和型号的信息，这种病毒并不想攻击非攻击目标。[2] 据称，以色列在迪莫纳的核武器开发中心建造了一套复杂的测试设备，该设备包含伊朗纳坦兹铀浓缩工厂离心机阵列的复制品。[3] 设计这种攻击软件时，这样的测试场地是必要的。

震网病毒是恶意攻击软件，但同时也反映出计算机网络利用的最尖端科技水平。震网病毒能够识别任何被渗透的计算机系统，并判断出它是不是恶意软件寻找的特定对象。如果不是，则不会攻击该计算机。[4] 与震网病毒关联的Duqu木马程序能访问某台特定的计算机，从中获得保密或专有信息，操控防御系统，使得一切运行看起来都很正常，并通过操作者在受感染的计算机或网络中为存放数据而设置的安全机制将数据提取出来。[5]

FLAME病毒

2012年，一种为获取情报而感染中东地区微软Windows系统计算机

---

[1] 原注：John Markoff, “Malware Aimed at Iran Hit Five Sites, Report Says,” *New York Times* (February 11, 2011), accessed 21 September 2012 at http://www. nytimes. com/2011/02/13/science/13stuxnet.html.

[2] 原注：John Markoff, “Malware Aimed at Iran Hit Five Sites, Report Says,” *New York Times* (February 11, 2011), accessed 21 September 2012 at http://www. nytimes. com/2011/02/13/science/13stuxnet.html.

[3] 原注：William J. Broad, John Markoff , and David E. Sanger, “Israeli Test on Worm Called Crucial in Iran Nuclear Delay,” *New York Times* (January 15, 2011), accessed 21 September 2012 at http://www.nytimes.com/2011/01/16/world/middleeast/16stuxnet.html?_r=1&pagewanted=all.

[4] 原注：Mark Clayton, “Stuxnet Malware Is ‘Weapon’ Out to Destroy ...Iran’s Bushehr Nuclear Plant?” *Christian Science Monitor*（September 22, 2010）.

[5] 原注：Mark Clayton, “Stuxnet Malware Is ‘Weapon’ Out to Destroy ... Iran’s Bushehr Nuclear Plant?” *Christian Science Monitor*（September 22, 2010）.

的恶意软件被曝光。该恶意软件名为 Flame 病毒，据称已经在中东国家传播了 5 年。[1] Flame 病毒比震网病毒更强大、更灵活，拥有很多特性，表明它在网络搜集领域可能达到的复杂程度和精确定位：

- Flame 病毒采用 5 种不同的加密算法和奇特的数据存储格式，以避免检测，并掩盖其目的。
- 它并不会自动传播，只在被控制实体（指挥与控制服务器）给出指令时才会传播。
- 为实现定向搜集，允许控制实体随时增加新的恶意软件。
- 允许控制实体在计算机上远程更改设置，搜集数据和文件，打开计算机麦克风进行对话录音，记录叩键，截屏，并复制即时聊天消息。[2]

Flame 病毒是目前最复杂的恶意软件，比 Duqu 木马复杂得多。Flame 病毒拥有后门程序和木马病毒的功能。它还具有蠕虫病毒的特性，因此可以在控制者的指示下，在本地网络和移动媒体中自我复制。Flame 病毒因其复杂性，获得了 2012 年黑帽大会的"最强病毒"（Epic Ownage）大奖——在网络安全专家眼中，该奖项相当于电影界的奥斯卡。[3]（但至今没有人前去领奖。）图 5.1 展示了卡巴斯基实验室发现的，被 Flame 病毒感染的计算机地理位置和数量。[4] 卡巴斯基实验室数据并未区分在以色列和约

[1] 原注：Damien McElroy and Christopher Williams, "Flame: World's Most Complex Computer Virus Exposed," *Telegraph* (May 29, 2012), accessed 29 May 2012 at http://www.telegraph.co.uk/news/worldnews/middleeast/iran/9295938/Flame-worlds-most-complex-computer-virus-exposed.html.

[2] 原注：Damien McElroy and Christopher Williams, "Flame: World's Most Complex Computer Virus Exposed," *Telegraph* (May 29, 2012), accessed 29 May 2012 at http://www.telegraph.co.uk/news/worldnews/middleeast/iran/9295938/Flame-worlds-most-complex-computer-virus-exposed.html.

[3] 原注：Leyden, "Flame Worm's Makers Fail to Collect Epic Ownage Award."

[4] 原注：Figure created by the author from data provided by Kaspersky Lab, accessed 4 October 2012 at http://www.kaspersky.com/threats.

旦河西岸发现的感染，但从总体感染模式来看，最有可能是集中在西岸的巴勒斯坦地区。

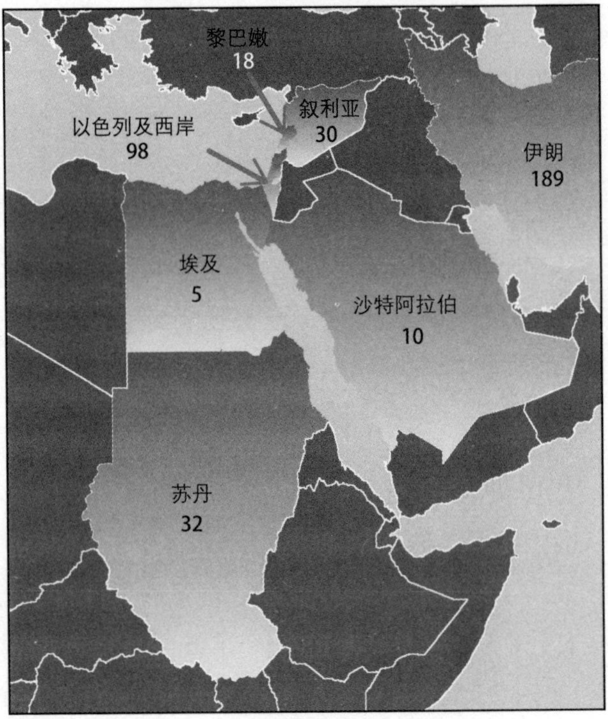

图 5.1　2012 年被 Flame 病毒感染的计算机的地理分布

GAUSS 病毒

2012 年，卡巴斯基实验室辨认出一种新型网络搜集工具包，似乎是由编写出 Flame 病毒的政府编写。该病毒名为 Gauss 病毒，与 Flame 病毒有很多相似之处：其体系结构、模块结构及指挥与控制服务器沟通的方式都惊人相似。卡巴斯基实验室公布此发现后不久，Gauss 病毒的指挥与控制服务器的所有者将其关闭。

Gauss 病毒是一个有高度针对性的情报搜集工具的例子之一。它感染了主要位于黎巴嫩的个人计算机（personal computer，PC），盗取浏览器历史记录、密码和网上银行系统以及支付网站访问凭证。卡巴斯基实验室确认了超过 2500 起感染，并预计总感染案例将高达好几万。

从卡巴斯基的分析来看，病毒感染目的是搜集金融交易的情报。攻击目标涉及多家黎巴嫩银行，包括贝鲁特银行、EBLF 银行、布洛姆银行、比布鲁斯银行、法兰萨银行、黎巴嫩信贷银行。Gauss 病毒还攻击了花旗银行和贝宝公司的部分账户。[1]

供应链污染

将恶意的东西嵌入某个理想目标的想法由来已久。这种想法实际上最早源自古希腊神话。经历了长达 9 年的拉锯战后，希腊大军仍旧没能攻陷特洛伊城。希腊军队接受了希腊英雄奥德修斯的建议，建造了一座巨大的木马雕像，表面上作为留给特洛伊人的礼物。希腊大军随后登上战舰离开，特洛伊人欢庆胜利，并将木马运入城中。随着木马被搬入城中的，还有藏身于中空木马腹中的一队希腊精锐战士；他们在木马中等到天黑后跳出来，为希腊大军打开了特洛伊城的大门。因此，现在有很多恶意感染软件都被称为“特洛伊木马”（或“木马”）。而特洛伊木马的传说也给当今情报工作带来灵感，即供应链为计算机系统安放恶意程序提供了大好机会。

苏联成功地对美国驻莫斯科大使馆运用了这一策略。1984 年，美国驻莫斯科大使馆使用的打字机被发现安装有窃听装置。超微电子窃听装置正是在打字机运往莫斯科大使馆途中安置的。打字机是由一家西欧运输公司负责运往苏联，而苏联持有该公司的股份。打字机进入大使馆后，根据

[1] 原注：Kaspersky Lab, “Kaspersky Lab Discovers ‘Gauss’—A New Complex Cyber-Threat Designed to Monitor Online Banking Accounts”（August 9, 2012）, accessed 4 October 2012 at http://www.kaspersky.com/about/news/virus/2012/Kaspersky_Lab_and_ITU_Discover_Gauss_A_New_Complex_Cyber_Threat_Designed_to_Monitor_Online_Banking_Accounts.

一份报告显示，“每按下一个键，都会给打字机的电力电缆发送一个独特的信号，信号随之传递到建筑内的布线中。计算机能够准确地恢复这些电缆的信号顺序……苏联能在信号被加密前就拦截到信号，因此得以绕过美国人以为牢不可破的加密系统”。[1] 现代科技允许我们将恶意软件隐藏于各处，而供应链（从零部件制造商到最终用户）则是非常合适的选择。在出售之前，供应链中的任何人都有在计算机或其他电子设备中插入恶意软件的必要权限。这样植入的恶意软件都很难被探测到，而大部分买家并没有核查此类改动的资源。

比获得目标计算机访问权限更有效的途径，就是直接生产计算机。硬件经过改造后，既不容易被发现，又能允许情报机构持续访问该计算机或通信系统。目标组件可以由计算机制造商在售出以前预装完毕。用户甚至可能不会用到有漏洞的组件或者意识到组件被安装。[2] 出售前预装的恶意软件可以在被激活后联系控制者，以泄露敏感数据，并允许远程计算机控制及插入木马和蠕虫。这类后门程序不限于安装在计算机上的软件。嵌入式射频识别（radio frequency identification，RFID）芯片和闪存等硬件组件，可作为这种恶意软件的来源。

2011 年 7 月，美国国土安全部一位高级官员，在众议院监督和政府改革委员会（House of Representatives' Oversight and Government Reform Committee）听证会上声称，销往美国的电子设备被预装了间谍软件、恶意软件和破坏安全措施的组件。

为了让设备被用户接受，隐藏设备的来源也是可能的。2008 年，美国联邦调查局（FBI）检获价值 35 亿美元的假冒通信设备。这些假冒通信设备看起来像是美国思科公司制造的，美国军方购入了这些设备。尽管没有

[1] 原注：Robert Gillette, “Sophisticated New Devices: KGB Eavesdropping Pervasive, Persistent,” *Los Angeles Times* (April 13, 1987), accessed 21 September 2012 at http://articles.latimes.com/1987-04-13/news/mn-504_1_bugging-devices/3.

[2] 原注：*Microsoft Security Intelligence Report*, Vol 12.

证据证明，但这些设备能轻易隐藏后门程序。[1] 下面的例子，则演示了出售时后门程序被安装在何处。

2011 年，微软研究人员买入 20 台崭新的台式机和笔记本计算机。其中 4 台计算机使用了被恶意软件感染后的盗版 Windows 系统。这种恶意软件具备一些能够用于网络间谍行为或计算机网络攻击的特征：

- 允许远程控制器操作计算机的麦克风和摄像头。
- 内置键盘记录器可以记录所有用户的叩键动作。
- 能通过 USB 驱动器传播到未受感染计算机的恶意软件。
- 其最主要的特征是含有 Nitol 病毒，该病毒被用于窃取个人信息，并能将被感染的计算机作为僵尸网络进行分布式拒止服务攻击，导致网站流量泛滥，使其无法打开。Nitol 同样能提供后门程序，只要计算机联网，附加的恶意软件就能加载到受感染计算机中。

感染了 Nitol 病毒的计算机都被一个名为 3322.org 的网络域名控制，该域名曾经参与恶意攻击。微软于 2012 年 9 月获得法院命令，控制了该域名并阻止了其运作。

搜集辐射信号

如果计算机或网络并未与互联网连接，也无法进行物理访问，或许可以通过短距离传感器利用设备辐射来搜集信息。如果计算机或内联网组件能影响发射出的电磁波信号，放置得足够近的传感器就能恢复其处理过的信息。电子和电磁信号从该区域辐射而出，既可以通过空间发出，也能通过电线或其他传导路径发出。上文讲过搜集无线键盘叩键信息，但即使是传统的有线键盘，也能够发射出这样的信号。

这些类型的技术搜集工作难以被探测到。这需要纯熟的技术，同时还

[1] 原注：Jeffrey R. Jones and Mark A. Thomas, "Cyber Espionage: What's the Big Deal?" *Defense Intelligence Journal*, Vol. 1, No. 1（2009）, 96.

需要大量的人力情报支持。前几年，美国政府试图提高防御能力，防止通过辐射搜集信息，因此催生出一个规模可观的产业，名为 TEMPEST。TEMPEST 科技使用屏蔽和其他电子设计技术，以减少可能被秘密搜集者搜集的辐射电磁信号。

三、结构

美国与许多国家在网络作战的本质上普遍存在结构上的争议。计算机网络利用与计算机网络攻击有重叠的地方，与电子战和信号情报的重叠方式相同。计算机网络利用与计算机网络攻击功能相同，都需要以一定的方式进入目标网络或计算机。二者使用的恶意软件也十分相似，不同点在于成功植入目标网络后的做法。不仅如此，针对计算机网络利用与计算机网络攻击的大部分防御技术也是大同小异。因此，有观点认为所有网络攻击（计算机网络利用与计算机网络攻击）与网络防御应由同一机构进行管控。

英国曾经建立这样的集中式机构。英国通信情报机构——英国政府通信总部，肩负着防御网络犯罪与反网络间谍的重任。与此同时，它可能也扮演着网络攻击（计算机网络利用与计算机网络攻击）的角色。然而，英国目前已有计划把打击网络犯罪方面的职责分离出来，划归新的国家打击犯罪局（National Crime Agency）管辖。[1] 由此可见，英国的职能划分可能逐步向美国靠拢，详见下述。

美国的网络职责划分相当复杂，而且很可能会一直保持这种现状。对于敌方军事力量，美国国防部一方面需进行计算机网络利用与计算机网络攻击，另一方面又需进行相应的网络防御。为了履行这一职责，美国战略

[1] 原注：Jack Clark, "GCHQ to Take Hub Role in UK Cybersecurity," ZDNet UK(November 25, 2011), accessed 21 September 2012 at http://www.zdnet.co.uk/news/security/2011/11/25/gchq-to-take-hub-role-in-uk-cybersecurity-40094512/.

司令部下属网络司令部于 2010 年应运而生，由美国国家安全局局长担任司令。各军种均在网络司令部设有下属单位：空军第 24 航空队、陆军网络司令部、海军第 10 舰队、海军陆战队网络司令部等。

然而在美国，军事网络作战与民用网络作战存在责任划分。2011 年 4 月，美国国家安全局局长——基思·亚历山大将军（General Keith Alexander）在演说中陈述其关注重点："作为网络司令部司令，我的使命是捍卫军事网络……我无权调查其他政府部门或关键基础设施网络。如今，那是国土安全部的职责。"国土安全部部长珍妮特·纳波利塔诺（Janet Napolitano）在演说中回应："国土安全部认为，从本质上讲，网络空间是民用空间。"[1]

不过美国的主要问题是国内和国外网络职责的划分。无论是国内网络还是国外网络，网络搜集职责依旧不清。在美国国内，联邦调查局、缉毒局和当地警局均有搜集情报、打击犯罪集团的职责。而美国军部、中央情报局、国家安全局则肩负着国外情报搜集的重任。网络搜集的对象可能会分布在国内与国外，并利用跨越多国（包括美国）的多重网络，这让情况变得更复杂。目前美国正在制定网络搜集的相关规定。[2] 由于该决定牵涉大笔预算资金，关于此问题的讨论可能会持续一段时间。上文提到的微软搜集被感染计算机的案例，说明商业机构也扮演着一定的角色。

正如人力情报一样，大量网络情报可被成功搜集到，但问题在于如何审核。在情报部门能切实解决此问题前，这是个难题。

网络搜集具有与人力情报和开源情报共有的结构特征：许多人都能搜集情报——如大批非职业黑客、针对特定目标的诸多网络搜集行动。但顶尖黑客非常出色，他们使雇主在网络搜集上占据巨大优势。如果你随机挑选一组经验丰富的软件程序员，据业内行家所述，顶尖高手的效率往往高

[1] 原注：Nakashima, "A Cyber-Spy Is Halted, but Not a Debate."

[2] 原注：Nakashima, "A Cyber-Spy Is Halted, but Not a Debate."

出普通人 10 到 28 倍。[1] 假设这个比率同样适用于黑客世界，网络搜集的顶尖高手应该远远优于平均水平。

西方世界被网络间谍“窃取情报却视而不见”(stolen blind)，美国媒体几乎每天都在夸大这一事实。真正的威胁可能并非如此。网络搜集专家的一份非正式调查表明：他们坚信一些国家安插大量攻击性强、辨识度高的网络搜集者，俄罗斯启用的人员则更为娴熟、专业。据该组织透露，美国国家安全局与英国政府通信总部是该行业里的佼佼者。[2] 网络搜集与人力情报搜集一样，隐秘与否并不是成功与否的必要指标。

针对网络犯罪的网络搜集

许多网络犯罪团伙利用多种网络工具获取财富，保护其活动不受执法部门网络搜集的影响。因此，就网络搜集而言，有组织犯罪是一个尤难攻克的目标。如上文所诉，顶尖高手远远超出平均水平。有组织犯罪集团完全请得起这种高手来加固防御系统，抵御网络攻击。在美国乃至全世界，诸多政府部门与商业机构都在搜集网络情报，以对抗这个强大的对手。

美国国家白领犯罪中心（National White Collar Crime Center），即 NW3C，针对包括网络犯罪在内的高科技犯罪，为执法部门提供预防与调查方面的支持——包括培训、调查支持与研究。

美国联邦调查局在对抗网络犯罪，管理互联网犯罪投诉中心方面发挥着重要作用。2008 年，联邦调查局查封了一个网络犯罪企业，该企业有超 2500 人参与买卖窃取的金融信息，其中包括信用卡数据和登录信息。[3]

---

[1] 原注：See, e.g., Fred Brooks, *The Mythical Man-Month*; and Robert L. Glass, *Facts and Fallacies of Software Engineering*（Boston, MA: Addison-Wesley, 2002）.

[2] 原注："War in the fifth domain."

[3] 原注：Benjamin L. Cardin, "We're All at Risk from Cyber Attack," *Baltimore Sun* (December 15, 2010), accessed 21 September 2012 at http://articles.baltimoresun.com/2010-12-14/news/bs-ed-cybersecurity-20101214_1_cyber-criminals-cyber-crime-transnational-crime.

在国际上，联络与合作对打击网络犯罪至关重要。如 2008 年，美国联邦调查局与埃及执法部门协作破获一个跨国犯罪集团，该团伙专门从事身份窃取、洗钱等网络犯罪活动。[4] 遗憾的是，网络罪犯往往分布在难以进行政府合作以追踪罪犯的国家，比如尼日利亚与白俄罗斯。

针对商业企业的网络搜集

政府的大部分网络搜集都是针对商业企业，以窃取专利信息与技术。但此前只有政府、军事网络组织掌握的专用设备、秘密技术，现在可以从世界各地的许多公司获得。第 4 章中提供通信情报设备的公司，也提供监控互联网活动的设备和软件。据报道，某企业提供的软件可以破解任何 Hotmail 或 Gmail 账户的安全系统。[5]

四、小结

网络搜集并不是常说的信息战、网络战或计算机网络攻击——这些行动涉及攻击目标计算机、网络，以达到削弱、破坏、拒止或欺骗的目的。而网络搜集并不影响计算机、网络的正常运行。它分为两种基本类型：计算机网络利用（远程访问搜集），与直接访问操作。同时，网络搜集并不是搜索互联网，这在第 2 章已做说明；相反，它是潜入受保护的系统搜集情报，万维网通常只是搜集的一种渠道。

---

[4] 原注：Benjamin L. Cardin, "We're All at Risk from Cyber Attack," *Baltimore Sun* (December 15, 2010), accessed 21 September 2012 at http://articles.baltimoresun.com/2010-12-14/news/bs-ed-cybersecurity-20101214_1_cyber-criminals-cyber-crime-transnational-crime.

[5] 原注：Shaun Waterman, "Surveillance Tools: Not Just for Spies Now," *Washington Times* (December 5, 2011), accessed 21 September 2012 at http://www.washingtontimes.com/news/2011/dec/5/surveillance-tools-not-just-for-spies-anymore/.

对许多国家而言，网络搜集是获取敏感情报的重要来源；对许多犯罪集团而言，它是一项利润丰厚的生意。二者均运用大家所熟知的黑客技术，从计算机和数据网络中窃取情报。网络搜集流行起来，某种程度上是因为计算机中存有大量有用信息。其吸引力还在于获得它的风险相对较小。

文献作品往往从防御角度论述网络搜集与网络攻击，看法难免消极。从搜集者的角度看待则更为积极。正如战略冲突的其他领域一样，攻击者（即这里的搜集者）占据优势。防御者必须防范所有可能的攻击渠道。搜集者仅需选取一个漏洞。而且，搜集者还有时间上的优势。

在网络搜集中，防御者的思维定式与计算机网络的复杂程度都对搜集者有所帮助：越复杂，防御越薄弱。软件和硬件的变更、打补丁、升级以及糟糕的配置控制，都可让搜集者有机可乘。

网络搜集者必须获取目标计算机或网络的电子访问权限或物理访问权限，拥有利用该权限的工具，并销毁行动的所有证据。以下是典型的 5 个步骤：

1. **目标选择**。此举目的是对目标作大概了解，选择最有利可图的目标。

2. **无源网络分析和测绘**。此举目的是在对方浑然不觉时建立目标的详细模型。

3. **漏洞扫描**。搜集者可以利用网络本身存在的漏洞或供应链所暴露的漏洞。他们可以伪装成被授权用户，或动用人力资产获取目标网络的物理访问权限。

4. **漏洞利用**。一旦得到访问权限，搜集者往往会植入某种软件，即常说的漏洞利用或后门程序，保障后续的访问权限。

5. **持续搜集**。通过漏洞利用，搜集者可持续访问目标计算机或网络，获取有用的情报信息。

独立的网络或计算机需要通过物理途径访问，这往往需要通过人力情报搜集手段实现。在黑客交易领域，这被称为“社交工程”：伪装、贿赂或买通目标机构中被信任的工作成员。在某些情况下，必须秘密潜入。甚至只需要进入受保护设施几秒钟就可以。人为错误或疏忽往往对人力情报支持的行动有影响，对复杂局域网的影响尤甚。计算机与通信设备的供应链为秘密植入恶意软件提供了另一种途径。

网络搜集的结构尚无定论，因为它无法充分适应现存的烟囱式结构。它通常与人力情报有一定的联系，因为它是人力情报操作员运用技术手段进行搜集工作的延伸。网络搜集与通信情报搜集有相似之处，尤其是当搜集工作涉及数据通信网络时。而且，它与计算机网络攻击存在共性，需利用相同的工具与技术。更为复杂的是，美国划分了国内和国外职责，由执法机构负责国内问题，国家情报机构组织境外行动。总之，政府单位、有组织犯罪和独行黑客等诸多实体都在搜集网络情报，针对的目标有政府、罪犯和商业企业。

第二部分

非文字情报搜集

[第 6 章]

非文字情报搜集概述

如第 1 章所述，非文字情报搜集是指各种需要利用专门知识将原始数据（raw data）转化成情报用户易懂信息的技术性情报搜集。这类搜集，必须要对搜集到的情报进行处理，以得到该对象的可衡量特征（measurable signature）或其他信息，而且必须要对经过处理的信息进行充分利用。最后，必须将得到的结果呈送情报用户并保存以待后用。值得注意的是，有时我们搜集的是一个实际物体，有时是测量某个对象或某个区域的特征。

第二部分各章的编排是为了方便读者学习各种类型的非文字情报搜集。第 6 章在一般和非技术层面介绍技术性情报搜集系统的三个部分：系统的功能、流程和结构，对它们从一个技术性烟囱结构到另一个结构的变化进行比较。非文字情报搜集高度依赖搭载在船只、卫星和航空器等平台上的传感器，第 7 和第 8 章对这些传感器和平台进行了全面的讨论，尤其是对用于遥感的传感器和平台进行了讨论。

第 9 章到第 17 章则对各个情报搜集系统的突出特点进行了详细的介绍，目的是让读者领会并了解各种情报门类的特征。同时，在这一部分的几个章节中，来源和流程部分材料的技术性较强，以满足想更加深入地了解本专题读者的需要。本书的第三部分，即第 18 章，讨论的是在极其复杂的情报界如何管理各种文字性与非文字性情报的搜集工作。

一、功能

非文字情报（也被称为“技术性情报”）搜集可能是美国及其盟友等科技发达国家在情报方面最大的不对称优势（asymmetric edge）。在本书第一部分谈到的情报搜集科目中，其他国家和美国不相上下，甚至做得比美国更好。许多国家利用美国和欧洲较为开放的社会环境，在人力情报方面表现不凡。大多数国家都能利用互联网等可以公开获取的材料进行开源搜集（open source collection）。许多国家会搜集通信情报。而网络情报搜集属于家庭式工业。但技术性情报搜集需要复杂的技术性基础设施。大国对卫星成像系统（satellite-based imaging system）的投资日益增加，但大部分国家还没有对在美国使用的各种技术性情报搜集资产进行投资。[1]

技术性情报搜集有三个相互关联的通用功能，它也支持其他功能，但这三个通用功能对第 2 章中提到的几乎各类情报搜集而言都是常见的。

态势感知

各级政府领导人都得关注影响他们必要决策且又不断变化的国际态势。在同样的态势感知（situational awareness）下，执法人员和私营企业高管对情报有相似的需求。态势感知被军方称为“战场感知”（battlespace awareness）。对美国等拥有地区或全球利益的大国来说，态势感知包括在

[1] 原注：Mark M. Lowenthal, *Intelligence: From Secrets to Policy*, 4th ed.（Washington, DC: CQ Press, 2009）, 69–73, 90–101.

地表、海底、地下、空中和宇宙空间进行的监测活动。

技术性搜集系统以图像、雷达和电子情报的形式提供了更强的态势感知。它们提供了各种各样的情报信息，包括地形测绘（terrain mapping）；监测某个地理区域内的活动和物理变化；监测毒品和灰色军火运输等非法活动；监测来自空中、宇宙空间和导弹系统带来的威胁，以及非法移民和国际贸易活动等等。战场指挥官依靠技术性搜集来监视战区内友军和敌军的活动。舰队指挥官可以监测公海和沿海区域的活动。执法和移民官员依靠它来监测各种非法贩运。

态势感知很大程度上是指它的指征和预警（indications and warning, I&W）功能。技术性搜集可以对即将发生的军事行动、大规模移民和疾病暴发等提供预警。

目标定位和追踪

在与恐怖主义、毒品贩运、武器扩散和灰色军火交易等有关的情报问题上，重要的是对船舶、飞机、地面车辆或人员这样的特定目标进行识别，并对其调动或活动展开追踪。第二部分讨论过的许多技术性搜集系统都能够完成这样的任务。根据其特征，指挥官可以区分敌方在战场上的军事装备，有选择性地追踪敌方的移动情况，更好地确定目标。通过技术性搜集获得的特征，可以用于识别和追踪核生化和先进的常规武器系统。

目标标识

目标标识有多重含义，它指对有情报价值的人及其状况与行为进行评估，也指对活动重要性进行评估。对活动重要性的评估，包括确定生产设备的用途和产量，以及评估某个地下建筑或不明建筑。情报搜集技术，如第 10 章中的多光谱热成像（multispectral thermal imaging）技术等，可以识别核武器或化学武器在生产、储存和使用过程中的气体排放痕迹。特征被用于描述表面温度、水质、材料成分和污染物等有情报价值的环境特征。[1]

在处理武器扩散、军备控制和条约遵守等问题时，技术性搜集可以提供评估武器性能所需要的细节信息。搜集到的结果可以帮助确定坦克、导弹或弹头等物体的大小及其他特征，以识别该物体具体的型号或类型。[2] 在武器试验（如弹道导弹试验或核爆试验）之前、之中和之后搜集到的特征，对判读试验结果有很大帮助。实现这样的情报搜集，要在安全距离下对无法隐藏的目标特征，如火箭羽流、化学制品和生物制剂的生物或分子组成，实现目标识别。它对克服对手的拒止努力（denial effort），例如伪装，也很有价值。在技术性搜集面前，许多现代隐蔽和伪装方法都会失效。

二、流程

通用技术性搜集流程如图 6.1 所示（图 6.1 为第 1 章图 1.4 的另一个版本）。它通常分为前端和后端，在前端完成搜集计划，在后端将搜集到的材料转变成原始情报。

[1] 原注：J. J. Szymanski and P. G. Weber, “Multispectral Thermal Imager: Mission and Applications Overview,” *IEEE Transactions on Geoscience and Remote Sensing*, Vol. 43, No. 9（September 2005）, 1943–1949; Jeffrey L. Hylden, “Remote Sensing of Chemical Plumes（17）,” Pacific Northwest National Laboratory, April 2001, www.technet.pnl.gov/sensors/macro/projects/es4remchem.html.

[2] 原注：John L. Morris, “The Nature and Applications of Measurement and Signature Intelligence,” *American Intelligence Journal*, Vol. 19, No. 3 & 4（1999–2000）, 81–84.

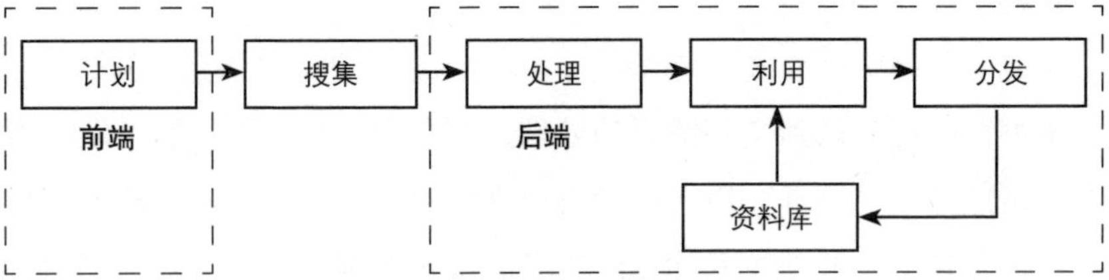

图 6.1　技术性搜集结构与流程

计划

许多情报搜集人员将搜集之前的步骤称为“任务分配或目标定位”(tasking or targeting)，但这种叫法未能充分描述情报搜集活动涉及的工作。计划是一个更通用的术语，不过它不能完全说明我们采取的行动。计划阶段通常包括确定需求、分析目标、制定搜集战略和给具体的情报搜集人员分配任务。我们将在第 18 章详细讨论文字情报和非文字情报搜集流程中的计划部分，包括情报搜集门类计划普遍面临的挑战。

搜集

情报搜集通常需要针对计划阶段确定的目标部署设备或应用现有资产。大部分技术性搜集利用电磁波谱中某些特定部分的遥感技术。波谱用频率或波长描述，通常认为波谱含两个部分：射频波谱和光谱，这两部分详见第 7 章。

但一些重要的搜集项目并未涉及电磁波谱和遥感技术，如第 14 章的地震传感，它属于遥感，但与电磁波谱无关。其他类型的传感，如第 14 章的声学传感、第 15 章的磁场传感和第 16 章的生物传感等只能进行短距离感应。材料取样或物理获取要分几次进行，取样后要进行详细分析（详见第 15 章），有时还要获得敌方或竞争对手的设备（物料）加以利用（详见第 17 章）。

处理

本书第一部分谈到文字情报的处理、利用和分析并不好懂，但网络情报搜集可能是一个例外，用户至少可以理解它是如何操作的。非文字情报搜集就不是这样。处理技术性搜集产品有很大的难度。第一部分已经讨论了技术性情报或非文字情报和文字情报搜集的区别，事实上，两者的主要区别在于它们处理和利用阶段的差异。

非文字情报搜集的处理，一般是通过提取特征来进行定位、识别，或对物体、人或有情报价值的事件进行描述。回想第 1 章，确定特征的方法是：在一定时空和频率下对力度、强度、物理或化学实体的状态进行测量。对某个物体的测量结果由尺寸、温度、信号强度和气压等多个物理量构成。比如说，由坦克、飞机或船舶的图像产生的特征为：典型形状、尺寸及其他可以对其进行识别的特征。坦克、飞机或船舶在操作中发出的声音构成了另一种特征——声学特征。这种特征被应用于今天的智能武器系统，以对地面目标甚至飞行中的武器进行侦察和识别。[1] 但是，我们在获得目标的典型特征之前就需要进行情报搜集工作。

在我们搜集到的情报中，很大一部分都是通过电磁传感器进行遥感搜集得到的。本书第 7 章对这些传感器进行了介绍，具体细节详见第 9 章到第 13 章。

来自材料、事件和人的大量特征都与电磁传感无关。对用到的搜集、处理和利用方法的讨论详见第 14 章和第 15 章。此类特征搜集大多不涉及遥感，但重要的水下和地下声学传感是其中的例外，所以非电磁特征的情报搜集通常是在极短的距离内完成的。

指纹、声纹、DNA（脱氧核糖核酸）和面部特征是另一种类型的特征，根据这些特征，我们可以确定一个人的身份。一些上述特征已被用于

---

[1] 原注：Don Atkins and George Crawford, "Reprogramming Brilliant Weapons: A New Role for MASINT," *American Intelligence Journal*, Vol. 17, No. 3 & 4（1997）, 45–46.

人员识别和追踪。指纹是一种以二维空间中纹路的亮度（或暗度）为基础的特征，几十年来一直被应用于个人身份识别。最近，被用于确定个人身份的还有生物测定学等技术。为了识别个人身份，法医科学家对 DNA 分子上 13 个部分中的键进行比对，并根据得出的数据创建该个体的 DNA 指纹图谱（DNA profile，又称 DNA 指纹），每人的这 13 个部分基本都是不同的。除非出现同卵双胞胎的情况，两人 DNA 上这 13 处 DNA 指纹图谱相同的可能性小到可以忽略不计。

另一种类型的特征是化学特征，它要求测定样本中是否含有某些化学物质或元素，通常情况下还要测定其含量。通过核测量和化学测量得到的特征，可用于搜集与条约监控和武器扩散相关的情报。如果探测到痕量的放射性气体氪 85，说明有人在某处生产钚 239 这种用于核武器制造的裂变材料。在工业废水中探测到痕量磷酰氯（phosphorus oxychloride），说明有人在生产化学战毒剂（chemical warfare agent）。

利用

在利用阶段，我们用特征来对模式进行识别，并确定所搜集到物料的重要性。虽然该阶段可能会利用许多附属情报来源，但它通常被称为“单源分析”，所以我们有图像分析人员、通信情报分析人员、雷达分析人员和遥测分析人员等等。

如前所述，为了满足情报目的，必须将特征与某个人、地点、物体或流程相关联。这是利用阶段中要做的一项关键工作。在情报搜集中，搜集者通常需要在某个时空对特定的人、物、事进行定位，特征就用于满足这一目的。

如上所述，**特征**一般生成于技术性搜集的处理阶段。利用或分析，无论来自单一来源或多个来源，通常会识别具有情报价值的**模式**。这是一种简化的观点，而且有例外情况，但它作为一个起点，对下一章讨论过程还是有用的。特征和模式这两个概念经常重叠，有时两者仅有细微的差异，我们有必要对它们进行区分。为了说明特征与模式之间的区别，请思考数年前的一个重大情报案例：确定奥萨玛·本·拉登（Osama bin Laden）的藏身之所。

图 6.2（彩色效果见书前插页对应图片）显示的是一张复式建筑图。此建筑位于巴基斯坦的阿伯塔巴德，先前由奥萨玛·本·拉登居住。[1] 从这张图和据此生成的图像上，我们可以找到一些易于辨认的特征：高高的防窥围栏、几栋建筑物、几扇门和几根通信卫星天线，它们各自的特征都十分明显。这些特征的布局形成了一个具有情报价值的模式。不同寻常的高墙、许多扇门和防窥措施，都说明屋主高度重视安全并试图迷惑和拖延潜在侵入者。

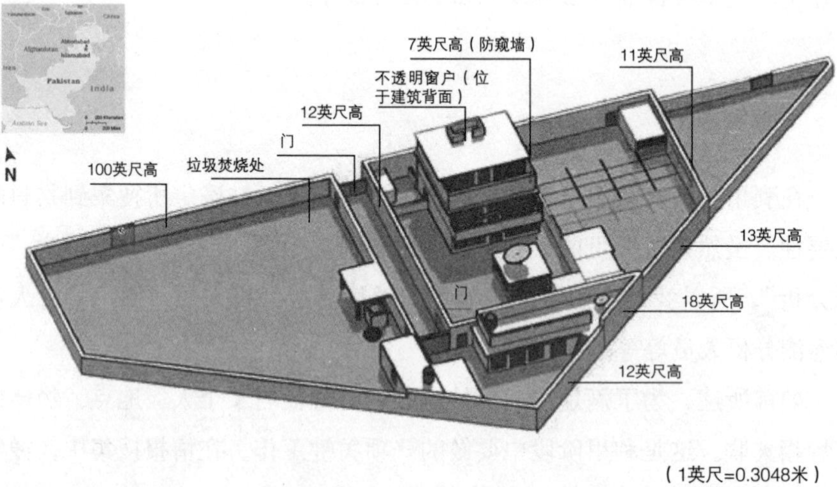

图 6.2　奥萨马·本·拉登在巴基斯坦阿伯塔巴德的复式建筑

[1]　原注：Don Atkins and George Crawford, “Reprogramming Brilliant Weapons: A New Role for MASINT,” *American Intelligence Journal*, Vol. 17, No. 3 & 4（1997）, 45–46.

要区分模式和特征并不容易，而且两者在操作上有一定程度的重叠，但阿伯塔巴德这一示例阐明了我们该怎么对两者进行区分。我们在处理阶段获得了一些特征，在利用阶段，熟悉当地居民建筑典型布局的图像分析人员就可以识别出由组合特征构成的异常模式。

为了阐明情报中特征和模式两者的差异，我补充了一些案例：

- 狙击手在公共场所使用点 223 口径步枪杀死受害者会构成一个特征。一段时间里，狙击手在公共场所使用点 233 口径步枪重复地随机攻击受害者则构成一种犯罪活动模式，用法律术语来说就是构成了一种犯罪手法。有的读者可能对这一模式并不陌生，即在 2002 年 10 月的三个星期里，华盛顿特区大都会首都环线连环杀人事件中狙击手的模式。
- 人们在从死鸡身上提取的生物样本中发现 H5N1（禽流感）病毒，这构成了一个特征。随后在该地区的医学取样中发现多例人体感染 H5N1 禽流感病毒的病例，这就构成了一种模式。
- 有时，我们无法探测到正在高速行驶的小船，但它形成的航迹是可以被肉眼或雷达探测到的特征。通过在一段时间里搜集到的一系列特征，我们可以创建该船的航行模式，从而推测船长的意图。例如，这可能是一个与非法毒品交易相关的航行模式。
- 本书在第 4 章讨论过与移动电话和无线传输设备相关联的独特通信情报特征，可以用来对人进行识别和追踪。关于这个人的移动细节就构成了一种模式。

在随着时间推移不断变化的环境中搜集到的特征通常是多次测量结果的产物，它们常常反映了某个目标或某一事件的动态变化。例如，当飞行器飞行的姿态（attitude）、功率水平（power level）和飞行配置（flight configuration）发生改变时，处于飞行状态飞行器的雷达、红外和声学特征会发生可以预料的变化。这些特征可以用于识别特定的目标或事件，或者在再次遇到这些目标或事件时将它们区分开来。

分发

对情报进行利用后得到的结果要分发给用户，有的结果是要分发给全源分析人员，有的是分发给终端用户，还有一些则是分发送给其他烟囱式搜集的单源分析人员。与文字情报相同，非文字情报材料的保密分级可能会限制分发。在某些情况下，这会导致所需的情报无法分发到终端用户。对于非常敏感的材料，在分发过程中必须使用多种技术来保护其来源和搜集方法。此外，大规模搜集和定向搜集或精选搜集等情报产品的分发方法有着迥然的差异，本书将在后续章节中以具体情报门类为例对这些差异进行讨论。

资料库

技术性情报搜集的一个主要持续性任务是特征数据库的维护。许多搜集系统可以在几秒钟内获得实时特征，但只是发现特征还不够，我们要能够识别该特征，通常还要将其与人、物体、事件或位置联系起来。[1] 如果不能将特征或模式跟某个特定的人、某类活动或某类物体联系起来，技术性搜集的价值是非常有限的。

如图 6.1 所示，能够帮助实现这种关联的数据库有一个特定名称——资料库，在技术性搜集领域中存在大量的资料库。与本书第一部分谈到的大多数情报搜集相比，特征库或模式库一般是技术性搜集过程的一个重要部分。

在新的特征被识别之后，资料库可以将它和某个具体的人、现象、物体或某类物体关联起来。在利用阶段，为了对特征进行识别，要对现有资料库进行搜索。在处理和利用阶段之后，作为分发步骤的一部分，新搜集

---

[1] 原注：Zachary Lum, "The Measure of MASINT," *Journal of Electronic Defense*（August 1998）, 43.

的特征会被添加到现有资料库中。这样做的结果是：特征都被存储在资料库里，在日后新的利用中又会被提取出来。这是一个成熟的流程，联邦调查局的指纹库已经以这种方式运转了一个多世纪。

要使技术性搜集系统在战场上做出快速、准确的识别，必须使资料库保持最新、随时可用和易搜索状态。[1] 特征识别，尤其是为战术行动（tactical operation）提供支持的特征识别，往往必须在实时或接近实时状态下进行。而且，资料库提供的特征必须达到所需的精度。这是一个持续的挑战，而且它并不随着搜集技术的发展而变得更容易。许多现有的特征数据库已经过时，因为它们存有的数据中有一些是由更旧、精度更低的传感器记录的。

三、结构

第 1 章描述了国家层面的情报搜集结构，图 1.5 中所示的结构性突破（structural breakout）在国家政府的情报搜集中相当常见。英国、法国、俄罗斯和其他几个国家都有类似的最高级别部门，和美国一样，它们通常将技术性搜集组织划归军事部门。

但任何专注于搜集某个特定情报门类的大型情报组织，都需要下属单位来支持对某个特定或某一类搜集来源开展的情报搜集活动。比如在国家级图像情报组织中，通常会有只搜集和处理可见光图像（visible optical imagery）、光谱图像（spectral imagery）或雷达图像（radar imagery）的下属单位。这类单位的一般模式就是引言部分讨论到的烟囱式，其结构如图 6.1 中的流程所示。

[1] 原注：Steven M. Bergman, “The Utility of Hyperspectral Data to Detect and Discriminate Actual and Decoy Target Vehicles,” Naval Postgraduate School, Monterey, CA (December 1996) , xiii–xv.

因此，流程的性质塑造了结构，但情报用户和情报来源也会影响结构的塑造。第 1 章讨论了大规模情报搜集和精选情报搜集的区别。在技术性搜集中，采用何种结构设计通常取决于此次情报搜集是大规模情报搜集还是精选情报搜集。为大量用户提供支持的大规模情报搜集系统，特别是当对情报产品有严格的时间要求时，必须尽可能实现自动化。精选情报搜集通常针对特定的目标，通常需要更多的前期规划，处理且利用起来也更加耗费时间、人力和资金。它们的结构再次反映了两者的区别。例如，结构决定了处理、利用和分发系统的设立地点。如果情报搜集的时间要求严格，可以把这些资产放置在船舶、飞机上或靠近战场的地方。如果必须用到特殊的情报处理和利用知识，时效性又不是那么重要的时候，通常会把资产集中放置在远离搜集点的地方。如果不用考虑时间因素，也倾向于集中处理要大范围分发搜集结果的情报搜集活动。

在冷战前，国家级情报用户很少使用技术性搜集。为了搜集照片和电子情报以支持战场军事行动，军用飞机会进行侦察飞行。当美国需要详细了解苏联等国的战略目标时，这种情况就开始发生变化了。最初，中央情报局派出了 U-2 侦察机对这些目标进行侦察，并对搜集到的信息集中进行处理和利用。这使得美国成立了一个中央组织以处理战略图像（strategic imagery）。后来，为了支持战略规划和条约监控，在本书第二部分中谈到的其他技术性搜集、处理和利用计划也开始集中进行。战略情报可以为武器采购、条约监控、疾病暴发预警和能源短缺预警等一系列主题提供支持，这在 20 世纪后半叶变得十分重要。

对情报来源的保护和方法的考量会影响情报结构，反之亦然。秘密技术性情报行动往往更类似于敏感的人力情报和通信情报。国家级用户一如既往地想要保护情报带给他们的竞争优势，因此他们把集中处理、集中利用与秘密技术性情报的有限分发相结合。相反，战术军事电子情报和图像情报通常不需要保护，而且必须迅速分发给一大群用户，所以它们依靠的是一个分散式结构。美国执法部门已经有一个高度分散的情报搜集结构。

因为情报必须在国家、州和地方各级机构间实现共享，所以牵涉到的机构要采取更灵活的方式来对待情报来源和方法。

四、小结

技术性搜集方法在情报搜集中应用广泛，它可以识别和追踪人员与车辆、评估工业生产过程、监测条约遵守、发现精确制导武器、识破伪装和判读武器测试结果。技术性搜集可以说有三个通用功能，它们都是相互关联的，不过技术性搜集也支持以下其他功能：

- **态势感知**，即了解不断发展的态势，了解影响国家、执法或商业领导人决策制定的态势发展。军事组织称其为战场感知，这包指征和预警。
- **目标定位和追踪**，这在反恐、打击犯罪活动、打击非法大规模杀伤性武器交易和打击灰色军火交易中非常重要。
- **目标标识**，例如对人、活动、武器库、工业厂房和地下设施进行识别和评估。

该流程的主要步骤如图 6.1 所示，从图示可知情报搜集的结构方式是线性的。

允许我重复前言中迈克尔·赫尔曼对技术性（非文字）情报的评价——技术性情报搜集是对有情报价值的“事物的观察与测量”。技术性情报的搜集流程是从针对某个有情报价值的目标进行搜集规划开始的，我们还需要用到第 18 章中讨论的搜集策略，然后开始正式搜集——将可用的搜集资产应用于目标对象。大多数非文字情报是由在电磁波谱某个部分工作的传感器搜集的，但也有一些有价值的情报是用非电磁传感器（non-EM sensor）或物理访问权限（physical access）搜集得来的。事实上，许多搜集到的特征来自与电磁感应无关的材料、设备、过程和人力。技术性搜集是用于获取诸如声学、核、化学、生物和生物测定学等特征的。

对搜集到的材料进行处理和利用主要与特征或模式识别有关，其目的是将该特征绑定某个具体目标，将其与其他目标和事件关联起来，监测目标行动。于是，大多数技术性搜集需要获得和分析以特征形式存在的非文字信息。特征是通过测量某些物理或化学实体，在空间、时间、频率方面或这三方面的强度、烈度或状态而产生的。

通过对特征的分析，往往能识别出具有情报价值的模式。为了有益于情报搜集，特征也必须与某个人、物体或过程相关联。这包括对特征进行时空定位，也就实现了对这个人、物体或过程的时空定位。这一过程的结果会被当作原始情报分发出去，并最终纳入全源情报中。

特征库是技术性搜集的一个重要组成部分，它可以将特征与特定人、物体或过程联系起来。越来越多的军事和执法行动单位需要能实时检索特征库。

技术性搜集单位的结构，是由其情报来源的性质和情报用户的性质决定的：有着众多目标和许多用户的大规模情报搜集必须依靠自动化后端系统；来源少，服务于特别用户的精选情报搜集，往往有更为审慎、实时和昂贵的后端。对来源和方法进行保护的需要，使得技术性搜集的结构更集中化和烟囱化。

[第 7 章]

情报搜集传感器

多数非文字情报的搜集工作由传感器完成。其中，大部分搜集工作由电磁传感器完成，第 9 章至第 13 章对其进行了详细探讨。第 14 章探讨了声学传感器，第 15 章探讨了核辐射传感器。正如第 4 章中探讨的，文字情报搜集的其中一个领域——射频通信情报的搜集，也通过传感器实现。为了充分理解后续章节，你需要先阅读这篇对传感器的介绍性概述。

首先，传感器并不神秘。我们生来就配备了四个重要的传感器。我们的双眼对电磁波谱光学部分的特定频段（被称为“可见光波段”）很敏感。我们的双耳对声谱的特定波段比较敏感。早在有历史记载之前，我们就用眼睛和耳朵搜集情报。多年来，发明家发明了许多电磁传感器和声学传感器，以协助肉眼和耳朵搜集情报。望远镜就是这类设备最早的形式之一，在 17 世纪被用来搜集情报。（最初的望远镜被称作“间谍眼镜”是有原因的。）如今，我们拥有种类丰富的传感器，以支持情报搜集。

其次，所有传感器都能搜集特征，用来对具有重要情报价值的目标进行鉴别和分类。继续使用上述的简单例子，我们的感官能搜集和识别大量的特征。例如，我们的耳朵能轻易区分贝多芬第五号交响曲的前四个音符和甲壳虫乐队歌曲的开场音符。它们的声学特征大不相同。

大多数传感器从电磁波谱或声谱的某些部分接收和处理能量。所有用于情报搜集的传感器，跟人眼和人耳具有下列共同之处：

- 具有确定的覆盖范围；
- 在覆盖范围内，它们具有某种程度的分辨率，能让人区分重要目标。

任何传感器的性能及其在情报工作中的价值，取决于它在四种性能分类中的覆盖范围和分辨率：

1. 空间；
2. 光谱；
3. 强度；
4. 时间。

我们待会将继续讨论这些方面。同时，我们通常从两个方面来描述传感器的特性：一是它们的工作模式（主动型或被动型），二是它们的有效范围。（一些传感器可以在远离目标的地方工作；另一些传感器只能在很短的距离内工作。）在深入探讨之前，让我们详细了解这两种特性。

主动型传感器和被动型传感器

传感器可以分为两大类：主动型（有源）和被动型（无源）。肉眼和耳朵是被动型传感器，它们只能接收信息。蝙蝠和海豚拥有主动型传感器——它们依靠传递声音和接收反射声音来定位目标。

主动型传感器（如雷达）和主动型声呐发送信号，然后判读从目标反射回来的信号。被动型传感器利用自然辐射、人工信号或使用替代的照射源，如太阳。多数被动型传感器在微波或光学波段工作。每种频率的波段拥有独特的优点和缺点。而且每种波段包含数个特定的传感器类型，每种传感器都各具利弊。

遥感与近程传感

情报工作中使用的某些传感器能远程工作，名为“遥感”。另一些则被设计成在目标附近工作，这些传感器往往被用作“近程传感”（close-in sensing）。人们或许认为，人类自身具备的传感功能仅仅只是近程的，但实际上我们能听到许多英里之外闪电引发的雷声，也能看到夜空中无数光年之外的天体。

遥感在情报工作中很重要，因为电磁波可以从很远的距离外被接收到；而其传送距离则受到信号强度、进入传感器的噪声以及传感器的灵敏度等因素的影响。安装在卫星或飞行器上的电磁传感器，能够在很远距离外，获得地表或地表附近的活动信息。很多这样的遥感被应用于民用领域——环境和资源管理研究、天气预报等等。在情报领域，在空中或空间中的遥感专门用于绘制地表地图，分析地表上的物体，定位和追踪人造物体。同时也能够从地表反向观察机载或空载物体（航天器、弹道导弹或卫星）的运动。

但电磁波也能够在很短距离内被监测到。在近距离范围内，电磁传感器在情报学上的用途很广泛，因为它能够监测到强度很弱的信号，甚至是无意间释放的信号。而这种传感器要面对的挑战往往是，如何在不被发现的情况下，将传感器布置到近距离内。

大部分声学传感器和所有的核辐射传感器，都只能在很近的距离内工作。但在一定条件下，声音信号可被远程感知到。例如，一些声学信号能通过地面和水体传送，并在几百甚至几千千米外被感知到。这些信号同样具有情报价值，详见第 14 章。

一、电磁传感器的性能类别

本章其余部分和接下来几章将关注电磁传感。我们将从前文提到的四个传感性能类别开始讨论——空间传感、光谱传感、强度传感和时间传感。

空间传感

空间传感能用于定位物体，通过空间测量其大小和形状来辨认特定物体。肉眼通常这样做，即分辨出周边的物体和人的位置及身份。

相机生成图像，使得图像判读者能确认有情报价值的物体，并测量出物体的尺寸，前提是判读者知道图像的比例。初始的胶片相机已经被**光电成像仪**（electro-optical imager）所取代，详见第 9 章。情报工作使用的光电成像仪，基本相当于现在随处可见的数码相机的精密高级版。光电成像仪和**合成孔径雷达**二者都能对物体进行地理定位并能测量物体尺寸，详见第 12 章。

覆盖范围。所有传感器均能探测一定的空间范围。射频传感器有确定的波束宽度。光学传感器有确定的视场。波束宽度或视场均取决于光圈的尺寸、发送信号或接收信号的频率。手机天线的波束宽度很宽，因为基站信号来源方向不定。而接收卫星电视信号的碟型天线，其波束宽度就相对较窄，而且必须精确地对准广播卫星。人眼的视场较宽。与人眼相比，望远镜的光圈尺寸比较大，因而视场相对较窄。

人们都想获取大空间区域的成像，实现方法有两种。一是每次获取单个小区域的图像，经过长时间积累得出大区域的完整图像。二是几乎同时对整个区域进行成像。后者的实现难度很大，但它在情报上有特殊价值，图像分析人员将其称为**“概要遥测覆盖”**（synoptic coverage）。

分辨率。传感器在空间上分离两个物体的能力称为“**空间分辨率**”(spatial resolution)。我们的视觉允许我们在近距离内通过面部识别来辨认某人。超出一定距离，面孔变模糊，人眼再也无法分辨出足够特征来辨认此人。

获取图像的传感器与不获取图像的传感器，在分辨率测量方面有所不同。所谓“**分辨率单元**”，是指各种图像、雷达的空间分辨率，但图像分辨率单元与雷达分辨率单元的含义存在区别。总的来说，其基本含义是，同一个分辨率单元中的两个独立目标是无法被区分的。

- 雷达进行的是三维测量。传统的非成像雷达是为了在一定空间范围内定位目标，因此使用“**雷达分辨率单元**”(radar resolution cell)一词。它包含两层含义，一是角度分辨率（描述雷达在方位角和仰角上区分目标的能力极限），二是距离分辨率（即雷达在远近距离上区分目标的能力极限）。因此，雷达分辨率单元指的是空间。
- 无论是光学测量、辐射测量，还是雷达测量，分辨率单元是指图像中单个像素所对应的目标区域的大小。换言之，空间分辨率是一种将场景内的目标在视觉上变得可分辨的手段。在地面成像中，分辨率单元一侧的长度被称为“**地面采样间距**”(ground sample distance，GSD)。对于采样间距为 2 米的图像，其分辨率单元为 2 平方米。地面采样间距或分辨率单元越大，空间分辨率越差，越难分辨或识别地面目标。良好的传感器的空间分辨率，即传感器分辨微小物体的能力是很强的，比如可以分辨特定车型。如果传感器的分辨率差，物体则变得模糊或无法分辨。

只有大型特征可见的图像被称为“粗分辨率或低分辨率图像”。在精细或高分辨率图像中，能识别微小物体。情报传感器是为了尽量呈现更多细节，因此具有非常精细的空间分辨率。商业卫星提供图像的分辨率从 1 米以内到几千米不等。

对于攻击目标的精密武器，传感器分辨目标位置的精准度尤为重要。一般来说，光学图像提供的位置最为精准，因为可以通过图像中已知物体的位置估计目标位置。拍摄图像时，成像平台的位置对于获得空间精度非常重要，广泛应用的全球定位系统确保了成像平台位置的精准度。以法国SPOT成像卫星为例，其空间精度大约为30米。[1] 在信号情报中，空间精度更难达到，其传感器的性能往往用**地理定位精度**（geolocation accuracy）来衡量。

空间测量精度对于分辨目标的视觉特征同样重要。例如，导弹有其独特的，在某种精度上能测量得到的尺寸。倘若传感器只能在1米范围内测量这些尺寸，那么导弹特征难以得到有效识别。能测量毫米级尺寸的传感器可以识别独特的特征，把目标与其他同类型导弹区别开来。

光谱传感

在介绍光谱传感的特征之前，我们先简单了解这些传感器工作的电磁波谱，它有两个主要部分——射频波谱与光谱。

射频波谱。图7.1为用于情报遥感的射频波谱。射频波谱在图的左侧还有更低的频率，但情报搜集者主要关注该图中这部分波谱。注意，该波谱被分为多个指定频段；这部分内容将在之后的章节进行探讨。射频波谱同样在右侧还有更高的频段，但这一扩展部分为光谱，稍后再做论述。

射频波谱主要有两种特征搜集方式：一是由无源传感器搜集目标放射的射频能量；二是靠有源传感器或无源传感器搜集目标的反射射频能量信号。无源射频传感器可搜集各种自然与人造的放射信号，其中包括：

- 国际放射信号，如通信与雷达信号；
- 人类行为的附带射频信号，如汽车点火的噪声；
- 自然的放射信号，如闪电（通常没有情报价值，纯属噪声）；
- 热排放（也属于噪声，但可用于成像）。

[1] 原注：Satellite Imaging Corporation, “Spot-5 Satellite Sensor,” accessed 22 September 2012 at http://www.satimagingcorp.com/satellite-sensors/spot-5.html.

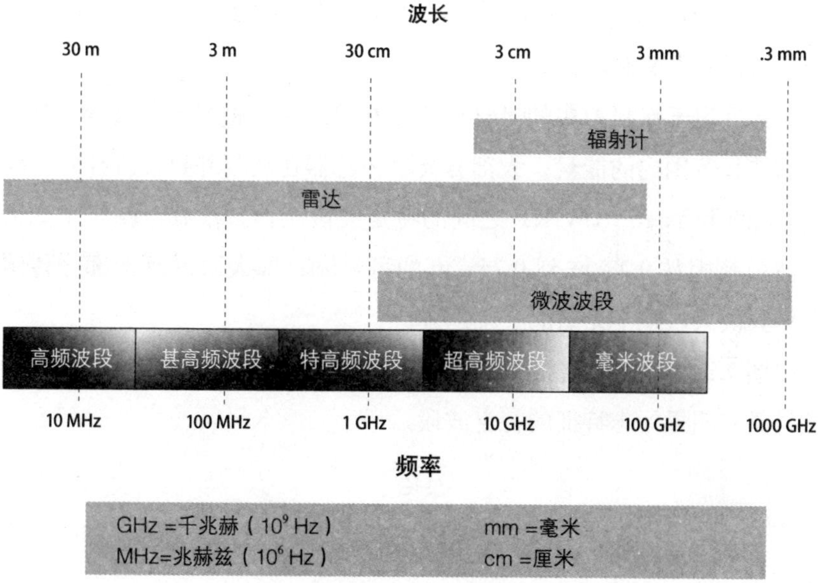

图 7.1　射频波谱

大部分反射的射频能量搜集是由雷达完成的，但这部分能量是在射频波谱内相当窄的波段内传输的。关于雷达的介绍将在第 11 章第 12 章展开。在少数情况下，无须雷达发射器也能搜集反射射频信号，这部分内容将在第 13 章中探讨。

光谱。图 7.2（彩色效果见书前插页对应图片）是图 7.1 中光谱向更高频率（更短波长）的延续。这一部分电磁波谱被称为“光谱”，这里使用的光谱传感器与射频波谱中使用的传感器有很大的不同。

光谱通常利用的不是频率，而是波长（一般是微米，简写为 μm）；光谱的频率数值大，很难处理，而且往往用不容易理解的术语描述，如太赫兹（terahertz）、潘赫兹（pentahertz）。

图 7.2 展示了光谱，每个能带均有各自的名称或代号。该图显示了常用的波段分界，但无论是波段数量还是波段分界，都没有公认的标准。例如，天文学家把红外波段划分为从 0.7 μm 到 350 μm 的三个非常宽的波段

(近红外、中红外和远红外)。[1] 本书通篇使用图 7.2 所示定义，因为它们最便于情报应用的探讨。

通常，用于情报搜集的光学传感，利用的是电磁波谱中从紫外到红外部分的波长范围内的能量。大部分光学传感器在从紫外到长波红外（Long Wavelength Infrared，LWIR）之间的特定波段工作。注意，就整个光谱而言，波长范围从 0.4 μ m 到 0.75 μ m 的可见光，即人眼以及大部分传感器的工作频段只占整个光谱的一小部分。

如图 7.2 所示，光谱按获取特征的本质同样划分为两个区域。这两个区域是具有明显标志特征的特定波段。

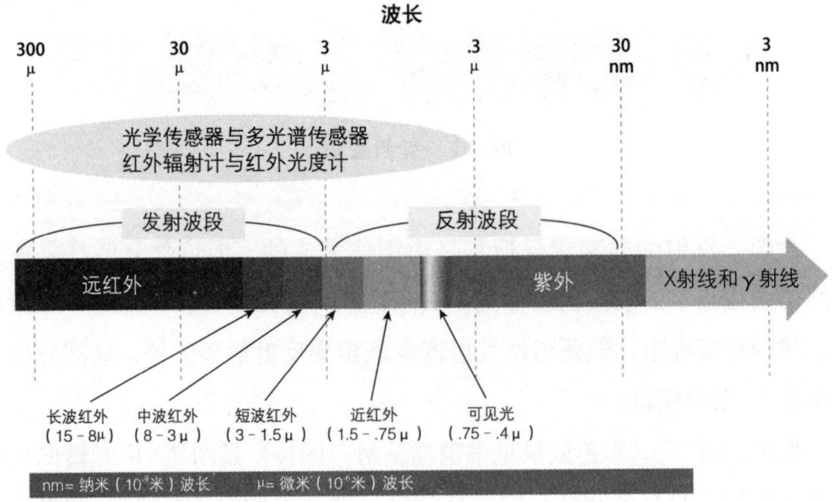

图 7.2 光谱

- **反射波段**由紫外、可见光、近红外（near-infrared，NIR）与短波红外（short wavelength infrared，SWIR）构成。这些波段之所以被称为“反射波段”，是因为相应的传感器通常只能在白天感应太阳反

[1] 原注：NASA definition of near, mid, and far infrared bands（2009），accessed 22 September 2012 at http://www.ipac.caltech.edu/Outreach/Edu/Regions/irregions.html.

射能量时工作。近红外与短波红外波段被称为“反射红外波段”，因为它们依靠的是太阳辐射经地表反射后的红外部分。一些基于近红外的夜视镜利用的是红外照明器（IR illuminator）。尽管近红外波段被归入“反射波段”，但这一波段的主要发射同样具有重要情报价值。例如，近红外波段的传感器可以在夜间探测到火箭羽流、船舶灯光或表明工厂正在开工的灯光。

- **发射波段**为从中波红外（Mid-Wavelength Infrared，MWIR）、长波红外拓展到远红外的波段。与反射波段相反，该波段的传感器并非直接依靠太阳辐射。发射波段内的中波红外与长波红外常被称为“热红外波段”。该波段传感器依靠的是，所有物体在绝对零度以上会释放属于这一发射波段的能量；物体温度越高，释放能量越大，波长越短。

覆盖范围。传感器覆盖的都是电磁波谱中的某个特定范围。射频传感器有确定的带宽。光学传感器有一个确定的光谱覆盖范围。目前尚无传感器能探测整个电磁波谱。在射频波段往上移动时，需要不同的接收机类型和天线。在光学波段往上移动时，需要不同的探测器类型。尽管都是电磁能量，但能量的表现方式不同，必须以不同的方式进行探测。例如，人眼仅能看到可见光谱，驯鹿却可以看到人眼看不到的紫外光谱。

分辨率。目标会发射或反射出频率或波长各异的能量，传感器对这些能量的分辨能力称为“**光谱分辨率**”。可以从传感器获取的信息量随着光谱分辨率的提升而增加，情报搜集者得到的信息也就越多。无论对射频波段还是光学波段的情报搜集而言，高光谱分辨率都十分重要。

在可见光谱中，全色图像（panchromatic image，黑白图像）仅能让人发现物体。当同一场景的图像从光谱的不同部分被添加时——如红光、绿光、蓝光与近红外图像，分析人员可以对物体进行更为详细的评估。增加更多红外光谱的图像能让人非常详细地判读目标，例如识别烟囱释放的某种特殊气体。

最简单的光谱传感装置是**分光镜**（spectroscope），一种根据波长把入射光束分成多束的光学设备。棱镜是最简单的分光镜。**光谱仪**(spectrometer)是分光镜的一种类型，它也可以测量电磁波谱中（从 γ 射线、X 射线到远红外线）不同波长的光强。在情报搜集中，光谱仪常用于鉴别材料（比如目标材料是化学废液或工厂排放物）。成像光谱仪对于情报搜集最为有用，因为它不仅能获取区域图像，还能测量图像中每个物体的光谱特征。第 10 章将讨论如何利用成像光谱仪进行情报搜集。

射频波段的光谱分辨率被称为**“频率分辨率”**(frequency resolution)。因此，无源传感器，如电子情报传感器（第 13 章再述）可以区分潜在的信号发射源，比如识别特定类型的雷达系统。频率分辨率越高，同一电子情报传感器将有望识别特定的信号发射源。高光谱分辨率的雷达接收器可以通过测量多普勒效应（Doppler effect）确定目标的移动。[1] 用于获取射频波段光谱分辨率的仪器称为**“频谱分析仪”**(spectrum analyzer)。

光谱精度(spectral accuracy)，即传感器测量信号频率或波长的精度，在信号情报、光谱成像、雷达成像中十分重要。信号频谱的细粒度测量有助于识别特定的发射源，这部分内容到第 13 章再做探讨。对于光学传感，光谱精度决定了如化学成分能否得到识别。在第 10 章提到的光谱成像中，有些可以确保这种精度，有些则不能。

强度传感

可以对接收的能量强度进行测量（称为“辐射测量”）。所有电磁信号一定有能让传感器探测到的最低强度，这就是常说的探测阈值。然而，并非所有传感器都能测量信号强度。以下是测量强度的几种传感器。

辐射计(radiometer) 属于无源传感器，它接收、记录、测量物体发射的电磁能量强度。该术语通常指的是微波波段与毫米波段的传感器，但也

---

[1] 原注：多普勒效应或多普勒频移（Doppler shift），是指当物体和观察者彼此相对运动时，运动物体发射，或者从运动物体反射的声音或电磁信号中观察到的频率变化。

有指红外传感器的。光学辐射计又称为**光度计**（photometer），可以测量的是光谱中某一部分入射光的强度。**成像辐射计**（imaging radiometer）获取的是物体的空间位置与强度特征，形成辐射测量图。成像辐射计主要在热红外与微波波段工作。

雷达（RADAR）是“无线电探测与测距”（Radio Detection And Ranging）的缩写。雷达系统属于有源传感器，能提供电磁能量。大多数雷达通过天线的一系列脉冲发出微波辐射，而天线通过移动主要波束来搜索空间。当能量接触到目标时，部分能量会被反射给传感器。反向散射的微波辐射将经过探测、测量、计时。能量到达目标又反射回传感器的时间，决定了目标的距离范围。因此，雷达获取了空间位置与能量强度两种特征——通过测量脉冲的往返时长、发射脉冲时雷达天线的主要波束指向来获取空间位置；通过测量回波信号的强度来获取能量强度。

由于雷达本身有能量来源，因而可以不分昼夜地生成图像。微波雷达能穿越云层与大部分雨水，这使其成为一种全天候传感器。雷达还可以在毫米波波段和使用激光作为发射器的光学波段中工作，但天气会对这些波段产生不利影响。

覆盖范围。所有传感器都有可接收信号的强度范围限制，这个范围由两个阈值决定。下限阈值是区分电磁波能量是噪声还是信号的分界线。来源信号太弱，低于下限阈值，信号将无法被探测到，就好比被静电干扰笼罩的无线电台。高于上限阈值，信号太强，会使接收装置饱和过载，严重时甚至烧坏接收装置。这个介乎可探测与达到饱和两个极端之间的强度范围，称为传感器的**“动态范围”**（dynamic range）。动态范围的概念对于任何听过廉价音频系统的人来说都很熟悉。音量调得太低，听不到音乐的轻柔部分；音量调得太高，响亮部分又会失真。人眼也有动态范围。随着自然光线变暗，我们首先是无法分辨颜色，进而完全看不到。另一种极端情况是强光笼罩，我们同样什么也看不到。

对于情报搜集，下限阈值应尽可能低。信号通常很微弱，一是因为传感器一般必须位于远离信号源的地方；二是因为即使传感器可设于信号源附近，信号本身往往也很弱。降低传感器下限阈值的局限在于内外部噪声。随着下限阈值的降低，会出现越来越多下限以上，被误以为是目标信号的噪声尖峰或干扰信号。这些尖峰被称为“虚假警报”。例如，光学传感器理论上可以从有情报价值的目标上探测到单光子——光最小的数量单位。但传感器同样会从目标附近的其他物体上探测到大量光子，而且传感器本身的噪声会使其几乎无法识别来自目标的单光子。

根据具体应用，可降低下限阈值，允许更多误报（false positive），即被误认为目标信号的噪声。另外，如果提升下限阈值，误报的风险也相应提升——目标信号被当作噪声抛弃。有多种技术可以在降低下限阈值（减少漏报［false negative］）的同时不会增加误报。一是同时使用多个传感器，对接收信号进行比对。二是使用一个传感器进行多次重复搜集，消除误报。

分辨率。常说的辐射测量分辨率、强度分辨率，是指传感器对于它能探测、记录的信号进行的强度差异测量。辐射测量分辨率越高，传感器越灵敏，越能探测出反射能量或发射能量的微小差别。高辐射测量分辨率的传感器能够识别指定频率或波长下非常细微的能量差异，例如两种树木之间的差异或图像中存在的伪装。

传感器分辨强度差异的能力，对于确定来源的输出功率十分重要。红外线传感器可以探测发电厂排放的热气。但排放气体的温度，则是通过红外信号强度测量，以确定发电厂的发电量。在电子情报中，可通过搜集到雷达信号的强度确定其输出功率。雷达回波的强度可用于分辨目标的相关信息，大型金属目标，比如波音 747 的回波信号应该很强；在同样的距离，由塑料和织物构成的小型远程遥控飞行器，其回波信号就很弱。

时间传感

多数传感器搜集一段时间内的特征，情报与特征随时间的变化密切相关。某物体空间测量发生变化常常代表目标运动；光谱和强度测量变化通常源自目标活动，而且特定变化可能会构成某种活动的特征。例如：

- 当核反应堆运行时，所产生的热量会让反应堆建筑发出频率较高的红外光谱能量，且红外线辐射的强度也会增大。
- 当雷达改变工作模式时，这种变化往往表现为频谱特征的变化（频率或带宽的变化）或信号强度的变化。

测量时间维度使我们可进行**变化探测**，后续章节会再次探讨这一关键概念。变化探测是搜集情报的有力工具。若飞机发动机的红外热辐射增强，则表明该飞机近期使用过；若舰船发生类似的辐射增强，我们可以得知舰船即将出港。[1] 道路和店面建筑施工、岩石和土壤成分的变化以及发掘活动，都可以通过图像随时间的变化进行观测。对连续图像进行数字处理可以除去图像之间未发生变化的特征，使图像分析人员能够识别已经发生变化的特征。[2] 雷达提供了用于观测细微变化的、更为灵敏的方法，这将在第 12 章进行探讨。

覆盖范围。在情报搜集领域，最终的愿望是实现监视，其定义为连续或近乎连续地观测某目标区域。就多数传感器及其承载平台而言，目前能实现的最佳效果是侦察，其定义为定期观测。究竟选择哪一个通常涉及对其他覆盖种类或分辨率的取舍，这将在接下来探讨。例如：

- 布置妥当的传感器，如集中观测街道的监测摄像头，可以提供连续覆盖（假设夜间有照明光源，并排除烟雾遮挡视线的情形）。但是，这样的摄像头只能覆盖极小的地理区域。
- 飞机可以连续覆盖较大的区域，但只能通过空中盘旋，因此维持的

---

[1] 原注：Joe Lees and Robert Mott, “Change Detection for More Actionable Intelligence,” *Spectroscopy* (January 1, 2006)，accessed 22 September 2012 at http://www.spectroscopyonline.com/spectroscopy/article/articleDetail.jsp?id=285288.

[2] 原注：Joe Lees and Robert Mott, “Change Detection for More Actionable Intelligence,” *Spectroscopy* (January 1, 2006)，accessed 22 September 2012 at http://www.spectroscopyonline.com/spectroscopy/article/articleDetail.jsp?id=285288.

时间相对较短；最终，它需要返回基地补充燃料。

- 下章探讨的低地球轨道卫星可以观测更大的区域，但它只能覆盖地球特定地点约 8 至 10 分钟。它只能侦察，而不能监视。同样地，鉴于它的传感器通常比航空传感器距离目标更远，其分辨率相对较低。
- 同样在下章探讨的地球同步卫星可以监视地球上大片区域，但它跟地球的距离减弱了其传感器探测微弱信号的能力。

分辨率。分辨率指测量搜集事件之间的时间跨度，它可以有不同的含义。可以指某情报搜集资产能再次探测到目标之前流失的时间（常被称为“**再访问时间**”[revisit time]）。

- 摄影机具有良好的时间分辨率（temporal resolution）；它不断刷新观测到的场景，因此每秒内可以多次重访某一场景。事实上，它实现了区域监视。
- 信号情报中使用的射频接收器可以快速地调谐一个频段，常常在每秒内多次重访某一特定频率。然而，天线必须定期对准不同的空间，以便覆盖有情报价值的其他目标。
- 空中或空间搜索雷达以每 10 秒一次的速度缓慢扫描特定的空间区域，也能以每秒数次的速度快速扫描。
- 一颗典型的低空成像卫星可能每天绕地球旋转 14 至 16 次。其时间分辨率或再访问时间大约为 90 分钟，即它再次观测某特定目标所需的时长。

时间分辨率还可以指在一个特征中分离出两个紧密间隔的事件。例如，肉眼的时间分辨率有上限。视频显示器的刷新速度约为每秒 60 次 (60 赫兹)。由于肉眼无法以该速度分辨不同的图像，因此图像看起来播放流畅。约 15 赫兹时，肉眼能察觉分离的图像，因此我们在显示器上能看到图像断断续续地播放。

当雷达改变工作模式时，雷达特征会迅速发生变化。监测雷达的电子情报接收器必须能探测这些变化。监测核爆炸的光学传感器必须能辨认核爆炸特有的、快速连续的光爆模式。

传感器对信号到达时间的测量精度被称为“时间精度”，它对获得空间精度很重要。对于飞机或卫星摄制的图像，由于平台是不断移动的，图像的时间测定很重要。对于很多目标来说，将成像事件的时间测定误差控制在 1 秒内就够了。反之，对于接收射频信号的系统来说（例如，就雷达和电子情报而言），时间测定必须更为精确，且测量值应该具有更高的精准度。信号到达的时间测定对信号源的地理定位至关重要。雷达通过精准地测定向目标发射脉冲和接收目标回声之间的时间，来测量距离。正如第 13 章所讨论的，定位发射器取决于精准地测定不同地点的信号到达时间。除定位平台外，全球定位系统能提供定时基准，情报传感器能借此精确测定图像摄制时间或信号到达时间。

二、传感器设计和使用的权衡

完美的传感器应该在整个频谱范围内连续地观察各个方向，其分辨率和灵敏度没有限制。此外，它的所有测量都应该是准确的。换句话说，它应该具备完美的空间、光谱、强度和时间覆盖，并能根据所需的任意细节层次和精度进行分辨。

当然，这样的传感器并不存在。所有的传感器都做了一定的妥协。本节探讨了需要权衡的性能特征，下一节探讨一些主要的权衡。

分辨率和覆盖范围的权衡

人类 400 年前左右开始使用望远镜时，迅速发现了该传感器的局限性：它能大幅提高物体分辨率，但你的视野却会相应地缩小。分辨率越高，空间覆盖范围越小。从那时起，我们就不得不应对传感器的权衡问题。

情报搜集者想通过传感器，在光谱、空间、辐射或强度、时间上获得最大的覆盖范围以及尽可能高的分辨率：

- 覆盖范围能让他们搜集尽可能多的目标特征，从而避免遗漏重要的特征。
- 分辨率能让他们更好地分辨源自不同目标的相似特征。

因此，四大性能类别都需要全球高分辨率概要遥测覆盖。随着技术的进步，这些类别都有所发展。然而，就任一技术水平而言，某个类别的提升常常以减损其他类别为代价。因此，所有传感器的设计都存在妥协。

然而，主要选择通常发生在分辨率（空间、光谱、强度或时间）和覆盖范围之间。成像传感器可以迅速覆盖地球大片区域。这是因为它们拥有很宽的扫描宽度，能一次性搜索广阔的地区。但因此，它们必须从扫描宽度和空间分辨率中做出选择。一般而言，分辨率越高，能看到的地面总面积就越小。高分辨率对探测地面可观测物非常必要。然而，具备较宽扫描宽度的传感器通常具有较低的空间分辨率。例如，NOAA-18 气象卫星传感器覆盖了较大的地球表面（范围超过 1500 千米），它的最佳分辨率约为 15 千米——足以获得全球气温图，但对多数情报目标而言毫无用处。相比之下，当前的成像卫星，如法国的 SPOT 和以色列的 Ofeq（希伯来语里的“地平线”）卫星，扫描带宽仅为几千米，但空间分辨率约为 1 米。[1]

无源射频传感器同样存在类似的限制和妥协。较大的天线孔径能提高射频传感器的灵敏度，并使其更好地区分空间中的物体。但因此会得到较窄的射束宽度，缩小了空间覆盖范围。就信号情报传感器而言，较宽的带宽（光谱覆盖）更符合要求。但若光谱覆盖范围增大，无论是弱信号的可探测性（强度覆盖）还是特定频率的再访问时间（时间覆盖）都会受到影响。

当传感器平台的工作性质变化时，会出现另一种妥协。飞机或卫星可

---

[1] 原注：Satellite Imaging Corporation, “Spot-5 Satellite Sensor,” Barbara Opall-Rome, “Israel Declares Ofeq-9 Reconnaissance Satellite Operational,” *Space News*（June 22, 2010）, accessed 22 September 2012 at http://spacenews.com/launch/100622-israel-launches-spy-satellite.html.

以移动到离目标区域更远的地方，以提供更大的空间覆盖范围，但分辨率必然会变差。

分辨率权衡

设计传感器时，还必须在四种分辨率——空间、光谱、强度和时间——之间进行权衡。提高某种分辨率往往要以降低其余三种分辨率中的一种为代价。例如，为了获取较高的空间分辨率，光学传感器需要具备较小的像素尺寸，如第 9 章所述。然而，这减弱了像素接收到的总能量。结果降低了辐射（强度）分辨率，即探测细微能量差别的能力。为了在不降低空间分辨率的情况下增加探测到的能量（从而获取较高的辐射分辨率），必须扩大波长范围。但这将降低传感器的光谱分辨率。

三、传感器套件

有两种方法可以克服上述限制。两者均用到多个传感器。

可以配置若干平台（卫星、舰船、飞机或地面站点，这些内容都将在第 8 章探讨），每个平台都搭载一个传感器，从而提供更好的空间、光谱、辐射或时间覆盖。例如，第 8 章描述了如何在轨道放置若干卫星，以实现全球覆盖；若卫星高度降低，则所需的卫星数量将增加。

也可以将多个传感器放置到单个平台上，针对特定目标优化每个传感器，使其互相补充。一个传感器可能提供较高的空间分辨率，另一个传感器可能提供极好的光谱分辨率，第三个传感器可能提供广阔的覆盖范围。持续进步的传感器技术提供了更为小巧轻便的传感器组件，使单个机载或空载平台上放置传感器变得更为简单。鉴于烟囱式情报搜集的趋势，多数国家倾向于在卫星平台上安装一种传感器（如信号情报或图像情报）。这种做法具备某些优势——系统工程较为简单。可以针对传感器选择最优化的轨道；通常，信号情报或图像情报传感器有不同的偏好轨道。

然而，在可实现的情况下，能够搜集两种或两种以上情报（如图像情报和信号情报）的平台具有明显优势。意思是，一个搜集者可以同时从目标中搜集两种情报，而且能了解目标正在发生的更多情报。例如，“全球鹰”无人机就属于第 8 章探讨的多传感器平台。它同时运载了成像雷达和光学成像仪，两者具有很强的互补性：成像雷达能在密云和浓雾中工作，且具有较大的空间覆盖范围；光学成像仪可以获取具有较高空间分辨率的图像。印度也采用在单个平台上放置多个传感器的方法。其通信中心卫星就是一个例子。该卫星被设计成情报搜集卫星，同时具备合成孔径雷达图像搜集能力和通信情报搜集能力。该卫星大概在 2014 年发射。[1]

显然，可以通过在多个平台上放置多个传个器，将两种方法（部署多个平台或在单个平台上放置多个传感器）结合起来。同样在第 8 章探讨的毛伊岛空间监测站，在不同的穹顶上放置了若干光学传感器。其中一些传感器能提供极佳的空间覆盖，并被用于搜索天空，而其他传感器能提供极佳的空间分辨率，并被用于获取卫星图像。在单个穹顶上，数个传感器可能会使用相同的光学器件——其中一些用于获取较高的辐射分辨率，其他的用于获取较高的光谱分辨率。

多平台多传感器的另一个例子是欧洲空间局（European Space Agency，ESA）运营的卫星星座。欧洲空间总署于 1991 年发射了欧洲遥感卫星 1 号（ERS-1），并于 1995 年发射了欧洲遥感卫星 2 号（ERS-2）。设计这两大卫星，旨在弥补双方在空间和时间覆盖范围上的不足。每个卫星搭载四个（ERS-1）或五个（ERS-2）传感器组合，包括一个合成孔径雷达和一个红外辐射计。[2] 现在，这两个卫星都已退役。

---

[1] 原注：Kerur Bhargavi, “India’s Spy in the Sky by 2014,” *DNA India* (February 10, 2010).

[2] 原注：European Space Agency, “ERS Overview”(updated August 17, 2011), accessed 22 September 2012 at www.esa.int/esaEO/SEMGWH2VQUD_index_0_m.html.

四、特征

本章中的所有传感器，都搜集经过处理后产生特定特征的测量值。然后利用和分析这些特征，以生成关于传感器目标的原始情报。用于情报搜集的大多数传感器在电磁波谱的某个频段工作。但有些传感器并非如此。本章提及和后续章节描述的两个例子——产生声学特征和辐射特征的传感器便是这样。

电磁特征

电磁能量和物质（固体、液体和气体材料）的相互作用创建了电磁特征，如图 7.3 所示。电磁传感器通过接收发射或反射的能量来工作。当发射源（如太阳或雷达发射器）发射的电磁能量波同物质相互作用时，传入的（入射的）辐射会发生反射、折射、散射、传送或被吸收。传到粗糙物体（如岩石或裸土）或漫射物体（如水蒸气形成的云朵）的电磁能量会向多个方向散射或被吸收。一些能量还会穿过物体。传到光滑反射物体（如金属板）上的能量大多会发生反射。

此外，物体发射电磁能量既是自然行为，也是人类活动的结果，如图 7.4 所示。正如第 10 章探讨的，温度高于绝对零度的所有物质（固体、液体和气体）都会发射能量，主要位于光谱的热（红外）区域。雷击和极光会生成极强的射频和光学信号。放射性物质会发出伽马射线。

人造物体有意或无意地发出电磁能量。通信设备、雷达和建筑灯光都会有意发出射频或光学能量，以便实现我们的目的。但鉴于其运行机能，大量人造物体还会无意地发射电磁能量——就像图 7.4 中的卡车，它从火花塞发出射频噪声，并从热发动机发射红外能量。正如本书通篇探讨的，这些自然或人为的辐射创造了具有情报价值的特征，能用于定位车辆、识别车辆，并追踪移动车辆。

发射和反射的射频信号能提供特征，情报分析人员能据此总结发射或反射信号的目标。我们将在第 11 章至第 13 章详细探讨这些特征。

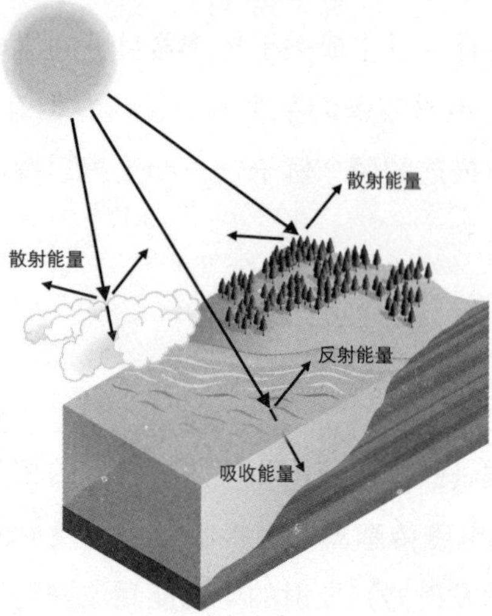

图 7.3　电磁能量和物质的相互作用

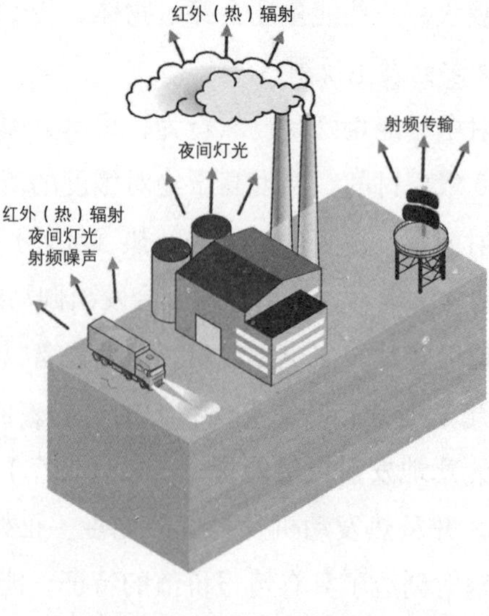

图 7.4　自然或人为的电磁能量发射

电磁遥感的使用源自下述事实，当固体、液体或气体物质反射、发射电磁能量时，这些物质会影响能量。被影响的能量构成了该物质独有的特征。因此，发射或反射的辐射能量能用于获取特定物质或物体独有的特征。

众多位于光学波段、具有情报价值的特征都是光谱特征。电磁能量和物质的相互作用会引发光谱特定部分的能量发射，如图 7.2 所示；由此生成的特征是能量发射物质特有的特征。因此，光谱特征能用于单独或联合确定单个材料。

电磁特征的一大关键组成部分是电磁波的偏振。所有电磁波，无论射频还是光学电磁波，都是偏振的，意即电场朝某个方向振动。偏振是重要的情报概念，因为它能用于获取雷达和光学成像以及电子情报的独特特征。我们将在此介绍和解释该概念，第二部分的剩余章节将频繁地回顾该概念。

有意发射的射频信号拥有确定的偏振特征，而且可被定义为三种偏振之一。电磁波可以是线性偏振，意即电场以直线形式来回振动。它也可以是圆形偏振，因此对于观察者来说，进入的电场以时钟秒针的形式旋转(但要快得多)。或者它可以是椭圆形偏振，因此电场会旋转，但某一方向的电场矢量更强。

除了这三种偏振类型之外，偏振有很多潜在方向。线性偏振电磁波可能上下振动（垂直偏振)，左右振动（水平偏振)，或以两者之间的任意角度振动。偏振种类和方向能显示发射器的某些特征。

相比有意发射的电磁波，自然发射的电磁波具有不同的偏振类型。它们很可能随机偏振，意即偏振不断地随机变化。最显著的例子是阳光。平面上反射的阳光是例外——如在水面上反射的阳光。反射光是水平偏振的光（我们感知到的是刺眼的光)。可以将太阳镜设计成只通过垂直偏振的光，而过滤掉水平偏振的刺眼光。能实现该效果的原因是，太阳镜有很多微小的垂直线，能使垂直偏振的光通过，从而消除水平偏振的光。为了确定你所戴太阳镜的效果，将太阳镜稍稍置于你前方，并通过镜片观察明亮的反射平面；随后，继续通过镜片观察平面，将镜片旋转 90 度。反射平面应该变得更亮，因为镜片通过而非过滤了水平偏振的反射光。

“测偏振术”（polarimetry）是对电磁能量偏振的测量，使用的工具是偏振计。光学测偏振术常被称为**“椭圆偏振测量术”**（ellipsometry）。它被广泛用于天文，以描绘遥远星辰和银河的特征。在情报领域，当用雷达进行测定时，该测量方法被称为**“雷达测偏振术”**（radar polarimetry），我们将稍后探讨。

声学特征

声学特征在可听见声音（20 赫兹以上）和次声（20 赫兹以下，人耳通常无法感知）的频谱内搜集。第 14 章将详细探讨这些特征。

辐射特征

辐射特征是由放射性物质以 α、β 粒子和 γ 射线的形式发射出来的。第 15 章将详细探讨这些特征。

五、小结

多数非文字情报的搜集工作由传感器完成。其中，大部分搜集工作由电磁传感器完成，但声学传感器和核辐射传感器也获得了广泛使用。通信情报搜集同时使用电磁传感器和声学传感器。

传感器分为有源传感器或无源传感器。有源传感器（雷达）发射信号，然后判读从目标反射回来的信号。无源传感器利用自然辐射、人工信号或目标发射的能量，通常是反射的太阳光照。电磁传感器既可以是有源的，也可以是无源的。声学传感器和核辐射传感器几乎都是无源的。

用于情报搜集的某些传感器可以超远距离工作，这种用法被称为“遥感”。其他传感器被设计为紧邻目标工作，其用途常被称为“近程传感”。

所有传感器都能搜集特征，借此确定或归类具有情报价值的目标。有些物体会自然地或由于人类的行为而辐射出能量，从而产生某种特征。所有物体都会反射、吸收或散射击中它们的能量，这种相互作用的本质也会产生特征。大多数这样的能量，同样来自电磁波谱的某些部分。它大致分为两大领域——射频波谱和光谱。在这两大领域，使用的传感器和探测到的现象具有显著差异。

所有用于搜集情报的传感器都有以下共性：它们具有确定的覆盖范围，在该覆盖范围内，它们具有一定的分辨率，能使其区分具有情报价值的目标。任何传感器的性能及其情报价值都取决于其在空间、光谱、强度和时间这四大性能类别中的覆盖范围和分辨率。

- 传感器的覆盖性能，是由它在这四个类别中的覆盖范围决定的。没有传感器能覆盖整个电磁波谱。在任何时刻，传感器只能观察到一定的空间范围。两大阈值限制了传感器探测一系列强度的能力——微弱信号的探测度和强信号引起的饱和度；这些阈值界定了传感器的动态范围。连续的时间覆盖（监视）是可能的，但很多传感器只能进行侦察，被定义为定期重新访问目标。
- 无论空间、强度、光谱或时间，传感器的分辨率性能限定了传感器区分不同特征的能力。例如，对图像中的目标进行空间区分。分辨特征强度的细节会有所帮助，例如，探测图像中的伪装。光谱分辨率能使传感器分辨目标发射或反射的不同波长的能量。时间分辨率可以指观测目标的再访问时间，也可以指分离某特征中紧邻的两个事件。

特征测量的精度也是一项重要的性能特征；它确定了特征的独特性。空间精度可以指定位目标或测量目标维度的精度。强度精度对确定发射源，如雷达的输出功率非常重要。光谱精度能识别特定射频信号发射器或识别特定化合物。准确定位目标和识别特定特征必须用到时间精度。

完美的传感器应该能持续侦察所有方位，覆盖整个光谱，并没有分辨率或灵敏度的限制。此外，传感器的所有测量都应该是准确的。换句话说，传感器应该具备完美的空间覆盖、光谱覆盖、强度覆盖和时间覆盖，并能根据所需的任意细节层次和精度进行分辨。这样的传感器并不存在。所有的传感器都对覆盖范围、分辨率和精度做了一定的权衡。其中，传感器还需在空间、光谱、强度和时间性能之间进行妥协。一般而言，提高其中任何一个性能，都会导致另一个性能的下降。

很多情报搜集者采用的解决方法是，在单个或多个平台上使用一整套传感器，其中每个传感器都针对特定的性能领域进行优化，使各传感器相辅相成。

电磁波的一个关键特征成分是波的偏振。所有电磁波，无论射频还是光学电磁波，都是偏振的，意即电场朝某个方向振动。偏振是重要的情报概念，因为它能用于获取电磁波谱的射频和光学领域的独特特征。

[第 8 章]

情报搜集平台

本章主要侧重于讨论情报搜集平台在遥感中的应用，因为大多数技术性搜集都是通过这种方式完成的。

正如我们在第 7 章讨论的，遥感有着悠久的历史。比如说，在地球上观测宇宙空间中物体的这一活动，可以追溯到古代，甚至能追溯到伽利略发明望远镜之前。反过来说，对地球表面的观察在几个世纪以来一直具有情报价值。法国人在 1794 年与奥地利发生冲突时，率先使用了载人气球进行空中侦察。这次侦察为法国人提供了一种观察敌军作战序列和活动状况的方法，对法国取得胜利做出了贡献。法国人的实验涉及在所有情报搜集平台上都会重复出现的两个主题：

- **将情报搜集平台的信息传递给需要的人**。对法国人来说，在这一过程中，他们安排了一位气球驾驶员，让他专门发送旗语，或者将书信放在一个配有挂环的沙袋中，并让这个沙袋沿着缆绳滑下去。
- **保护平台不受敌对行动的影响**。法国人使用了两根相隔甚远的系缆，以减少敌人通过切断缆绳让气球飘走，继而中止侦察活动的可能性。

自从那时起，遥感技术已经发展到使用一系列精密仪器从各种平台搜集信息。事实上，如果某物可以飞翔、飘浮，在空间中旅行或沿着地面移动的话，它就存在成为情报搜集平台的可能性。如果它位于正确的位置，它甚至不需要移动。飞机、卫星、船舶、潜艇和地面平台都被用于搜集情报。但时至今日，仍然存在两个问题：将平台获得的情报交给用户，以及防止平台被发现或者遭到攻击。

在情报领域，遥感平台可被用于监视或侦察。两者之间的区别是在目标区域的停留时间；"监视"被定义为持续的停留，而"侦察"则是在相对较短的时间内停留，甚至是只拍下一张快照。由于低地球轨道卫星一次只能看到地球某一部分数分钟，所以该平台只能被用于侦察。本章讨论的所有其他平台——飞机、船舶、潜艇和地面站，都能被用于监视或侦察。

由于传感器的分辨率和精度会随着传感器离目标越近而提高，因此人们希望情报搜集平台尽可能靠近目标。当情报搜集者只想从位于固定位置的目标中搜集数据时，上述这一点是可能实现的。比如说，人们把监视摄像头安装在入口处，重点监视特定区域，可以获得足够的分辨率来识别人员。银行、医院、商场和便利店多年来一直使用视频监视。在 1 米或更短的距离处，我们将在第 16 章讨论的虹膜和视网膜扫描仪可以提供非常精确（以及准确）的个体识别能力。

当传感器移动到靠近目标地区的地方时，它潜在的覆盖面积会缩小。大多数具有情报价值的目标都是移动目标，人员尤其如此。继续以监控摄像头为例，单个摄像头可以发现某个人，但无法追踪他们在摄像头范围之外的活动。英国直接通过使用更多的摄像头（近 200 万个摄像头）在公共区域实现了一定的追踪能力，但即使这样也不能确保对个人的追踪。

如前一章所述，所有的传感器都必须处理覆盖范围、分辨率和精度之间的权衡问题。所以，情报部门喜欢使用各种平台；其中一些平台能够接近目标，以达到高精度和高分辨率，另一些平台可以提供广泛的覆盖范围。

我们对平台的讨论从常规提供全球覆盖的卫星开始。

一、卫星

卫星提供了当今情报工作中使用的大部分遥感技术。卫星可用于观察地球表面或观测其他卫星。卫星具有独特的特征，使其对情报搜集而言特别有用。它其中的一个主要优点是：侦察卫星可以合法地飞越任何国家上空，并获取情报信息。飞机或**无人机**（unmanned aerial vehicle，UAV）则不能这样做。另一个优点在于，卫星也被用于许多与情报无关的目的。卫星可以扫描地球上的资源，为商业、军事和非军事政府目的提供通信。因此，对手们难以识别出正在搜集情报的卫星。

自 1960 年人类首次发射侦察卫星以来，许多国家都已经发射过卫星。俄罗斯、美国、法国、德国、日本、印度和以色列等国都有侦察卫星在轨运行。多年来发射的总次数大概有数百次。卫星的寿命只有几年，而且有一些发射是失败的，特别是在早期。

用于情报目的的卫星，在美国通常被称为“高空搜集资产”。该术语也能被用在飞行器上，因为飞行器能在高空搜集图像和信号情报（并且一些作者确实将飞行器纳入这个概念中）。但多年来，“高空搜集”这个术语已经出现了一种广受认可的含义：通过卫星搜集。[1] 本书将重新审视卫星搜集的另一个术语，即**“国家技术手段”**（national technical means，NTM）这个委婉的说法，人们现在偶尔还会用到它。该术语起源于 1963 年的《部分禁止核试验条约》，签署该条约双方同意，不会干扰彼此的卫星搜集能力。当时，冷战双方都希望保护这一能力，但不想公开承认他们正在通过卫星进行间谍活动。

---

[1] 原注：Albert D. Wheelon, “Technology and Intelligence,” *Technology in Society,* Vol. 26（April–August 2004）, 245–255.

要了解卫星的话，应该知道最重要的两点是：(1) 轨道运行方式的区别，以及各自在情报搜集方面的相对优势；(2) 空间环境对它们所施加的限制。

轨道

卫星的路径被称为“卫星轨道”。卫星被限制在固定的轨道上移动。正如下文所述，除了在地球同步轨道上运行之外，它们不能悬停在地球上方的任意一个点上（从而监视该地）。在其他所有轨道上，卫星都会相对于地球移动，并进行侦察。在使用射频对目标进行定位时，这可能是个优势，本书的第 13 章对此进行了讨论。

卫星轨道与卫星传感器的能力和目标相匹配。它携带的传感器类型和它的任务决定了所选轨道的类型。轨道选择可以根据高度（卫星离地球表面的高度）、方向和相对于地球的运动情况的不同而产生变化。通常有四种轨道用于搜集情报。图 8.1 阐释了这四种轨道：

- **低地球轨道**卫星在地表上方 200 至 1500 千米的轨道上运行。地球成像卫星和一些信号情报卫星通常会使用这个轨道，因为对它们而言，接近目标是最重要的。低地球轨道上的卫星大概每隔 90 分钟就会环绕地球一圈。
- **中地球轨道**（medium earth orbit，MEO）卫星通常在地表上方 10000 至 20000 千米的轨道上运行。在这些高度上，卫星需要受到一些保护，以免受范艾伦辐射带中的高能粒子伤害，本章稍后会讨论这个问题。中地球轨道卫星在情报方面的主要优势是生存能力：在战时，它比低地轨道卫星更难被对手定位和攻击，而且该轨道提供了比地球同步轨道或高椭圆轨道卫星（见下文）更好的传感能力。

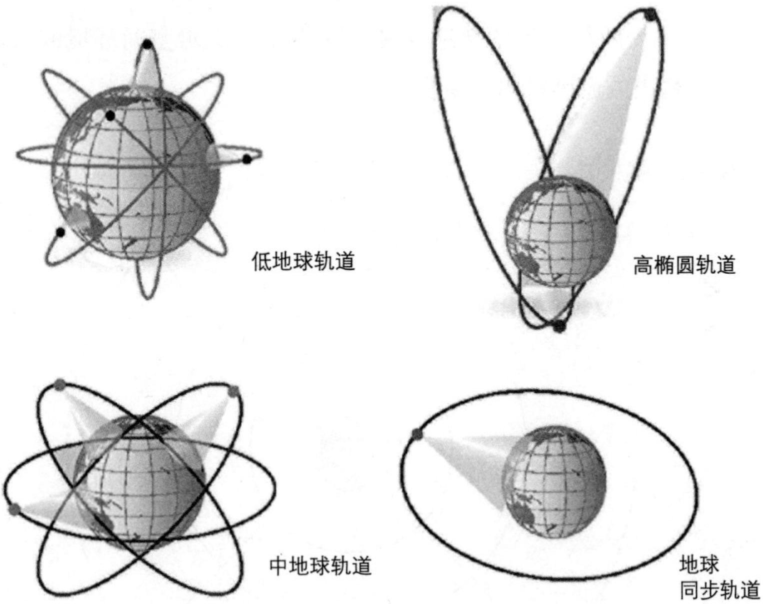

图 8.1 主要的卫星轨道类型

- **高椭圆轨道**（highly elliptical orbit，HEO）卫星所处的轨道使其能长时间处于地球某一片特定区域的上空。因此，如果为了给北极地区提供通信或搜集当地情报，那么发射高椭圆轨道卫星的轨道将会被调整，使其大部分时间都在位于这些纬度地区上空的轨道运行。远地点（最高高度）通常在 35000 千米左右，近地点（最低高度）通常在 500 千米左右。
- **地球同步轨道**（geostationary，GEO）卫星会在赤道轨道上运行，高度为 35800 千米，其旋转周期等于地球的自转时间（24 小时）。结果是卫星跟地球一起转动，并始终保持在地球的某一固定点上方。地球同步轨道卫星存在固定于地球某处上方的特性，这让其能在某个特定地区上方不断监视、观察及搜集信息。

图 8.2 显示出按比例绘制的四种轨道类型的侧视图比较。请注意，中地球轨道显示为两种不同的轨道高度。在本章后文对空间环境的讨论中，对这种分开列出的原因做出了解释。

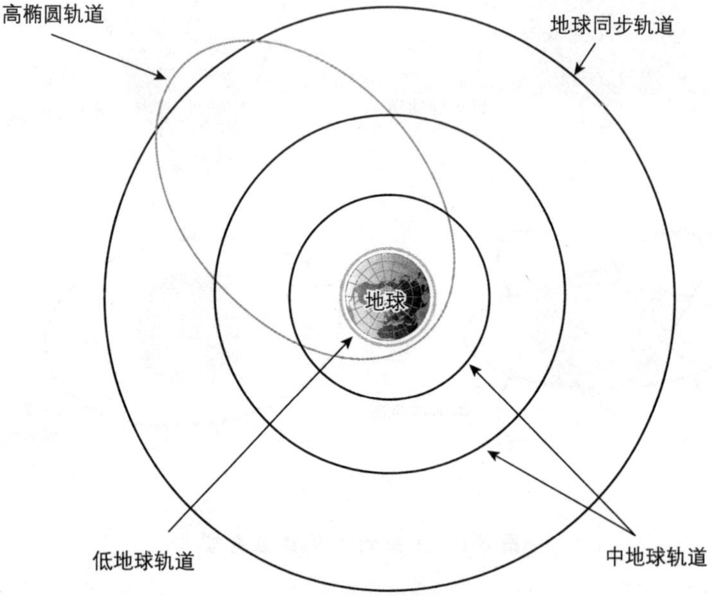

图 8.2　各种轨道类型的侧视图

所有这些卫星轨道都有一个特定的**倾角**（inclination），以度为单位。卫星的倾角是指从赤道平面测量的轨道角度。

- 例如，地球同步轨道卫星必须以和地球自转速度相同的速度移动，以保持其在地球上空的位置不变。因此，它的倾角大致为零，它要向东越过赤道（地球自转的方向）。
- **极地轨道**（polar orbit）上的卫星有 90 度的倾角；它们越过赤道直接向北或向南移动，并穿过两极。图 8.3 显示了极地轨道上的卫星。[1]

[1]　原注：2012 年 9 月 22 日从 www.centennialofflight.gov/essay/Dictionary/SUN_SYNCH_ORBIT/DI155.htm 获取图片。

- 有 90 度以上倾角的卫星处于**逆行轨道**（retrograde orbit）之中；它们的移动方向与地球的自转方向相反。逆行轨道最极端的例子是 180 度倾角卫星（沿着赤道向西移动）。

对许多情报应用而言，最重要的都是要能够覆盖全球，这通常由运行于**近极地轨道**（near-polar orbit）上的低地球轨道卫星提供——之所以这样命名，是因为该轨道的倾角类似于连接南北极的一条线。近极地轨道和图 8.3 所示的地面轨道相比会略微偏斜。许多低地球轨道卫星处于近极地轨道之中，每次穿过赤道时，卫星和赤道在上空的交点都不一样，这种卫星在地球的某一面上会向北移动，而在它的另一半轨道上，则会向南极移动。这些分别称为“上升通道”和“下降通道”，如图 8.3 所示。近极地轨道的设计使卫星的轨道（基本上是南北向的）与地球自转（东西向）相结合，允许卫星在一段时间内覆盖大部分的地球表面。

当极地轨道上的卫星绕着地球移动，从一个极点到达另一极点时，如果地球不自转，其东西方向位置就不会改变。然而，从地球上看，卫星似乎正向西移动，因为地球正在其下方自转（从西向东自转）。这种**似动现象**（apparent movement）允许卫星的那条轨迹每次通过地球上方时，都能覆盖到一片新区域，如图 8.4 所示（这也展示了逆行轨道）。[1] 在卫星的轨道和地球的自转共同作用下，卫星在绕轨道循环了一整个周期后，能完全覆盖地球表面。

从卫星轨道上任何一个随机选择的通道开始，当卫星回溯其路径，第二次飞跃地表上正好位于卫星下方的同一点（被称为“最低点”，或“天底点”）时，就完成了一个**轨道周期**。轨道周期的确切时长随卫星的高度和倾角变化而变化。在图 8.5（彩色效果见书前插页对应图片）中，卫星在开始重复其轨道循环之前出现了 14 个轨道。

---

[1] 原注：2012 年 9 月 22 日从 www.newmediastudio.org/DataDiscovery/Hurr_ED_Center/Satellites_and_Sensors/Polar_Orbits/Polar_Orbits.html 获取图片。

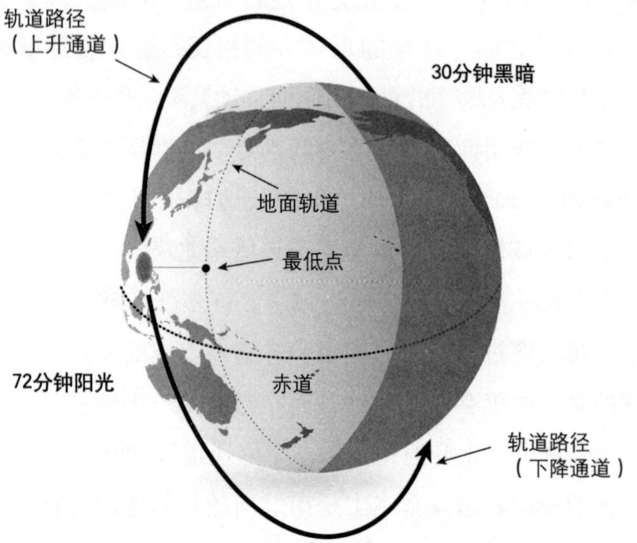

图 8.3　极地轨道的几何形状

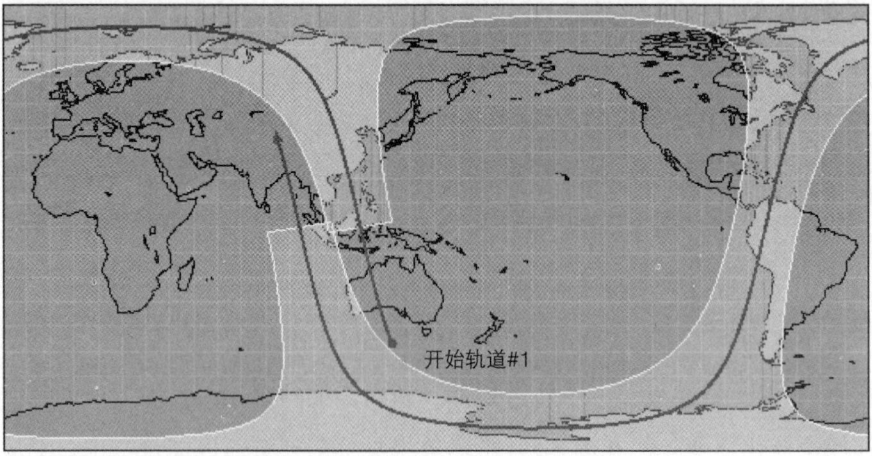

图 8.4　覆盖全球所需的地面路径

卫星完成其轨道周期所需的时间间隔与再访问周期不同。通过使用可操纵的传感器，卫星搭载的仪器可以在卫星轨道通过目标之前和之后观察某块远离其最低点的区域，从而使得再访问时间小于轨道周期时间。再访问周期是许多监测用途的重要考虑因素，当需要频繁成像时更是如此（例如监测快速升级的危机情况）。在近极地轨道上，由于轨道路径越来越靠近两极，相邻路径之间的重叠会越来越多，对高纬度地区的成像要比对赤道地区的成像更频繁，如图 8.5 所示。[1] 因此，侦察卫星可以在较低的倾斜度下运行，提供更好的低纬度覆盖程度，但无法覆盖到极地区域。其中的一个例子是以色列被称为 Ofeq 的系列侦察卫星。这些卫星具有斜度为 144 度的逆行轨道，通过调整相位，它能够在白天对中东地区进行最佳覆盖。Ofeq 卫星每个白天都会在以色列和周边国家上空飞越六七次，而美国和俄罗斯的成像卫星每天只能在它们较高的倾斜轨道上飞越同样的地区一两次。[2]

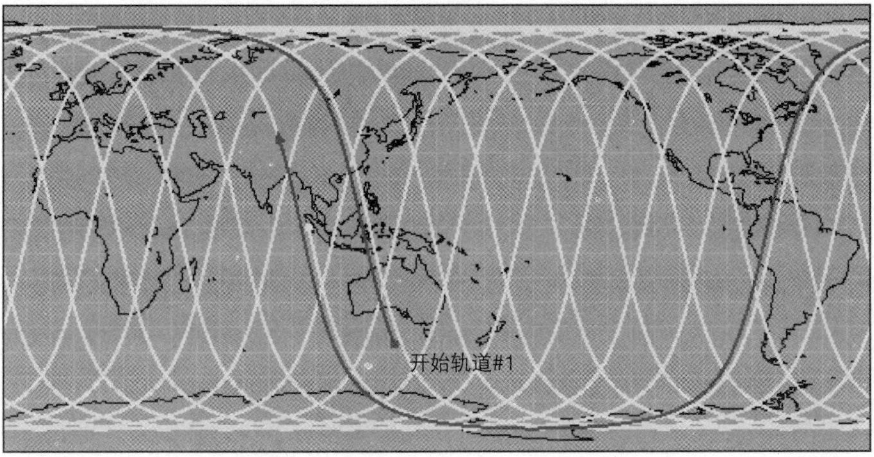

图 8.5　太阳同步轨道的地球覆盖

到目前为止，我们一直在讨论单颗卫星对地球的覆盖率。而且，根据上

[1]　2012 年 9 月 22 日从 www.newmediastudio.org/DataDiscovery/Hurr_ED_Center/Satellites_and_Sensors/Polar_Orbits/Polar_Orbits.html 获取图片。

[2]　Barbara Opall-Rome, “Israel Declares Ofeq-9 Reconnaissance Satellite Operational,” *Space News*, (June 22, 2010), accessed 22 September 2012 at http://spacenews.com/launch/100622-israel-launches-spy-satellite.html.

文所述，单颗低地球轨道卫星每天大概能覆盖整个地球 2 次。为了更频繁地进行覆盖，必须部署更多的卫星。在情报工作中，最好要做到全域覆盖，也就是说要监视所有重要的目标区域。但这样做需要用上很多卫星。图 8.6 阐明了运行在 4000 千米高度、90 度倾角（即极地轨道）圆形轨道上假想卫星群的覆盖问题，“覆盖范围”被定义为目标到卫星的最小仰角（被称为“掠射角”，grazing angle）为 20 度的情况。[1] 请注意，需要超过 12 颗卫星，才能对赤道进行连续覆盖，而 2 颗卫星所组成的卫星群，在通过同一地区上方，对其进行覆盖时，会有 2 小时以上的较大空隙。在较高纬度地区，需要的卫星较少，因为如前所述，卫星在高纬度地区通过某点的频率比通过赤道某点的频率高。

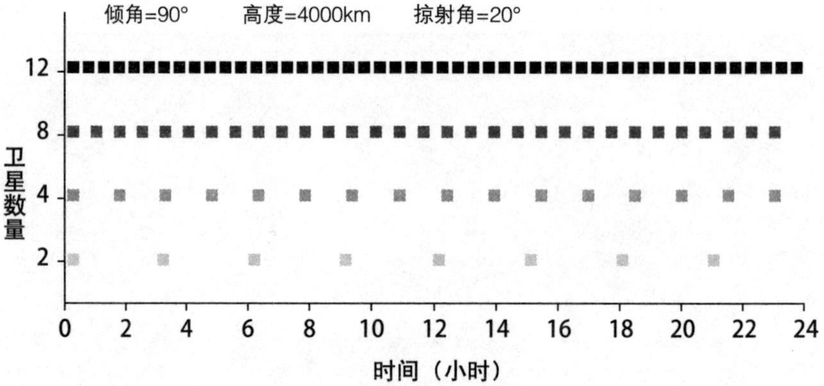

图 8.6 不同卫星群的赤道覆盖

作为成像平台的卫星

卫星的优点是，能够比机载系统更迅速地在更大的区域内搜集图像，并提供可预测的几何观测。卫星对目标的覆盖可能不如机载平台那么频

[1] 原注：图片源自 U.S. Patent 5931417, “Non-geostationary orbit satellite constellation for continuous coverage of northern latitudes above 25° and its extension to global coverage tailored to the distribution of populated land masses on earth” (August 3, 1999)。

繁，但是取决于轨道、几何观测以及有情报价值地理区域的不同，单个低地球轨道卫星通常具有小于 2 小时的再访问周期。

一条特定的轨道——**太阳同步轨道**（sun-synchronous orbit）——被广泛用于对光学图像的情报搜集。之所以命名为“太阳同步轨道”，是因为这一卫星轨道随着太阳的似动而向西移动。因此，卫星每天都会大致在同一时间飞过地球某个指定点的上空。

在低地球轨道高度上，太阳同步轨道约为 98 度。就我们前面讨论过的术语而言，这意味着该卫星轨道既是逆行的，也是近极地的。在图 8.5 所示的例子中，卫星每天可能会穿过赤道 28 次，在当地时间凌晨 3 点穿过赤道，向北移动（上升通道），并于当地时间下午 3 点穿过赤道，向南移动（下降通道）。

太阳同步轨道的上升通道一般在地球的阴影侧，而下降通道则在受阳光照射的一侧，如图 8.3 所示。搜集被反射太阳能的成像传感器，只在有太阳光照时对太阳光侧的地表进行成像。相比之下，自己进行照明的有源传感器（合成孔径雷达）或记录发射出辐射（例如热辐射）的无源传感器，也能对地球阴影面的表面进行成像。

由于太阳同步轨道上的卫星每天都会在大约相同的当地时间搜集图像，图像中的光亮条件每天都大致相同。对于图像判读而言，重要的是，在某目标的一系列图片中，光照的情况应该是大致相同的。这就使得图像分析人员能探测出具有情报价值的最微小变化，即某物体在特征上的变化，比如坦克、工厂或者雷达的变化。通常而言，为了帮助判读图像，人们会选择一天中相互重叠（overpass）的时段。搜集图像的最佳时间是在上午 10 点或者下午 3 点左右。在上述时间，诸如塔、车辆和建筑物等物体会存在阴影，并且具有足够的长度，能够帮助图像分析。[1]

---

[1] 原注：Canada Centre for Remote Sensing, “Tutorial: Fundamentals of Remote Sensing Image Interpretation & Analysis,” accessed 22 September 2012 at www.ccrs.nrcan.gc.ca/resource/tutor/fundam/chapter4/02_e.php.

携带成像雷达（合成孔径雷达）的卫星不依赖阳光，因此可以在任何轨道上提供良好的目标覆盖。与后面讨论的飞机平台相比，卫星具有这样的优势：它们的轨道通常非常稳定，而且可以精确计算它们的位置。如第12章所述，平台的稳定性和恒定的速度对于合成孔径雷达的有效运行是至关重要的。

作为信号情报平台的卫星

卫星在执行信号情报任务方面具有几个优点。它们可以在很短的时间内覆盖地球的很大一块区域。虽然低地球轨道卫星不能驻留在目标区域，但它们在地球上方的运动能允许它们快速地定位信号源。地球同步轨道卫星可以无限期地驻扎在目标区域上空，高椭圆轨道卫星在远地点附近可以有较长的停留时间（约10小时）。地球同步轨道和高椭圆轨道卫星的缺点在于，由于离目标相对较远，它们需要大型天线，即使有了这样的天线，两种卫星接收微弱的信号也有难度。

空间环境

太空空间环境恶劣，这点是很明确的。人类要穿上防护服和配备装备才能进入太空。卫星也需要各种保护；某些轨道的环境非常恶劣，所以不被人们使用。

在所有轨道上，卫星都面临着微流星体和太空垃圾碎片等穿透性物体的威胁。在某些轨道上，卫星还必须面对高能带电粒子、辐射以及热等离子体和冷等离子体（等离子体是电离的气体；如果气体颗粒的运动非常迅速，因此而具有高能级的话，那等离子体会被描述为是“热”的）。

被称为**“范艾伦辐射带”**（Van Allen radiation belt）的辐射带环绕地球，并含有被地球磁场捕获的粒子。更危险的内圈包含高能量的质子。

较弱和较不稳定的外圈包含高能电子。这些辐射带中的辐射会损坏电子部件，特别是卫星上的传感器。用于感应光子或无线电波的传感器也会对穿过辐射带的高能粒子做出响应。随着时间的推移，设备的状况逐渐恶化，最终彻底无法工作。由能量粒子和地球磁层中的热等离子体引起的另一个问题是内部充电——航天器上静电电荷的积累可能会导致机载电子设备出现故障。

此外，辐射带的情况并非整齐划一，在设计情报搜集平台的轨道时必须考虑它们的独特特征。最著名的特征之一是南大西洋异常区，这是南大西洋上空的一个区域，地球的磁场在此地最弱。因此，该区域的特点是存在高能量，且电子会破坏成像卫星中使用的电荷耦合器件的功能。[1]2012年，美国空军天基监视卫星的电子设备由于南大西洋区域异常而遭到干扰，这是最近一次出现的此种情况。[2]

图 8.7 阐明了前面讨论的四种轨道的类型。请注意，两个中地球轨道的设计目的是，避开这两条辐射带（低地球轨道也是一样）。然而，高椭圆轨道则穿过了这两条辐射带，如此一来，高椭圆轨道上的卫星就需要针对辐射影响做额外的屏蔽。

太空环境的另一个危险是太空垃圾碎片、微流星体和尘埃，这些物体可能会损坏或者摧毁卫星。越来越多的卫星与发射相关的垃圾碎片一起被送入轨道，太空垃圾碎片造成的威胁与日俱增。陆基光学和雷达系统可以监测近地空间环境，对直径约 1 厘米以上的物体发出警告。但在轨道物体高速碰撞的影响下，更小的微流星体也可能造成巨大的损害。

太空垃圾碎片近年来已经成为低地球轨道卫星的一大难题，这主要是

---

[1] 原注：Sharma Jayant, Grant H. Stokes, Curt von Braun, George Zollinger, and Andrew J. Wiseman, “Toward Operational Space-Based Space Surveillance,” *Lincoln Laboratory Journal,* Vol. 13, No.2（2002）, 328.

[2] 原注：Andrea Shalal-Esa, “U.S. Air Force Begins Using Boeing Surveillance Satellite,” Reuters（August 20, 2012）, accessed 13 October 2012 at http://news.yahoo.com/u-air-force-begins-using-boeing-surveillance-satellite-003010197-sector.html.

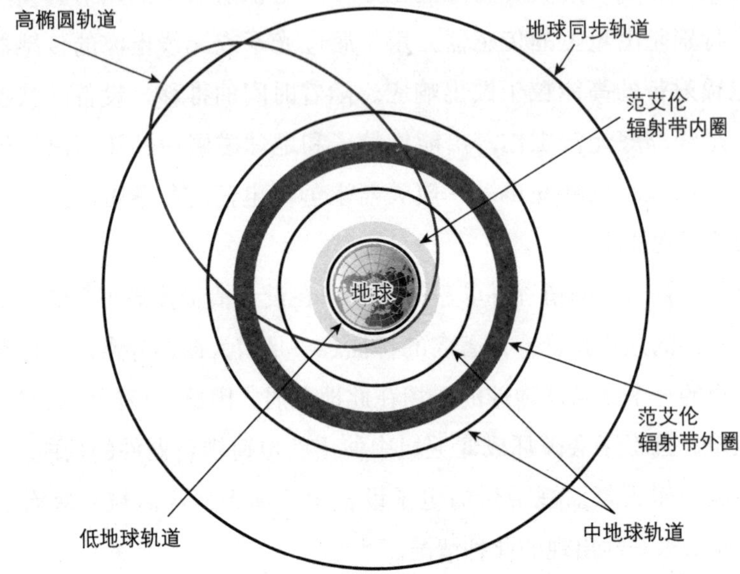

图 8.7 范艾伦辐射带

由两起事件造成的。2009 年 2 月 10 日，一颗俄罗斯卫星与铱星 33 商用卫星相撞，造成了更大的太空垃圾碎片云。

虽然地球的阴影不像上面讨论的那样危险，但它确实给某些航天器造成了麻烦。低地球轨道卫星一般有近三分之一的时间是在黑暗中度过的。由于大多数卫星主要依靠太阳能电池来供电，这意味着低地球轨道飞行器的电量只有高地球轨道或地球同步轨道卫星的三分之二。

二、飞机和无人机

飞机和无人机机载平台具有许多优点：灵活性、覆盖区域的能力和接近目标的能力。当使用无法透过云层查看目标的光学传感器时，能接近目标是个特别的优势。与空载光学传感器不同，机载传感器能足够靠近目标，在云层之下观察它。此外，与空载传感器相比，机载光学传感器的图像质量有着显著提升。像 GeoEye 这样的商用空载传感器已经达到每像素 1.3 英尺的分辨率（第 9 章会讨论分辨率单元和像素）。商业航空摄影能够提供每像素 1.5 英寸[1]分辨率的图像，这让图像质量提高了 10 倍。[2]

在开发和测试新的搜集传感器时，机载平台和卫星相比，具有许多优势。它们可以作为新设计的试验平台，在每次飞行之后也能被带回地面，以便纠正问题。传感器可定期得到维护。如果传感器的设计方案需要修改，可以随时进行。而搭载传感器的卫星发射后，这些修改就都无法完成，除非付出很大的代价。由于这些原因，最终要在卫星上使用的传感器，一般首先都会在飞机上进行测试。最后，由于前面讨论过的恶劣太空环境，空载传感器必须被认证为“适合太空作业”——这意味着它们必须通过比机载传感器更严格的环境测试。

机载平台有两个显著的缺点。首先，它们不能合法地飞过情报组织所谓的“禁飞区”（denied area，国际法禁止在这些地区上空飞行）。其次，飞机容易受到防空武器的攻击。（虽然卫星很容易受到反卫星武器的威胁，但和平时期对另一国卫星的袭击会违反国际法。）容易受到攻击的这个问题，正越来越快地让无人机取代有人驾驶的飞机。无人机与飞机一样容易被攻击，但损失无人机并不意味着会损失飞行员。无人机通常具有较小的雷达和光学信号特征，这使其不那么容易被探测到。但雷达传感器的功率在飞机上可能会受到限制，在无人机上受到的限制更为突出。

作为传感器的载体，机载平台还有其他缺点。一些传感器不能承受振

[1] 编注：1 英寸为 2.54 厘米。

[2] 原注：Eric Lai, “In Satellite Photo Resolution Race, Who’s Winning?” *Computerworld* (October 24, 2008), accessed 22 September 2012 at www.computerworld.com/action/article.do?command=viewArticleBasic&articleId=9118079&intsrc=hm_list.

动或湍流。比如说，飞机上的成像雷达就有特殊问题。合成孔径雷达图像会受到飞机运动的变化和天气条件的影响。为了避免飞机运动的随机变化所引起的图像伪影或几何定位上的误差，合成孔径雷达必须用精密的地理定位设备和先进的图像处理手段来补偿。我们将在第 12 章中讨论这点。[1] 一般来说，除了最严重的运动变化，如显著的空气湍流外，这些做法能够修正大多数运动变化。[2]

虽然机载雷达系统容易受到这种平台运动问题的影响，但它们具有灵活性，能从不同的观测角度和观测方向搜集数据。为了生成某一特定地形的图像，它们可以调整自己的成像几何。它们可以在多个观测方向上获取图像，因此可以获得对于卫星雷达而言难以得到的情报信息（比如说查看敞开的机库大门里有什么东西）。只要天气和气候条件合适，机载雷达就可以随时随地搜集数据。

目前，机载平台的一个例子是“全球鹰”无人机，如图 8.8 所示。它能为军事指挥官提供近乎实时、分辨率高的情报、监视和侦察（ISR）图像。“全球鹰”携带有光电成像仪（我们将在第 9 章讨论这种装置）和合成孔径雷达（在第 12 章讨论）。

“全球鹰”可以在高达 6.5 万英尺（19812 米）的高空上飞行 12000 海里，以接近 340 节[3] 的速度飞行 35 小时。在一次典型的飞行任务中，该机可以飞行 1200 英里，到达某片区域上空，并在目标区域上空环绕 24 小时。它已被用在伊拉克和阿富汗等地，提供战场监视和战略情报。

“全球鹰”是一台相对较大的远程无人机。虽然它和比较小的无人机相比具备性能优势，但它相对昂贵。现在的趋势是，大量使用小型、短程

---

[1] 原注：Zheng Liwen, Lv Xiaolei, and Xing Mengdao, “Imaging Method of UAV High Squint SAR,” *Heifei Leida Kexue Yu Jishu*（December 1, 2007）, 431.

[2] 原注：Canada Centre for Remote Sensing, “Tutorial: Fundamentals of Microwave Remote Sensing”（January 29, 2008), accessed 22 September 2012 at www.ccrs.nrcan.gc.ca/resource/tutor/fundam/chapter3/09_e.php.

[3] 编注：节，是指船、飞行器和风的速度计量单位。

图 8.8 “全球鹰”无人侦察机

无人机。越来越多的小型无人机被用于搜集战场情报和执法情报。它们的尺寸通常和模型飞机差不多，且尺寸还在缩小。目前正在开发的无人机跟蜻蜓差不多大，机身上安装了可用于搜集情报的摄像机。[1]

三、高空探测气球

卫星、飞机和无人机都有一个主要缺点：单个平台无法对某个目标区域进行持续几天的监视（地球同步轨道卫星是唯一的例外）。**高空探测气球**（aerostat）则可以做到这一点，它是一种比空气轻的运输工具（包括小型飞船、飞船以及系留气球），可以在空中保持静止状态。大多数的高空探测气球都是系留的，但自由飞行器（通常被称为“飞艇”）能够按照任务的要求，长时间停留在同一位置上或者四处移动。美国军方在伊拉克使

[1] 原注：“The Fly’s a Spy,” *The Economist*（November 1, 2007), accessed 22 September 2012 at www.economist.com/displaystory.cfm?story_id=10059596.

用了系留高空探测气球进行监视。[1]

高空探测气球可以携带雷达、光学或信号情报传感器，或任何装置组合。自 20 世纪 80 年代以来，美国空军便开始让系留高空探测气球执行任务，给它们取了个“胖子阿伯特”的外号，这一外号来自 70 年代的一个卡通角色。这些高空探测气球对美国南部边境进行雷达覆盖，以侦察毒品走私飞机。[2] 走私者的标准战术是，在低于地面雷达覆盖范围的区域飞行；地面雷达在探测低空飞行的飞机时，探测距离非常短（约 10 千米）。设置在高空探测气球上的雷达可以将这一探测范围扩展到数百千米。

美国正在开发用于监视和情报搜集的高空无人飞艇。据报道，这种新型飞艇将能够在高度为 65000 英尺的高空运行，并能保持悬空状态长达 10 年。在该高度利用其机载雷达或其他传感器，这种飞艇能够监测一块跟伊拉克差不多大小的区域里的情报目标。[3] 在 65000 英尺的高度上，飞艇将位于大气急流之上，因此更能在同一地区停留很长的一段时间。[4]

四、舰船和潜艇

舰船有利于遥感，因为它们具有比航空器或卫星更长的逗留时间和更高的电能储量。然而，与机载平台的振动一样，舰船的不稳定性可能会限制船载传感器的性能，在波涛汹涌的海洋中更是如此。

---

[1] 原注：Julian E. Barnes, “Spy Blimp: Air Force Planning Giant Airship,” *Chicago Tribune*（March 13, 2009）.

[2] 原注：U.S. Air Force, “Tethered Aerostat Radar System,” U.S. Air Force Fact Sheet（August 2007）, accessed 22 September 2012 at www.af.mil/information/factsheets/factsheet.asp?id=3507.

[3] 原注：Barnes, “Spy Blimp.”

[4] 原注：“U.S. Army’s $150m ‘Super-blimp’ High-Altitude Airship in Crash Landing Just Hours after Launch,” *MailOnline*（July 28, 2011), accessed 22 September 2012 at http://www.dailymail.co.uk/news/article-2019454/US-Armys-150m-super-blimp-high-altitude-airship-crash-landing-hours-launch.html.

目前用作情报搜集平台的舰船中，典型的一个例子是挪威的“马查塔”号（*Marjata*），如图 8.9 所示。该船由挪威情报部门运行，被认为是目前最先进的情报搜集舰船之一。其主要作用是监测俄罗斯北部地区的潜艇活动。它在靠近俄罗斯边界的地方航行。[1]

图 8.9 挪威情报搜集舰船“马查塔”号[2]

该舰船拥有不同寻常的舰体形状，具有许多让其成为优秀情报搜集工具的特性。其狭窄的前部和宽大的船形使它成为一个非常稳定的监视平台，即使在北极恶劣的天气之下，也依然能稳定运行。它的内部还有一个大型船舱，专门用于计算并分析搜集的数据；同时也有在船上对搜集到的信号进行技术分析的能力。[3]

从该船的设计可以看出，从舰船或潜艇上搜集信号情报要面对其中一

[1] 原注：Military-today.com, “Marjata Intelligence Collection Ship,” accessed 26 September 2012 at http://www.military-today.com/navy/marjata.htm.

[2] 原注：照片由 Peter John Acklam 拍摄（2011 年 7 月 4 日），经许可使用，accessed 3 October 2012 at http://en.wikipedia.org/wiki/File:FS_Marjata_in_Kirkenes.JPG。

[3] 原注：Military-today.com, “Marjata Intelligence Collection Ship,” accessed 26 September 2012 at http://www.military-today.com/navy/marjata.htm.

个挑战：这些系统只能搜集到视线范围内的东西。为了延伸视线，进而扩大探测范围，天线需要放置在尽可能高的地方。该设计还展示了信号情报舰船常见的另一个特性：许多信号情报天线被隐藏起来，为的是掩人耳目，不让人知道它们搜集情报的能力。在这艘舰船上，起到隐藏作用的是围绕中央桅杆的球形天线罩。[1]

在某种程度上，要解决舰载信号情报获得更好探测范围的挑战，可以通过在舰船上操作系留高空探测气球平台来解决。20 世纪 80 年代末起，美国陆军和海岸警卫队开始运营一只由租用的、拴有系留高空探测气球的商业船只组成的船队，用于探测并监视涉嫌走私毒品的船只和飞机。高空探测气球运载雷达的功能与前面讨论过的“胖子阿伯特”雷达的功能基本相同。[2]

潜艇执行秘密目标情报搜集任务的能力优于舰船。它们经常能够在不被察觉的情况下接近另一艘海军舰艇、外国的港口或海军的测试区域，并通过将潜望镜或潜望镜上安装的天线升出水面的方式，搜集视觉或信号情报。潜艇也可以搜集水下的声学信号，或者把传感器留在水中。1982 年英阿福克兰群岛战争期间，英国在距离阿根廷海岸约 20 千米处的地方部署了 5 艘核攻击潜艇。这些潜艇装有可以探测阿根廷无线电和雷达信号情况的无源探测装置。潜艇使用这些装置，通过雷达信号来追踪阿根廷的船只。这些潜艇还监测岸上阿根廷空军基地的无线电通信。当无线电通信表明有空袭将要发动时，潜艇能够及时通过卫星链路向特遣部队指挥官发出警告，以提醒空中战斗巡逻部队。这种早期预警能给英国舰队留出 45 分钟左右的时间，准备应对阿根廷的空袭。英国潜艇大部分时间都能保持在水下，只会把信号情报天线露出水面。其中一些潜艇偶尔会被发现并遭到

[1] 原注：Military-today.com, “Marjata Intelligence Collection Ship,” accessed 26 September 2012 at http://www.military-today.com/navy/marjata.htm.

[2] 原注：U.S. General Accounting Office, Report #GAO/NSIAD-93-213（September 10, 1993), accessed 22 September 2012 at http://www.dtic.mil/cgi-bin/GetTRDoc?AD=ADA271225&Location=U2&doc=GetTRDoc.pdf.

攻击，但没有任何潜艇受损。[1]

五、地面站

地面站被用于遥感飞机、弹道导弹和卫星。雷达传感器和光学传感器可用于在空间上定位这些物体，也可被用于搜集识别物体所需的特征测量结果。情报中使用的一些陆基平台是可移动或便携式的，但其中一些非常重要的平台是固定的大型站点，因此具有只能覆盖一片固定区域的缺点。除这个缺点之外，固定站是非常稳定的平台，具有精确的已知位置（为了精确定位某物，你必须准确地知道自己的位置）。地面站被用于空中和空间监测、地表监测和近距离的秘密情报搜集活动，这一切都将在后文探讨。它们在声学和地震探测中也有情报用途，在第 14 章会讨论这个问题。

空中和空间监测系统

地面站在情报方面的重要用途是，用于空中和空间的态势感知。空中监测通常由全世界的数千台雷达完成，其中只有少数会搜集情报。空间监测仅在少数几个站点进行，其中包括一些重要的情报搜集者。这类站点的两个例子是，第 11 章中将会介绍的“眼镜蛇戴恩”雷达（Cobra Dane radar），及我们接下来介绍的毛伊岛空间监测系统（Maui Space Surveillance System）。

图 8.10 是毛伊岛空间监测系统，这是一个将现役卫星追踪设施与研发设施结合起来的光学情报站。它位于夏威夷毛伊岛哈雷阿卡拉山上 10000 英尺高的顶峰。高居山顶的位置非常适合天文望远镜和用于空间监测的光学设施。高海拔意味着情报站通常在云层之上，这样就减少了由大气所导

[1] 原注："The Falklands Radio Line," Strategy Page（December 4, 2007), accessed 22 September 2012 at http://www.strategypage.com/htmw/htsub/articles/20071204.aspx.

致的观察失真。

图 8.10 毛伊岛空间监测系统

毛伊岛的天文望远镜能监视位于地球同步轨道高度及更高地方的人造物体，并搜集用于识别空间物体的光学特征。该站点有几台望远镜，可容纳各种传感器系统，包括成像系统、光度计、红外辐射计和低光级视频系统，所有这些都会在后文讨论。[1]

地面监测

第二次世界大战以来，军方就一直在使用地面监视雷达，从而感知战场态势。它们用于探测并识别移动的目标，如人员、车辆、船只和低速旋翼飞机。这种雷达已被用于城市战中的情报搜集活动；被用于维护边界、机场和

[1] 原注："Air Force Maui Optical & Supercomputing Site," U.S. Air Force, www.maui.afmc.af.mil/. Photo from NASA, Johnson Space Center, Orbital Debris Program Office（Photo gallery）, accessed 22 September 2012 at www.orbitaldebris.jsc.nasa.gov/photogallery/photogallery.html.

核设施的安全；观察恐怖分子和毒贩的动向；以及监测战场上的敌军活动。[1]

扫描天空的雷达和信号情报系统，比如空间监测雷达和大多数防空雷达，都没有特别要求一定要安装在高出地面的地方。但是，必须扫描地球表面或探测低空飞行器的雷达和信号情报系统，则需要位于尽可能高的位置。与图 8.9 中信号情报舰船和先前讨论的高空探测气球雷达一样，增加了高度，就等于增加了探测范围。高空探测气球在战地中经常是不切实际的选择，因为它们是防空系统的活靶子。解决方案则是，开发出只在运行时才升起天线的战场探测系统。欧洲宇航防务集团（EADS）制造的 BUR 雷达（图 8.11，彩色效果见书前插页对应图片）展示了这种设计在雷达中的应用，目的是探测低空飞机和直升机。[2]

图 8.11 战地监视雷达

[1] 原注：Lav Varshney, "Ground Surveillance Radars and Military Intelligence," Syracuse Research Corporation（December 30, 2002）, accessed 26 September 2012 at http://www.mit.edu/~lrv/cornell/publications/Ground%20Surveillance%20Radars%20and%20Military%20Intelligence.pdf.

[2] 原注："Germany Orders New AESA Battlefield Radars," *Defense Industry Daily*（May 19, 2009）, accessed 26 September 2012 at http://www.defenseindustrydaily.com/germany-orders-new-aesa-battlefield-radars-02452/.

BUR 说明了战地监视雷达的另一个优点：它们必须具备机动性，既能随前线移动，又能避免成为攻击目标，后面这点将在第 13 章中再次讨论。

近距离秘密情报搜集

现代电子技术使我们几乎可以将本书中讨论的所有无源传感器都装入一个小型整合装置中，然后秘密地部署在情报目标附近。电磁和声学传感器现在已经足够小，足够坚固耐用，可以大量部署，并且能长时间运行，无须进行维护。这样的设备可被伪装成无害的物体，隐藏到敌国边界附近或各国内部的受控空间内。

最早被公开承认的此类装置之一是，在越战期间沿着胡志明小道部署的“白色冰屋”（Igloo White）传感器。这些传感器中有大约 20000 个是从飞机上投下来的，有的是由特种作战部队部署的。这些传感器会监测北越卡车和部队所发出的声学和地震信号，追踪他们的行动。[1]

这种传感器的现代例子是“钢铁响尾蛇”（Steel Rattler）。它是一部带有热成像仪、经过伪装、能够手工安装的声学探测器。它可以通过声学或热学特征来探测，分类并识别地面车辆。其主要目标是携带移动导弹的车辆，这些车辆被称为“运输—起竖—发射一体车”（transporter-erector-launcher，TEL）。1998 年，人们开发了一种名为“钢铁之鹰”（Steel Eagle）的声学传感器的空中发射版本。“钢铁之鹰”由 F-15、F-16 和 F/A-18 等飞机投掷，落地时的冲击会让它被埋在地下，如图 8.12 所示。[2]

---

[1] 原注：John T. Correll, “Igloo White,” *Air Force Magazine*, Vol. 87, No. 11（November 2004）, accessed 22 September 2012 at http://www.airforce-magazine.com/MagazineArchive/Pages/2004/November%202004/1104igloo.aspx.

[2] 原注：Kevin T. Malone, Loren Riblett, and Thomas Essenmacher, “Acoustic/Seismic Identifications, Imaging, and Communications in Steel Rattler,” Sandia National Laboratories, published in *SPIE*, Vol. 3081, 158–165, accessed 19 July 2012 at http://lib.semi.ac.cn:8080/tsh/dzzy/wsqk/SPIE/v013081/3081-158.pdf.

图 8.12 “钢铁之鹰”声学传感器[1]

六、小结

技术性情报依赖于各种精密的仪器，它们从各种平台上搜集信息，比如卫星、飞机和无人机、高空探测气球、舰船、潜艇和地面站。情报搜集平台必须受到保护，以使它们在恶劣的环境中得以生存。在可能的情况下，也应该让它们保持隐秘状态，让它们在敌人没有发现的情况下搜集情报。

在情报领域，遥感平台可被用于监测或侦察。两者之间的区别是在目标区域的停留时间；“监视”被定义为持续的停留，而“侦察”则是在相对较短的时间内停留，甚至是只拍下一张快照。

一些平台在接近目标的地方工作，提供高分辨率和精度，但牺牲了空

[1] 原注：U.S. DoD public domain image from “Steel Eagle/Argus Program Overview”（November 21, 2002）, accessed 26 September 2012 at http://www.google.com/url?sa=t&rct=j&q=&esrc=s&source=web&cd=5&ved=0CD0QFjAE&url=http%3A%2F%2Fwww.acq.osd.mil%2Fdpap%2Fabout%2FPEOSYSCOM2002%2Fpresent ations%2FTechTransferPanel-ARGUS-WinstonCampbell-Snyder.ppt&ei=TcxkULqaKYL08gTKmICAAw&usg=AFQjCNH6NuStXAKz0f58iIYKufgNx616Ig.

间覆盖范围。有些则会在很远的距离工作，以获得空间覆盖或保护平台免受敌对行动攻击，但会牺牲分辨率和精度。

携带传感器的卫星提供了当今大部分的技术性情报。卫星可用于观察地球，或观测其他卫星。卫星有几个独特的特点使其特别有用。在情报方面，卫星的主要优点之一是，它可以合法地飞越任何国家获取情报信息。飞机或无人机则不能。

用于情报目的的卫星通常被称为“高空搜集资产”。该术语也适用于飞机，飞机也可以在高空搜集图像和信号。但多年来，“高空搜集”这一术语已经有了一个明确的意义：通过卫星搜集。

卫星在四种轨道上运行。最接近地球的是能在 2 小时内走完单个轨道的低地球轨道卫星，它们在 1500 千米以下的高度工作。大多数成像卫星和一些信号情报卫星都使用这个轨道。中轨道卫星的高度在 10000—20000 千米之间，由于在战时较难被定位和攻击，所以生存能力较强。高椭圆轨道卫星的远地点接近 35000 千米，近地点差不多为 500 千米，通常用于对高纬度和极地地区进行中期侦察。地球同步轨道卫星位于地球上空 35800 千米处一个固定点上，能够持续监视地球表面约三分之一的面积。

用于情报搜集的低地球轨道卫星通常绕近极地轨道飞行，在这一轨道上，地面轨道在接下来每个通道中都会向西移动，形成一个逆行轨道，以提供全球覆盖。成像卫星经常使用与太阳同步的逆行轨道，这意味着卫星每天都会在相同的地方（太阳）、时间跨越赤道。

飞机和无人机被大量用于电子侦察，它们可以在敌对领土附近作业（但通常不会飞越它们）。无人机的另一个优势是没有机载飞行员，因此必要时可以在敌国领土上进行成像任务。燃料限制了它们停留在目标区域的时间。相比之下，高空探测气球（无人驾驶气球）的优点是停留时间非常长，并且可以对给定区域进行图像、雷达或信号情报监视。

舰船在遥感方面具有优势，因为它们具有比飞机或卫星更长的停留时间和更强的电力供应。然而，舰船的不稳定性可能会限制船载传感器的性能，在波涛汹涌的海洋中更是如此。潜艇进行秘密情报搜集的能力还有其他优势。它们经常能够接近另一艘海军舰艇、外国的港口或测试区域，而不会被发觉，并且能通过将潜望镜或安装在潜望镜上的天线伸出水面，搜集视觉或信号情报。

地面站的规模不一，有非常大的、用于对空间和弹道导弹活动进行雷达和光学监测的固定设施，也有小型的可移动战地探测雷达和信号情报系统，以及用于近距离感知的无人值守传感器或小型秘密装置。

[第 9 章]

光学成像

本章将讨论光学成像，对军方来说这是十分重要的情报来源。过去几十年，光学成像在国家决策和地球资源管理等非军事用途中也变得十分重要。近年来，空间图像已经可以商用，光学图像也被非政府组织(NGO)、商业机构和恐怖组织用于情报用途。由于是传统的可见光成像，并且依靠太阳光照明，因此大多数此类成像都是在白天进行的。但是，可以通过夜间的可见光成像来探测人类活动发出的光，从而获得有用的情报。

光学成像系统也能在可见光波段之外成像，并提供所谓的光谱特征。这类传感器能够在第 7 章图 7.2 中列举的所有光学谱段下工作。本章的重点是在光谱可见光部分成像的传感器，这部分光谱从大约 0.4 微米到大约 0.75 微米；该部分波段范围最广为人知，同时也是最常被用于情报工作的光谱部分。

第 10 章将进一步拓展本章介绍到的材料，并讨论适用于光谱不同波段的特殊传感器。其中一些传感器能在非可见光波段产生单一图像。有些产生一组图像，每张图像对应不同波长的光谱波段。少数传感器不产生图像，只感应光谱中某些部分的能量强度。这些测定结果和图像近年来都成为情报的重要来源。

一、功能

地球成像

光电成像仪在情报领域运用广泛，因其能覆盖大面积的地表，并具有足够获得有用特征和执行图像判读的空间分辨率。光电成像仪能够提供某些目标特征，例如目标位置及目标的可识别特征（能够用于识别地形、建筑、飞机或船只身份的特征）。通过特殊的建筑和设备分布模式来识别建筑群，例如武器测试区域或者核燃料再处理厂。此处需重申，这种模式并不属于特征。正如第 6 章中所讨论的，模式识别是对一系列特征（建筑和设备布局）综合分析的结果。

连续成像（监视）也能提供关于目标动态的信息。执法部门和军队越来越多地使用地面和机载雷达摄像机，监视地面和海上目标的进展情况。无人机和高空探测气球都是此类可转向摄像机（steerable video camera）的最佳搭载平台。在情报工作中，分析人员能利用此类机载监视设备在已知和未知目标之间建立联系，确定这些联系的时间历史关系，并识别出新目标。机载摄像机能有效用于追踪恐怖组织或暴乱行动，应对武器扩散，监测边境和港口的活动。[1]

空间监测

前一节讨论了光学传感器在生成地球表面图像，或对有情报价值的目标生成图像时的应用。光学传感器的另一大主要用途是，为空间态势感知

[1] 原注：Katie Walter, "Surveillance on the Fly," *Science and Technology Review*(October 2006), Lawrence Livermore National Laboratory, accessed 22 September 2012 at www.llnl.gov/str/Oct06/Pennington.html.

提供支持。通过与雷达传感器（详见第 11 章）相结合，光学传感器能够监测到环绕地球轨道目标的位置和运动的细节，并能探测到可用于识别目标的细节。随着军事和民事对空间领域的应用越来越多，所有国家都必须了解轨道上的物体，以及其他国家的空间系统对自己国家利益的潜在威胁。为此，人们需要利用光学传感帮助识别空间物体，了解其任务，并最终确认其是否有敌意。

空间态势感知在军事和民事空间领域同样具有重要意义，因为空间中存在大量物体——包括正常工作的卫星和在地球轨道上的空间垃圾。因为碰撞的可能性不断增加（从而造成更多空间垃圾），主要航天国家都存有空间物体轨道参数目录，以便对碰撞及时预警。美国的空间监测网络同时使用光学传感器和雷达传感器来更新空间目录，为避开碰撞提供支持。

光学传感系统的主要优点是，在搜寻和追踪高椭圆轨道和地球同步轨道卫星时成本相对较低。尽管使用雷达能够追踪地球同步轨道高度的卫星，但雷达系统必须配备专门的大功率设备，能耗大，成本自然也相当高。而光学追踪系统的单位成本要比雷达系统低。光学追踪系统成本低且易于使用，因此对希望发展空间监测能力的第三世界国家具有吸引力。

光学系统在隐藏情报搜集的行为方面也很有价值。对方的卫星能够探测到自身被雷达追踪，但却无法探测到无源光学系统的追踪。光学系统往往利用太阳光照明，因此光学站点在进行观测时不会暴露其位置或任务。

二、流程

上一节介绍了利用机载和空载平台对地球进行光学成像，以及从地球上利用光学监视卫星的重要性。这二者的处理过程存在巨大差异，我们将在本章进行讨论。

计划

机载成像和空载成像情报搜集计划制订的过程完全不同。飞机和无人机的飞行是根据具体需要（通常是军事或执法行动）单独规划的。飞行路线都是提前计划好的，但也能在飞行中调整路线，以搜集突然出现的高价值目标的情报。

使用何种平台（载人飞机、无人机、高空探测气球或卫星）搜集情报，由目标的位置和特征以及所需的图像类别来决定。禁飞区的图像往往必须通过卫星成像获得，因为卫星成像能够覆盖全球。如果搜集情报的组织对空域有控制权，就可以使用载人飞机、无人机、高空探测气球，其优点是可以在整片区域上空徘徊来进行监视——这些是成像卫星无法完成的。视频监视往往使用静态图像，因此拥有长时间悬停能力的高空探测气球尤其有优势。

成像卫星的轨道是固定的，只可能进行微调。成像卫星在低地球轨道能获得最佳的分辨率，但也意味着卫星不能长时间停留在有情报价值的目标上空。若在搜索区域内，卫星能够对任意地点成像。但图像质量最好的地点必须位于卫星正下方（最低点），远离最低点的区域，图像质量会逐步下降。因此，应尽可能在最低点成像。

通常情况下，卫星都会提前设定任务，除了危急情况，一般不会临时更改目标。对地光学成像通常针对三种典型目标：特定地点的特定目标（点目标），特定地理区域（定向搜索区域），或者是河流、道路或铁路（所谓“通信线路”）。目标必须按照一定的优先系统排序。需要考虑到所需的图像质量，以及任何特殊的限制，如情报搜集中的几何学。

从地球上对卫星进行光学传感与从太空对地球进行光学成像，既有相似之处，也有不同之处。两种成像过程中，云层的情况都决定了情报搜集能否成功进行。两种搜集手段都必须精确计算时间，以利用目标可见度和光照条件的优势。对地球表面进行成像时，我们通常要选择出现影子的时间来帮助判读图像。在监测卫星时，则希望选在太阳照射到卫星，地面接收站处在阴影中的时候（这种情况被称为**“明暗界线状态”**，terminator condition)。最主要的不同是，从空间对地球的成像通过侦察完成，成像卫星无法长时间对准一个目标。而当云层和光照条件允许时，就能持续监测卫星。做计划的目的是将资源分配给三个任务，维持卫星的空间目录，搜寻新的卫星，监测新发现的卫星，以此确认它们的任务。

搜集

情报领域使用最广泛的图像是全色（黑白）图像，是由载人飞机、无人机或卫星平台搜集的可见光谱范围内的地球表面图像。此类图像需要有光源，如太阳光（详见第 7 章）。此类图像被称为“反射传感图像”或“反射成像”，因其依赖于目标的能量反射。例如，手持摄像机就能进行反射成像，在低光照度下，闪光灯能提供照明所需的能源。

我们会首先解释光学传感器的工作模式，接着讲解地球成像的几何学要求，最后介绍不同类型的成像传感器。

光学系统的工作方式。光学成像系统通常被称作“光电成像仪”，因传入的光学信号会击中探测器阵列，在那里被转换为电信号用于传输和存储。它们实际上就是接通数码相机的望远镜。本章和第 10 章讨论的所有光学系统的工作原理如图 9.1 所示，图中列出了望远镜的基础功能。左侧，来自两个遥远物体的光从两个不同的方向到达望远镜。由于与物体的距离相对较远，来自每个物体的光线在到达望远镜时基本上是平行的。光学系统将光源的能量集中在一个点上，这个点被称为“焦平面”(focal plane)。望远镜（或任何光学系统）的性能由两大因素决定：光圈（aperture）的大小和焦距（focal length)。

a. **光圈**。来自每个对象的光线都是由一个圆孔搜集，即有内径(diameter) 的光圈；在这个例子中，内径为 D 的镜头将来自两个物体的光线聚焦在焦平面上。（情报学中，遥感的传感器往往使用凹面镜聚焦而不是使用镜头，因为随着光圈尺寸变大，镜头重量将会显著增加。）随着内径增加，光圈能够搜集到的光线会增加，传感器的敏感度自然也随之增加。环形传感器搜集到的光线总量和 D^2 成正比。

b. **焦距**。传感器的焦距 F 由光圈和焦平面之间的距离决定。

上述讨论假设了一个完美的光学系统。望远镜的分辨能力（分辨率）是其区分源图像细节的能力。望远镜的设计或制造缺陷以及光学元件的校准方式会造成光学畸变，从而降低分辨率，就像透过地球上的湍流大气观察一样。但即使望远镜的光学特性是完美的，并且在真空环境下工作，其分辨率所能达到的能力同样有下限。此下限与图 9.1 中的距离 s 有关。如果距离 s 太小，两张图像将互相重叠，导致无法分辨。

为了获得光学系统能达到的最佳效果，焦平面上图像的空间分辨率必须尽可能高。这意味着焦平面上两个光源间的距离 s 必须能保证足以发现两个光源。

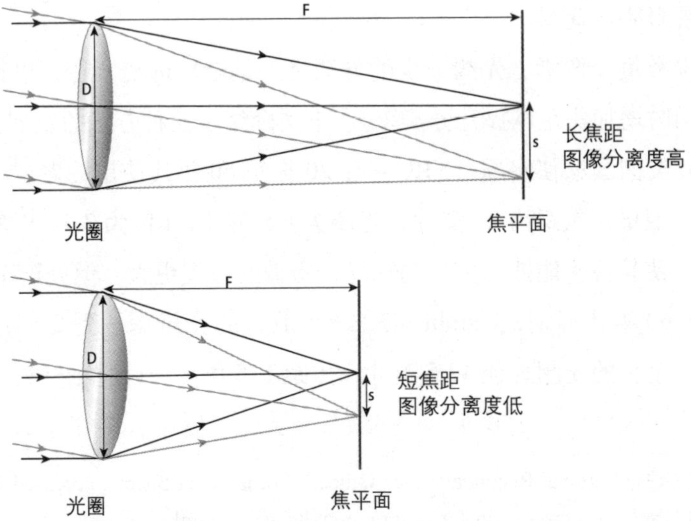

图 9.1 光学传感器元件

为保证s尽可能大，光学传感器的焦距比（focal ratio）必须足够大，焦距比就是摄影师所说的**f值**。它表示望远镜的焦距和其光圈直径的比值，即f = F/D。图9.1阐明了此概念。焦平面远离镜头，焦距F随之增加，距离s随之增大。f值越大，图像分离度越高，望远镜的分辨率越好。

想要获得更好的分辨率是要付出代价的。f值更大后，虽然分辨率提高了（图像质量更高），但单个像素上接收到的光线减少了。f值为f16的摄像机，其图像质量好于f2的，但单个像素上接收到的光线仅为f2摄像机的1/64。使用过胶片相机可变焦距镜头的人或许有过体会，当镜头拉近时，图像变暗，而f值增加。（数码相机几乎不会出现该效应，因为数码相机的电子元件可以对减少的光线进行补偿。）

增加焦距的同时也会令视野缩小。望远镜能够更加清晰地分辨目标，但在所有距离下能覆盖的视野范围也相应缩小。图9.2阐明了这种限制。为了帮助理解，想象你通过直径1英寸、长1英寸的纸筒（f=1）观看一个场景。你能够看到一场景中的很大一部分。现在将纸筒更换成直径1英寸，但长度为20英寸的纸筒（f=20）。你能看到的场景内容就会少很多，因为视野明显变窄。

弥补每个像素上光线减少的方法之一是增加透镜直径，以接收更多光线（同时增加焦距以提升分辨率）。下文介绍了这种方法的发展史：

- 美国国家侦察局（NRO）在20世纪60年代使用的老式“科罗纳”卫星，焦距为24英寸，光圈为6.8英寸，f值为3.5。[1] 较小的焦距使其镜头能拥有更广的视场，覆盖的范围更大，但分辨率很低。
- 60年代后期，Gambit（KH-8）卫星的分辨率达到2英尺以下，其镜头的光圈直径43.5英寸，焦距175英寸，f值为4.09。[2]

---

[1] 原注：National Reconnaissance Office, “Corona Fact Sheet,” accessed 14 September 2012 at http://www.nro.gov/history/csnr/corona/factsheet.html.

[2] 原注：National Reconnaissance Office, “Gambit 3（KH-8）Fact Sheet,” accessed 14 September 2012 at http://www.nro.gov/history/csnr/gambhex/Docs/GAM_3_Fact_sheet.pdf.

- 70 年代和 80 年代使用的 Hexagon（KH-9）卫星的分辨率无法与 KH-8 抗衡，其镜头光圈直径 20 英寸，焦距 60 英寸，f 值等于 3.0，最大分辨率为 2 到 3 英尺。但其能覆盖的范围比 KH-8 更大。[1]
- 地球之眼 1 号卫星（GeoEye-1，2007 年发射）的光学传感器焦距为 13.3 米，而光圈直径为 1.1 米，f 值（F/D）高达 12。[2] 长焦距使其拥有更好的分辨率，但视场范围非常狭窄，其图像能覆盖的区域也相对很小。

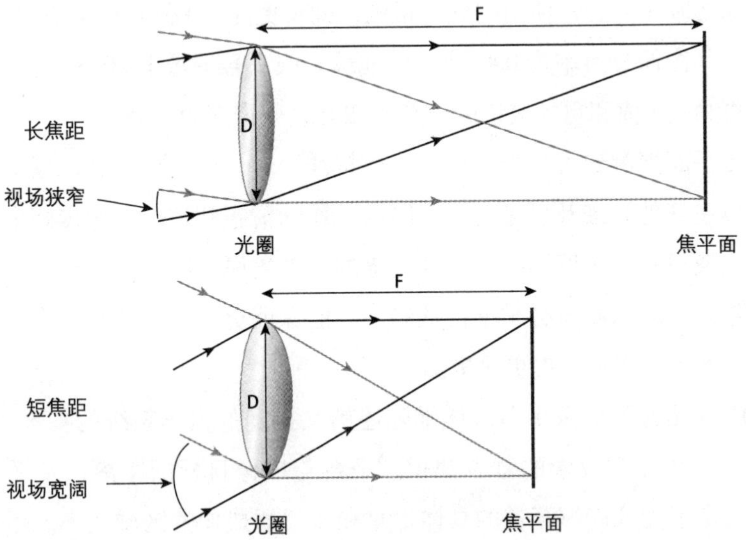

图 9.2　焦距对视场的影响

补偿每个像素上光线减少的另一个方法是，提高探测器的灵敏度。老

[1]　原注：National Reconnaissance Office, “Hexagon（KH-9）Fact Sheet,” accessed 14 September 2012 at http://www.nro.gov/history/csnr/gambhex/Docs/Hex_fact_sheet.pdf.

[2]　原注：Satellite Imaging Corporation, “GeoEye-1 Satellite Sensor,” accessed 14 September 2012 at http://www.satimagingcorp.com/satellite-sensors/geoeye-1.html.

式照相机的感应组件是感光胶片。如果需要高分辨率或需要在低光照度下工作，会使用灵敏度更高的高速胶卷（high-speed film）；其 f 值更高，拍摄的图像质量更好。在现代照相机和情报搜集用传感器中，使用的探测器是一个小型感光固态设备的扁平矩阵，称为“焦平面阵列”（得名原因是它被置于望远镜光学系统聚焦入射光能量的地方——图 9.1 中提到的焦平面）。大多数这类传感器使用电荷耦合器件（CCD）作为焦平面阵列。当前使用的 CCD 比最好的高速胶卷的灵敏度更高。比如，美国国家侦察局的“科罗纳”卫星镜头使用了高速胶卷，其图像分辨率为 8 到 10 英尺。[1] 而地球之眼 1 号卫星使用的数码相机，拥有更高的 f 值和更灵敏的 CCD 探测器，其图像分辨率为 0.41 米。[2] 地球之眼 2 号卫星于 2013 年完成制造，拥有更高的 f 值和更加灵敏的传感探测器，分辨率为 0.34 米。[3]

焦平面探测到可见光时，不需要特殊冷却。此类设备制造成本相对较低。但在红外光谱及可见光谱范围内工作的情报和地球资源传感中，越来越多地使用光学传感器。在红外光谱的低频谱段（波长更长）工作时，焦平面阵列上的探测器必须维持低温，才能保证更高的灵敏度。冷却后的焦平面阵列更难实现，也更昂贵。

成像几何和成像平台。详细陈述前文提到的光学系统的基本内容后，本节将讲述光学成像的基本知识。平台与成像目标的距离，及平台的类型，决定了图像能够涵盖的具体信息和传感器成像的区域大小。距离目标远的传感器，往往能覆盖更大区域，但离目标相对近的传感器则无法提供更多信息。图 9.3（彩色效果见书前插页对应图片）列举了情报搜集卫星的能视域（field of regard）极限。能视域是搜集平台通过调整传感器方向

---

[1] 原注：National Reconnaissance Office, “Corona Fact Sheet,” accessed 14 September 2012 at http://www.nro.gov/history/csnr/corona/factsheet.html.

[2] 原注：Satellite Imaging Corporation, “GeoEye-1 Satellite Sensor,” accessed 14 September 2012 at http://www.satimagingcorp.com/satellite-sensors/geoeye-1.html.

[3] 原注：Satellite Imaging Corporation, “About GeoEye-2,” accessed 29 September 2012 at http://launch.geoeye.com/LaunchSite/about/Default.aspx.

能够拍摄到的总区域。

同样的传感器在情报搜集卫星（如美国国家侦察局的 Gambit 或 Hexagon 卫星，及以色列的 Ofeq 卫星）[1] 与在飞机上能拍摄到的区域，存在根本的不同。卫星能拍摄到地球表面很大区域，而飞机能拍到的区域小得多。情报搜集卫星在某一特定时刻，有可能观测到整个省份甚至整个国家，但其传感器无法区分细节。相比之下，当无人机以较低高度在某设施上空飞行时，安装在无人机上的摄像头能够识别汽车牌照，或识别出具体行人。但较低的飞行高度也限制了能视域，所以摄像头只能拍摄到设施周围的极近区域。

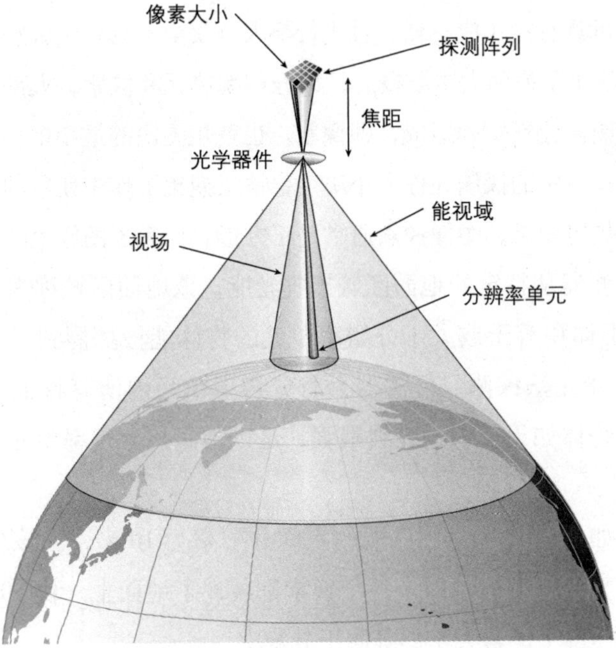

图 9.3　传感器视场和能视域

[1]　原注：法国和以色列分别承认 SPOT 和 Ofeq 都是情报搜集卫星，参见 http://www.spotimage.fr/web/en/1803-defence-intelligence-security.php 和 http://www.haaretz.com/hasen/spages/869771.html，2012 年 9 月 22 日访问。

图像中能够识别的细节，取决于传感器的空间分辨率（能够探测到的最小特征的大小）。无源传感器的空间分辨率部分取决于传感器的视场（雷达传感器作为特例将在后文讨论）。视场是传感器的角锥形可见区域，以度为单位，如图 9.3 所示。它决定了在某一时刻传感器位于某一高度时，所能探测到的表面区域。探测到的区域大小由视场和地表到传感器的距离决定——传感器距离地表越远，探测到的区域越大。

飞机作为光学成像平台，具有能接近目标以获得更高分辨率的优势。但飞机必须飞过敌方领空，易被攻击。因此，光学成像飞机通常会被设计成要么高空飞行（如 U-2）以躲避防空系统，要么低空飞行以避免被大多数雷达探测到，而不论飞得高低，飞行速度最好都很快。成像飞机大多已被无人机取代，无人机具有操作成本低，且飞行员人身安全不会受到威胁的优势。

图 9.3 阐明了另两大重要概念，即分辨率单元和像素。大部分遥感图像都是由大量图像元素矩阵组成，即像素，也就是图像的最小单位。数码相机中，像素由镜头中的探测元件大小决定，情报搜集工作中使用的大部分光电传感器都是数码相机。图像像素通常是正方形，代表了图像上的某个区域。

每个探测器从特定的地面区域接收光能，该地面区域称为“分辨率单元”。地面上体积等于或大于分辨率单元的物体能被探测到。小于探测单元的物体可能无法探测。探测器会将分辨率单元内所有特征的亮度平均化。较小的物体如果反射的光线很强，足以占满该分辨率单元时，也能够被探测到。

例如，如果空载光学传感器的空间分辨率为 10 米，当该传感器显示的图像以完整分辨率显示时，每个像素都展现了地面上一块 10 米 × 10 米的区域。这样每个像素大小即等同于分辨率。

所以，像素大小和分辨率是对应的，相机的分辨率不可能优于像素大小。但是，像素大小与分辨率不同时，也有可能显示出图像。虽然传感器搜集图像的初始空间分辨率保持不变，但卫星拍摄的地球图像，其像素通常都对应一大片区域。

黑白相机呈现的是像素中可见光的强度，彩色相机同时能展现像素中可见光波长的一些信息，但却无法衡量出不同波长的强度。

成像传感器（Imaging Sensor）。被用于从飞行器对地球表面进行成像的情报搜集传感器有三种：无人机载传感器、高空探测气球传感器和星载传感器。图 9.4 展示了三种类型传感器的对比。后文将讲述它们的使用。

a. **交叉扫描仪**（Cross-Track Scanner）。也称为"光机扫描仪"或"摆扫扫描仪"，它使用扫描镜将单个表面分辨元件（即分辨率单元）的图像投射到单个探测器上。交叉扫描仪扫描地球时，沿着与其平台运动垂直方向的轨迹来回扫描，如图 9.4（彩色效果见书前插页对应图片）所示。每条轨迹利用旋转镜从传感器的一侧扫描到另一侧。平台往前移动，通过逐行扫描生成地球表面的二维图像。

瞬时视场（instantaneous field of view，IFOV）是传感器上单个探测器所看到的角度区域（如图 9.3 中的小块黑色区域所示）。

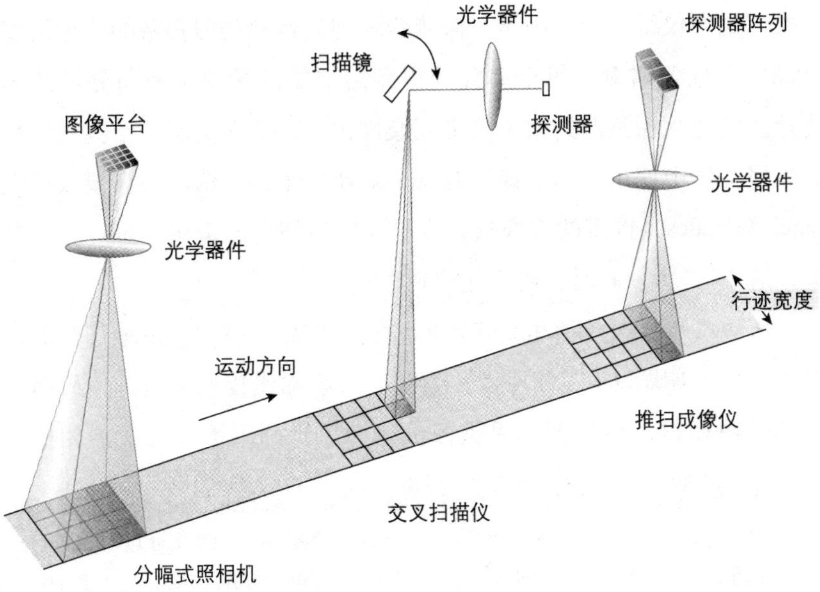

图 9.4　成像系统的分类

传感器的瞬时视场和平台高度决定了拍摄到的地面分辨率单元，进而决定了空间分辨率。角视场由镜子的扫描轨迹决定，以度为单位，该角度决定了成像扫描的行迹宽度。通常机载扫描仪的视场角度大（90 到 120 度）。星载扫描仪因高度优势，只需要很小的视场角度（10 到 20 度）就能覆盖大片区域。从传感器到目标的距离沿着扫描轨迹边缘增加，因此地面分辨率单元也随之变大，图像在边缘变得失真。

交叉扫描仪的设计很简单，相较于下文将介绍的两种而言，能更简便地装载到卫星上，且成本更低。但传感器进行转镜扫描时拍摄到地面分辨率单元的时间（被称为"停留时间"）往往都很短。造成的结果是交叉扫描仪的灵敏度相对低，因此光谱分辨率和强度分辨率也低。

b. **推扫成像仪**（Pushbroom Imager）。一些成像系统不使用扫描镜，而是采用位于图像焦平面的线性探测器阵列，焦平面沿着飞行方向移动，详见图 9.4。平台向前移动，成像仪就能接收到地球上连续的带状光能，生成垂直于飞行方向的二维图像。

推扫成像仪得名的原因是，探测器阵列的运动类似扫帚的刷毛沿着地板推动。在任何时刻，每个单独的探测器都能测量单个地面分辨率单元的能量。因此，探测器的大小决定了像素大小，从而决定了空间系统分辨率。情报工作中使用推扫成像仪的一个最新例子，是法国昴宿星成像卫星（French Pleiades）携带的成像仪。推扫成像仪使得昴宿星卫星的扫描带宽更宽，达 20 千米，同时分辨率能达到 0.5 米。[1]

c. **分幅式照相机**（Framing Camera）。目前在遥感中使用最广泛的是分幅式照相机，如图 9.4 左侧所示。大部分读者都比较熟悉这种传感器，因为大部分照相机，包括智能手机相机和摄像机都属于分幅式照相机。它

[1] 原注：Jean-Luc Lamard, Catherine Gaudin-Delrieu, David Valentini, Christophe Renard, Thierry Tournier, and Jean-Marc Laherrere, "Design of the High Resolution Optical Instrument for the Pleiades HR Earth Observation Satellites," *Proceedings of the 5th International Conference on Space Optics*（Tolouse, France, March 30–April 2, 2004）, 149–156, accessed 22 September 2012 at http://articles.adsabs.harvard.edu//full/2004ESASP.554.149L/0000149.000.html.

使用传统的相机光学元件和位于焦平面的探测器阵列。最初安装在飞机和侦察用航天器上的分幅式照相机使用感光胶片，如“科罗纳”（KH-4）、Gambit（KH-8）和 Hexagon（KH-9），但现在情报工作中使用的几乎所有分幅式照相机都依靠 CCD 传感器阵列。阵列中传感器数量越多，单个传感器的体积越小，图像分辨率越高。但正如前文提到的，这其中也有弊端：传感器小，可接受的光线减少，因此灵敏度会下降。

当前最先进的分幅式照相机是“全球鹰”无人机携带的相机。它配备了一台 10 英寸的反射望远镜，为两台分幅式照相机提供光学组件，这两台相机中的一台在可见光波段工作，另一台在红外波段（3.6—5 微米波长）工作。在最高分辨率状态（称为**“现场搜集模式”**，spot collection mode）下，该相机每天能够拍摄 1900 张照片，帧面尺寸 2 千米 ×2 千米。它能够精准定位目标，径向公算误差（circular error of probability）仅 20 米（即 50% 的目标位置能精确到 20 米以内）。这种相机同样能拥有广域搜索模式（wide area search mode），以较低的分辨率覆盖 10 千米宽的区域。[1]

图 9.4 中显示的每种成像系统都具有明显的优缺点。分幅式照相机能在一张快照中提供覆盖大面积的图像，但却需要技术复杂的小型敏感探测器的平面阵列。交叉扫描仪能使用单个非常简单的探测器，但总体灵敏度很低，因为它在图 9.4 所示的每个单元中的停留时间很少。而推扫成像仪是一个折中的选择，能为每个分辨率单元提供比交叉扫描仪更长的停留时间，但同时结构没有分幅式照相机那么复杂。

分幅式照相机和推扫成像仪或许是当今最常用的成像系统。哪种更适用则取决于任务需求。如果成像系统必须绘制地表非常大的区域，推扫成像仪可能是最好的选择。第 10 章介绍的光谱成像仪，同样更倾向于使用推扫成像仪，因为其使用单独的线性阵列探测器能够适用对应单独的频

[1] 原注：Airforce-technology.com, “RQ-4A/B Global Hawk High-Altitude, Long-Endurance, Unmanned Reconnaissance Aircraft, USA,” accessed 22 September 2012 at http://www.airforce-technology.com/Projects/rq4-global-hawk-uav/.

段。如果成像系统有意对已知目标区域拍摄一系列图像，使用分幅式照相机效果更好，因其灵敏度高，对目标区域拍摄的图像细节会更加清晰。

d. **录像机**。如果需要连续监视一片区域，分幅式照相机能够启用视频模式，同时放弃大面积搜索能力，而监视某个特定区域的动向。很多无人机携带的分幅式照相机工作原理和智能手机相机类似——能够选择拍摄单张照片或让摄像头连续拍摄视频。

在典型的机载视频监视活动中，平台持续监视一片区域，并将数据传输给地面进行实时分析。当下使用的大部分视频监视镜头的视场都很狭小，是为了提高镜头的分辨率。高分辨率有助于更好地识别目标并获得目标的特征。其中的挑战往往是，如何在较长的时间内追踪移动的目标。目标在视野中移动时，有时会被建筑或树木遮挡。因此需在目标再次出现时，重新追踪到目标的动态。这就越来越需要自动化的目标追踪，然后利用目标的特征，在其从隐蔽处出现时，自动重新捕捉到它。[1]

更先进的视频监视设计能够以更高分辨率监视更大的区域。设计理念是使用多个相机，再将单张图像进行光学合并，以获取更广的视场和更高的分辨率。这样的传感器能够在可见光波段和不可见光波段监视，具有不间断监测的能力。一台这样的传感器能够提供连续的实时视频图像，监视区域可覆盖一座小型城市，分辨率足够追踪视场内的 8000 个移动目标。[2]

空间监测。从地球监视空间的光学传感器，与俯视地球的机载和空载传感器功能一样。二者都是用同一种工具：装配有灵敏的光学探测器阵列的望远镜。但用于监视空间情况的望远镜尺寸往往大得多，功能也更强大。其能视域是地平线范围内的半球；视场则由望远镜的设计决定，但往往很狭窄，因其需要具备探测很小目标的能力。

---

[1] 原注：Pablo O. Arambel, Jeffrey Silver, and Matthew Antone, "Signature-Aided Air-to-Ground Video Tracking," *Conference Proceedings of the 9th International Conference on Information Fusion*（Florence, Italy, July 10–13, 2006）.

[2] 原注：Walter, "Surveillance on the Fly."

用于空间传感的光学传感器的受限因素与对地球传感的传感器一样：性能主要取决于光圈的大小。一般来说，较大的光圈能提供更好的性能。但性能的评判标准不同。其中重要的因素是传感器能探测到的目视星等（visual magnitude，m_v）。

目视星等是衡量物体相对亮度的指标。目视星等值越高，物体的亮度越低。最亮恒星的目视星等接近 1。肉眼可见最暗恒星的目视星等为 6。卫星的目视星等变化很大，它们的反射率（reflectivity）变化取决于卫星的可见范围（纵横比）和可见部分的材料。典型的地球同步轨道卫星的目视星等在 11 到 13 之间——大约相当于火星卫星的亮度。地球同步轨道卫星能够被光圈为 0.5 到 1 米内径的望远镜探测到并追踪。

a. **陆基空间监测**。大多数光学传感系统自身没有专用发射器。它们往往借用太阳作为发射器（这或许是光学传感器和雷达传感器对卫星工作时的唯一显著区别）。借助太阳作为发射器，光学系统能够在更短波长的可见光下工作，但同时也意味着系统要依靠良好的照明和气候条件。在探测和追踪卫星时，光学站必须满足两大条件：

- 第一，太阳光照射目标时，地面站往往需要在黑暗中（明暗界线状态前文已经描述）。但低地球轨道卫星可能有几乎一半的轨道在地球的阴影中，意味着只能在处于明暗界线状态，于日出前和日落后的几个小时对其进行光学追踪。低地球轨道卫星一日内或许会多次飞过光学站上空，但能够进行光学追踪的机会可能几天才出现一次。对某些特定卫星，比如太阳同步轨道卫星，适合的光照条件可能几个月才出现一次。高椭圆轨道卫星和地球同步轨道卫星在夜间大部分时间仍旧被太阳光照射到，是更易于追踪的目标。
- 第二，地面站需要良好的大气条件。光学传感器不能在恶劣天气下工作，这是一大局限。云、雾、霾会严重削弱光学系统的工作能力，但同样的天气对雷达系统影响很小。最佳的观测位置，往往位于高海拔地区，天空无云且夜色深沉。不受大气不利因素影响和光污染较少的地理位置也是适合的。

虽然处于明暗界线状态对光学传感来说是最优条件，但在白天进行无源遥感也是可以的。低地球轨道卫星曾在白天被人用可见光过滤器（visible light filter）和窄视场的光学传感系统追踪过。过滤器只能让特定波长的光通过，并反射其他光线，大幅减少了来自卫星以外光源的光线。在太空冷色背景下观察卫星的红外特征也被用于在白天追踪卫星。

光学追踪系统很少用于追踪低地球轨道卫星，因为高椭圆轨道卫星的速度限制了光学传感器的监测时间。但会被用来追踪地球同步轨道或高椭圆轨道上的空间物体，在良好的光照条件下，这些轨道能让传感器有更长的监测时间。

美国用于获取空间物体踪迹的主要地面光学传感器是陆基光电深空监视系统（ground-based electro-optical deep space surveillance，GEODSS）。陆基光电深空监视系统传感器是一种使用低光电视摄像机的电子增强型望远镜。传感器的数据可以存储在本地进行分析，若有必要也能几乎实时地传输到空间监测中心（Space Surveillance Center）分析。传感器提供的追踪足够精确，足以用来维护空间目标编目，地球同步轨道卫星也包括在内。这种传感器只能在天气晴朗的夜间工作。

每座陆基光电深空监视系统基站都有三台望远镜，每台面向天空的不同区域。当卫星穿过天空时，望远镜能迅速拍摄电子快照，在操作员控制台显示出微小的轨迹。计算机分析这些轨迹，利用数据推算出当前卫星在其轨道上所处的位置。恒星在图像上是固定的，被用作三台望远镜的参照点或校准点。这三座陆基光电深空监视系统基站分别位于新墨西哥州的索科罗，印度洋的迪戈加西亚岛（见图 9.5），以及夏威夷的毛伊岛。[1] 毛伊岛陆基光电深空监视系统基站是毛伊岛空间监测系统的一部分，在第 8 章简单介绍过。

---

[1] 原注：USAF, “Ground-Based Electro-optical Deep Space Surveillance,” Fact Sheet, accessed 22 September 2012 at http://www.af.mil/information/factsheets/fact-sheet.asp?id=170.

图 9.5 迪戈加西亚岛陆基光电深空监视系统基站[1]

b. **天基空间监测**。虽然对卫星的光学追踪和成像大多是从地面站点进行的，但现在的趋势是利用天基光学监测来监控空间目标。天基空间监测有几大优势，首先是能消除天气和大气的影响，太阳照射到目标卫星的机会也更多，并且可以在近距离拍摄分辨率更高的图像。

可以在空间追踪并拍摄卫星和再入飞行器（reentry vehicle）的图像。例如美国空军的天基可见光传感器就被设计成能追踪两种飞行器。其传感器套件包括一个 300 到 900 微米波段的可见光传感器，以及能探测长波红外波段和紫外波段工作的传感器。[2] 在红外区域的搜索比较容易进行（没有大气窗口 [atmospheric window] 的问题）。

天基空间监测的挑战是，选择正确的轨道望远镜和正确的目标搜索领域。因为望远镜的视场相对较小，在广阔区域内搜寻低地球轨道、中地球轨道和高椭圆轨道卫星难度较大。使用视场更宽的望远镜能更容易搜寻并

---

[1] 原注：USAF Photo, accessed 25 September 2012 at http://www.af.mil/shared/media/photodb/photos/060501-F-0000S-003.jpg.

[2] 原注：Jayant Sharma, Grant H. Stokes, Curt von Braun, George Zollinger, and Andrew J. Wiseman, "Toward Operational Space-Based Space Surveillance," *Lincoln Laboratory Journal*, Vol. 13, No. 2（2002）, 309–334.

追踪目标。然而，在宽视场中，望远镜的追踪精度大大降低。这个问题有几种解决方案。一种是在大型窄视场望远镜上增加一台宽视场小型搜寻望远镜。另一种是使用独立的追踪望远镜。地球同步轨道卫星的运行区域受到的约束更多，因此可以用窄视场望远镜搜寻地球同步轨道卫星。[1]

有时，成像卫星会飞到另一颗卫星附近，以获取高分辨率图像。这种技术被称为“**卫星对卫星成像**”或“**卫星方阵成像**”（sat-squared imaging）。[2] 图 9.6（彩色效果见书前插页对应图片）阐明了这种成像的良好效果。2012 年 4 月 15 日，法国空间局 CNES 使用昴宿星地球观测卫星拍摄了欧洲空间局环境卫星（Envisat satellite）的图像。在大约 100 千米的距离上，欧洲环境卫星的主体、太阳能电池板和雷达天线在照片中都清晰可见。[3]

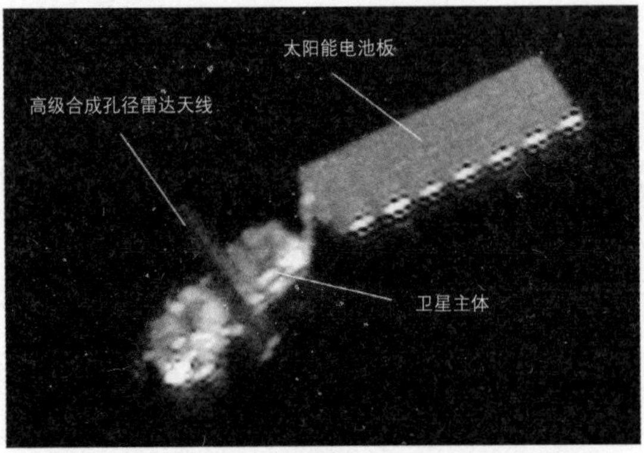

图 9.6　卫星对卫星图像下的欧洲环境卫星

感谢 Space.com 提供的欧洲环境卫星图片。

---

[1]　原注：Estrella Olmedo, Noelia Sanchez-Ortiz, and Mercedes Ramos-Lerate, “Orbits and Pointing Strategies for Space Based Telescopes Into an European Space Surveillance System,” Proceedings of the 5th European Conference on Space Debris（April 2009）.

[2]　原注：FAS Space Policy Project, accessed 22 September 2012 at www.fas.org/spp/military/program/track/index.html.

[3]　原注：Tariq Malik, “Huge, Mysteriously Silent Satellite Spotted by Another Spacecraft,” *Space.com*（April 20, 2012）, accessed 26 September 2012 at http://www.space.com/15369-mysteriously-silent-envisat-satellite-space-photos.html.

处理

如今，大多数遥感数据都是以数字格式记录的。因此，几乎所有的图像判读和分析都需要进行数字处理。数字图像处理通常需要对数据进行格式化和校正，进行数字增强以允许进行更好的视觉判读，有时还需要对目标和特征进行自动归类——这一切全部由计算机完成。为了以数字方式处理遥感图像，必须以适当的数字形式记录数据。市面上已经有几种商业软件系统，专门用于这种图像处理和分析。

为了获取可用于情报工作的图像，处理系统至少要具备两大功能：预处理和图像增强。

预处理（preprocessing）包括在提取具有情报价值的信息前，对图像进行辐射校正或几何校正。

- 辐射校正包含校正传感器异常的数据，消除不需要的传感内容或大气噪声，确保图像能准确响应传感器接收的光能。
- 几何校正包含校正传感器从垂直方向不同角度监测时产生的几何变形，接着将目标位置转换为地球表面的实际坐标（经度和纬度）。

图像增强能改善图像的外观，有助于目视判读和分析阶段。这个功能很像数码相机的去红眼或去模糊功能。经常用于辅助判读图像的图像增强手段有三种，即反差增强、空间滤波和边缘增强。

- 反差增强包含增强图像中各种特征的对比，使这些特征更加突出。
- 空间滤波用于增强（或抑制）图像中特定的空间特征，以增强有情报价值的部分，并消除图像中没有情报意义的部分。例如，我们可以将一个大城市中的所有建筑物都进行灰度处理，只留下有情报价值的建筑物，这样就能让这座建筑物在其他建筑中突显出来。
- 边缘增强经常被用于情报图像处理。对图像分析人员有意义的特征，往往具有自然特征所缺乏的锐利且平直的边缘，边缘增强能突显这些特征。[1]

图像增强功能就像是利用 Photoshop 编辑一张面部照片，但目的与之相反：不是为了消除皱纹和瑕疵，而是为了让这些细节更加突显，从而便于分析。

图像利用和分析

处理完图像后，将其转换为情报的下一步就是图像利用。这种转换由训练有素的专家完成，他们过去被称为“照片判读人员”。数字图像的出现和日益复杂的利用过程导致这些专家的名字也有了变化。他们现在通常被称为“图像分析人员”，在美国被称为“地理空间情报分析人员”。

地球每个区域的图像都包含许多不同的特征。图像分析常常依赖于在图像中识别独特的特征。比如，大多数液化天然气油轮在甲板上都有储气圆顶罐，这是识别油轮的独特特征。很多设施，如核电站必须拥有某些功能，因此都具有特殊的特征——比如反应堆冷却装置。有经验的图像分析人员能迅速识别这些特征。

特征被识别和鉴定后，图像分析人员会使用几种专门的特殊技术将其转换成情报。举个简单的例子，1956 年苏伊士运河危机时，国家照片判读中心（National Photographic Interpretation Center，NPIC）开发了一项被称为“帐篷学”（tentology）的技术——清点塞浦路斯地面的帐篷数量，并乘以每顶帐篷的人员数量，就得出了英军驻扎在塞浦路斯的总人数。[2]

---

[1] 原注：Helen Anderson, “Edge Detection for Object Recognition in Aerial Photographs,” University of Pennsylvania Department of Computer and Information Science Technical Report No. MS-CIS-87-14, 1987, accessed 22 September 2012 at http://repository.upenn.edu/cgi/viewcontent.cgi?article=1634&context=cis_reports.

[2] 原注：Dino Brugioni, *Eyeball to Eyeball: The Inside Story of the Cuban Missile Crisis* (New York: Random House, 1990), 33.

建造于 1984 年的利比亚拉巴特化学武器工厂的历史也是一个例子，可以说明图像利用和分析如何在实践中发挥作用。这座工厂在第 4 章简单提到过。

> 根据美国技术评估办公室发布的一份报告，利比亚政府坚称拉巴特设施是一座制药厂，即 150 制药厂。但该设施按照制药业的标准来说过于庞大，周围被高高的栅栏和 40 英尺的沙堤环绕——相较于普通化学工厂，这里戒备似乎太过森严。由于生产设施完全封闭在一个类似仓库的建筑内，高空摄影完全无法拍摄到内部的加工设备，但该厂超大的空气过滤系统表明这里生产的是有毒化学品。
>
> 但到 1988 年 8 月，美国中情局才搜集了更多确凿证据，证明拉巴特工厂参与制造化学武器。在对生产流程进行部分测试后，剧毒废物被转移到工厂外处理时，发生了意外泄漏。泄露产生的烟云杀死了工厂周边一群沙漠野狗。野狗的尸体被卫星探测到，表明该工厂在生产化学武器。[1]

图像分析工作也要应对拒止与欺骗的问题，随着越来越多的国家将成像卫星送入轨道，这种问题也在增加。拉巴特工厂随后企图通过欺骗蒙混过关就是其中一例。据技术评估办公室的报告显示，拉巴特工厂在 1990 年 3 月 13 日毁于大火。但法国 SPOT 1 号卫星在 3 月 18 日拍到该设施完好无损。利比亚人为了达到欺骗高空成像的效果，在建筑物屋顶绘制了大火烧焦的痕迹，并烧毁了几卡车的旧轮胎，以制造火灾的黑烟。利比亚还向该地区派出救护车，来增加欺骗的可信度。[2]

---

[1] 原注：U.S. Congress, *Technologies Underlying Weapons of Mass Destruction*, OTA-BfP-ISC-115（Washington, DC: U.S. Government Printing Office, December 1993）, 42–43.

[2] 原注：U.S. Congress, *Technologies Underlying Weapons of Mass Destruction*, OTA-BfP-ISC-115（Washington, DC: U.S. Government Printing Office, December 1993）, 44.

立体图像（Stereoscopic Imagery）。图像分析的另一个有价值的工具就是立体图像。航空摄影应用在情报领域后不久，业内迅速意识到，与传统摄影提供的二维图像相比，图像分析人员可以从三维（3D）图像中获得更多有用的细节。要在图像中创造出三维景深的视效，则需要使用立体摄像机拍摄的立体图像——从两个略微不同角度对同一个场景拍照的组合。在短距离拍摄时，可通过双镜头相机完成。而在航空或卫星摄影中，立体图像则通过以适当的间距对同一片区域拍摄两张图像来制作，被称为“立体像对”（stereo pair）。角度略有不同的两张图像可以模拟立体视觉。一张图像可模拟左眼看到的画面，另一张则模拟右眼看到的画面。立体图像能够有效显示给定景观的物理、生物以及文化要素的分布。自然和人工特征都有不同的识别标志，在三维图像中要比二维图像中更容易辨别。

二战期间，许多国家开始在空中侦察时使用立体摄影机，以获得三维图像。伪装的武器和建筑在传统的航空照片中很难看清，但航空立体摄影使军事人员能够看穿伪装，识别出只有立体视觉才能显示的隐藏特征。Gambit（KH-8）卫星就具备立体成像功能。[1]

要想呈现出单张三维图像，两张立体照片需要并列摆放在一起，并通过**立体视镜**（stereoscope）来观察，这种设备能够让左边图像呈现在观察者左眼中，右边图像呈现在观察者右眼中。立体视镜由两个镜头组成，可以沿着滑杆调整到与观看者眼睛一样的距离，镜头被放置在一个凸起的支架上，支架位于立体视镜中心区域上方约 6 英寸处。大脑分别接收两张图像，并将其整合成一张三维图像。现代数字图像和信号处理很大程度上取代了立体视镜；如今大部分立体图像都是通过电子手段制作和呈现的。

图像判读分级标准。图像中特征的价值很大程度上依赖于图像的质量。图像分析人员依靠某种类型图像判读分级标准，来评判图像对识别特

---

[1] 原注：National Reconnaissance Office, “Gambit 3（KH-8）Fact Sheet,” accessed 14 September 2012 at http://www.nro.gov/history/csnr/gambhex/Docs/GAM_3_Fact_sheet.pdf.

殊特征和模式有多大作用。

美国情报界几十年来一直使用**国家图像判读度分级标准**（National Imagery Interpretability Rating Scale，NIIRS）来量化图像的判读度或有效性。NIIRS 旨在为图像质量提供一个客观的标准，图像质量对图像分析人员和光学工程师的意义可能不同。在实践中，图像分析人员发现，简单的物理图像质量指标，例如图像大小或分辨率，无法充分预测图像的判读度。他们使用了更复杂的指标进行评判，但太过于混乱无法顺利使用。相比之下，NIIRS 分级标准能够有效地对图像中可提取出的信息做简短的描述。表 9.1 是美国图像分级，即 NIIRS 分级标准的概要版本。[1]

对特定的光学系统而言，距离目标越近，NIIRS 值越高。为了阐明典型的 NIIRS 性能，“全球鹰”无人机在广域搜索模式下，在其正常工作高度可以提供 NIIRS 6 级的可见光图像。同一高度的红外传感器可以提供 NIIRS 5 级的图像。[2]

分析范例：“阿拉伯之春”运动。大部分地球图像情报都来自政府系统。不过，情报机构越来越多地使用诸如地球之眼等商业卫星的图像。[3] 这种图像的质量已经提高到对情报非常有用的程度，而不仅仅是对政府有用。非政府组织、公司实体，甚至公民个人都可以利用它来提供有用的情报，下面的例子就阐明了这一点。

2011 年 2 月起，随着“阿拉伯之春”运动的开始，中东和北非的许多地区都发生了动乱。“阿拉伯之春”始于突尼斯，并从那里蔓延开来。利

---

[1] 原注：John M. Irvine, “National Imagery Interpretability Rating Scale（NIIRS）: Overview and Methodology,” in Wallace G. Fishell, ed., *Proceedings of SPIE,* 3128, *Airborne Reconnaissance XXI*（November 21, 1997）, 93–103.

[2] 原注：Rand Corporation, “Exploring Advanced Technologies for the Future Combat Systems Program,” Chapter 2（2002）, accessed 22 September 2012 at http://www.rand.org/content/dam/rand/pubs/monograph_reports/MR1332/MR1332.ch2.pdf.

[3] 原注：Richard A. Best Jr., “Imagery Intelligence: Issues for Congress,” *CRS Report for Congress: 20*（April 12, 2002）.

表 9.1　NIIRS分级标准描述

等级	描述和范例
0	图像因模糊、退化或分辨率极差而没有可判读性。
1	能分辨中型港口设施或区分大型机场的滑行道和跑道。
2	能分辨机场大型机库或大型建筑（如医院，工厂和仓库）。
3	能识别大型飞机机翼形状（如平直翼，前[后]掠翼或三角翼）。能区分大型水面舰艇的类型（如巡洋舰、辅助船、非战斗型或商用船只）。分辨列车或铁轨上的所有载具（不是单独某辆车）。
4	区分大型战斗机类型。监测打开的导弹发射井闸门。识别各条轨道、铁路对、控制塔和火车站转接点。
5	通过区分加油设备来区分飞机（如基座和机翼吊舱）。识别雷达是车载式还是拖车式。识别舰船上的空中监视雷达。识别轨道车的类型（如缆车、平板车或车厢）或机车的类别（如蒸汽机车或柴油机车）。
6	区分小型或中型直升机的类别。识别中型卡车上的备用轮胎。识别汽车是轿车还是旅行车。
7	识别战斗机大小飞机的配件和整流罩。能分辨发射筒仓和发射控制筒仓的闸门铰接机器的细节。识别单个铁路轨枕。
8	识别轰炸机上的铆钉线。识别手持式地对空导弹。能分辨甲板起重机的绞车电缆。识别汽车的风挡雨刷。
9	识别飞机面板紧固件上单槽头的十字槽。识别汽车的车牌号码。识别导弹部件上的螺钉和螺栓。识别铁路轨枕上的单个道钉。

比亚掀起了反对卡扎菲的起义并广受支持，而随后的冲突造成大量利比亚人逃离家园。

图 9.7（彩色效果见书前插页对应图片）是地球之眼卫星图像，拍摄的是位于利比亚和邻国突尼斯边境的拉斯亚杰迪尔（Ras Ajdir）。该图像拍摄于 2011 年 3 月 3 日。图像反映出，必须应对难民危机的政府和非政府组织所需要的情报。美国 IHS 简氏图像分析人员的结论是，无数人已经流离失所。利比亚难民聚集在边境突尼斯境内露天营地或临时营地。在利比亚境内，分析人员注意到穿越边境的交通已经停止，并设立了关卡以控制

或阻拦交通。[1] 随着冲突持续并波及其他国家，地球之眼公司和其他商业图像公司提供了宝贵的非涉密情报，为联合国讨论、制定跨国政策和军事计划以及非政府组织救援所使用。

图 9.7　2011 年突尼斯境内流离失所的利比亚人

由地球之眼公司拍摄的卫星图像，经过 IHS 简氏分析人员分析。

遗憾的是，图像利用和分析仍然是图像领域的瓶颈。图像处理很大程度上可以自动化。但图像利用不行。它需要图像分析人员集中精神检查图像，并结合背景来进行分析。对于支持正在进行中军事行动的图像来说，这个问题尤其严重。在 2010 年的一份报告中，美国政府问责局（Government Accountability Office，GAO）告知国会，搜集图像情报的能力已经超越了美国向地面站传递数据的能力，导致图像分析人员无暇顾

[1]　原注：GeoEye, "Analysis Report: Activity on the Libyan/Tunisia Border Using GeoEye-1Imagery," Image taken on 3 March 2011, accessed 1 October 2012 at http://www.geoeye.com/CorpSite/assets/docs/gallery/Libya_Border_GeoEye_Imagery_IHS_Janes_Analysis_Mar2011.pdf.

及。无人机图像情报搜集行动中的此类问题更加严重，美国政府问责局指出，“捕食者”无人机搜集的图像只有近一半得到利用和观察：

> 在处理、利用、传输大量来自情报、监视和侦察系统的数据方面，军方和国防机构面临着长期挑战。这些系统包括载人和无人飞行器、空载系统、海上系统和陆地系统等，它们都在支持目前军事行动中发挥了关键作用。[1]

空间监测处理和利用。此前我们讨论过，空间监测有三大任务：发现轨道上的新卫星，维持并更新所有卫星的轨道信息，以及识别卫星的任务。我们会按顺序来阐述每种任务的处理和利用。

a. **发现轨道上的新卫星**。有时光学系统必须搜索探测新的卫星，并重新追踪跟丢的卫星。对卫星的光学追踪使用望远镜传动器进行。传动器会带动望远镜以与恒星同步的速率运动。这样就能确保遥远的恒星处于视场中的固定位置。随着望远镜缓缓移动，它的相机将对视场快速拍摄电子快照。恒星在图像中的位置不变，能够被电子擦除。而因为位置发生了变动，卫星的移动将会在控制台屏幕上以小轨迹的形式出现。在处理过程中，计算机会测量这些轨迹，根据数据来确认位置，并计算出卫星的轨道。[2]

搜寻地球同步轨道卫星或者高椭圆轨道远地点附近的卫星需要不同的手段，因为这些轨道上的卫星移动很缓慢。通常会采用排除法。恒星编目可用来统计视场中的恒星，空间目标编目则用于统计已知的卫星，不在其中的就是新卫星或移动的卫星。另一种探测地球同步轨道卫星的手段是关

[1] 原注：Anthony L. Kimery, “IMINT Processing Problems Impact War on Terror,” *HSToday*（April 26, 2010）, accessed 22 September 2012 at http://www.hstoday.us/blogs/the-kimery-report/blog/imint-processing-problems-impact-war-on-terror/4961ddab3a70e6883667bafe91fc0c0d.html.

[2] 原注：FAS Space Policy Project, accessed 22 September 2012 at www.fas.org/spp/military/program/track/geodss.htm.

掉望远镜传动器。然后，地球同步轨道卫星或残骸看起来就是一个点，而恒星会呈现出一条条的轨迹。

b. **获取卫星的轨道参数**。为了保持对卫星的追踪并推测其未来的位置，需要知晓轨道参数，即轨道的元素或轨道的元素集。这些是通过追踪卫星来确定的。对卫星进行角度追踪的一种方法是，在卫星轨道上各点的恒星中测量卫星的位置。因为参照物恒星的位置是已知的，就能计算出卫星的角度和轨道。搜寻的过程与此类似，通过望远镜的同步移动，使恒星位置相对静止，并将卫星出现的时间和位置与已知恒星对比，确定卫星的位置。或者，也可以通过移动望远镜追踪非常暗淡的对象，这样追踪对象在探测器中的位置相对固定。长时间曝光能让探测器收集到额外的光。但问题是，必须事先知道目标卫星的轨迹，才能使望远镜追随卫星的轨迹运动。

我们想要在角度和距离上追踪卫星。无源光学系统可以进行角度追踪，但不能像雷达那样直接测量目标的距离。雷达系统测量超声波到目标的往返传输时间，以测算距离。单个光学系统使用太阳光作为照明，无法判断光波发出的时间，自然也无法测算距离。但光学系统网络却可以测算距离，使用的是射频系统中到达角测量方法，详见第 13 章。如果几个地面站同时追踪目标，对该物体进行三角测量就能计算出它的距离。

有源光学系统也可用于测算距离。激光既可用来照明，又可作为雷达发射器。激光测距仪（laser range-finder）使用激光束测量距离，原理与雷达使用无线电波测量信号往返传输时间来测算距离的方式相同。

c. **目标识别**。空间目标识别（space object identification，SOI）需要一系列特殊的处理技术。光学 SOI 系统既可以是无源的，也可以是有源的。无源光学 SOI 系统借助太阳光的照明来提供目标的光学特征信息。上文提到的有源光学 SOI 系统，则使用激光照亮目标。激光照明器（laser illuminator）与太阳光相比，有几大优势。第一，激光可用于日间和夜间的任务。第二，激光照明器能利用多普勒特征（Doppler signature）获取对象的旋转速率。第三，激光照明器比无源照明获得的图像质量更高。

最有用的光学空间目标识别技术或许是获得目标的光学图像。美国空军毛伊岛光学基站通过高级光电系统（Advanced Electro-Optical System，AEOS）成像传感器来获得成像能力。AEOS 传感器的光圈直径 3.67 米，是美国用于追踪卫星而设计的最大光学望远镜。望远镜重 75 吨，能够对深空目标进行精准定位和追踪，同时也具有足够快的速度，能够追踪低地球轨道卫星和导弹。其先进的传感器包括自适应光学系统、辐射仪、光谱仪、长波红外成像仪，这些设备能够提供有助于识别目标的各种特征。[1]

图像传输

对传输速度的需求一直以来都影响着可见光图像的传输。图像中的情报很容易过时，在危机或者战术性军事和执法行动中更是如此。上到美国总统，下到其他服务对象，所有的情报用户都希望能够尽快获取图像。

前文曾提到，当图像产品来自摄影胶片时，“最快”也需要几天甚至几星期的传输时间。数字成像的广泛应用，将这个周期大大缩短至几小时甚至几分钟。今天，视频图像能够为所有用户提供实时信息，这也是它吸引人的地方。但一些图像必须经过利用和分析才能提供情报，而人（图像分析人员）的参与意味着传输时间有了更低的下限——可能是几分钟到几小时。

图像的保密是传输过程中会遇到的另一个问题，已经很大程度上得到解决。不少用户（多为执法机构人员或者外籍人士等）没有安全许可。因此，图像的保密性分级必须是最低，最好是非涉密性的。如果获取图像的途径无须保密，这就不是问题。例如，飞机和无人机是广为人知的搜集图像工具，因此其获得的材料能以非保密形式或最多机密级别的形式公布。

---

[1] 原注：USAF, “Air Force Maui Optical and Supercomputing Site（AMOS)” (April 30, 2012), accessed 22 September 2012 at http://www.kirtland.af.mil/library/factsheets/factsheet.asp?id=16930.

商业卫星图像也是非涉密性的。

另一方面，当特殊能力被用于搜集图像或保护图像中的独特特征时，基于迫切的知情需求，需要进行高度的保密，且在非常有限的范围内传递。这意味着庞大的可见光图像用户群体（如外籍合作伙伴）中有一部分将没有权限接触该材料。

图像库。全色图像具有局限性，因为只有进行空间测量（高度、长度、宽度和形状）才可以获得全色图像。但可以通过图像判断明亮程度，因为明亮的物体在图像上显示为白色，而黯淡的物体则会显示为黑色。因此，可以对目标的特征进行粗略归类，但获得的特征数据库则比较粗糙。多年来，这些特征数据库都以所谓的照片判读密钥的形式被编译，里面收集了特定类型的坦克、飞机、船只和建筑的图像。[1] 这种特征数据库被称为“图像分析密钥”。

这种特征库数据集的一个例子就是包装箱外形学（cratology），即通过观察图像得出海运包装箱的功能。包装箱的大小和结构往往能表明其中装载的物体。多年来，图像分析人员总结出了大量数据，范围大到武器箱，小到弹药箱。使用这些数据库，分析人员能够通过计量包装箱的体积，识别出其中装载的是什么弹药或炮弹。[2] 装有工具、转轴的包装箱的突起或类似线索能帮助识别包装箱的具体特征。[3]

包装箱外形学多年来被用于识别军事物资的运输。1962 年古巴导弹危机初期，就有一个包装箱外形学早期成功运用的例子。9 月 28 日，图像分析人员观察到一艘苏联前往古巴的船只甲板上的板条箱，是专门设计用于

[1] 原注：Melissa Kelly, John E. Estes, and Kevin A. Knight, “Image Interpretation Keys for Validation of Global Land-Cover Data Sets,” *Journal of the American Society for Photogrammetry and Remote Sensing*, Vol. 65, No. 9（September 1999）, 1041–1050.

[2] 原注：Thaxter L. Goodell, “Cratology Pays Off,” CIA Center for the Study of Intelligence, *Studies in Intelligence* Vol. 8, No. 4（Fall 1964）, 1–10.

[3] 原注：Dino Brugioni, *Eyeball to Eyeball: The Inside Story of the Cuban Missile Crisis*（New York: Random House, 1990）, 73.

装运 IL-28 中型轰炸机的。有了这份报告，加上有关苏联在古巴部署弹道导弹的报告，美国 10 月派出一架 U-2 飞机，带回了古巴在建的弹道导弹基地照片。[1]

新闻报道称，2006 年 8 月，一颗美国侦察卫星观察到，不少包装箱被装配到德黑兰附近的伊朗运输机上。据称根据包装箱的尺寸，美国情报机构认为被装配到运输机上的，是伊朗 C-802“胜利型”反舰导弹。据新闻报道，这个结论引发了一系列外交行动，阻止了导弹被交付给真主党游击队，而该游击队当时正在黎巴嫩与以色列军队交战。[2]

空间编目。大部分拥有空间监测系统的国家，同时也对空间目标做了编目——目标包含具有情报意义的物体，也包含太空垃圾碎片。这些数据库也有特殊的名字，被称为“空间目标编目”或者“空间编目”。以法国、美国、俄罗斯和欧洲空间局为例，各自都拥有自己的空间编目。如果不及时维护，这些编目很快就会过时。在美国，空间编目的更新由美国空间监测网（Space Surveillance Network）负责。美国空间编目包含约 20000 个目标。

三、结构

地球表面的光学成像工作在组织机构层面是分散的，部分原因是其支持的任务不同，还有部分原因是用户群体的多样性。使用的情报搜集平台不同，也会影响到采用的组织结构。以下是结构化细分的简述。

冷战之前，图像系统的用户中很少有国家级别用户。往往是军用飞机进行侦察飞行并拍摄照片，以支持在战区的军事行动。这种情况在冷战期

[1] 原注：Dino Brugioni, *Eyeball to Eyeball: The Inside Story of the Cuban Missile Crisis*（New York: Random House, 1990）, 73.

[2] 原注：John Diamond, “Trained Eye Can See Right Through Box of Weapons,” *USA Today*,（August 17, 2006）, accessed 22 September 2012 at www.usatoday.com/news/world/2006-08-17-missiles-iran_x.htm.

间发生了变化。第 6 章中提到，由于对苏联等国的战略目标有了国家级别的了解需求，加上 U-2 侦察机情报搜集的敏感特性，推动美国开始集中处理并利用 U-2 侦察机拍摄到的图像。

随着行动所用工具向星载成像系统转移，国家组织机构仍旧专注于处理大面积覆盖和数量庞大的问题。早期的“科罗纳”成像卫星使用胶片相机，图像拍摄后传输回地球需要几天甚至几星期。如此程度的延迟让决策者感到不满，他们经常需要通过实时信息了解全球范围内发生的危机。转用光电传感器后加快了处理过程，并且能将图像直接发送给多名用户。由此引发对有限情报搜集资产的竞争，催生了对中央优先级系统的需求，详见第 18 章。

其他使用成像卫星的国家模仿了美国处理国家需求的中央组织机构模式。满足国家需求的光学图像往往集中在组织机构内，为政策制定者和军方用户提供了所需的大范围图像产品。在美国，美国国家地理空间情报局负责这项工作。

飞机和无人机图像覆盖有时是国家需求，但军方才是这种技术服务的主要用户。军方战术图像支持往往是有机的，即在军事行动战区由空中侦察平台（飞机和无人机）处理。处理和利用中心就位于战区，而图像直接被分发到战区的作战单位。执法部门的组织结构与此类似。

商业公司，如法国 Spot 图像公司运营法国 SPOT（Satellite Pour l'Observation de la Terre）成像卫星，并销售拍摄的图像。美国地球之眼公司则将卫星图像销售给微软、谷歌等公司，同时也销售给美国国家地理空间情报局等政府机构。

从地球表面追踪并识别空间物体的任务（空间物体包括卫星、太空垃圾碎片和弹道导弹再入飞行器），通常由军方承担。美国拥有两大这样的军方组织，分别承担不同的空间传感任务。美国战略司令部麾下的空间监测网负责卫星和太空垃圾碎片的追踪、识别。美国导弹防御局则拥有自己的系统，能够监测并追踪飞行中的弹道导弹。俄罗斯空间监测系统是该国航空航天防御部队的一部分，隶属俄罗斯军方。欧洲有自己的欧洲空间局，同样拥有欧洲空间监测系统。但欧洲各个国家保持着单独的系统，以支持国家需求。法国拥有自己的空间监测系统，德国设立了空间态势感知中心。

四、小结

光学成像系统通常被称作“光电成像系统”，原因是传入的光信号击中探测器阵列，该阵列将光信号转变为电子信号进行传输和存储。光电成像系统能够覆盖地球表面大范围区域，同时具有足够高的空间分辨率，能获得有用的特征并进行图像判读，因此具有吸引力。

出于实用目的，光学传感器往往连接望远镜和摄像机。光学元件将输入的能量集中在焦点。望远镜（或任何光学系统）的两大因素会决定其性能：光圈的大小和焦距的长短。为了分辨不同的目标，有必要使光圈直径和焦距比（f 值）尽可能大。而其中要权衡的是，f 值增大，传感器的视场将减小，灵敏度会降低。

光电成像系统利用位于焦平面的传感器阵列来探测整个视场中的入射光。因此，需要让传感器的体积尽可能小（提高分辨率），同时需要传感器的灵敏度尽可能高（以探测微弱信号）。每个传感器搜集目标区域内某个特定分辨率单元的光能，在生成的图像中形成一个像素。

有三种光电成像系统得到广泛使用。最简单的是交叉扫描仪，使用扫描镜将来自一个分辨率单元的光线聚集到单个传感器上，并扫描视场内所有分辨率单元。它对目标区域内每个部分的扫描时间都很短暂，因此灵敏度很低。推扫成像仪使用线性传感器阵列，随着平台移动，推扫整个目标区域，灵敏度比交叉扫描仪更高。最复杂但使用最频繁的是分幅式照相机，它使用传感器阵列，灵敏度是三种系统中最高的。

为获取有情报价值的图像，系统至少要具备两大功能。第一是图像预处理：辐射校正是为了消除噪声，并准确反映出图像中特征的强度，几何校正则是为了消除图像畸变。第二是图像增强，通过增强对比度和增强边缘等特定空间模式，提高图像的质量，以帮助目视判读和分析。图像处理也可以使用伪色，以显示在不可见光谱中的图像特征。

图像利用和分析依赖于识别图像中独特的特征。其中一个例子是包装箱外形学，即根据包装箱的外形尺寸，来分辨其中装运的物资。立体图像可为图像利用提供帮助，通过从两个不同角度对同一个目标区域进行成像处理，来获得三维图像。

陆基光学传感器使用大型望远镜，往往建在山顶以避免云层阻挡，并减少大气干扰。这些传感器的目标是追踪卫星以确定其轨道，或者识别卫星。通常可以根据独特的特征识别卫星，即结合卫星的轨道、外形和反射特征进行识别。

天基光学传感器能获得卫星的高分辨率图像，有助于识别卫星。因为空间中没有大气干扰，它可以在比地面成像更近的距离上获得图像。

[第 10 章]

辐射成像和光谱成像

如第 9 章所述，我们搜集到的大多数情报图像都是在可见光波段搜集的。但是，在该波段以外的成像，特别是紫外线和红外线成像，可以提供许多可见光波段图像中没有的情报信息。大自然中就有这样的例子。驯鹿可以看到紫外线（见第 7 章），它们的眼睛进化出此种能力是有原因的。紫外线可被地衣、动物毛皮和尿液吸收，但照射在雪上的紫外线会被强烈地反射出去。因此，有了看得见紫外线的眼睛，驯鹿可以看到雪地上的深色区域，找到下一顿食物（地衣），驯鹿还能通过发现狼身上的毛皮以及被狼用尿液标识的领地，避免成为狼的食物。这个例子看似简单，但在情报搜集中，辐射成像和光谱成像的工作是与之相似的。这就是本章探讨的主题。

我们先看一些重要的定义：

- 在情报搜集中，**辐射成像仪**（radiometric imager）有两个作用：它们以辐射计工作的频率（可以是微波、红外光、可见光或紫外波段的某个频率）生成某一场景的图像；测量在该频率或波长下的物体强度或亮度。
- **光谱成像仪**（spectral imager）是一组成像辐射计，每个辐射计工作的波段不一。所以，光谱成像仪是同步创建一个场景的多个图像。

因为测量的光波波长不同，生成的图像也不相同。

举一个简单的例子：假设你连续依次透过红色玻璃、蓝色玻璃和绿色玻璃看同一个场景，你看到的图像是一模一样的，但透过某种颜色的玻璃看物体会比透过另一种颜色的玻璃更加明亮。树木和草地通过绿色玻璃看会显得最亮，而天空会显得更暗；透过蓝色玻璃看时，情况则正好相反。如果你的眼睛透过只让红外线或紫外线通过的玻璃看同一个场景，这些特征也会有不同的亮度。

一、功能

辐射传感和辐射成像用于情报搜集已有几十年的历史，光谱成像与之相比则是一门新技术。随着技术进步，新的情报搜集手段也不断出现。

辐射成像

根据成像仪工作的频率或波长，辐射图像会显示不同的情报特征。在可见光、紫外和近红外波段，成像仪主要依赖来自太阳的反射能量，称之为“反射波段”(reflective band)。在波长较长、频率较低的红外波段，成像仪可测量物体发射的能量强度，称之为“发射波段”(emissive band)。物体越热，发射的能量就越多，发射的最强波波长就越短。例如：

- 辐射成像仪在发射波段侦察和追踪地面车辆、船舶、飞机、卫星和再入飞行器，可以测量目标的热点区域，并获得有关其任务和运行状态的一些迹象。
- 空载红外传感器（spaceborne infrared sensor）一般用来侦察和地理定位爆炸，追踪弹道导弹和空间运载火箭（space launch vehicle）。它既可用于情报搜集，也可提供导弹攻击预警。自 20 世纪 60 年代以来，美国军方开始将国防支援计划（Defense Support Program，DSP）卫星投入使用，使用**高空持久红外**（Overhead Persistent Infrared，OPIR）技术探测弹道导弹发射或大气核爆炸。

热成像（thermal imaging）是指在发射波段进行辐射成像，其辐射形式是发射而不是反射，所以白天和晚上都可以操作。热成像在情报搜集中应用广泛。在军事侦察中，它被用于探测坦克、卡车、地面上的飞机和海上的船只，因为行驶中或最近开动过的坦克、卡车等等，其温度比周围环境的温度要高。在海湾战争（1990 至 1991 年“沙漠风暴行动”）期间，美军通过热成像监测热排放的状况，来确定伊拉克军事装备的状态。

核电厂活动和许多工业过程都会产生热模式，可用于情报目的的监测。[1] 一些国家还试验了使用红外图像远程追踪水下潜艇的方法。这项技术基于潜艇上升到海面时排水产生与周围水温不同的尾流，红外传感器可以借此发现潜艇。[2]

光谱成像

通过生成目标区域的不可见光谱和可见光谱图像，从而生成目标区域的复合图像，我们可以从中获得更多的情报。我们利用这种合成图像识别具有情报价值的目标，并且基于接收到的目标能量数据标识目标的特征。军方之后可以利用这些已经过识别和编目的红外特征来攻击目标。

光谱成像在情报搜集中还有许多其他应用。它在研究地球的岩石结构，确定矿物成分，评估采矿作业和地下设施建设方面都有帮助。海洋测

[1] 原注：Alfred J. Garrett, Robert J. Kurzeja, B. Lance O’Steen, Matthew J. Parker, Malcolm M. Pendergast, and Eliel Villa-Aleman, “Post-launch Validation of Multispectral Thermal Imager（MTI）Data and Algorithms,” U.S. Department of Energy Report No. WSRC-MS-99-00423（1999）.

[2] 原注：Guo Yan, Wang Jiangan , and He Yingzhou, “Detecting the Thermal Track of Submarines by Infrared Imagery,” *Wuhan Haijun Gongcheng Xueyuan Xuebao*（June 1, 2002）, 89.

深学（bathymetry）——海底组成和地形研究——对搜集海洋情报很有用。了解海洋深度可以帮助确定航道，为许多军事用途提供服务。

在物体识别中最理想的是能够确定目标的构成材料，探测目标表面的老化情况，识别隐藏的有效载荷，解决异常状况和对目标进行分类和识别。光谱成像已经证明它具有完成上述任务的能力。例如，对再入飞行器的光谱分析，可以让分析人员识别出该飞行器的表层材料。[1]

光谱成像仪在情报方面有很大的优势，因为它们使对手的拒止与欺骗（例如使用伪装）变得非常困难。埋在路边的炸弹和隧道入口都可被光谱图像轻易识别出来。

光谱成像还有许多非情报用途。它广泛用于环境研究，包括农业和地质研究。在农业研究方面，光谱成像可以将健康植被与受压或垂死植被区分开来。这种能力还可为根除毒品提供情报支持，因为在多光谱成像中，可以将健康的古柯或罂粟作物与被除草剂破坏的作物区分开来。

二、流程

计划

辐射成像的规划取决于其产品的用途。辐射计有许多用途，既可用于作战，也可用于情报。空载设备，如在稍后讨论的高空持久红外成像仪和闪光强度计（大麻强度计，bhangmeter），只对地面上有情报价值的区域进行监测，并且记录活动发生时的测量数据，所以不需要特别做任务规划。从机载平台对战场和海洋进行辐射成像所需的规划，与第 9 章讨论的机载光学成像所需的规划大致相同。

光谱成像的规划与第 9 章光学成像规划十分相似，两者使用的平台相

[1] 原注：John A. Adam, "Peacekeeping by Technical Means," *IEEE Spectrum*, (July 1986), 42–80.

同，主要区别在于光谱成像的处理和利用阶段更加耗费人力，因此要提前仔细划分目标的优先顺序。

搜集

第 7 章对电磁光谱进行了介绍性概述。本节再次对光谱进行详细讨论，以便说明辐射图像和光谱图像是如何搜集的。首要的是，了解辐射传感器在不同光谱波段可搜集的情报信息类型很重要。辐射源是在光谱的某个部分（主要是光谱）发射或反射的电磁能量，但辐射成像也可在微波光谱中完成。

光谱。从毫米波波段开始直至可见光波段，随着频率增加，大气对电磁波传播的影响逐渐增大。图 10.1（彩色效果见书前插页对应图片）所示为整个电磁波谱上发生的吸收现象，在图中绿色阴影区域上方，大气有效地阻挡了电磁辐射能量的通过；在阴影区域下方，电磁辐射能量以很小的损失通过；在阴影区域，能量的损失可能不会让传感器获得可读信号。

在任何时候，给定的光谱传感器都只观察整个光谱（如图 10.1 所示）中的一小部分。传感器被设定为仅搜集特定带宽内的辐射，或是为了特定目的搜集一组窄波段光谱内的辐射。第 7 章和第 9 章讨论了光谱划分为两个主要部分——反射光谱和发射光谱。检测固体和液体通常要在大约 0.5 至 2.5 微米的反射光谱区域。在此反射光谱区，辐射能量来源（通常为太阳）是光谱产生的必要条件。气体探测一般在发射光谱区（长波区）进行。

如第 7 章所述，红外光谱部分可被细分为更小的部分。同样，这种划分没有标准的依据。以下是一些常用的划分方法：

- 有些光谱带的定义是用来标识所获得的特征类型，例如之前讨论过的发射特征和反射特征区分。有时，我们会对目标特征的类型进行更细微的区分，例如标识火焰和导弹热尾气，标识坦克引擎热辐射。
- 有些定义根据是否存在大气窗口（即此区域的大气是透明的，如图

10.1 所示)，来划分红外光谱。

- 有些定义的划分依据的是红外探测器的灵敏度。不同的探测器适合光谱的不同波段。例如，硅探测器在可见光波段和红外波段的灵敏度差异大约为 1 微米，而砷化铟探测器在这两个波段的灵敏度大约在 1 至 1.7 或 2.6 微米之间。

红外波段的划分没有广泛接受的方法，以下列出的是一个经常使用的划分方法，本书采用的也是这种方法。

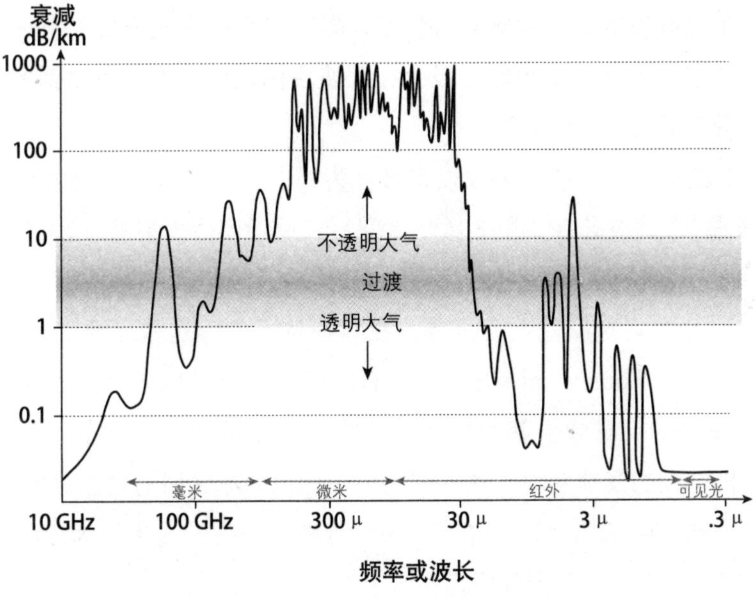

图 10.1 电磁波在大气中的衰减

a. **近红外**。近红外波段与可见光波段最接近，其波长在 0.75 至 1.5 微米之间，这也是夜视设备的工作波段。近红外波段中较长的波长能从矿物、农作物、植物和潮湿的表面产生独特的反射，可以利用这个特点区分不同的树木类型。此波段中 0.76 至 0.9 微米的近红外线可用于海岸线测绘，还可用于成像以识破伪装——设计蹩脚的伪装与周围植被反射的红外图像有所不同。图像增强器（image intensifier）通常在这个波段工作，最高至 1 微米，它可以放大较弱的入射近红外信号，以在低光条件下提供可视图像。

b. **短波红外**。短波红外波段波长在 1.5 到 3 微米之间。在此波段的传感器可以探测是否存在水，进行植被分析；可以辨别水面上的油，并且可以确定土壤和植被的含水量。短波红外信号可以在一定程度上穿透云层。

短波红外波段虽然被归类为属于红外波段的反射部分，但它也被用于探测具有情报价值的一类辐射。弹道导弹在飞行助推阶段的热排气，会发射出属于此波段的强烈短波红外特征，爆炸也会产生短波红外波段特征。第 9 章高空持久红外传感器一般会在此波段标识出助推阶段导弹的特征，并确定引起爆炸的弹药类型。

c. **中波红外**。中波红外波段也被称为“中红外（intermediate infrared, IIR）波段”，其波长在 3 至 8 微米之间。它属于产生发射特征，同时具有一些重要反射特征的过渡波段。在此波段中，来自明亮物体（如金属材质屋顶）的太阳光反射十分重要。在导弹技术中，这是无源红外制导导弹（passive IR homing missile）携带的传感器工作的热感应导引区（heat-seeking region）。导弹会朝着目标飞机的红外特征飞去，该特征通常是喷气发动机排放的气体羽流。该区域还用于标识地球表面的物体温度和某些废气。当被太阳加热时，气体在中波红外波段产生的光谱约为 2.5 至 6 微米，[1] 其中在 3 至 5 微米波段存在一个大气窗口。

d. **长波红外**。长波红外波段是波长在 8 到 15 微米的主要大气窗口。接近 10 微米的区域通常被称为“热成像区域”，因为接近室温的物体在该区域会发射出更强的红外信号。据此特征，长波红外传感器无须外部

[1] 原注：Alfred J. Garrett, Robert J. Kurzeja, B. Lance O’Steen, Matthew J. Parker, Malcolm M. Pendergast , and Eliel Villa-Aleman, “Post-launch Validation of Multispectral Thermal Imager（MTI）Data and Algorithms,” U.S. Department of Energy Report No. WSRC-MS-99-00423（1999）.

光源或热源（如太阳），仅在热发射基础上就可以获得完全的地球无源图像。这是为了情报目的标识废气的主要波段。许多生产过程会产生属于此波段的特征。安装在车辆和飞机上的前视红外（forward-looking infrared，FLIR）系统，也在黑暗中使用该区域的光谱来观察周围区域。在此波段工作的探测器，通常必须通过冷却以获取令人满意的灵敏度。这一波段有时也被称为“远红外波段”，但许多定义将其视为单独的波段，下文将讨论。

e. **远红外**。远红外波段波长在 15 微米到 1 毫米之间。高空成像（overhead imaging）的工作波长大约截止至 30 微米处，因为波长长于 30 微米的大气是不透明的。

辐射成像。第 9 章中讨论的可见光成像主要是反射来自太阳的能量。辐射成像可以使用反射能量，不过大多依靠的是接收温暖目标的自然能量发射。当辐射成像依赖的发射能量属于红外或微波波段时，它被称为“热成像”。当这样的辐射图像产生于几个不同的波段时，得到的结果就是光谱成像（见下一节）。

温度高于绝对零度的所有物体都会发射电磁能量。随着目标温度的升高，其能量发射的强度和频率都会增加；温度非常高的物体（例如灯丝或火箭排气），其辐射属于可见光范围。任何看到灯丝被加热到红热温度的人，已经观察到温度变化引起的光谱辐射现象。如果被加热到超过红热温度，灯丝就会进入白热状态，如果还未熔化，灯丝就会变得蓝热。车辆或工厂在工作时的辐射会比闲置时更强，频率也更高。根据车辆或建筑物上的热点区域，就可以对该车辆或建筑物的使用性质和状态做出结论。

不同物体的辐射也不同。岩石、地球、海水和植被都具有不同的发射模式，即不同的发射率。发射率的概念对理解物体的红外发射很重要，例如，所有黑色汽车车主都知道——黑色物体吸收能量的速度比白色物体快得多。黑色物体辐射能量的速度也比白色物体更快。完美的发射体被称为“黑体”（blackbody）。发射率是物体的属性之一，它描述的是物体的热辐射与黑体这一理想状态之间的偏离程度。物理温度相同的两个物体若发射率不同，它们在红外传感器上显示的温度也不相同。

所有温度高于绝对零度的物体都会辐射电磁能量，能量强度和频率随温度升高而增强，不同物体的辐射不同，这三条规律构成了辐射成像的基础。

辐射传感器利用发射率现象来获取船舶、飞机、导弹、建筑物和环境（自然背景）的相关信息。这些无源传感器会接收并记录物体自然发射的电磁能量。辐射计记录被加热物体发射的红外或微波波段自然能量。

如上所述，辐射计可以在微波或可见光波段操作。本章主要是关于可见光谱部分的辐射成像，因为此类成像是在情报搜集中应用最为广泛的成像方法。但是，微波辐射测量与可见光辐射测量一样依赖于热发射，两者的主要区别在于传感器设计不同，因此本章也讨论微波辐射测量。

a. **微波辐射计**。微波辐射计记录被加热物体在射频波段发射的自然能量。与红外辐射计一样，物体越热，其辐射的能量越多。良好的微波辐射计具有 1 摄氏度的强度分辨率，即它可以感测 1 摄氏度内的温度变化。然而，与红外辐射计相比，微波辐射计的搜索速率较慢。因为在微波波段发射的能量要少得多，微波辐射计通常必须长时间对准目标。

如图 9.4 所示，微波辐射计通常使用交叉扫描仪，但会用天线替代光学器件。微波辐射计主要使用灵敏度高的射频接收器来替代探测器，而探测器越来越多地用于探测毫米波波段。

微波辐射计虽然空间分辨率比红外辐射计差，但它们在情报搜集方面有着显著优点。尽管微波辐射计性能在降水影响下会降低，但红外辐射计不能穿透云层、雾霾、浓雾和降水，而微波辐射计可以。如图 10.2（彩色效果见书前插页对应图片）所示，许多微波辐射计被设计成可以接收毫米波能量，其分辨率比较低频段辐射计更高，但其图像仍然比不上视觉图像。[1]

---

[1] 原注：M. R. Fetterman, J. Grata, G. Jubic, W. L. Kiser, Jr. , and A. Visnansky, “Simulation, Acquisition and Analysis of Passive Millimeter-Wave Images in Remote Sensing

在图 10.2 中，我们可以观察到可见光图像中颜色较深的物体在辐射图像中往往颜色较浅，反之亦然。这是辐射测量的特征之一：在吸收和发射的能量上，颜色较深的物体比颜色较浅的物体更加强烈，因此它们会显得更加明亮。

图 10.2　辐射图像和可见光图像对比

b. **红外辐射计**。探测发射能量的红外成像辐射计被称为“热成像仪”。在热红外（3 至 15 微米）波段，对地球表面发射的能量进行遥感与对反射能量的遥感不同。热传感器主要测量目标的表面温度和热特性。它们使用的光感探测器（photo detector）通常会被冷却至接近绝对零度，以避免受到自身热发射产生的噪声干扰。

如前所述，温度高于绝对零度的物体，其辐射波段为红外波段。为了对陆基和海基、机载和空载目标进行识别和评估，我们会用此波段的红外线对目标进行常规性成像。此类红外传感最好在夜间进行，因为在夜间，目标周围的环境通常较冷，温度较高的目标物体就变得突出。图 10.3（彩色效果见书前插页对应图片）所示为美国发现号航天飞机 STS-96 在执行任务期间的中波红外图像，其头部和机翼前部的图

Applications," Opt. Express 16, 20503–20515（2008）, accessed 23 September 2012 at http://www.researchgate.net/publication/23640558_Simulation_acquisition_and_analysis_of_passive_millimeter-wave_images_in_remote_sensing_applications.

像显示它在重返地球大气层时经历了高温。[1]

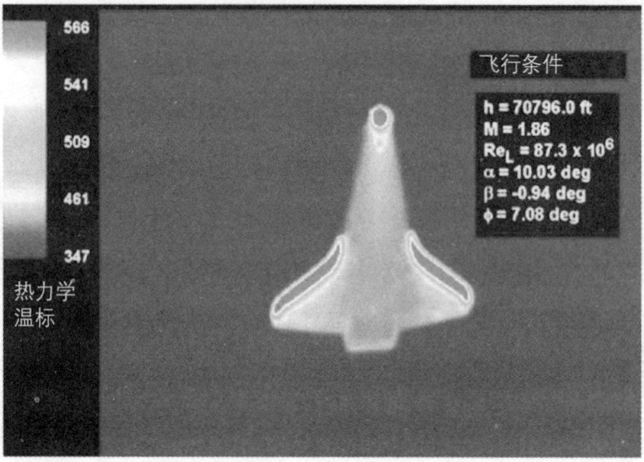

图 10.3 航天飞机的红外图像

能描绘相对温差的图像，可以满足大多数情报应用的需要。我们可以进行实际温度测量，但需要对温度参照物进行精确校准和测量，还要详细了解目标的精确发射率、几何失真（geometric distortion）和辐射效应。如果需要测量实际温度，传感器会使用内部温度作为参考温度。通过将探测到的辐射与参考温度进行比较，图像分析人员可以确定图像中物体的绝对温度。

热成像通常在 3 至 5 微米（中波红外）和 8 至 14 微米（长波红外）这两个可以穿透大气的特定波段进行，但在这两个红外波段的探测器灵敏度不如可见光探测器。因此，热成像仪必须使用更高的像素以获得足够的探测能量，而且对同一场景图像，热成像图像的空间分辨率低于可见光图像。

有几个专用辐射传感器被用于针对特定目标进行情报搜集，下面讨论三种此类情报搜集工具：高空持久红外传感器、大麻强度计和偏振成像仪。

---

[1] 原注：Daniel W. Banks, Robert C. Blanchard, and Geoffrey M. Miller, "Mobile Aerial Tracking and Imaging System（MATrIS）for Aeronautical Research," NASA/TM-2004-212852（August 2004）.

a. **高空持久红外传感器**。这是情报搜集中的一种重要辐射传感技术，它使用类似于第 9 章（图 9.4）中的平面阵列或扫描系统，来对地球上强烈的红外能量辐射进行大面积的探测和追踪，其目的是对具有重要情报价值的事件（主要是大型爆炸和导弹发射）进行探测、定位和标识。例如，使用高空持久红外，可以探测到在高空大气和临近太空之间发生的爆炸，并且可以非常可靠地识别当量在 1 千吨以上的核爆炸。[1] 这种感测技术以前被称为“高空非成像红外（overhead nonimaging infrared，ONIR）感测”，该术语没有充分描述其结果。图 10.4（彩色效果见书前插页对应图片）显示了，2006 年 11 月 4 日高椭圆轨道卫星从发射的德尔塔 4 号运载火箭（Delta IV）上获得的高空持久红外特征。[2] 图片中看不到运载火箭本

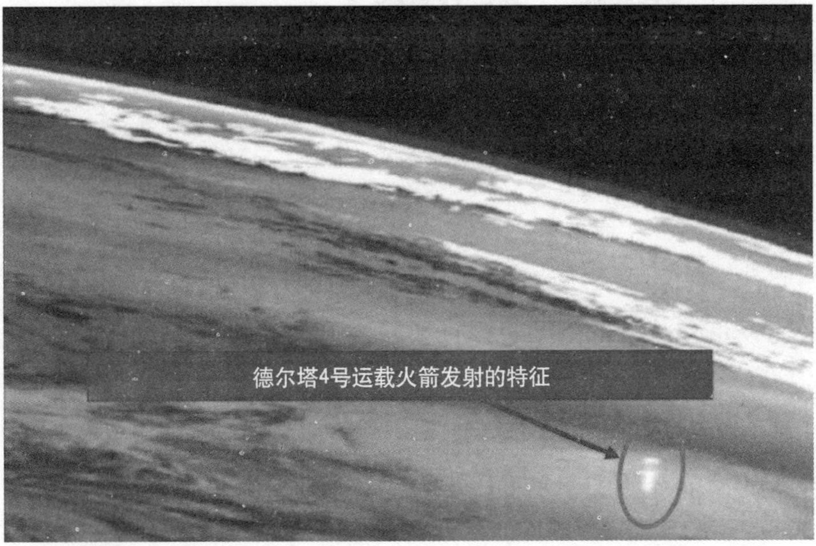

图 10.4　对德尔塔 4 号运载火箭发射进行高空持久红外特征搜集

[1]　原注：National Academy of Sciences, *Technical Issues Related to the Comprehensive Nuclear Test Ban Treaty*（Washington, DC: National Academies Press, 2002）.

[2]　原注：USAF Briefing, “Infrared Space Systems Wing: Contributions to Transforming Space”（November 6, 2007）, accessed 22 September 2011 at www.californiaspaceauthority.org/conference2007/images/presentations/071106-1000b-McMurry.pdf.

身，但我们可以清楚地看见强烈的红外羽流。如图所示，高空持久红外图像得到的是一幅分辨率不高的图像。

许多年来，国防支援计划卫星是高空持久红外特征搜集的主要传感器，但现在已被美国天基红外系统（Space-Based Infrared System，SBIRS）所取代。如图 10.5 所示为天基红外系统卫星的效果图。[1] 此类卫星依靠红外线来探测和报告具有情报价值的弹道导弹发射及其他红外事件。据报道，天基红外系统的灵敏度比侦察卫星更高，可以更准确地估计导弹的位置、发射点和撞击点。天基红外系统已被美国国家地理空间情报局认证为技术性情报搜集设备。[2]

图 10.5　美国天基红外系统卫星

2009 年，法国推出了自己的天基红外系统卫星，取名为“螺旋”（Spirale）卫星。这是一个旨在测试未来天基作战系统概念的演示系统，它可为法国人提供导弹攻击的早期预警。发射到高椭圆轨道的两颗螺旋号卫星会搜集不同波段的红外图像。[3]

---

[1]　原注：Image accessed 3 October 2012 at http://commons.wikimedia.org/wiki/File:SBIRS-GEO_2.jpg.

[2]　原注：USAF, “Infrared Space Systems Directorate,” accessed 23 September 2012 at http://www.losangeles.af.mil/library/factsheets/factsheet.asp?id=5330.

[3]　原注：“France Accepts Spirale Early Warning System Demonstrator,” *Defense Technology News*（May 20, 2009）, accessed 23 September 2012 at www.defencetalk.com/france-spirale-space-early-warning-system-19033/.

b. **大麻强度计**。在搜寻具有情报价值的独特特征时，一些辐射计会测量随着时间变化的目标特征。大麻强度计就是此类专业辐射计中的一种。它有很高的时间分辨率，并可以记录小于 1 毫秒的光波动，其具体用途是探测大气中的核爆炸。“大麻强度计”一名来源于早期一些怀疑此种感测可行性的怀疑论者。“bhang”指的是印度大麻的一种，因具有致幻效果而被吸食。持怀疑论者认为，那些认同这种探测方法可行的人一定是吸食了大麻。

所有大气核爆炸都会产生一种容易被探测到的独特特征，那就是一道极短暂且极强烈的闪光，随后还有持续时间更长，但强烈程度弱于首次闪光的第二次光爆。首次闪光的持续时间通常为 1 毫秒；第二次光爆一般是在几秒钟之后（爆炸规模的大小影响第二次光爆发生的时间），持续的时间同样是几秒钟。

从 20 世纪 60 年代起，美国的“维拉”（Vela）卫星就携带了大麻强度计和其他用于探测核爆炸的传感器。该项目因为涉及以色列或南非可能进行核试验的争论而声名狼藉。1979 年 9 月 22 日，“维拉”卫星上的大麻强度计在印度洋或南大西洋上空清楚地探测到大气核爆炸的特征性双闪。大麻强度计探测到的显著特征表明，此次爆炸是一次当量约 3 千吨的低千吨级别爆炸。船载大麻强度计不是真正的成像传感器，也不能够进行具体的地理定位。然而，后来通过水声数据（hydroacoustic data）定位到该核试验事件，发生在印度洋南非爱德华王子岛附近。[1]

这次探测提出了这样一种可能性：一些国家，尤其是南非、以色列或这两个国家合作进行秘密的核试验。1980 年，一个由美国总统任命的专家组对证据进行了审查，并得出双闪特征不是由核试验产生的结论。许多美国政府官员和科学家都不同意总统专家组的调查结果，[2] 这一争议仍未得到解决。

---

[1] 原注：Carey Sublette, “Report on the 1979 Vela Incident” (September 1, 2001), accessed 23 September 2012 at http://nuclearweaponarchive.org/Safrica/Vela.html.

[2] 原注：The National Security Archive, “The Vela Incident: Nuclear Test or Meteoroid?” （May 5, 2006）, accessed 23 September 2012 at www.gwu.edu/~nsarchiv/NSAEBB/NSAEBB190/index.htm.

c. **偏振成像仪**。人们通常认为辐射测量测的是物体发射的电磁能量强度（或在一个像素内接收的电磁能量），但它也涉及测量接收到信号的偏振。在光学波段，这种测量通常被称为“测偏振术”；在射频波段，通常将其称为“**旋光辐射测定法**”（polarimetric radiometry）。

偏振成像测量的是图像中每个像素的能量偏振。相比简单的强度测量，偏振图像测量可以让图像分析人员更有效地区分图像中的不同材料。

如太阳光这样的自然光为非偏振光（unpolarized light），具有随机偏振（random polarization）特性（见第 7 章）。当自然光从粗糙的表面散射出去（大多数自然表面都是粗糙的），其偏振可能是不可预测的弱偏振。相比之下，当光从相对平滑的表面反射出去时（通常人造物体表面有相对平滑的部分），其偏振为强偏振，如图 10.6 所示。回顾第 7 章，偏振波可以是线性偏振（linearly polarized）、圆形偏振（circularly polarized），或处于两者中间的椭圆偏振（elliptical polarization）。在偏振成像中，通常测量的两个线性偏振是水平偏振和垂直偏振。

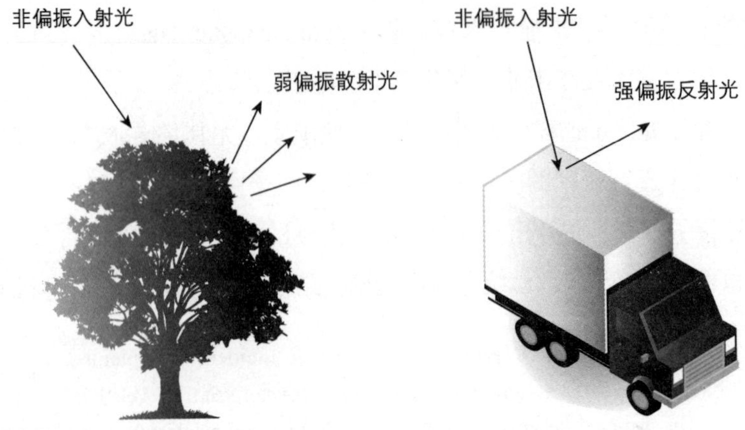

图 10.6　人造特征和自然特征的偏振效应

偏振成像有助于穿透阴影，发现不明显的特征或伪装过的目标，这对情报搜集十分重要。美国海军研究实验室（The U.S. Naval Research Laboratory）已经证明，偏振成像可以在战术侦察中有效地完成上述目标。[1] 第 9 章讨论过的**反差增强技术**（contrast enhancement technique）可以提高阴影区域的对比度。偏振图像是反差增强成像的增强版，因为它可以提供四幅不同的图像，每幅图像包含的对比度信息各不相同。[2] 同时利用四幅图像，可以获得关于阴影中或经过伪装的目标的更多细节信息。

微波辐射计还可以将测偏振术用于特殊目的，如对发射自海面的微波能量进行偏振测量，以确定风向。自 2003 年以来，美国国防部“科里奥利”（Coriolis）卫星上的风定辐射计（WindSat radiometer）一直在进行此类风向测量。[3]

光谱成像。我们可以这样认为，一幅光谱图像是以不同波长对相同场景创建的多幅图像。对一物体创建不同波长的图像，可以让情报分析人员识别出目标的独特光谱特征。这样的图像越多，得到的光谱信息越多，我们就可以得到更准确的光谱特征，对图像中材料的识别也就更加精准。

如第 7 章所述，光谱特征取决于光谱辐射能及固体、液体和气体材料在发生散射、吸收、反射和发射过程中的相互作用。反射或发射的辐射，受不同材料的吸收、反射和发射性质的影响。了解它们之间的相互作用，

---

[1] 原注：Rulon Mayer, Richard Priest, Christopher Stellman, Geoffrey Hazel, Alan Schaum, Jonathon Schuler, and Michael Hess, “Detection of Camouflaged Targets in Cluttered Backgrounds Using Fusion of Near Simultaneous Spectral and Polarimetric Imaging,” Naval Research Laboratory Report（August 8, 2000）.

[2] 原注：Michael J. Duggin, “Factors Controlling the Manual and Automated Extraction of Image Information Using Imaging Polarimetry,” *Proceedings of SPIE*, Vol. 382, No. 85, accessed 23 September 2012 at http://www.deepdyve.com/lp/spie/factors-controlling-the-manual-and-automated-extraction-of-image-2ua10wr8HM/1.

[3] 原注：Karen St. Germain, Peter Gaiser, and Mustufa Bahrain, “Polarimetric Radiometry and Ocean Surface Wind Vector: From Windsat to CMIS,” accessed 23 September 2012 at www.ursi.org/Proceedings/ProcGA05/pdf/F10.2(01469).pdf.

图像分析人员才可以对图像中的材料进行识别。光谱相互作用通常会产生与所涉及材料唯一相关的光谱特征。

对地球表面的光谱成像是由飞机、无人机和卫星完成的。目前用于情报搜集和地球资源探测的光谱成像仪有三种，根据其采集的不同光谱波段数量来划分。最常用的是**多光谱图像**（multispectral images，MSI），它可以成像的波段在 2 到 100 个；**高光谱图像**（hyperspectral images，HIS）可以成像的波段在 100 到 1000 个；**超光谱图像**（ultraspectral images，USI）可以成像的波段超过 1000 个。

a. **多光谱成像**。光谱成像通常由一个被称为“成像光谱仪”或“**多光谱扫描仪**”（multispectral scanner）的装置完成。多光谱扫描仪使用的是交叉扫描仪或推扫成像仪（见第 9 章）。两者的主要区别是：单独的探测器或单独的线性探测器阵列要对每个波段或信道进行测量。在扫描期间，由每个单独的探测器或线性探测器阵列探测到的能量会以电子和数字形式记录下来。这两种传感器的设计都有各自的优点和缺点。

交叉扫描仪的旋转镜设计使制图和使用更加简单，并且更容易校准。但是，在旋转镜进行扫描时，其瞬时视场扫视地面分辨率单元的时间长度（停留时间）相当短，所以它的光谱分辨率、空间分辨率和辐射分辨率相对较差。

与交叉扫描仪相比，线性探测器阵列的推扫式扫描仪结合推扫运动，可以增加阵列中每个探测器对每个地面分辨率单元的能量进行测量的时间（停留时间更长）。这可以探测到更多的能量并且提高辐射分辨率，增加的停留时间还允许各探测器使用较小的瞬时视场和更窄的带宽。这样可以在不影响辐射分辨率的同时获得更精细的空间分辨率和光谱分辨率，但必须对探测器进行校准，以便让测量结果一致。

如果分幅式照相机可以用于光谱成像，它可以提供最佳的停留时间。但每个光谱带都会需要单独的像素帧（pixel frame），使得图像很快就无法灵便地处理下去。

目前有大量的多光谱成像仪搭载在飞机和卫星上。它们可以为军事行动、其他政府目的和商业利益提供支持，当然还可以提供情报支持。大多数卫星在红、蓝、绿和近红外 4 个波段成像，如美国地球之眼 1 号卫星和法国 SPOT 5 号卫星。一些卫星的可成像波段更多。美国国家航空航天局的陆地 7 号卫星（Landsat 7）有 7 个可成像波段，其中 1 个是长波红外波段。2009 年发射升空的观世界 2 号卫星（Worldview 2 satellite）有 8 个多光谱可成像波段（可见光和近红外波段）。

多光谱传感器的光谱分辨率相对较差，造成图像中许多精密特征的缺失，使材料探测受到了限制。尽管不能识别特定材料，多光谱传感器还是可以对材料进行区分。不同材料的光谱特征不同（甚至在 5 个波段中也是如此），所以很容易就可以看出其中的差异。为了获得识别特定材料所需的分辨率，我们有必要使用高光谱成像仪或超光谱成像仪。

b. **高光谱成像和超光谱成像**。高光谱成像仪和超光谱成像仪的设计与多光谱成像仪基本相同，但更为复杂。它们在非常窄的光谱带中同时搜集数百或数千个分辨率很高的光谱图像，根据目标在每个窄光谱带中的光谱反应就可以区分不同的目标。

因此，高光谱图像和超光谱图像比多光谱图像包含的光谱信息更多、更丰富，但也更难处理、更难分析。它们有提供情报目标细节信息的潜力，这是传统图像和多光谱图像做不到的。例如，长波红外波段的高光谱分辨率对气体探测、定位、识别和标识十分必要。然而，处理和分析高光谱图像和超光谱图像数据是一个艰难、耗时的过程，通常需要定制软件并给专家支付高昂的人工费。

因此，在多个波段获取目标图像，然后对图像进行单独处理，可以更好地识别目标。如图 10.7 所示，图像光谱带数量的增加让我们可以从目标探测进入到目标分类，并识别出特定物体或气体。关于其实现方法，我们将在处理和利用这一章节进行讨论。和其他领域一样，我们在这里也遇到了一个权衡问题：多光谱成像仪的光谱分辨率低，但可以覆盖广阔的地理区域。商业和民用多光谱卫星如“陆地”、“艾科诺”（Ikonos）和“快鸟”（Quickbird），它们的光谱和地理分辨率相对较低，但覆盖的面积广。高光谱卫星可以覆盖的面积有限，但光谱分辨率高。

全色	**探测**：确定物体的存在、发射、有情报价值的活动。 没有光谱分辨率。 光谱带数量：1。
多光谱	**分类**：将不同的对象光谱分成相似的组。 中等光谱分辨率。 光谱带数量：2至100。
高光谱	**区分**：确定物体的一般类别（例如，坦克、伪装、废气的存在）。 高光谱分辨率。 光谱带数量：100至1000。
超光谱	**识别**：识别特定物体（例如，各种储罐或特定废气的类型）。 非常高的光谱分辨率。 光谱带数量：1000以上。

图 10.7　光谱图像分辨率和获得信息的水平

在高光谱成像技术优点的吸引下，美军匆忙部署了高光谱成像作战系统，以支持联军在阿富汗的行动。据说，美军在 2009 年 5 月发射的塔克 3 号卫星（TacSat 3）上部署了一套这样的系统。[1]

一些高光谱传感器已被部署在航空器上，用于地球资源探测，大多数提供的是可见光、近红外和短波红外波段覆盖。一个典型的例子是，美国国家航空航天局和喷气推进实验室（NASA/JPL）的机载可见光和红外成像系统传感器，它可以在航空器平台上搜集 0.4 到 2.5 微米之间的 224 个连续光谱带。[2]

机载高光谱成像仪的工作波段，也包括中波红外和长波红外波段。这些

[1]　原注：Lewis Page, “New Prototype US Spy Satellite Rushed into Active Use,” *Space*（June 11, 2010）, accessed 23 September 2012 at http://www.theregister.co.uk/2010/06/11/artemis_goes_active/.

[2]　原注：Jet Propulsion Laboratory, “AVIRIS Airborne Visible/Infrared Imaging Spectrometer,” accessed 23 September 2012 at http://aviris.jpl.nasa.gov/.

传感器被设计成专门用于探测废气或具有情报价值的物体，如机载高光谱成像仪这种长波红外高光谱成像仪，可以搜集 7.5 到 11.5 微米之间 256 个光谱带的窄带图像。该传感器最初的设计目的是根据受扰动土壤的红外吸收特征变化来探测埋藏的地雷，它还用于探测气体排放和确定矿物种类。[1]

已经有几种高光谱传感器安装在卫星上。2000 年，美国国家航空航天局发射了携带 Hyperion 传感器的地球观测 1 号先进陆地成像仪卫星。Hyperion 传感器是一种高分辨率高光谱成像仪，它能够以 30 米的空间分辨率搜集 0.4 到 2.5 微米之间的 220 个光谱带图像。该仪器每幅图像的面积可为 7.5 千米乘以 100 千米，并在所有 220 个频道上提供辐射测量精度高且详细的光谱图。[2]

德国正在开发一种用于地球资源探测，也可用于情报用途的高光谱成像卫星。环境测绘与分析计划（EnMAP）卫星被设计成可在大约 250 个窄光谱信道成像，其中 136 个属于短波红外波段，96 个属于近红外波段。该卫星计划于 2015 年发射，它将携带在 30 千米带宽内空间分辨率为 30 米的推扫成像光谱仪。[3]

对空间物体进行光谱成像也是为了实现情报目的。第 9 章的高级光电系统传感器也可以进行光谱成像。高级光电系统已经证明有能力对卫星进行高光谱成像。[4]

超光谱感测的特点在于：与高光谱图像相比，超光谱图像的光谱分辨

[1] 原注：Paul G. Lucey, Tim J. Williams, Michael E. Winter, and Edwin M. Winter, “Two Years of Operations of AHI: A LWIR Hyperspectral Imager,” *Proceedings of SPIE*, 4030, No. 31–40, accessed 23 September 2012 at http://proceedings.spiedigitallibrary.org/proceeding.aspx?articleid=903351.

[2] 原注：*Space Daily*, “EO-1 Offers First Hyperspectral Imager”（January 17, 2001）, accessed 23 September 2012 at www.spacedaily.com/news/eo-sats-01b.html.

[3] 原注：“EnMAP—Germany’s Hyperspectral Satellite for Earth Observation,” German Aerospace Center, accessed 30 September 2012 at http://www.dlr.de/dlr/en/desktopdefault.aspx/tabid-10379/567_read-421/.

[4] 原注：Robert Plemmons, Wake Forest University, “Tensor Methods for Space Object Identification Using Hyperspectral Data,” Slides 30–36, accessed 23 September 2012 at http://www.cs.cornell.edu/cv/TenWork/Slides/Plemmons.pdf.

率更高，带宽更窄。目前，超光谱传感器仍处于开发和测试阶段。

处理

在搜集之后，辐射或光谱图像必须经历处理、利用和分析三个阶段，以便用户能够理解已搜集到的特征。

辐射图像处理必须使用第 9 章谈到的图像处理方法，这是光谱处理开始前的初始步骤。例如，利用几何校正将图像和目标区域地图进行精准的拟合。在利用原始数据之前必须用辐射（强度）和光谱校准对数据进行调整。目标的反射和发射辐射能在到达情报搜集者之前会受到大气的影响，为了使数据派得上用场，必须对搜集到的特征和图像进行校正。

在光谱成像中，校准很重要，这和买普通相机的道理是一样的：如果一台数码相机拍出来的照片无法保证真实地重现现实场景中的物体颜色，人们就不会想要购买它；如果图像比预期的更亮或更暗，用户则通常会感到不满意。为了确保在图像中忠实地再现其强度和光谱特性，校准是有必要的。

下一步涉及一系列的图像转换问题。在概念上，这里的图像转换与为了图像增强而进行的图像转换（见第 9 章）有相似的地方，但光谱特征的处理更为复杂。在操作上，与通常一次仅应用在单个信道数据上的图像增强不同，光谱图像转换要对多个波段数据进行组合处理。必须对图像进行原始波段的组合变换，以形成能更好地展示或凸显场景中某些特征的新图像。

我们在图像处理（包括不可见波段）方面面临特殊挑战。相机可以获得不可见光谱图像，但我们的肉眼无法看到这些部分。因此，这种图像处理的主要挑战是，要以某种方式在可见光谱中展示非可见部分，以便对其进行利用和分析。解决的办法是使用**假色**（false color）。对于一幅必须包括近红外波段的图像，通常使用的技术是将波长约 0.15 微米的颜色移动到频率较高（波长较短）的光谱中。这样做的结果是，绿色物体被描绘成蓝色，红色物体被描绘成绿色，红外反射被描绘成红色。蓝色物体不能被描绘出来，而是呈现黑色。图 10.8（彩色效果见书前插页对应图片）所示为另一种技术，该图为美国国家航空航天局大地号卫星（Terra satellite）拍摄的假色图像[1]——通过组合可见绿光、近红外和短波红外光生成的亚利桑那州东南部一处铜矿的图像。在近红外波段强烈反射的铜矿显示为亮蓝色；图像南部的湿润区域在两个红外波段均有强烈反映，显示为紫色。图像分析人员可以借助假色对光谱图像进行分析，但情报搜集用户还是更喜欢可见光图像，因为在缺少训练的情况下用户很难看懂光谱图像。

图 10.8 假色图像

光谱图像可被认为是在不同波段对同一场景拍摄的多幅图像。图 10.9（彩色效果见书前插页对应图片）阐明整体图像是如何生成的，以及高光谱图像中的每个像素特征是如何生成的。[2] 这里选择了三种不同的像素：一种来自水的图像，一种来自土壤图像，还有一种来自植被图像。如图所示，每个像素的光谱强度和波长特征都是独特的。

[1] 原注：NASA Image of the Day, posted November 8, 2007. A public domain image, accessed 23 September 2012 at http://earthobservatory.nasa.gov/IOTD/view.php?id=8196.

[2] 原注：Gary A. Shaw and Hsiao-hua K. Burke, "Spectral Imaging for Remote Sensing," Lincoln Laboratory Journal, Vol. 14, No. 1 (2003), 4, accessed 30 September 2012 at http://www.ll.mit.edu/publications/journal/pdf/vol14_no1/14_1remotesensing.pdf.

该图所示特征为**光谱响应曲线**（spectral response curve），原因是图像拍摄于反射波段。响应是指它们标识了特性或目标在该波段波长的反射率。这些曲线通常被称作波长大于 2.5 微米的**光谱发射率曲线**（spectral emissivity curve），因为它们是该特性或目标的热排放而不是反射能量造成的。

多光谱、高光谱和超光谱图像的处理方式大致相同。但是，多光谱成像的光谱分辨率相对粗糙，因此，多光谱图像中不同物体的特征往往是相似的。如果使用多光谱成像仪来生成图 10.9，那么树、地球和水的像素都会有不同的响应曲线，如图所示。但它不能进行更具体的分类，如区分不同类型的黏土或不同类型的树。它也无法区分两个相似的物体，除非它们的特征中包含的波段数量比本例更多，这意味着我们需要光谱分辨率更高的传感器。如前所述，光谱分辨率描述了传感器界定细微波长间隔的能力。光谱分辨率越高，包含在特定信道或波谱中的波长范围越窄。

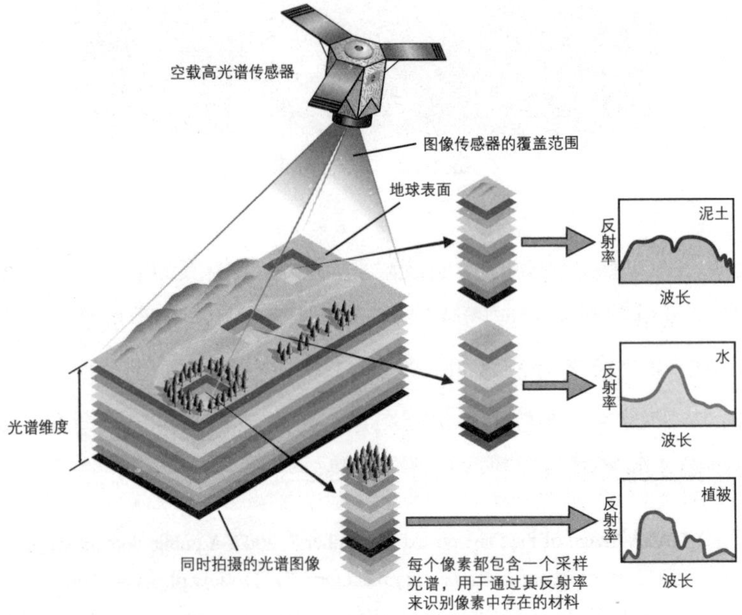

图 10.9　光谱图像的生成

高光谱成像仪和超光谱成像仪通过在许多连续的窄光谱带中同时获取更多图像，来提高光谱分辨率。场景中的每个像素都有一个与之相关联的，细节更多的光谱。因此，与在大间隔、宽光谱带搜集的多光谱图像数据相比，高光谱图像和超光谱图像数据可以让我们进行更详细的场景检查。

出于情报目的，高光谱成像的主要优点体现在中波红外和长波红外这两个发射区，特别是在对废气的探测、标识和识别中。发射区中的气体一般具有非常窄而清晰的光谱特征。与图 10.9 所示固体物质相对平滑的曲线相反，这些波段中气体曲线的特征是锯齿状的，有许多波峰和波谷，如图 10.10（彩色效果见书前插页对应图片）所示。

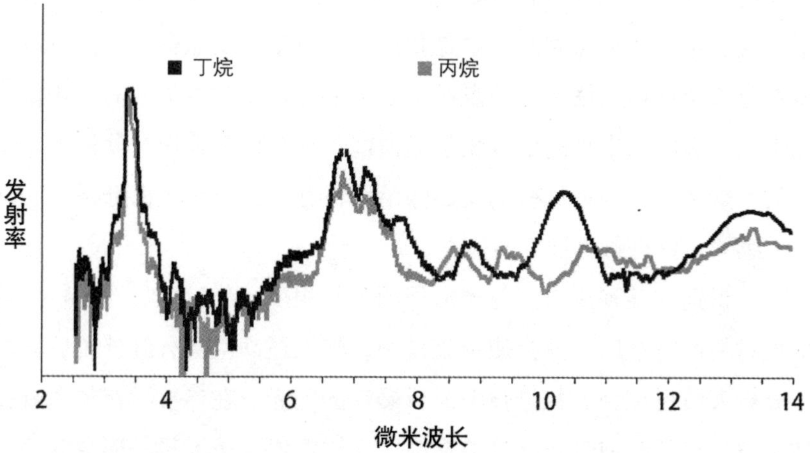

图 10.10 高光谱图像中两个气体像素的光谱特征

利用与分析

图像在经过处理之后，要进行利用和分析。辐射成像在单个波段进行，所以比光谱成像的利用和分析要简单。两者都会使用异常探测（anomaly detection）和目标识别技术，如下所述。

首先，为了将每个像素的光谱特征转换成可为分析人员所用的形式，原始光谱数据必须经历复杂的利用过程。利用过程很大程度上取决于计算机算法，它会对每个像素中的光谱信息进行检查，以识别包括气体在内的物质，有时还要对物质进行量化。然后将光谱与光谱库中的可用特征进行比较（见下一节）以便识别。

其次，必须通过比较光谱图像中不同波长范围的光谱特征，以区分图像中不同类别的特点和细节。利用是一个复杂的过程，但它非常适合采用自动化技术进行处理。多光谱、高光谱和超光谱图像的处理方式大致相同，但生成的特征和可提取的信息不同。

我们把搜索广阔地理区域的标准利用技术称为“异常探测”。通常情况下，我们实施异常探测的对象是我们一无所知的受监视区，搜集者寻找的是看起来与环境格格不入的东西，如一部分隐藏在森林中的车辆，或在其他未受污染区域出现的油或化学品泄漏。异常探测算法会标记出场景中的任何可疑区域，并将这些线索传输给图像分析人员、光谱分析系统或另一个传感器，以进行更详细的检查。[1]

目标识别在某种意义上与异常探测正好相反。分析人员寻找特定物体或情报材料的特征时，就会使用该技术。在上述高空持久红外传感器情况下，分析人员可能会寻找导弹羽流或爆炸的闪光。在寻找潜在的大规模杀伤性武器生产活动或进行环境监测时，光谱图像分析人员可能会寻找气体羽流是否存在特定的化学废物。目标识别中的目标及其识别流程，取决于使用的传感器是辐射传感器，还是多光谱传感器、高光谱传感器或超光谱传感器。我们接下来将对其中的一些目标和流程进行讨论。

多光谱特征的目标识别。要区分不同类别的物质，例如区分水和植被，通常可以使用可见光和近红外区域非常宽的波长范围进行分离。多光

---

[1] 原注：Edward Ashton, Brian Fianagan, and Sherry Olson, “Analyzing Hyperspectral Data,” *The Edge*（MITRE Corporation publication），(September 1999），Vol. 3, No. 3, 1, accessed 23 September 2012 at www.mitre.org/news/the_edge/september_99/first.html.

谱成像技术在这方面的能力相当强。另外，红外波段的多光谱成像可以辨别出肉眼看不见的特点。特定的地貌对专业分析人员来说是显而易见的，例如含油与不含油的岩石不同；地下结构与天然形成的地表不同。产生热量的设施非常显眼，飞机、坦克的发动机等产生热量的机械装置也一样。植被这样的天然物质有自己独特的特征。[1]

健康植被在可见光谱中呈现绿色，因为它含有吸收蓝色和红色光波的叶绿素。不健康的植被，如水分不足的植被或刚被砍下用于伪装的灌木，其叶绿素较少，吸收的蓝色和红色光波也较少，因此在使用多光谱传感器对其进行观察时会发现其中的差异。许多国家应用这一技术来确定正常的作物轮作，评估全球的森林砍伐状况，并获取用于考古与进行城市分析的信息。[2] 由于大麻叶片会反射出与周围植物不一样的绿光，军方和执法机构可以利用多光谱图像揭露在森林树荫覆盖下种植的大麻作物。虽然市面上的可见光成像已成功用于大麻种植田，但做此类识别，用多光谱成像比可见光成像更为得心应手。[3]

高光谱和超光谱特征的目标识别。高光谱和超光谱特征比上述的多光谱特征包含更多细节，识别起来更具难度。我们希望能够识别出场景中每个像素内的物质，但这样就需要为每种已知物质创建具有代表性的光谱特征，保存所有这些光谱的数据库，可能包含的光谱特征达到数百万个。

此外，从某个场景（尤其是卫星拍摄的场景）下载所有数据并进行处理是一项繁重的任务。幸运的是，一个场景中的大部分像素都没有情报价值，如树木、岩石、牧场、水等等。一个较为简单的方法是，让搭载的处理设备抛弃没有情报价值的数据，仅选择可能有情报价值的几个点。也就

---

[1] 原注：W. F. Belokon, M. A. Emmons, W. H. Fowler, B. A. Gilson, G. Hernandez, A. J. Johnson, M. D. Keister, J. W. McMillan, M. A. Noderer, E. J. Tullos, and K. E. White, *Multispectral Imagery Reference Guide*（Fairfax, VA: Logicon Geodynamics, Inc., 1997）, 2–8.

[2] 原注：Belokon et al., 2–5, 6.

[3] 原注：Associated Press, “Swiss Police Spy Marijuana Field with Google Earth”（January 29, 2009), accessed 23 September 2012 at http://www.highbeam.com/doc/1A1-D960T7180.html.

是说，处理设备根据具有情报价值的目标光谱对数据进行筛选。所有与目标光谱匹配的像素光谱，即达到指定置信水平的像素光谱会被标识为潜在目标。[1]

尽管如此，这种较为简单的方法也面临着一大障碍。它假设包含目标的像素是纯粹的，即目标物质填充了整个像素并且不与任何背景材料混合，这种情况很少见。高光谱或超光谱图像像素中包含的物质通常不止一种，使得该像素变成了复合光谱像素，即出现的每种物质的光谱组合像素。我们必须将组合成该复合光谱的单个光谱解析出来（这里有一个假设条件，那就是每个纯净的光谱都是光谱库中找得到的光谱）。例如，气体羽流可以是透明的，因此包含羽流的任何像素将是羽流和羽流下方地面的混合像素。在这种情况下，像素光谱与目标光谱是不一致的，除非能以某种方式隐藏背景中的物质。[2]

目标识别的目的是确定目标场景中存在何种物质。例如，负责评估目标国家化学战设施生产潜力的分析人员需要弄清楚以下问题：

- 设施生产的是什么？
- 使用了何种流程？
- 其生产能力和生产速度怎样？
- 设施目前处于何种状态？

详细的超光谱特征可以回答第一个问题，前提是可以从光谱数据集识别出足够数量的物质，以便识别正在使用的流程。为了识别流程，分析人员需要访问与生产化学战毒剂不同工艺相关联的特征库。

确定生产能力和生产速度通常需要重复搜集目标设施的信息。因为工厂一般批量生产化学品，所以其生产流程通常不是连续的。因此，废物排

---

[1] 原注：Lewis Page, “New Prototype US Spy Satellite Rushed into Active Use,” *Space*, (June 11, 2010), accessed 23 September 2012 at http://www.theregister.co.uk/2010/06/11/artemis_goes_active/.

[2] 原注：Ashton, Fianagan, and Olson, “Analyzing Hyperspectral Data.”

放也不是连续的。出于维护或其他目的，设施可能会有明显的闲置期。同样的原因，要确定设施的当前状态可能需要多种搜集通道。

对于武器扩散或军备控制分析人员来说，对高光谱数据集进行利用的最后一步就是确定这一切意味着什么。回答上述列出的四个问题，需要的不仅仅是利用高光谱数据。分析人员必须经常借助其他来源和学科的信息，在困难的情况下还需要进行工厂建模和流程模拟。

分发

辐射传感产品的分发往往局限于特定用户，如高空持久红外监测旨在提供导弹发射的早期预警和识别大气核武器试验，因此该产品的用户是导弹防御和条约监控组织。

光谱图像的分发与可见光图像的分发非常相似，但其用户群体的规模要小很多，而且至少目前还做不到快速分发，因为光谱图像需要进行长时间的处理和利用。

光谱库。如上所述，为了在分析阶段识别出材料的种类，分析人员必须访问光谱库。没有特征库就无法对特征进行利用和分析。特征库必须包括例如图 10.10 所示的每个特征。有益于情报分析的特征库，会包括大量矿物质、有机化合物和挥发性化合物、植被和人造材料的特征。

许多光谱库是公开的，它们可用于对植被、地质和常用材料进行评估。对于伪装、军用金属和其他具有情报价值的材料，保存其光谱特征的特征库通常是保密的。

但仅有这些特征本身是不够的。例如，在图 10.9 中，分析人员可能需要对不同类型的土壤、植被或水中的污染物进行区分，这些物质都有不同的光谱特征。即使是相同的物体，在不同的温度下也会呈现出不同的特征。为了充分利用高光谱数据，首先特征库必须非常大，而且要不断地对其进行扩充。现有的多光谱特征库并未提供高光谱利用所需的细节。

获得良好的高光谱特征是一个缓慢的过程。此外，对于有重大情报价值的物质，要获取其清晰特征极具难度。例如，要获取有毒物质（如神经毒素）的特征数据，我们需要一些特殊设备。

光谱库的创建遵循图 10.9 所示的过程。对各波长（各光谱信道）的各像素进行强度测量后获得一组强度测量数据，如图 10.10 所示。在图 10.10 这个例子中，它们被标识为丁烷和丙烷特征，并保留在库中。

像素特征库的光谱分辨率必须适中，但在不同光谱带上其适中光谱分辨率并不相同。特征在反射和发射波段中的表现有很大的差异。如图 10.9 所示，在反射波段，材料特征往往表现得比较宽泛，通常随波长变化而缓慢变化。相反，如图 10.10 所示，在发射波段，特征随波长变化而快速变化。我们必须将这个复杂的结构纳入库中。诀窍是：在波段各部分的光谱分辨率要足够高，但也不需要太高；过高的光谱分辨率会增加光谱数据集的大小，但信息内容没有增加。

我们必须以某种方式标识光谱特征，以便在特征入库后可对其进行搜索。其中一种方法是三步标识法：第一步是描述特征的大体形状，第二步是粗略测量在特征中嵌入的主要特点，第三步是利用被称作“特征分析”的技术抓住特征中所有重要特点的细节，例如在光谱中所处的位置、宽度、深度和不对称性等等。

然后，利用特征标识的结果，将特征按等级结构划分成组。通过将某个光谱与一个大的特征类别进行比较，然后与更小、聚合更紧密的特征组进行比较，我们可以识别出未知光谱。分析人员能以这种方式对大型数据库进行搜索，识别出与该像素光谱特征最相似的光谱特征。[1]

高光谱图像中的每个像素都包含一个展示特点的光谱，如图 10.10 所示。单个像素中包含大量的数据，而且大量的数据都在高光谱图像中。高光谱图像可以用**数据立方体**（data cube）的三维数据集形式表示。数据立方体的顶部是某个波段的图像之一，深度维度表示波长。数据立方体举例

---

[1] 原注：Ashton, Fianagan, and Olson, “Analyzing Hyperspectral Data.”

如图 10.11（彩色效果见书前插页对应图片）所示，它是一个显示 240 张图像的数据立方体，[1] 一种颜色代码表示某一波长上某一像素的辐射强度。有时，顶层图像和眼睛看到的图像是一样的，但在图 10.11 中，其顶层图像为假色图像。它后面的几层表示红外波段中越来越长的波长强度，右侧显示的是一个像素的光谱特征（在立方体上用线标出）。

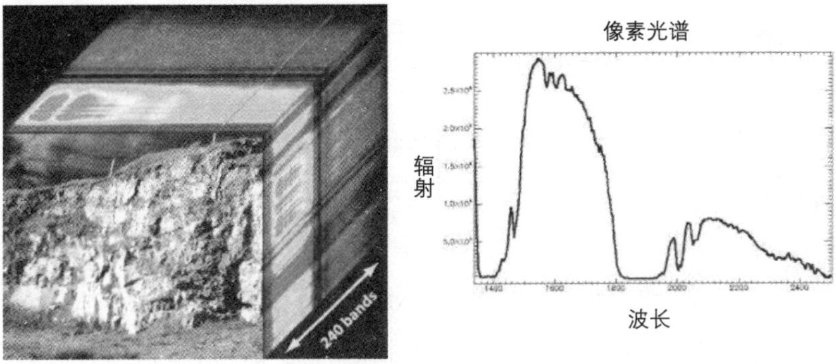

图 10.11　高光谱数据立方体

三、结构

一些军事、情报和民间组织会利用辐射和光谱成像来为他们的用户提供支持。所以，搜集过程中的所有步骤都是碎片化的。辐射成像和光谱成像的结构与可见光成像类似，但用户群体比光谱成像小得多，时间要求也没有那么严格。

光谱传感和成像跟可见光成像一样，两者都用于实现民用、军事、情报和其他政府目的。在美国，国家海洋和大气管理局（NOAA）、国家航空航天局及所有的军事机构，都会进行辐射成像或光谱成像，这种能力越来越多地为执法机构所利用。

[1]　原注：Centre for Integrated Petroleum Research, "Virtual Outcrop Geology" (2012), accessed 30 September 2012 at http://org.uib.no/cipr/Project/VOG/hyperspectral.htm.

四、小结

在情报搜集中，辐射成像和光谱成像的目的多与第 9 章中的可见光成像目的相同，但辐射成像和光谱成像生成的特征能让我们更深入地了解目标。虽然反射光谱（包括可见光）和发射光谱两者都能生成图像，但一些最派得上用场的情报图像产生于发射光谱，热成像也是发射光谱图像。

辐射成像生成的单一图像，其波长集中在光谱或微波光谱部分，可从图像中提取到何种特征取决于所选择的波长。反射成像有下列情况：

- 在可见光谱部分，红色、蓝色和绿色这三个波段通常独立成像，每个波段都可以突出显示图像中的不同特点或物体。
- 近红外波段是第四个波段，它最接近可见光，其波长在 0.75 到 1.5 微米之间，夜视设备在此波段工作。近红外波波长较长，可以从矿物、作物、植被及潮湿的表面产生独特的反射。
- 短波红外波段，其波长在 1.5 到 3 微米之间。我们用该波段的图像探测是否存在水，以及根据图像中的反射特征进行植被分析。

热成像仪的工作波段是微波和红外波段，其依赖于目标的热排放生成图像。红外辐射计的分辨率比微波辐射计更高，但红外辐射计无法穿透云层，而微波辐射计可以。空载红外辐射计用于探测弹道导弹发射和大气层内的核爆炸。在情报搜集中，微波成像和红外热成像都有广泛的应用：

- 中波红外波段，其波长在 3 到 8 微米之间，是一个既可以生成发射特征，也可以生成反射特征的过渡波段。这是无源红外制导导弹携带传感器工作的热寻区。
- 长波红外波段，是波长在 8 到 15 微米的主要大气窗口。靠近 10 微米的区域通常被称为“热成像区域”，因为接近室温的物体在该区域的发射更强烈。长波红外传感器利用这一特征，仅凭热发射就能获得地球的完全无源图像。这是为了情报目的标识废气的主要波段。

辐射计可以测量信号的偏振和强度，其测量结果通常具有情报价值：从光滑表面（如车辆或飞机跑道）反射的光会出现强偏振，但反射自自然景观的光，其偏振是随机的。

光谱成像会对同一场景同时生成一组图像，每个图像的波长不同。因此，场景中的每个像素都有一个与波长相对应强度的光谱特征，利用这个特征可以对像素中的材料或物体进行识别。

在单个光谱带中成像生成的是最简单的光学图像——全色图像，但它无法传达光谱信息。我们没有对可见光谱中的光波进行单独的波段划分，只记录整个可见光的整体反射率。红外和微波波段的辐射成像也是如此。图像记录强度的变化，而不是整个光谱上的强度变化。与之相比，光谱成像会对强度变化进行记录，因此它可以提供的特征更加丰富。

光谱成像要同时获取这些波段内不同电磁波波长的多幅图像。对一个物体进行不同波长的成像，可以让情报分析人员识别目标独特的光谱特征。在单个图像中单独获取和处理的波段越多，与图像目标有关的信息获取得就越多。增加光谱带的数量可以让我们从目标探测进入到目标分类，以识别出特定物体或气体。今天最常用的是多光谱成像，尤其是以飞机和卫星为平台的多光谱成像。高光谱成像和超光谱成像可提供的信息比多光谱成像更多，其图像信息更为丰富，但也更难处理和分析。

处理光谱信息的第一步是校准来自传感器的原始数据，对数据集进行诸如辐射校准和光谱校准也是必需的。原始数据必须经过地理矫正，即要与目标区域地图准确拟合。为了派上用场，对于搜集到的光谱特征，我们也必须矫正反射辐射能或发射辐射能在目标与搜集器经过大气时受到的影响。第二步是图像转换，它需要将不可见光转换成可见光，处理手段通常是使用假色。图像转换也会突显具有情报价值的特征。

在利用阶段，通过比较图像中不同类别的特点和细节在不同波长范围的反应，来对它们进行区分。为了完成这个目标，分析人员必须能够访问光谱库。没有此种特征库，就不可能实现对光谱特征的利用和分析。有益于情报分析的特征库包含大量矿物质、有机化合物和挥发性化合物、植被和人造材料的光谱特征。那些用于伪装、军用金属、化学战毒剂和其他具有情报价值的物质，其光谱特征库通常是保密的。

[第 11 章]

雷 达

雷达已经普及到日常生活之中，在过去 60 年里变得无所不在。我们在天气预报和高速公路上（以车速监测器的形式）都会遇到它。雷达有助于在飞行时保护我们的安全，并且在未来，当我们开车时，它也能协助保护我们。起初它用于军事方面，现在则有了很多民事方面的应用。我们不断用雷达搜集情报，这是本章和下一章的主题。

第 7 章将传感器分为有源传感器或无源传感器。第 9 章研究了光谱可见光部分的无源成像，接着在第 10 章研究了无源辐射和光谱成像。我们现在开始关注有源传感，这通常是由雷达完成的。本章主要介绍常规雷达（不使用合成孔径技术的雷达）的许多应用。它也为第 12 章对合成孔径雷达的讨论做了铺垫。

与前两章讨论的无源传感器相比，雷达会自己产生照明能量。这个功能使雷达在情报搜集方面有一些优势。比如说，它们能日夜工作，不需要阳光照向目标来反射能量。在微波波段工作的雷达可在大多数天气条件下工作。与光学传感器不同，雷达不受云层影响。

一、功能

第一批雷达投入使用时是为了防空，也就是说，提供对临近敌机的预警。这些雷达是英国在 20 世纪 30 年代晚期建造的海岸警戒雷达。在第二次世界大战期间，当德国轰炸机越过英吉利海峡时，它们提供早期预警和随后的追踪，让英国战斗机有时间进入阵地迎击德军。

美国跟英国大约在同一时间开始制造雷达，但他们在战斗中第一次使用雷达时，效果没有那么好。位于夏威夷奥帕那角的一台陆军航空兵雷达在 1941 年 12 月 7 日（珍珠港事件）发现了不断靠近的日本进攻部队。但是，这些攻击者被误认为是按计划飞行的美国 B-17 机群，所以没有发出警告。在战争期间，舰载和地基雷达让美国和英国在对抗德国、意大利和日本的船舶与飞机时一直保持作战优势。战争进行一段时间后，能搜索海洋表面的机载雷达令德国潜艇几乎无所遁形。有些作者认为，所有这些成功表明，是雷达这一发明使同盟国赢得了第二次世界大战。

今天，雷达有广泛的民事和军事应用。大多数雷达被用于定位目标并追踪其运动。案例包括商业航空运输雷达、海军舰艇水面和空中搜索雷达，以及防空雷达。地基雷达被用于搜索天空（或在相对较短的距离内搜索地表），并追踪船只、飞机和卫星等目标。大多数机载和空载雷达都被用于测绘地球表面，或用于监测并追踪船只和重型地面车辆，比如坦克和导弹发射器。机载雷达还可以搜索天空，查看天气或其他飞机的情况。雷达可以安装在几乎任何一个平台上。它们的尺寸差别很大，从本章讨论的高耸的**超视距**（over-the-horizon，OTH）雷达，到可以携带在背包中或安装在汽车上的小型设备，都属于雷达。

简而言之，雷达的用途很多，其中大部分与情报无关。如果雷达的数据要被用于直接作战目的，然后被迅速抛弃，那些数据会被看作是作战性信息，而不是情报。空中交通管制雷达、船舶及飞机的航行雷达，都属于作战性雷达；它们搜集的信息日后不会有太大的价值。

然而，有时雷达的信息会被搜集并留存，因其存在超出时间的价值。它可能对科学研究有用。它可能是情报。它可能由通常支持作战的雷达提供，例如防空或导弹防御雷达。事实上，大多数雷达情报是由同样承担战役性任务的雷达提供的。例如，新式飞机和无人机设计的试飞有时由防空雷达监测，其探测结果由科学和技术情报中心在系统评估中使用。

很少有雷达只具备情报功能。超视距雷达已被部署用于监视禁入区的空中交通和弹道导弹发射情报。本章描述的“眼镜蛇戴恩”和“眼镜蛇朱迪”雷达会监测弹道导弹试验的再入阶段，不过即使是那两种雷达，也有作战性任务。（“眼镜蛇”[Cobra] 这个术语有时会出现，是美国一个情报搜集者名字的一部分。它不是指蛇；它是一个缩写，意思是“远程资产搜集”[Collection by Remote Assets]。）

显然，作战性军事运用与情报运用之间的区别很难详细划出，而且这两种用途往往是重叠的。比如，如前所述，敌对飞机或船舶留下的雷达轨迹，在任务结束后通常没有任何价值。然而，如果这些飞机或船舶是人们以前没见过的新型号，雷达的追踪数据就可能包含关于这些船舶或飞机性能的有价值情报信息，并且雷达回波的强度可能会显示出使用反雷达（隐形）技术的端倪。以下是关于雷达使用的一般经验法则：

- 寻找和追踪飞机或船只主要是作战性运用，但也可以是情报运用。
- 搜索并追踪在冲突中使用的弹道导弹再入飞行器是作战性运用，但对另一个国家正在测试的再入飞行器进行同样的追踪，则是情报运用。
- 搜索并追踪另一个国家的卫星，且搜集的信息被用于避免卫星之间碰撞，或瞄准该卫星进行攻击时，就属于作战性运用。用于确定该卫星任务的相同信息属于情报运用。
- 根据数据的使用情况，对地球表面的成像可以是科学研究性质、作战性质或情报性质。

经验之谈的最后一个案例，**联合监视和目标攻击雷达系统**（Joint Surveillance and Target Attack Radar System，JSTARS）飞机载有一台成像雷达，可即时提供场景中移动目标的细节。移动信息在战斗情况下可用于瞄准坦克和卡车之类的移动载具，因此将被视为作战性运用。然而，关于这种移动的信息也有助于了解敌方的大概意图，因此具有情报价值。显然，两者之间有重叠：同一台雷达可以同时用于作战性运用和情报搜集。

二、流程

计划

许多雷达监测都是例行公事；海洋、战场或空间监测通常是全天候的。地基、舰载和高空探测气球搜索雷达通常会进行这种监视；它们不断地监视观察范围内的所有活动。飞机、无人机和空间雷达的情报搜集通常需要考虑特定目标的任务规划。

一些通过雷达进行情报搜集的计划是临时安排的，例如，根据即将进行武器试验的迹象，对其使用雷达来搜集情报。搜索和成像雷达可能会专门针对一片具有情报价值的地区，比如危机加剧的地区。目标追踪雷达也可能会瞄准某个具体目标，因为收到的密报称该目标有情报价值。物体识别和成像雷达通常也会针对具有情报价值的特定物体。

搜集

使用雷达的大多数情报搜集活动包括空中监测，地表（陆地和海洋）监测，空间监测以及追踪和描绘再入飞行器的特征。介绍雷达的工作波段和工作原理之后，我们来看一些已被用于搜集各频段情报的雷达。

雷达频段。大多数雷达在第 7 章讨论的射频波谱内指定频段工作。国际电信联盟在整个甚高频（VHF）、特高频（UHF）和微波波段中为雷达分配了特定的频率区。如表 11.1 所示，美国军方和电气与电子工程师协会（Institute of Electrical and Electronics Engineers，IEEE）已经为相同的指示器（designator）分配了更广的波段。不过，国际电信联盟波段更精确地描述了雷达在世界大部分地区的实际工作情况。美国的雷达通常在国际电信联盟的指定频率内工作。少数国家，如俄罗斯，则在国际电信联盟波段以外使用雷达，所以更宽泛的 IEEE 波段和军事指定波段具有一定的实用性。

表11.1 雷达频段

雷达指定频段	国际电信联盟频段	IEEE 和军方频段
HF	—	3—30 MHz
VHF	138—144 MHz; 216—225 MHz	30—300 MHz
UHF	420—450 MHz; 890—942 MHz	300—1000 MHz
L	1215—1400 MHz	1—2 GHz
S	2.3—2.5 GHz; 2.7—3.7 GHz	2—4 GHz
C	5.250—5.925 GHz	4—8 GHz
X	8.50—10.68 GHz	8—12 GHz
K_u	13.4—14.0 GHz; 15.7—17.7 GHz	12—18 GHz
K	24.05—24.25 GHz; 24.65—24.75 GHz	18—27 GHz
K_a	33.4—36.0 GHz	27—40 GHz
V	59.0—64.0 GHz	40—75 GHz
W	76.0—81.0 GHz; 92.0—100.0 GHz	75—110 GHz

激光雷达在光谱中工作，并且在该部分频谱内没有指定的波段。

雷达如何工作。最基本的雷达由发射机、天线、接收机、信号处理器和显示器组成。大多数雷达使用同一条天线来发射和接收信号。

雷达发射器产生电磁波，从一条天线上发射出去，通过无线电波探测天空或空间。进入这片空间的任何目标，如飞机，会将无线电能量的一小部分反射回接收天线上。返回的信号被电子放大器放大，经过处理，然后显示出来，供雷达操作员分析。探测到信号后，就可以测量出物体的位置、距离（范围）和方位。由于无线电波以已知的恒定速度（光速——每秒 30 万千米或每秒 186000 英里）行进，所以能通过测量无线电波从发射机到目标物体然后返回接收机所需的时间，来测定物体的距离。比如说，如果距离为 186 英里，则往返时间为（2 × 186）/ 186000= 两千分之一秒或 2000 微秒。大多数雷达是脉冲式的，这意味着它们的辐射不是连续的，而是作为一连串的短脉冲串发射出去，每个持续几微秒。电子计时器测量脉冲传输与返回信号之间的时间延迟，并计算出目标的范围。目标的方位角、高度和范围决定了目标的位置。因此，雷达提供了目标的精确位置，并根据目标在脉冲间的移动情况，预测目标未来的位置。

现代雷达接收器对返回信号进行数字化处理，将其转换为一系列可通过几种不同方式来分析的数据，以提取有关目标特征的信息。这些数字接收机能探测弱目标的回波，并确定目标的位置、移动和外形轮廓。接收机允许雷达以不同的模式工作；根据所需目标信息的性质不同，雷达可以改变其脉冲形状和调制方式，在不同的方向和不同的脉冲重复率下传输脉冲。数字接收机会处理所有接收到的数据，并自动提取所需的信息。

雷达还可以识别移动目标，并通过观察从移动目标上接收到射频能量时的多普勒频移来测量其速度。多普勒频移是目标特征的重要组成部分。它在技术性搜集中以多种方式使用，且对于成像雷达的功能至关重要，我们将在第 12 章具体解释。

为了满足精确追踪目标和搜索额外目标的需求，雷达天线已经发展出新的配置。大多数较旧的雷达继续使用人们熟悉的抛物面天线的各种型号，它会将射频能量塑成波束。然而，抛物面天线必须机械地移动以探测或追踪目标，并且一次只能追踪一个目标。

新的雷达越来越多地使用相控阵天线而不是抛物面天线。相控阵不会机械地移动天线，而是以电子方式来引导雷达的能量。在相控阵中，有数千个小天线元件安放在一片平的表面上。如果来自各个独立元件的信号全部同时出现的话，它们就会形成雷达波束，波束的方向垂直于阵列面。为了探测没有位于阵列面正前方的物体，人们会使用改变到达天线元件的信号相位的装置。这些移相器会改变射频能量离开或进入天线时的方向，从而控制主波束的方向。

由于相控阵雷达拥有数千个天线元件，因此可以快速依次甚至同时形成多条波束。因此，相控阵雷达能够同时追踪数百个目标；计算机会计算这些波束各自的适当目标测量值。相控阵雷达具有优势。它本质上是多功能的，可以同时搜索和追踪许多不同的对象。因为相控阵雷达的建造和维护成本比抛物面天线的昂贵很多，它们的普及速度很慢，但这些成本已经下降了不少，足以使它们成为新雷达的首选设计方案。

为了高精度追踪弹道导弹和卫星，人们有时会使用干涉雷达。在干涉雷达设计中，几条相对较小的天线会在地面上以 L 或 X 形部署；一条或多条天线会向目标发射信号，所有天线都会接收来自目标的返回信号。通过比较天线之间返回信号的相位差，雷达可以准确地确定卫星或再入飞行器的方位角和高度，并提供准确的轨迹或轨道参数。

工作模式。大多数雷达针对以下讨论的搜集模式之一进行优化。所有这些模式都用于搜集情报。

搜索雷达会传输扫描一片空间的波束，以探测目标。波束会用雷达能量覆盖空间。机场监视雷达和许多防空雷达属于这一种类：雷达的波束是旋转的，使其扫描方位角达到 360 度，以监视在该地区的空中交通。第 8 章提供了这一类型的图例。图 8.11 所示监视雷达是用于监视战场上空活动搜索雷达的示例。

远程搜索雷达，例如用于弹道导弹防御（BMD）和空间监测的雷达，通常需要大型相控阵天线和高功率，并且它们倾向于在较低的雷达波段（甚高频和低特高频波段）工作。美国精确探测飞行器进入相控阵警戒系统（PAVE PAWS）雷达，佛罗里达州埃格林空军基地的 FPS-85 雷达就是本章所述的雷达；俄罗斯的第聂伯和达里亚尔雷达则是搜索雷达的例子。它们的任务之一是探测以前未知的目标，以便追踪和识别它们。

追踪雷达将波束保持在目标（通常是由搜索雷达探测到的目标）上，以便在整个雷达的覆盖范围内跟随或追踪目标。追踪雷达被用于确定目标的位置及其去向。追踪卫星时，这被称为建立卫星的轨道参数。追踪雷达可以使用相控阵或碟形天线，通常会在较高的微波频率下工作。相控阵列对搜索和追踪而言都很有用。前文提到的一个优点是，它们可以同时追踪许多目标，这在空间监测方面是一个特别重要的优势。对于所有天线种类而言，追踪精度都受到天线波束宽度的限制；窄波束宽度更佳。

目标识别雷达（object identification radar）从诸如卫星、飞机、船舶或车辆之类的目标上获得独特的特征。这个特征被用于识别目标的任务或目的。利用雷达来识别和描述物体的特征，是“测量与特征情报”这一分支的一部分，叫作“雷达情报”（radar intelligence，RADINT）。雷达情报的目标包括卫星、导弹、船舶、飞机和战斗车辆。

目标识别雷达可以做很多事情，具体取决于它的设计。可以对目标成像，确定其雷达散射截面，识别并区分各个目标，精确测量部件，确定目标或其部件的运动情况，并测量目标的雷达反射和吸收特性。比如，雷达回波能被用来重建导弹的轨迹，并显示导弹再入飞行器本身的细节和配置。[1]

一种特定类型、被称为空间目标识别雷达的目标识别雷达，则使用各种技术的组合来获得有关卫星、再入飞行器和太空垃圾碎片的信息。这种雷达依靠三种技术进行目标识别：

- 目标的运动（轨迹或轨道参数）和运动的变化；
- 雷达散射截面及随时间的变化；
- 雷达成像。

成像雷达会生成目标的画面。一些飞机雷达生成地球表面的电子地图，用来进行导航。一些成像雷达则被专门设计用来生成地球表面或特定

[1] 原注：US Army Field Manual FM 2-0, “Intelligence,” Chapter 9（May 17, 2004）.

物体的高分辨率图像。第 12 章详细讨论了被称作合成孔径雷达的地球成像雷达。本章将分析一些用于生成目标图像的雷达。

多功能雷达可以在上述两种或更多种模式下工作。战斗机雷达就是多功能雷达；它们可以追踪飞机，同时也能在这片地区内搜索其他飞机。“眼镜蛇戴恩”雷达是多功能雷达的另一个例子。它可以通过改变其工作模式来搜索目标，追踪目标，并获得目标测量结果。

振动测量是一种雷达技术，在情报领域频繁使用。它依靠目标发出的振动进行遥感。相干雷达（维持恒定相位的雷达）会覆盖目标区域；雷达接收器则会提取目标反向散射出来的多普勒频移，从而获得目标特征。

微波振动计用于搜集通信情报已有几十年了。具体概念是向附近的目标（差不多距离几百米）传输强相干的电磁信号。然后，目标通过轻微的振动（通常是声振动）调制信号进行再辐射。之后，接收器的天线会收到再辐射信号，并进行解调，以恢复声学信号。该技术在第 4 章做了介绍，并被描述为射频泛洪算法。它被用来恢复音频，就像美国大使的国徽事件一样。第 4 章还描述了激光器如何利用相同的技术，即利用建筑物内的窗户或类似固定装置的音频振动来获取通信情报。

振动测量也可以用于获取关于某目标、目标区域或区域内活动的非文字信息。振动测量技术被用于进行目标识别；它可以识别由目标运动部分反射的射频信号所产生的独特特征。它可以感应建筑物表面或地下设施上方地面的振动，以识别在设施中工作的机器或者设施中进行的活动。机器生成的声学特征通常是独一无二的，并且随着时间推移，机器的特性及其工作模式能提供有价值的情报内容。激光可以用于许多相同目的，例如用于探测机器的噪声或直升机叶片的转速。在 20 世纪 80 年代，人们使用激光雷达振动测量时，能在 5 千米的范围内识别直升机。[1]

可以使用来自目标附近源头的有源射频辐射来获得特征，而不是向目

[1] 原注：*U.S. Army Communications-Electronics Command Annual Historical Review*（October 1, 1985–September 30, 1986），200.

标区域发射射频信号。例如，安装在飞机上的雷达或电台的信号会被飞机的螺旋桨或喷气涡轮叶片调制。这种调制虽然微弱，但可以提供飞机种类和识别具体的飞机。从电视或电台站点发出的无害信号，也可被成功用于泛洪测定某一设施或目标。

超视距雷达通常根据其工作的几何形状而被分为两类：可以看到视线之外目标的超视距雷达，以及工作范围被限于视线内的视距雷达。

超视距雷达在高频波段或其附近波段工作，此处的无线电波在电离层被反射回来，这种现象允许人们接收数千英里外地面站发出的国际无线电广播。传统的雷达在视线内工作，意味着它们看不到远处靠近地球表面的目标。[1] 相比之下，超视距雷达的信号会被电离层反弹，它可以绕过地表曲率，从而能监视 1000 千米或者更广阔的范围，监视一些在其他情况下无法监视的区域。它们可以监视飞机和船只的运动。但这样的雷达建造起来价钱不菲，操作起来也很棘手。它们依赖电离层，这是一个不断变化的反射体。工作波段非常嘈杂，有许多干扰信号，而高频雷达也没有预留频率（如表 11.1 所示）。雷达从反向散射的地面回波获得强烈的杂波，必须从中分离出所需的信号。为了解决这些问题，需要在设计雷达时配上非常大的天线，非常高的功率，以及复杂的信号处理系统。美国用于搜集情报的两台此种雷达是“眼镜蛇迷雾”（Cobra Mist）和空军的 FPS-118（OTH-B）。

代号为“眼镜蛇迷雾”的 FPS-95 超视距雷达是 20 世纪 60 年代末在英国北海海岸建造的，用于监测东欧和苏联西部地区的空中和导弹活动。设计者期望“眼镜蛇迷雾”能探测并追踪苏联西部和华沙条约国家上空的飞机，并监测从普列谢茨克的苏联北部舰队导弹试验中心发射的导弹。雷达的工作频率范围为 6 到 40 兆赫兹。

“眼镜蛇迷雾”是当时最大、最强、最精密的超视距雷达之一，设计者们期望它能够为雷达性能和能力制定新的标杆。它设计为信号只需在电离层

---

[1] 原注：海岸警戒雷达工作在高频频段，因为英国人当时只能制造该频段的高功率发射机。这种雷达是传统的视距雷达，不是超视距雷达。

反弹一次，就能探测和追踪飞机的运动及 500 海里至 2000 海里范围内的导弹发射情况。这种雷达为已事先知道大概位置的高优先级目标提供了探照灯模式。这些目标可能包括单架飞机，紧凑的飞机编队，或者发射的导弹。

与任何超视距雷达一样，这种雷达性能的关键是将目标回波与强烈的地面杂波分离。[1] 然而，雷达的探测性能从一开始就受到噪声影响，这些噪声出现于地面杂波存在的所有范围内。先进的信号处理器无法将目标与所谓的“杂波相关噪声”分离开。

在现场进行的实验未能揭露噪声的来源。噪声似乎与对陆地区域的成像有关，和海面无关。人们考虑到电子对抗措施的可能性，没有将其排除。经过多次确定噪声源并纠正问题的尝试后，该雷达项目于 1973 年 6 月被终止，设备被移走或者放在原地，任凭其老化。产生噪声的原因尚不明。[2]

按照对地球的覆盖范围来算，美国空军超视距反向散射（over-the-horizon-backscatter）防空雷达系统 OTH-B 是世界上对地覆盖范围最大的雷达系统。自 1970 年开始，经过了 25 年，有 6 个 OTH-B 雷达修建完成，用于监测接近美国的飞机。位于缅因州的 3 个雷达监测的是北大西洋、南大西洋和加勒比海的空中交通。位于俄勒冈州和加利福尼亚的 3 个雷达则监测北太平洋和南太平洋上空的交通情况。

然而，OTH-B 计划遭遇了时间上的意外。雷达被部署后不久，冷战就结束了。西海岸的 3 个超视距雷达被关停。缅因州的 3 个雷达被重新分配给缉毒监测工作——专门监测从墨西哥湾对面接近美国的飞机。OTH-B 的追踪数据会被直接传送到国防部和负责禁毒的民事执法机构。东海岸雷达于 1997 年 10 月正式停止工作。[3]

---

[1] 原注：任何观测地球表面的雷达必须处理从地面或水面返回的杂波无用信号。返回杂波往往非常强，会隐藏有情报价值的目标。雷达也会遭遇诸如下雨等天气现象引起的杂波。

[2] 原注：E. N. Fowle, E. L. Key, R. I. Millar, and R. H. Sear, “The Enigma of the AN/FPS-95OTH Radar,” accessed 23 September 2012 at www.cufon.org/cufon/cobramst.htm.

[3] 原注：USAF Fact Sheet: “Over the Horizon Backscatter Radar: East and West,” accessed 23 September 2012 at www.acc.af.mil/library/factsheets/factsheet_print.asp?fsID=3863&page=1.

尽管超视距雷达在工作上遇到了各种挑战，它们仍然被用于辅助各种行动和情报搜集活动。原因是，单个超视距雷达就可以监视地球上一片非常大的区域。图 11.1 阐明了这一点，它显示了 OTH-B 提供的区域覆盖范围。

在更近的距离上，雷达也可被设计作为地波雷达工作，但距离仍然超出视距。通常，这种雷达会被用于探测并追踪最远位于几百千米外的远洋航行船只或低空飞机。虽然它们被称为“超视距雷达”，但这些雷达不会让其信号被电离层反弹。相反，雷达能量会沿着海面传播，被诸如船只的障碍物反射回来，并返回到接收天线。澳大利亚已在其北部部署了一种“地波扩展海岸区域雷达”（Surface-wave Extended Coastal Area Radar，SECAR）。SECAR 利用单独的传输和接收站，旨在提供沿海监测、经济资产保护、威慑走私行为、天气（风暴）监测、非法移民监测和海运交通管制等服务。[1]

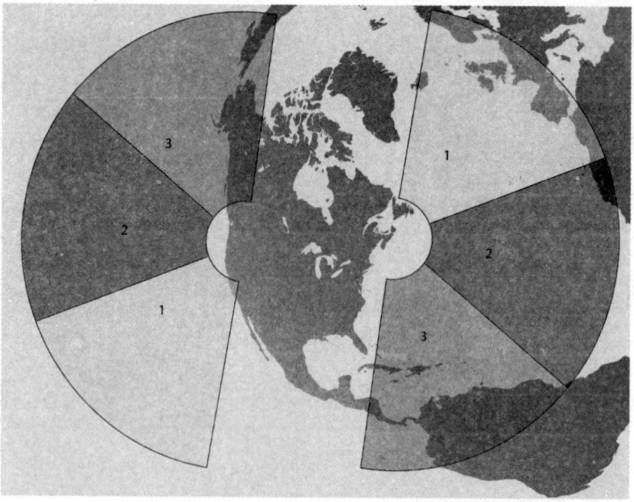

图 11.1 OTH-B 雷达覆盖范围

[1] 原注：Australian Government Department of Defence, “Radar Surface-Wave Extended Coastal Area（SECAR）, accessed 23 September 2012 at http://www.defence.gov.au/teamaustralia/radar_surface-wave_extended_coastal_area（SECAR）.htm.

大多数雷达的工作频率高于高频波段，由于无法看到地平线以下的目标，所以被称为“视距雷达”。以下是对主要视距雷达工作波段的讨论，以及在甚高频和更高频率波段中工作的情报雷达的一些示例。这种雷达的说明性清单，不包括用于情报搜集的所有雷达。

甚高频。在两个标准甚高频波段（138 至 144 兆赫兹，216 至 225 兆赫兹）内工作的雷达通常是用于远距离搜索的。这些波段以前被用于空域搜索，但现在甚高频雷达最常见的应用——至少在情报领域——是用于探测、追踪弹道导弹和卫星。这些地基雷达通常使用大型天线（不过要比高频波段中使用的天线小）。一个主要的缺点是，与高频波段一样，甚高频波段挤满了其他信号，通常噪声非常多。

法国格拉夫雷达是用于情报的甚高频雷达的一个例子。它被专门用于空间监测。它具有新颖的设计：是**双基地雷达**，意味着发射机和接收机在空间上是分离开的。格拉夫的发射机位于法国东部的第戎空军基地附近。接收机位于离发射机大约 400 千米远的法国南部阿尔比恩高原。发射机使用甚高频信号连续地扫描一定大小的空间。接收机扫描相同体积的空间，监测卫星，并通过多普勒频移的回波来估计卫星的速度和方向。据报道，该雷达可以监测在 400 至 1000 千米轨道高度上移动的物体。

格拉夫雷达于 2005 年 11 月开始工作。从那时起，它一直保存着约包括 2000 颗卫星的最新数据库。根据法国人的说法，格拉夫已经追踪了数十颗敏感卫星，美国不会公布它们的轨道要素。法国人威胁要公布关于美国卫星的轨道要素，把这当作一种谈判工具；他们反对美国在空间编目中，将法国敏感卫星的轨道数据纳入其中的做法。[1]

特高频。特高频雷达波段（420 至 450 兆赫兹，890 至 942 兆赫兹）是在目的和设计上都与甚高频波段雷达类似的雷达工作波段。然而，特高

[1] 原注：Peter B. de Selding, “French Say ‘Non’ to U.S. Disclosure of Secret Satellites,” Space.com (June 8, 2007), accessed 2 October 2012 at at www.space.com/3913-french-disclosure-secret-satellites.html.

频波段遇到的噪声和干扰较少。特高频波段被定义为从 300 兆赫兹延伸到 3000 兆赫兹的波段，从技术上说，它包括下文将会讨论的雷达 L 和 S 波段。然而，根据惯例，"特高频雷达"这个术语仅用于表示在 420 至 450 兆赫兹和 890 至 942 兆赫兹波段中工作的雷达。

图 11.2 是位于佛罗里达州的 FPS-85 雷达的图片。[1] 这是一个专门用于执行空间监测的雷达示例，空间监测包括在太空中搜索、探测、追踪并报告物体。FPS-85 工作在 442 兆赫兹。

图 11.2 FPS-85 雷达

这个雷达建于 1961 年。它是作为一项科学实验而开发的，因为它是第一个具有此种大小和功率的相控阵雷达。1965 年，它被火灾摧毁。该设施在 1969 年重建，至今仍在持续不断地工作着。

FPS-85 非常适合进行空间监测。它的位置，它 180 度的主波束方位角（正南方），以及它地平线上 45 度的仰角，都能让它对太空有着不俗的覆盖范围。[2]

[1] 原注：照片由美国空军提供。

[2] 原注：J. Mark Major, "Upgrading the Nation's Largest Space Surveillance Radar," www.space.com/3913-french-disclosure-secret-satellites.htmlwww.swri.edu/3PUBS/BROCHURE/D10/survrad/survrad.HTM .

该雷达拥有一个包括 7000 多颗卫星和太空垃圾碎片的数据库，并会在它们进入雷达覆盖区域时追踪这些物体。它每天产生约 20000 个观测值，并将每个物体的时间、高度、方位角、范围和距离速率数据传送到位于科罗拉多州夏延山的北美防空司令部（NORAD）设施。它最远可以观测位于地球同步轨道卫星高度上的深空物体——达 37500 千米——能同时追踪 200 个近地球目标。

请注意，FPS-85 有两条天线，一条用于发射，另一条用于接收。这跟上面所讨论的格拉夫雷达不一样，格拉夫是双基地雷达。双基地雷达天线之间的距离与雷达到目标的距离相当，通常距离几百千米。在 FPS-85 中，使用两条天线简化了射频的硬件设计，使雷达的搜索和追踪效率更高。

L 波段。1215 至 1400 兆赫兹波段在全球范围内被广泛用于空中监视，情报方面的用途包括追踪具有情报价值的飞机（例如携带非法货物的飞机）。也用于弹道导弹、卫星的探测和追踪。这是一个很好的折中波段：频率足够高，能避免较低频率的噪声和干扰影响；但也足够低，可让人们以合理的成本建造高功率搜索雷达。

“眼镜蛇戴恩”雷达是这种情报搜集传感器的一个例子。它建于 1977 年，位于阿拉斯加的谢米亚岛上。这个雷达的主要任务是追踪、搜集外国的洲际弹道导弹（ICBM）和潜射弹道导弹（SLBM）的特征数据。有了这些特征数据，便能够对他国履行条约的情况进行监测，并且能在技术方面评估外国洲际弹道导弹的性能。“眼镜蛇戴恩”也有战役性任务；它会对将要击中美国大陆的导弹发出早期预警。[1]

“眼镜蛇戴恩”是相控阵雷达，如图 11.3 所示，它在 1215 至 1400 兆赫兹波段内工作。它使用窄带宽信号获取和追踪目标，并使用宽带宽

[1] 原注：“Missile Defense: Additional Knowledge Needed in Developing System for Intercepting Long-Range Missiles,” U.S. General Accounting Office [GAO-03-600]（August 2003），照片来自 www.DefenseImagery.mil（摄影师 Sgt.Robert S. Thompson）。

(200 兆赫兹）信号对弹道导弹再入飞行器进行特征分析。[1]

“眼镜蛇戴恩”还可以探测、追踪和编制卫星目录，并获得它们的特征数据。但是，由于第 7 章讨论过的权衡问题所限，它在处理这个任务时会受到限制。该雷达是为了获取、准确追踪并获得导弹再入飞行器的详细特征数据而建造的。这些飞行器发射自俄罗斯堪察加半岛和北太平洋。这个要求导致雷达固定朝向堪察加这一方向（即拥有固定的瞄准线）。因此，其空间覆盖不太适合追踪卫星。它的位置和方向使它无法看到某些轨道上的卫星，只能观察到倾斜度在 55 到 125 度之间的卫星。[2] 相比之下，FPS-85 的位置非常好，能获得几乎所有轨道上的卫星轨道信息。

图 11.3 “眼镜蛇戴恩”雷达

S 波段。两个 S 波段（2.3 至 2.5 千兆赫，2.7 至 3.7 千兆赫）是空中和海上搜索雷达以及目标追踪雷达的工作波段。这些雷达一般拥有比 L 波段雷达更小的天线，因此它们通常是可移动的。可移动的地基和舰载雷达都

[1] 原注：National Security Space Road Map, “Cobra Dane”（1998）, accessed 23 September 2012 at www.wslfweb.org/docs/roadmap/irm/internet/surwarn/init/html/cobradan.htm.

[2] 原注：E. G. Stansbery, “Growth in the Number of SSN Tracked Orbital Objects,” NASA Report presented at the 55th International Astronautical Congress of the International Astronautical Federation, the International Academy of Astronautics, and the International Institute of Space Law (Vancouver, British Columbia, October 4–8, 2004), accessed 22 September 2012 at http://ntrs.nasa.gov/archive/nasa/casi.ntrs.nasa.gov/20060022013_2006009640.pdf.

会用上这个波段。

这种主要用于情报的雷达例子，是“眼镜蛇朱迪”雷达。两台“眼镜蛇朱迪”雷达（S 和 X 波段）被安装在一艘叫作 USNS“观察岛”号的船上。该船的主要任务是搜集关于战略弹道导弹的详细雷达特征数据，以确定各国是否遵守国际军控条约。次要任务是搜集美国的导弹开发和战区导弹防御系统的测试数据。它会监测和搜集外国弹道导弹的试验数据，填补“眼镜蛇戴恩”雷达的不足。[1]

“观察岛”号是美国海军历史最悠久的现役舰船之一；它最初是一艘在 1953 年下水的商船，2014 年被 USNS“霍华德 · 洛伦森”号替换，如图 11.4 所示。新舰船载有眼镜蛇王雷达，它在 S 和 X 波段都能发射信号（使其成为我们所说的“双波段雷达”）。S 波段的眼镜蛇王雷达将使用安装在旋转塔上的相控阵天线，从而能同时搜索、探测并追踪多个目标。[2]“眼镜蛇朱迪”将退役，眼镜蛇王可能会接替它，并继续执行同样的任务。

图 11.4　美国海军“霍华德 · 洛伦森”号 [3]

[1]　原注：Raytheon Corporation, “Cobra Judy Radar System,” accessed 22 September 2012 at www.raytheon.com/capabilities/products/cobra_judy/.

[2]　原注：Richard Scott, “Cobra Judy Replacement Starts Trials,” *Jane's Defense & Security Intelligence & Analysis* (July 31, 2012), accessed 28 September 2012 at http://www.janes.com/products/janes/defence-security-report.aspx?id=1065970069.

[3]　原注：U.S. Navy, “USNS Howard O. Lorenzen (T-AGM-25),” public domain photo accessed 28 September 2012 at http://www.navsource.org/archives/09/53/5325 .htm.

C 波段。5.25 至 5.925 兆赫兹波段的雷达，通常设计用于提供非常精确的追踪。该波段的雷达通常被用于火控（即瞄准船只或飞机进行攻击）。

ALCOR 是一种卫星和弹道导弹追踪雷达，是位于南太平洋夸贾林岛的三台空间监测雷达之一。另外两台雷达是 ARPA 远程追踪和识别雷达（ARPA Long-range Tracking and Identification Radar，ALTAIR），及目标分辨与鉴别实验雷达（Target Resolution and Discrimination Experiment，TRADEX）。ALCOR 是一种大功率、窄波束的追踪雷达。它使用窄带（6 兆赫兹带宽）脉冲追踪目标，用宽带（512 兆赫兹带宽）脉冲获得目标图像。宽带波形提供了约 0.5 米的范围分辨率。这些高分辨率数据与先进的雷达信号处理相结合，就可以生成卫星图像。这些图像被用于识别和描述太空物体的特征，并评估航天器的受损状况和任务状态。[1]

X 波段。8.5 至 10.68 千兆赫波段，如 C 波段，传统上一直是精密追踪雷达的工作波段。由于这个波段的典型雷达天线已经比较小了（在 1 米到数米之内），因此这个波段不太适合进行远距离搜索，而且也很难得到用于远距离搜索的高功率。

较新的雷达克服了这个障碍。这一波段下一些新设计的雷达可以做到：搜索、追踪并获取详细的特征数据。一个例子是海基 X 波段雷达，如图 11.5 所示。它是一个漂浮的、自推式的移动雷达站，是为了在狂风大作、波涛汹涌的大海上工作而设计的。它是美国政府弹道导弹防御系统的一部分。这种雷达可以远距离探测并追踪弹道导弹和卫星。它在 X 波段工作，大约为 10 千兆赫，这允许它传输宽带宽信号，获得追踪对象的高分辨率，从而获得非常详细的特征。这些特征使雷达能够区分再入飞行器和诱饵、火箭箭体和残渣。[2]

[1] 原注："The ARPA Lincoln C-Band Observables Radar（ALCOR），" accessed 23 September 2012 at www.smdc.army.mil/KWAJ/RangeInst/ALCOR.html.

[2] 原注：GlobalSecurity.org, "Sea-Based X-Band（SBX）Radar," accessed 23 September 2012 at www.globalsecurity.org/space/systems/sbx.htm.

图 11.5 海上 X 波段雷达

X 波段雷达被设计为可移动的雷达，从而能灵活地执行任务。正如前文在“眼镜蛇戴恩”和 FPS-85 的例子中所指出的，这两个雷达具有固定的位置和天线方向，对其执行任务是有利的，但它们的空间覆盖也是固定的。例如，“眼镜蛇戴恩”可以覆盖探测俄罗斯的导弹试验，但不能覆盖探测朝鲜的导弹试验。X 波段的雷达能一并搜集这两者的情报。

激光雷达。激光雷达的工作方式非常像微波雷达。雷达传输激光脉冲，并探测目标反射回来的能量。与所有雷达一样，能量到达目标并返回传感器所需的时间决定了两者之间的距离。与射频波段雷达不同的是，激光雷达不能透过云层。但激光雷达有两大优势：

- 它的波束非常狭窄，因此可以探测极小的表面（近距离内直径为 1 厘米，在飞机至地面的距离上则不超过 1 米）；
- 可以传输非常短的脉冲，并以高精度测量出距离。

窄波束和短脉冲允许激光雷达产生三维图像，能够在不使用第 12 章讨论的 SAR 技术的情况下实现成像，能测量各种特征的尺寸（比如测量森林冠层或建筑物相对于地面的高度）。

激光雷达最重要的情报用途之一是让伪装或森林冠层无效。激光器对同一目标区域进行许多次测量，使得它能有效地在覆盖目标的材料上找到孔洞。因此，它能够穿透伪装网，以获得从物体内部发出的回波。通过使用这种技术，激光雷达已经能够提供隐蔽于叶子或伪装下的军用车辆的三维图像。这些图像的质量足以让分析人员进行物体分类和识别。[1] 图 11.6（彩色效果见书前插页对应图片）显示了一辆被伪装网隐藏坦克（位于左边）的可见光图像和同一坦克（右侧）的激光图像。[2]

图 11.6　伪装网下坦克的激光雷达图像

激光雷达的重要情报应用是利用荧光现象。一些目标在被光能击中时会发出荧光或发射能量。这不是简单的入射辐射的反射。实际上，激光会以特定波长的辐射照射目标。携带激光器的传感器能探测多个波长的荧光辐射。当目标被照射时，它会吸收激光能量；它的分子、原子或离子被激发，并发射出波长较长的能量。然后，传感器会测量发射出的长波辐射，并且所发射的辐射波长将会提供目标材料的典型特征。该技术很大程度上要用到第 10 章讨论的光谱传感过程。

激光雷达也用于远距离识别材料。许多化学和生物制剂，以及挖掘过

[1]　原注：Richard M. Marino and William R. Davis Jr., "Jigsaw: A Foliage-Penetrating 3D Imaging Laser Radar System," *Lincoln Laboratory Journal*, Vol. 15, No. 1（2005）, 23.

[2]　Photo from Alfred B. Gschwendtner and William E. Keicher, "Development of Coherent Laser Radar at Lincoln Laboratory," *Lincoln Laboratory Journal*, Vol. 12, No. 2（2000）, 393.

程中的废弃物，在暴露于紫外线和可见光时具有独特的荧光光谱，因此紫外线或可见激光都被用于荧光传感。在情报用途方面，紫外光在这些活动中具有明显的优势：人眼无法察觉到它，所以紫外照明器不易被发现[1]。稀土元素和铀之类的一些重原子元素可以发出能被探测到的荧光。在白天，由于正常阳光的强烈反射，荧光难以被探测到，而特殊的滤光片可用来阻挡可见光，并让荧光通过。传感器已能够通过激光诱发的荧光来监测海上油迹之类的污染物。[2]

最后，激光雷达也可用于追踪空间物体，因为它不需要第 9 章中描述的适当照明条件和目标几何形状。图 11.7 显示了这种雷达的一个例子，俄罗斯“萨珍 M”（Sazhen-M）雷达有两台望远镜。一个是激光发射机，另一个则接收返回信号。

处理和利用

用于情报目的的雷达数据的处理和利用，通常旨在提供具有情报价值的目标位置，即追踪。这类追踪信息提供了一种模式：

- 对飞机而言，该模式是地理空间的；飞机的位置和飞行轨迹可以透露出它们任务的某些端倪，例如敌对意图，或者是否在运送非法武器或毒品。飞机的高度和速度也可以帮助人们确定其任务。
- 对弹道导弹而言，该模式是再入飞行器的轨迹。该轨迹允许雷达识别再入飞行器目标。此外，雷达还可以识别再入飞行器进入过程中的机动动作（这种机动的设计目的通常是为了避开反导弹防御措施，或提高弹头精度）。

---

[1] 译注：驯鹿除外，据研究显示，驯鹿为了适应极地生活，其肉眼能够看见紫外线。

[2] 原注：T. Sato, Y. Suzuki, H. Kashiwagi, M. Nanjo, and Y. Kakui, “A Method for Remote Detection of Oil Spills Using Laser-Excited Raman Backscattering and Backscattered Fluorescence,” *IEEE Journal of Oceanic Engineering*, Vol. 3, No. 1（January 1978）, 1–4.

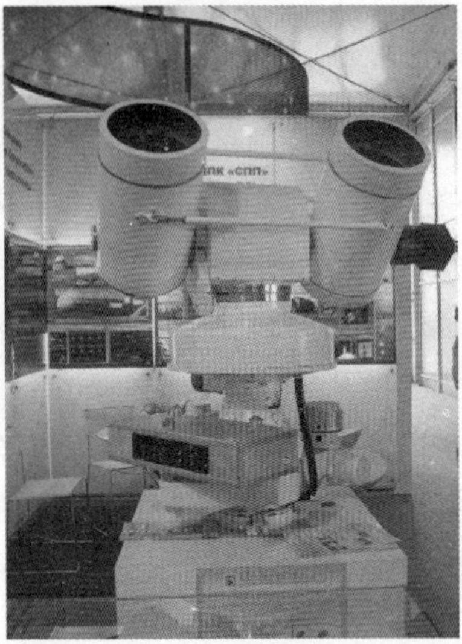

图 11.7 “萨珍 M”激光雷达 [1]

- 对卫星而言，该模式是卫星的轨道参数。轨道参数有助于确定卫星的任务。某一物体轨道行为的历史记录可用于确定它的活动是否正常。卫星有时会为了纠正航差和阻力而进行机动，这些机动给人提供了有关卫星的任务和工作状况的额外情报。

监测目标运动对雷达来说是一种相对简单的、获得目标情况的方式。在搜集弹道导弹试验信息时尤为重要。弹道导弹再入飞行器拥有弹道系数，即 β。β 是基于重量、阻力和横截面的一个数字。具有高 β 值的飞行器通常光滑而细长，并且阻力小；它们会快速通过上层大气，不会减速，只有到达较厚的下层大气时才会减速。低 β 值导弹的减速过程基本都在大气层中。可能伴随再入飞行器的雷达诱饵通常比再入飞行器轻，因此它们更会受到大气的影响。最后，如上所述，一些再入飞行器会进行机动，以提高准确性或避开弹道导弹防御系统，而情报用户想知道再入飞行

[1] 原注：Photograph by Elen Schurova, used with permission, accessed 26 October 2012 at http://www.flickr.com/photos/elschurova/6065690244/sizes/1/in/photostream/.

器是否能够进行机动。

对卫星而言，出于大概同样的原因，目标的运动也可以显示很多信息。近地轨道上较重的卫星，相比轻质的残渣而言，受大气阻力的影响更小。卫星在其预计轨道上的异动情况，可以表明其工作状态及其意图。例如，可以通过推进器来移动卫星，以避免遭到攻击，或者让它逃避监视。

处理和利用的另一个主要情报目的是：确定目标，并在某些情况下测量目标的特定特征。

雷达可以测量飞机、卫星或再入飞行器的雷达散射截面，雷达散射截面将随时间变化而变化。雷达散射截面的周期性变化可能表明目标正在翻滚或进行机动。一些变化可以表明目标正在改变其方向，例如装载的天线发生移动。

成像雷达也被用于识别机载和空载物体。但大多数搜索与追踪雷达缺乏必要的分辨率，无法提供这些目标的有用图像。目标识别雷达有足够的分辨率，并被用于识别飞机、卫星或再入飞行器不同部分的雷达回波，从而生成特征。每个目标反射雷达能量时都有着独特的辐射方向图或雷达散射截面（特征），这是目标的形状和材料特性的函数，也是雷达至目标几何形状的函数。不同类型的对象产生不同但可定义的特征，可以通过对其测量来确定目标的形状和大小，并用来识别和分类具有情报价值的目标。

例如，卫星由几个相互连接的物体组成，每个物体都会将雷达能量散射回雷达。在卫星相对于雷达的某些方向上，连接这些中心的臂状结构也会强烈地将雷达能量反射回雷达。此外，每个主要散射中心又由几个较小的散射中心组成，这可以通过高分辨率雷达分离（分辨）出来。

成像雷达技术试图以最高的分辨率来分辨这些散射中心，使得散射中心形成卫星的详细图像。一些目标识别技术还试图观察中心的运动（例如天线或太阳能电池板的再定位运动）。将部件移动情况的图像和观测情况结合起来，就可以显示飞机、卫星或再入飞行器的任务和行动的许多信息。

通过记录目标经过时各部分反射能量的距离和强度，就可以生成表面的二维图像。图 11.8（彩色效果见书前插页对应图片）是一个圆锥形再入飞行器的雷达图像，与该飞行器的实际形状进行了比较。[1]

传统的远程搜索雷达无法提供图像。它们在卫星范围内的波束宽度很宽（几百米的数量级），使得散射中心不能在方位角上进行解析；正常的雷达脉冲宽度在几十到几百米的数量级上，使得散射中心在远距离时无法分辨。对这些雷达而言，目标似乎是个大的散射中心。

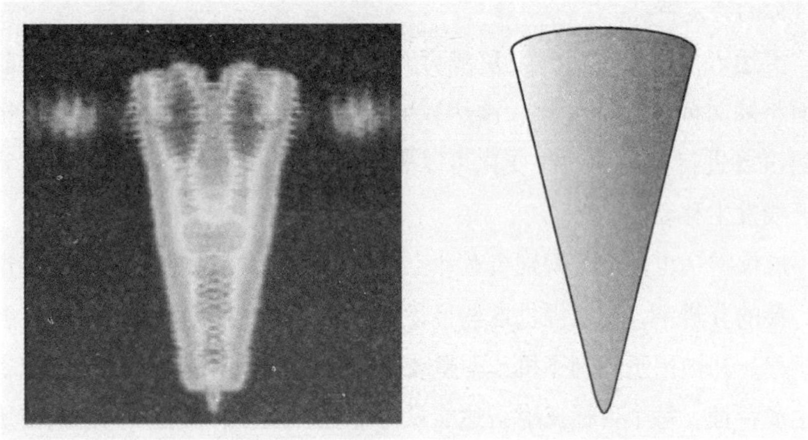

再入飞行器的雷达图像　　再入飞行器的形状

图 11.8　再入飞行器的雷达图像

相比之下，目标识别雷达会使用非常宽的带宽，产生可以有效分离出距离小于 1 米的散射中心的脉冲。然后可以使用称为“距离多普勒处理”的技术来获得良好的方位角分辨率。特别的一点是，人们可以使用被称为逆合成孔径雷达（ISAR）的技术，在卫星或飞行器的行进方向生成实际上有数千米长的阵列；这样的阵列在行进方向上具有非常窄的波束宽度，使得散射中心可以在方位角上得到解析。该技术与第 12 章讨论的机

[1]　原注：Daniel R. Martenow, “Reentry Vehicle Analysis,” CIA, *Studies in Intelligence*（Summer 1968）, figure taken from Kevin M. Cuomo, Jean E. Piou, and Joseph T. Mayhan, “Ultra-Wideband Coherent Processing,” *Lincoln Laboratory Journal*, Vol. 10, No. 2（1997）, 203.

载和空载合成孔径雷达的原理相同，只是雷达静止而目标移动，而不是相反（这就是它被称为逆合成孔径雷达的原因）。美国在马萨诸塞州的“干草堆”（Haystack）雷达，德国瓦赫特贝格的追踪和成像雷达（tracking and imaging radar，TIRA），就是具有逆合成孔径雷达能力的目标识别雷达。

高距离分辨率和高方位角分辨率的组合可用于生成雷达图像。[1] 图 11.9（彩色效果见书前插页对应图片）显示了欧洲环境卫星的雷达图像。我们可将这张图和第 9 章所示的欧洲环境卫星光学图像进行比较（见图 9.6）。如图所示，雷达成像不像光学成像那样容易看懂。需要对该图像进行判读，要了解这种图像，也必须了解卫星和飞机是如何设计的。该图像由追踪和成像雷达于 2012 年 4 月 10 日生成。[2]

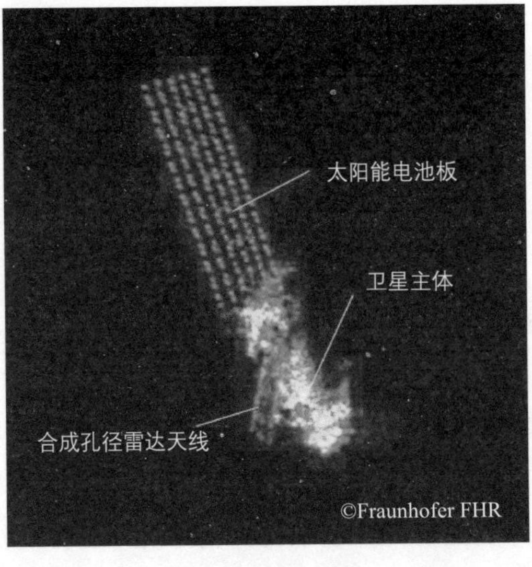

图 11.9 欧洲环境卫星的雷达图像

欧洲环境卫星的图片由 Space.com 和 Fraunhofer FHR 提供。

[1] 原注：Nicholas L. Johnson, “U.S. Space Surveillance,” paper presented at World Space Congress (Washington, DC, September 1, 1992).

[2] 原注：Tariq Malik, “Huge, Mysteriously Silent Satellite Spotted by Another Spacecraft,” *Space.com*（April 20, 2012）, accessed 26 September, 2012 at http://www.space.com/15369-mysteriously-silent-envisat-satellite-space-photos.html.

分发

如前所述，一些雷达情报是连续搜集的，并定期分发给大型用户群；例如卫星的轨道要素。战场、空中和海洋的监视产品也得到了广泛分发。但雷达也用于精选或定向情报搜集活动，例如对导弹试验和涉及走私或灰色武器运输的飞机进行情报搜集。这种定向情报搜集产品的分发相对更有限。

第 10 章讨论了使用光学系统来保持空间编目的更新。空间监测雷达是用于维护低地球轨道卫星编目的主要工具。在识别新的卫星、飞行器和船只目标时，目标识别雷达也依赖于一套雷达散射截面特征和图像。

三、结构

大多数支持情报搜集的雷达都由军事或执法单位拥有和控制，主要用于战役性目的。所有美国军事单位都掌握着主要具有战役性功能的雷达，但有时也用于情报目的。空中、海洋和太空监视雷达有时都被认为拥有双重用途 。

执法单位掌握着监视空中、地面和海洋的雷达，主要用于打击毒品贩运和非法移民，并在一些地区用它监视灰色军火交易。这些雷达会直接支援作战，由行动单位控制，但也拥有提供情报这一任务（处于第二位）。

四、小结

雷达有广泛的民事和军事应用。大多数雷达用于在地理上定位目标并追踪其移动。机载雷达和空载雷达也用于测绘地球表面，探测并追踪地面上具有情报价值的目标；机载雷达则会搜寻天空，以探明天气或其他飞机。因此，雷达被用于许多目的，其中大部分与情报无关。一般规则是，如果雷达的数据超过了任务的直接需求，具有持久价值的话，就属于情报或研究数据。如果没有这样的持久价值，那它通常是战役性数据。

雷达通常会经过优化，从而执行四种功能中的一种。搜索雷达会传输扫描空间的波束，以探测目标。追踪雷达将波束保持在目标（通常是由搜索雷达探测到的目标）上，以在整个雷达覆盖范围内跟随或追踪目标。成像雷达会生成目标的图像，但传统射频波段的雷达所产生的图像分辨率差。目标识别雷达会测量机载或空载目标的物理特性，以获得目标的情报细节。多功能雷达可实现上述两种或多种功能。雷达还可以获得具有情报价值的独特目标特征，如振动测量特征。在振动测量中，相干雷达可以扫描目标或目标区域；从目标反向散射的多普勒频移中得到具有情报价值的特征。

用于空间监视和导弹监视的雷达，旨在执行三种功能中的一种或多种：搜索弹道导弹、再入飞行器或空间物体（卫星或太空垃圾碎片）；精确追踪这些物体；并识别它们。每种功能都需要一些不同的雷达设计，不过可以通过牺牲功能性来制造具有三项功能的雷达。相控阵雷达最普及，因为它们可以执行多种功能，并同时追踪多个目标。

大多数雷达都会在指定的波段范围内工作，为了特定的情报目的，雷达会使用这些工作波段：

- 超视距雷达在高频波段或其附近波段工作；它们通过电离层反弹信号，以绕过地球的曲率来进行监测，使其能对其他方法无法进入的地区进行雷达监测。它们具有能够监测某国内部或海上远距离移动目标的优点，并且能在数千千米距离范围内提供几乎连续的监测。
- 甚高频和特高频雷达用于空间监测。
- L 波段雷达广泛用于监测空中活动，并用于监测弹道导弹试验。
- S 和 C 波段雷达可以精确追踪飞机、导弹和卫星。除了追踪之外，

C 和 X 波段雷达也被用于获得这些目标的图像。

- 激光雷达具有比微波雷达更窄的波束和更精确的测距能力，这是它相对于微波雷达的优点。这些优点允许激光雷达生成 3D 图像。它们还允许激光雷达做两件具有情报价值的事情：穿透森林冠层和伪装网，并以高精度追踪卫星。

[第 12 章]

合成孔径雷达

我们在第 9 章和第 10 章讨论了依赖太阳作为光源或目标物体发射光线的被动（无源）成像。从第 11 章可知，雷达图像采用的是与此相反的主动（有源）传感，雷达图像也因此具有实质性的优势，如下所述。

我们还从第 11 章知晓传统雷达可在扫描地球表面时生成图像。机载和舰载搜索雷达定期提供周边地区的图像用于导航。问题是，激光雷达图像（见第 11 章）可以提供较多细节信息，但传统雷达图像（即使是微波波段的雷达图像）可以提供的细节信息并不多。微波雷达图像的分辨率很差，原因是它的像素太大（约为几百米，取决于雷达的脉冲宽度及其与目标的距离）。

合成孔径雷达则不然。因此，当讨论用于情报搜集的**成像雷达**时，我们谈的一般是合成孔径雷达，它绝非传统雷达。

一、功能

合成孔径雷达是一种制造和运作最为复杂的远程传感器（remote

sensor)，又是情报搜集中最重要的。与光学成像相比，合成孔径雷达成像具有许多优势：

- 合成孔径雷达可提供夜间及大多数天气、云层条件下的高分辨率图像；
- 合成孔径雷达可以从平台侧面观察并获得图像，这意味着它们可以通过建筑、厂房和隧道的开口进行观测；
- 合成孔径雷达图像能够对地面质地、植被、海洋表面、雪和冰进行详细的特征描述，它甚至可以注意到这些目标随着时间推移发生的微小变化。

合成孔径雷达图像能与可见光、红外或高光谱图像结合，生成单独使用其中一种图像方法所无法生成的目标图像。以下是合成孔径雷达在情报搜集中的重要应用。

地形测绘与特征描述

光学成像仪（optical imager）可以生成地图，但因为无法测量与目标之间的距离，它在地形海拔测定方面并不出色。合成孔径雷达可以测量海拔，能够提供目标区域的精确地形图。此外，合成孔径雷达可以对地形进行特征描述，并确定可能会对军事行动造成影响的土壤和水分状况。其实现方法是测量目标区域的雷达反向散射（radar backscatter），潮湿的土壤、沙子、岩石区和沼泽都有可被识别出的不同特征。

变化探测

合成孔径雷达的主要优势之一是，它可以探测场景中随时间推移发生的变化，用它来探测变化特别合适。可以观察到的表面变化包括车辙、农作物生长和收割，以及土壤挖掘等等。变化探测还可以观察到由地下施工引起的地表变化，地下开挖导致的纵向沉降和水平断裂都可被探测出来。[1]

穿透树叶和伪装

合成孔径雷达可以穿透通常掩藏着设备或设施的多种材料或表面，如透视帆布帐篷和大多数木棚。合成孔径雷达一个具有明显情报用途的应用是树叶穿透（foliage penetration）。第 11 章讨论了如何使用激光雷达找到树叶中的空隙，并对隐藏的目标成像。合成孔径雷达也可以完成此类成像，而不需要找到空隙，是否需要找到空隙则取决于合成孔径雷达的工作频率。因为目标分辨率随着频率的增加而提高，大多数合成孔径雷达都在频率更高的微波波段（C 和 X 波段）工作。但是，这些频段的雷达不能很好地穿透树叶，而且频率越高，其穿透力越差。我们也可以制造在特高频和甚高频波段工作的合成孔径雷达，在这些较低频率下工作的合成孔径雷达可以有效地对隐藏在繁茂树叶中的物体成像，甚至可以对处于森林冠层下方的物体成像。[2] 它们还可以穿透干燥的土壤，探测埋藏在浅层泥土中的地雷等物体。[3], [4]

识别目标和追踪移动目标

合成孔径雷达可以识别和区分有情报价值的目标，如船只、飞机和军

[1] 原注：J. Happer, "Characterization of Underground Facilities," JASON Report JSR-97-155（April 1999）, accessed 23 September 2012 at http://www.gwu.edu/~nsarchiv/NSAEBB/NSAEBB372/docs/Underground-JASON.pdf.

[2] 原注：Merrill Skolnik, ed., *Radar Handbook*, 3rd ed.（New York: McGraw-Hill, 2008）, 17.33–17.34.

[3] 原注：L. Carin, R. Kapoor , and C. E. Baum, "Polarimetric SAR Imaging of Buried Landmines," *IEEE Transactions on Geoscience and Remote Sensing*, Vol. 36, No. 6（November 1998）, 1985–1988.

[4] 原注：David J. Daniels, *Ground Penetrating Radar*,（London, UK: The Institution of Engineering and Technology, 2004）, 5.

车等。[1] 合成孔径雷达的分辨率越高，它可以获得的目标细节信息就越多。

合成孔径雷达还具有对目标运动进行侦察的能力，可以用于生成对区域中移动目标进行突出显示的图像。该特征通常被称为**“移动目标指示器”**（moving target indicator，MTI）或“地面移动目标指示器”（ground moving target indicator，GMTI），移动目标指示器是更为常用的叫法，因为它的描述更为准确。它可用于侦察飞机、直升机、船舶以及地面车辆的运动。如上所述，如果移动目标指示器合成孔径雷达在甚高频或特高频范围工作，它也可以对隐藏在树叶中的移动目标进行定位和追踪。[2]

二、流程

计划

由于合成孔径雷达在传输信号时需要耗费大量能源，而且卫星上的能源有限，所以空载合成孔径雷达的工作是间断的。情报搜集通常必须进行提前规划，以查看具有情报价值的具体目标或目标地区，以节约能源。机载（包括无人机）合成孔径雷达的能源受限程度没有这么严重，不间断工作的可能性更高。

空载合成孔径雷达的工作轨道在一定程度上是固定的，所以它在任务执行上也有局限性。对特定目标成像时必须要计时，以使目标处于适当的几何位置，即处于卫星侧方的最大和最小范围之间。机载合成孔径雷达的

[1] 原注：Dai Dahai, Wang Xuesong, Xiao Shunping, Wu Xiaofang, and Chen Siwei, “Development Trends of PolSAR System and Technology,” *Heifei Leida Kexue Yu Jishu*（February 1, 2008）, 15.

[2] 原注：Zhou Hong, Huang Xiaotao, Chang Yulin, and Zhou Zhimin, “Ground Moving Target Detection in Single-Channel UWB SAR Using Change Detection Based on Sub-aperture Images,” *Heifei Leida Kexue Yu Jishu*（February 1, 2008）, 23.

灵活性更大，它可以选择一种将目标置于适当几何位置的飞行模式。

在规划时，也必须考虑到我们在第 7 章讨论的覆盖面积和分辨率之间的折中问题。带状图模式（strip map mode）的覆盖面积更广，聚光灯图像模式（spot imaging mode）的分辨率更高。此外，许多合成孔径雷达都需要在工作的移动目标指示器模式和图像模式之间进行选择。

搜集

合成孔径雷达的特点是：它可以基于从目标区域反向散射的微波能量，从卫星、飞机或无人机上对地球表面的目标区域生成高分辨率图像。合成孔径雷达图像是场景中的各点反向散射的能量强度图像。亮度更高的图像像素对应较强的反向散射回波。图 12.1 展示了从机载合成孔径雷达拍摄的五角大楼雷达图像效果。[1] 建筑物上的一些地方（尤其建筑边缘）是

图 12.1　五角大楼的机载合成孔径图像

[1]　原注：Sandia National Laboratory, accessed 23 September 2012 at www.thespacereview.com/article/790/1.

非常强大的雷达反射器（radar reflector），在图上显示为明亮的回波。

合成孔径雷达的工作原理。良好的图像分辨率对情报的价值至关重要。有了更详细的特征，图像分析人员可以提供更准确的情报。如果分辨率足够高，分析人员可以将卡车和坦克、轰炸机和运输机区分开来。一般来说，合成孔径雷达的目标探测和分类性能取决于图像的分辨率。在本章后面讨论的应用，如变化探测，都取决于图像的分辨率。

为了生成高分辨率图像，合成孔径雷达必须在距离（在合成孔径雷达波束的方向）和方位角（垂直于雷达波束）上具有良好的分辨率。实现这两方面的高分辨率，需要完全不同的技术。研究人员在 20 世纪 50 年代初期首次考虑使用雷达生成图像时，他们面临着两个难题：

- 首先，为了在一次脉冲中获得足够的能量来探测较小的目标，雷达必须传输非常长的脉冲，这使获得的距离分辨率非常差——其分辨率数量级为千米，而所需的分辨率小于 1 米。
- 其次，来自天线的波束以一定间距展开，所以 1 度宽的光束在 60 千米距离下为 1 千米宽，意味着方位角分辨率为 1 千米，远低于小于 1 米的目标分辨率。

a. **获取距离分辨率**。第一个问题解决起来较为容易。对于常规雷达，距离分辨率取决于发射脉冲的持续时间，即脉冲宽度（pulse width）。1 纳秒（nanosecond，十亿分之一秒）脉冲的距离分辨率约为 1 英尺，这是很不错的距离分辨率。但是，1 纳秒脉冲带有的能量很少，所以大多数目标的反向散射信号很难被雷达接收器探测到。更长的脉冲，例如 1 微秒的脉冲，可以提供 1000 倍的能量，其反向散射信号会更容易被探测到。但是，1 微秒脉冲的距离分辨率约为 1000 英尺，这对于情报应用来说是完全不可接受的。我们面临的挑战是，如何在以 1 微秒（或者更长）的脉冲照射目标时，获得 1 纳秒脉冲下的距离分辨率。

解决方案是，使用被称作**脉冲压缩**（pulse compression）的技术生成时域宽、通电短的脉冲。大多数合成孔径雷达使用调谐脉冲（frequency modulated，FM）即**啁啾脉冲**（chirped pulse）来实现脉冲压缩：其频率在脉冲时域内平稳变化，如图 12.2 所示。类似此图所示的脉冲包含多段频率，具有较大的频带宽度。因此，可对其进行处理以获得相同带宽下更短脉冲的距离分辨率，这样做的结果是同时获得长脉冲的能量强度和短脉冲的分辨率。利用这种技术，许多雷达（常规和合成孔径雷达）都可以具有 1.8 千兆赫兹的传输带宽（对应 0.1 米的距离分辨率），同时具有足够的能量来探测较小的目标。

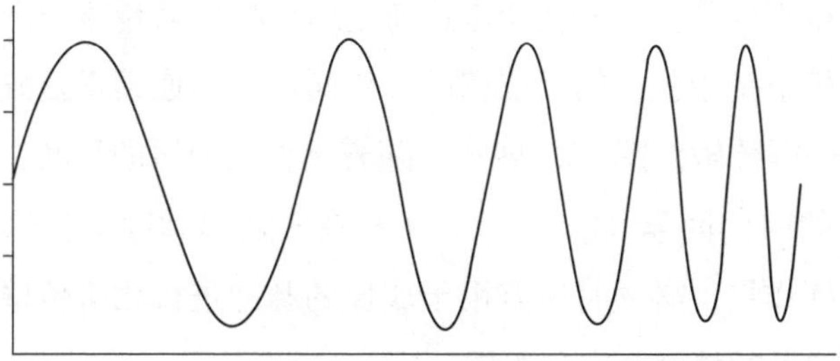

图 12.2　啁啾脉冲的频率变化

b. **获取方位角分辨率**。解决第二个问题——方位角分辨率——并不容易。解决这个问题需要一根很长的天线，这在物理上是不可能实现的。能够提供 1 米方位角分辨率的天线，其长度必须跟它和目标之间的距离大致相等，大约在几百千米。显然，如果使用标准的相位阵列雷达设计（具体来说就是天线阵列的所有元件同时发射一个脉冲），飞机或卫星无法携带这样的天线。解决这个问题要认识到：(1) 如果天线有一个较大的电气孔径（electrical aperture），它就不需要大物理孔径；(2) 如果不要求来自天线元件的脉冲同时传输，就可以有一个较大的电气孔径。也就是说，可从小天线传输脉冲；短距离移动天线，再传输另一个脉冲；再次移动和传输并进行多次重复。然后存储每个脉冲的所有回波，对它们进行处理以获得与整个过程中小天线移动距离（通常为数百千米长）等长的天线效果。合成孔径雷达成功的关键在于，认识到只要脉冲传输是相干传输，就不必进行同时传输，如下所述。

当然，即使快速移动的卫星飞行数百千米也需要一些时间，如果是载有合成孔径雷达的飞机或无人机，飞行数百千米则需要更长的时间。在此成像期间，目标区域的变化和雷达所观测到扫描角的变化会让所得的图像有一定的失真，如下所述。

c. **形成合成孔径雷达图像**。合成孔径雷达成像需要两个步骤来获得数据，而且为了恢复场景图像的精细分辨率，会对一系列雷达距离回波数据进行搜集和相干处理。合成孔径雷达通过向目标区域传输一系列相干脉冲发挥作用；相干是指脉冲的相位相同，如同被当作连续正弦波被不时切断以产生脉冲一样传输。图 12.3 展示了随着飞机或卫星的移动，相干脉冲串如何以相等的时间间隔（t_1，t_2，...... t_n）在一连串脉冲中传输。要使合成孔径雷达发挥作用，必须将所有用于成像的脉冲进行相干传输，并且雷达要记住传输信号的精确频率和相位。

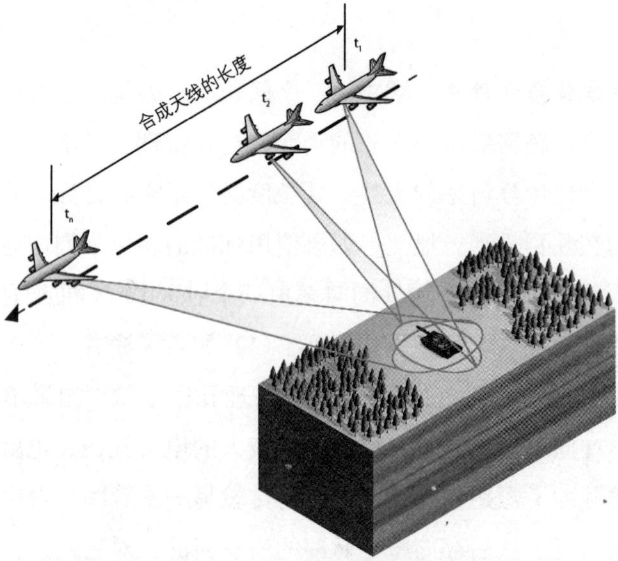

图 12.3　生成合成孔径雷达图像

当反向散射信号返回时，接收器会测量其回波强度，并将反向散射信号的频率和相位与发送信号的频率和相位进行比较。细微的频率偏移（相位差）都会被注意到，这些信号的强度和相位差会被记录下来。通过许多脉冲搜集的记录被称为“相位历史数据”（phase history data，PHD）。在一段时间内搜集的强度和光谱信息会被用于生成目标图像。

要了解合成孔径雷达如何在如图 12.3 所示的大型地面行迹中对小目标进行精确定位，就要了解多普勒频移的工作原理。如果你是图中飞机上的观察员，在 t_1 时，你将看到目标（在突出显示的地面区域）朝你所在的方向移动；雷达将测量到比它传输波频率更高的回波（正多普勒频移，positive Doppler shift）。到达 t_2 时，你将看到目标区域以比之前更慢的速度向你移动，雷达会测量到递减的多普勒频移。之后，当你通过目标区域时，多普勒频移将变为零。当你到达图中的时间 t_n 时，目标区域看起来在渐渐远去，雷达会测量到一个负多普勒频移。

合成孔径雷达用相对运动感知（perception of relative motion）将目标置于方位角或横向距离方向。位于目标区域不同位置的目标，会有不同的多普勒频移记录。雷达接收器会捕获所有回波及其相关的多普勒频移，而且相位历史数据的后续处理可以提供场景中每个目标的理想方位角分辨率。为了获得方位角分辨率而依赖多普勒频移，使得合成孔径雷达在位于目标上方时的成像效果不佳。

我们大多数人都在声波中体会过多普勒频移或多普勒效应。快速移动的交通工具（如飞机）发出的声音，或火车经过时发出的喇叭声，随着飞机或火车远去，这些声音会变得低沉。实际上，声波和电磁波的多普勒效应是一样的，两者都可用于成像。用于诊疗的超声成像（ultrasound imaging），依赖多普勒效应对体内器官成像和测量图中的血流量。

聚光灯成像和带状图成像（Spotlight and Strip Map Imaging）。合成孔径雷达可以作为聚光灯成像仪或带状图成像仪。至于使用哪一种模式，取决于所需的分辨率和和覆盖面积之间的权衡。

在聚光灯模式下，整个航天器会旋转到目标所在方向，以增加整合时间（integration time），从而提高在轨分辨率（in-track resolution）。为了获得最佳分辨率，合成孔径雷达以聚光灯模式工作，从单个地形区域搜集数据。合成孔径雷达平台在经过场景时，雷达波束会被不断调整，使其始终指向地面上的同一个区域。随着对地面某区域的总搜集时间增加，合成孔径雷达图像的分辨率随之提高（即不同像素之间的距离变小）。因此，搜集时间越长，分辨率越好，因为航天器的移动实际上加长了天线的长度。

图 12.3 为聚光灯成像几何示例。在合成孔径雷达平台运动期间，天线会被转向持续照射同一块土地。通过使用适度尺寸的天线和对雷达移动通过场景时获得的一系列距离回波进行相干处理，我们可以获得高方位角分辨率。相干处理将一系列距离回波信息组合起来，实际上生成了一个合成阵列（synthetic array），其长度与合成孔径雷达对地面小块区域进行聚光照射的飞行路径等长。

进行带状图成像时，天线指向固定方向（通常与飞机或卫星的运动方向垂直，如图 12.4 所示）。在这种情况下，合成孔径的有效长度远远小于聚光灯示例中的有效长度。其长度与任何瞬间照射的地面区域宽度相等，如图 12.4 中圆形的直径。该孔径提供的方位角分辨率较高，但它比聚光灯模式下的分辨率差得多。

如图所示，带状图成像的优点是，它的覆盖面积比聚光灯成像广得多，它牺牲了高分辨率以获得广阔的覆盖面积。所有遥感器的目标都是一样的，即用高分辨率覆盖大面积区域，但两者通常成反比关系。

稍后介绍的德国雷达卫星 TerraSAR-X，就是在聚光灯模式和带状图模式之间权衡利弊的一个例子。在聚光灯模式下，其分辨率可达 1 米，但覆盖面积仅为 5 千米乘 10 千米。在带状图模式下，其覆盖面积增加到 30 千米乘 50 千米，但分辨率下降到 3 米。[1]

---

[1] 原注：S. Buckreuss, R. Werninghaus, and W. Pitz, “The German Satellite Mission TerraSAR-X,” *IEEE Radar Conference 2008*,（May 26–30, 2008）, INSPEC Accession No. 10425846, 306.

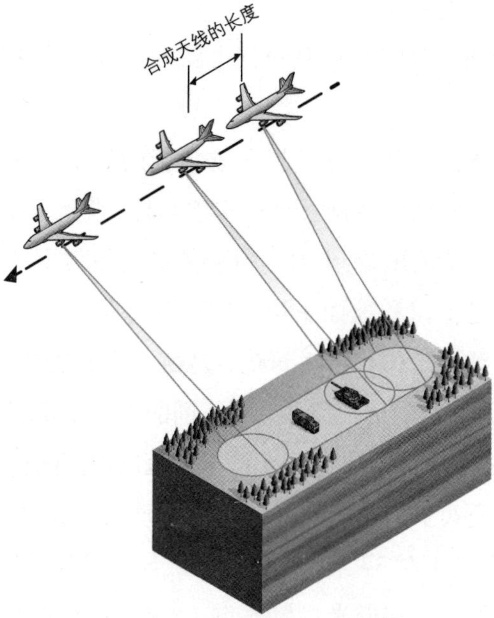

图 12.4 聚光灯成像与带状图成像

移动目标指示器。移动目标指示器的能力已在许多合成孔径雷达上有所展示，它被用于为战斗行动提供支持和情报搜集，如联合监视和目标攻击雷达系统飞机——一架经过改进的波音 707 飞机——携带的 AN/APY-3 雷达。联合监视和目标攻击雷达系统能够获取移动目标的图像，并且可以区别轮式和履带式车辆。联合监视和目标攻击雷达系统甚至可以判断沿着一条路移动的潜在目标是坦克还是吉普车，这在 1990 至 1991 年期间的海湾战争中被证明为一项至关重要的能力。在这场战争中，联合监视和目标攻击雷达系统能够定位和追踪情报价值很高的目标，例如飞毛腿导弹（Scud missile）发射器、车队、河流渡口、后勤点、集结区域和伊拉克军队的撤退路线。[1]

在阿富汗冲突期间，联合监视和目标攻击雷达系统的机载移动目标

[1] 原注：USAF Factsheet, "E-8C Joint Stars," accessed 23 September 2012 at http://www.af.mil/information/factsheets/factsheet.asp?id=100.

指示器的功能，从追踪主要军队（如在伊拉克战争期间）转变成监测小股叛乱分子的行动，确定其来源和行进路线，以及为未来的行动规划提供支持。[1]

合成孔径雷达拥有移动目标指示器功能的另一个例子是“全球鹰”。除了光电传感器和红外传感器（见第 9 章）外，“全球鹰”还携带一个合成孔径雷达，可以在短短 24 小时内对伊利诺斯州大小（40000 平方海里）的区域成像。通过卫星和地面系统，图像几乎可以实时传送给战地指挥官。该雷达在 X 波段工作，带宽 600 兆赫兹，峰值功率 3.5 千瓦。它的灵活性高，能够根据所需的情报类型选择不同的工作模式：

- 广域目标指示器用于在半径 100 千米范围内探测移动目标。
- 在带状图模式下，合成孔径雷达和移动目标指示器组合，在 20 至 110 千米距离下对 37 千米宽的条带成像，其分辨率可达 1 米。
- 对于目标识别，在聚光灯模式下，对超过 10 平方千米的区域图像可提供 0.3 米的分辨率，这对海洋监视非常有用。[2]

测偏振合成孔径雷达（Polarimetric SAR）。第 10 章介绍了测偏振术在光学成像中的应用，合成孔径雷达也可以使用测偏振术来获得有情报价值的特征。

合成孔径雷达图像通过发送和接收微波脉冲生成。微波通常作为水平或垂直偏振电磁波传播。在老式的合成孔径雷达设计中，雷达只能接收到相同的偏振波。现在大多数合成孔径雷达（即测偏振合成孔径雷达）都可以传输和接收多种偏振波，因为它可以提供单偏振（single-polarization）合成孔径雷达所无法提供的目标细节信息，如在目标识别和分类方面，测偏振合成孔径雷达的表现更优。

---

[1]　原注：Rebecca Grant, “JSTARS Wars,” *Air Force Magazine*（November 2009）, accessed 5 September 2012 at http://www.airforce-magazine.com/MagazineArchive/Pages/2009/November%202009/1109jstars.aspx.

[2]　原注：U.S. Air Force, “RQ-4 Global Hawk”（January 27, 2012）, accessed 23 September 2012 at http://www.af.mil/information/factsheets/factsheet.asp?id=13225.

测偏振合成孔径雷达对作物、土壤水分、森林、积雪覆盖、海冰和海况监测以及地质测绘等非情报监测具有重要作用，其中一些监测也与情报相关。

测偏振合成孔径雷达的早期例子是 1994 年 4 月和 10 月搭载在“奋进”号（Endeavor）航天飞机上的 SIR-C 雷达。SIR-C 雷达实际上由三个雷达组成，一个工作波段为 L 波段，第二个为 C 波段，第三个为 X 波段。L 波段和 C 波段天线既可以测量水平偏振，也可以测量垂直偏振。

来自两架航天飞机的偏振数据提供了有关地表几何结构、植被覆盖和地下特征的详细信息。[1] 后续的数据处理表明，SIR-C 雷达能够获得分辨率极高的海上船只图像，其分辨率足以对特定船只做出识别。[2] 目前正在工作并携带测偏振合成孔径雷达的卫星，有德国的 TerraSAR-X 卫星和以色列的 TECSAR 间谍卫星。

合成孔径雷达的平台选择。机载和空载平台均可携带合成孔径雷达。根据战术情况和图像的预期用途，两种平台各有利弊。对于任一平台，使用合成孔径雷达的显著优点在于，与目标的距离对空间分辨率的影响程度不大。因此，从两种平台都可以获得很高的分辨率，但每个平台都有各自的优点。

- 与空载雷达相比，机载合成孔径雷达可以更接近目标，可以传输的能量通常也更多。因此，机载合成孔径雷达可以探测较小的目标，使其能够生成更详细（颗粒度更细）的图像。
- 空载雷达的成像几何特性更优，因为它们所处的高度高于机载雷达。空载雷达和机载雷达均可在几百千米高度下对宽度相同的条带区域成像，但空载合成孔径雷达还可以在较窄的入射角（incidence angle）范围——通常为 5 至 15 度——成像，如图 12.5 所示。这种几何形状可使照射更加均匀，并使图像更易于判读。稍后讨论的诸

[1] 原注：Jet Propulsion Laboratory, “JPL Imaging Radar,” accessed 23 September 2012 at http://southport.jpl.nasa.gov/.

[2] 原注：D. Pastina, P. Lombardo, A. Farina, and P. Daddi, “Super-Resolution of Polarimetric SAR Imaging,” *Signal Processing*, Vol. 83, No. 8（August 2003）.

如掩叠（layover）和阴影等伪影问题（artifact），对空载合成孔径雷达图像来说都不是难题。

图 12.5　机载和空载合成孔径雷达的测绘带宽和入射角

目前，合成孔径雷达情报搜集侦察应用中最先进的是德国卢皮合成孔径雷达（SAR-Lupe）卫星，效果图如图 12.6 所示。[1] 五颗卢皮合成孔径雷达卫星中的第一颗于 2006 年 12 月发射升空，第五颗于 2008 年 6 月发射。五颗卫星在三个相差大约 60 度的 500 千米平面轨道上工作。雷达以 9.65 千兆赫兹的中心频率在 X 频段工作。卢皮合成孔径雷达的平均功耗约为 250 瓦，预计寿命为 10 年。

卢皮合成孔径雷达具有成为优秀情报搜集传感器的性能特征。据说在聚光灯模式下，它直径 3 米的碟形天线对 5.5 千米乘 5.5 千米帧尺寸图像的分

[1]　原注：OHB System, "SAR-Lupe," accessed 23 September 2012 at https://www.ohb-system.de/sar-lupe-english.html.

辨率可达 0.5 米，其背面如图所示。如前所述，卫星旋转使碟形天线指向同一目标。在带状图模式下，对 8 千米乘 60 千米的帧尺寸图像的分辨率约为 1 米，卫星在地球上空的方向不变，其沿着轨道运动就可生成雷达图像。雷达能够在每 10 小时或更短的时间里对地球上的某一区域成像。[1]

与可见光和光谱图像一样，商用合成孔径雷达图像在情报方面起着越来越重要的作用。因为可以自由地与盟友共享图像，它在军队联合行动中具有特殊优势。该图像通常不具备卢皮合成孔径雷达等情报专用合成孔径雷达图像的高分辨率，但其分辨率对在广阔的海洋进行搜索和追踪海军舰艇等任务来说已经足够。自 2008 年以来，美国第六舰队一直在使用商用合成孔径雷达图像提供近乎实时的态势感知。由于未对图像进行保密，与舰队共享图像时不需要进行特殊处理，还可以与盟军船只共享图像。在这种情况下，近乎实时通常指从图像搜集到图像传输至船只之间有 25 至 55 分钟的时间差，以及与图像达到可利用状态之间有 90 分钟的时间差。[2]

图 12.6　德国 SAR-Lupe 航天器的效果图

---

[1]　原注：OHB System, "SAR-Lupe."

[2]　原注：Commander Richard J. Schgallis, "Commercial Space for Maritime Awareness," *Geospatial Intelligence Forum*, Vol. 8, No. 2（March 2010）, 12–13.

处理、利用和分析

处理和利用是所有技术性搜集的重要组成部分，但仔细处理和利用合成孔径雷达图像极其重要，因为其搜集到的原始数据非常复杂，而且在图像分析阶段必须处理图像伪影问题。

为了将存储的每个像素的脉冲回波（相位历史数据）转换成可识别的图像，需要对图像进行自动化处理，处理顺序如下：

对**相位历史数据**进行搜集和处理以形成一幅复合图像，然后对图像做进一步的处理，以形成探测图像。

图像处理器的任务是，组合从某个区域接收到的所有回波以生成聚焦图像。合成孔径雷达的处理算法非常复杂，因为必须考虑到：场景随着雷达移动稳定变化；在目标和雷达之间的不同角度下，不同目标散射能量的方式也不同。

通过快速脉冲，几秒钟内就可搜集到合成孔径雷达数据。在此期间，合成孔径雷达天线与地面之间的角度也在改变。相位历史数据的初始处理基于这样一种假设，即假设每个脉冲从场景中每个点的回波强度相同。处理时做出以下假设：

- 地形平坦；
- 目标静止不动；
- 在整个搜集时段里雷达散射截面恒定；
- 微波环境安静无干扰。

场景中的自然和人为特征通常与上述一个或多个多个假设不符，结果是图像分析人员要处理被称为伪影的一系列图像失真问题。本书将对这些伪影依次进行讨论。

a. **非平坦地形**。地形平坦这个假设在大多数时候都不成立。很少有土地是完全平坦的，山脉和垂直结构在合成孔径雷达图像中会产生两种伪影：**阴影**和**掩叠**。更复杂的结构可以在沿着雷达朝复杂结构的移动方向产生明显的目标，如下所述。

阴影相当容易理解，因为它和太阳造成的阴影十分相似。同一方向的目标如高出周围地势，如山脉和建筑物，阴影就会出现。因为场景中的阴影区域无信号返回，该区域在合成孔径雷达图像中显示为黑色。图 12.7（彩色效果见书前插页对应图片）阐释了阴影的原理：建筑物后面的区域为阴影区域，位于该区域的物体都无法被观察到。

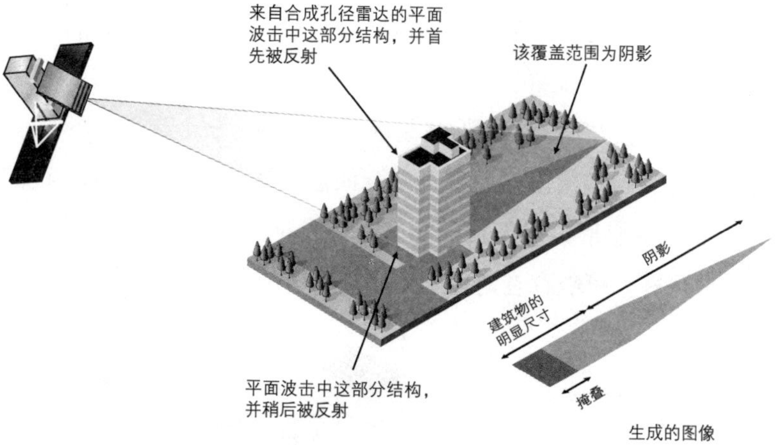

图 12.7　合成孔径雷达图像中的掩叠和阴影

高出地面的目标也会在面向合成孔径雷达飞行轨道的方向上造成掩叠，如图 12.7 所示。发生掩叠的原因是，合成孔径雷达将所有与之距离相等的场景点位放在图像中的同一距离单元格里。在图 12.7 中，雷达脉冲首先触到建筑物顶部，因为它距离雷达最近。因为假设地面是平坦的，当对图像进行处理时，来自建筑物顶部的回波被放置得更靠近雷达，而建筑物底部的回波被放置在正确的平地位置。因此，在雷达图像上，高层结构就好像是躺在目标近距离一侧的地面上一样。

阴影和掩叠效果均出现在图 12.1 五角大楼的合成孔径雷达图像中。机载合成孔径雷达位于建筑物南边，朝向北边；阴影效果清晰地显示在东北侧和北侧，掩叠效果见于与建筑物偏离但与西南侧平行的一条亮线。

掩叠的程度取决于掠射角和高凸目标的高度。在图 12.7 中，如果合成孔径雷达处于较低的仰角（elevation angle，较低的掠射角），则脉冲到达建筑物顶部与底部的时间差将变短，而且掩叠更小。

由于高凸结构与该结构近距离侧的地形特征重叠，所以对掩叠地区的图像进行解析是复杂的。掩叠也会造成场景中任意地形变化的扭曲。

多反弹（multibounce）会产生与掩叠相反的效果。当合成孔径雷达对某个城市地区、某个复杂的结构或洞穴进行观察时，反向散射信号不一定直接返回到雷达。多反弹特征会出现在复杂目标的合成孔径雷达图像中，这种情况下，微波在返回传感器之前的反射点不止一个。

由于多反弹路径比正常的单反弹反向散射路径要长，合成孔径雷达会使目标形状发生变形，并将目标的多反弹特征放置在实际目标位置之外。对于复杂的目标，可能存在对应不同路径的多个多反弹特征。

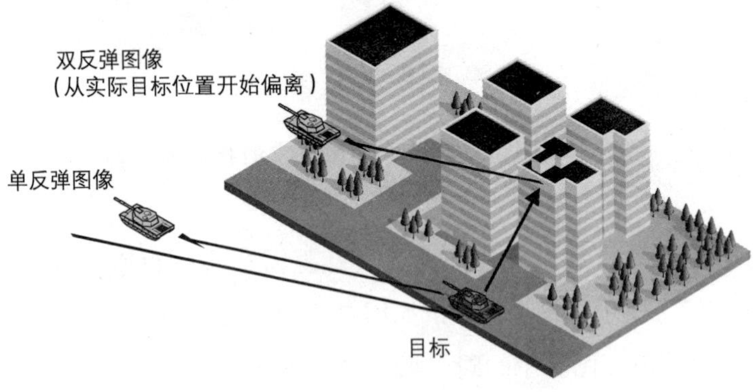

图 12.8　合成孔径雷达的多反弹现象

b. **非静止目标**。对合成孔径雷达相位历史数据进行处理时，我们假设场景中的所有目标在雷达照射场景期间都是静止的。当这种情况不成立时，例如目标移动时，合成孔径雷达图像上就会出现伪影。当目标在场景中移动时，由于聚焦不准，就会生成伪影。该现象与用快门速度慢的相机拍摄快速移动物体时的情况相同。图像中的物体会模糊，因为在按下快门时，物体占据了图像帧中的几个不同位置。合成孔径雷达和移动目标之间也是如此：当合成孔径雷达发送脉冲以生成图像时，目标在图像帧中移动了几个像素。

目标运动产生的伪影取决于移动的性质，一些最常见的伪影是目标位移（target displacement）、拖尾效应（smearing）和目标扭曲（target distortion）。出现哪种伪影，取决于合成孔径雷达平台和目标之间的几何位置，以及两者的相对运动。以下是由目标移动引起的两种常见伪影。

目标位移是目标向合成孔径雷达相同或相反方向移动的结果。如图 12.9 所示，如果目标（图中的坦克）朝合成孔径雷达平台移动，则目标图像沿着合成孔径雷达平台移动的方向移动。如果目标朝着与合成孔径雷达相反的方向移动，则其移动朝向相反的方向。

目标速度变化会造成拖尾效应。假设图 12.9 中的目标没有以恒定速度移动，而是朝向或远离合成孔径雷达做加速或减速运动，成像时，该加速

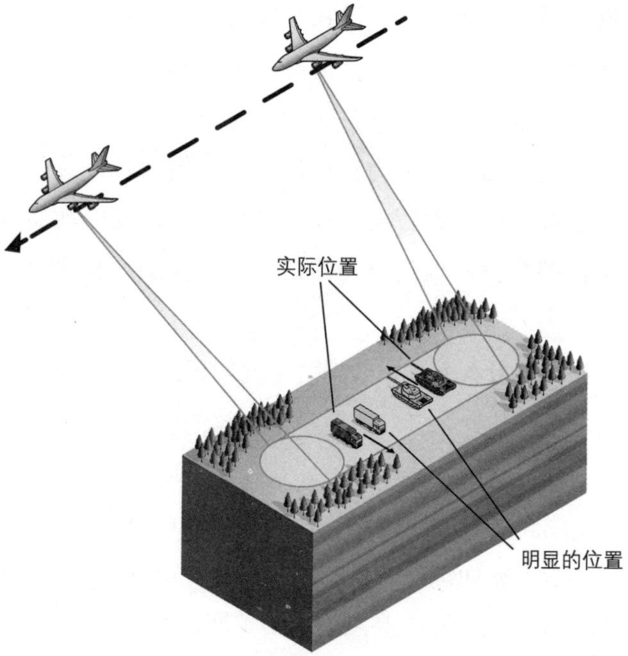

图 12.9　合成孔径雷达图像中的目标运动伪影

或减速会导致位移不断变化。与图中的简单位移图像不同，我们得到的图像是平行于合成孔径雷达运动方向（方位角方向）的模糊目标图像。变化的目标速度导致在搜集间隔期间的变化各不相同。该变化会产生方位角拖尾效应，其形状取决于掠射角、偏斜角（squint）以及目标运动。

方位角运动也会导致方位角方向的拖尾效应。如果目标在方位角方向上以恒定的速度移动，拖尾效应呈线性样式。相反，如果目标做加速或减速运动，拖尾效应形状是弯曲的。

拖尾效应经常被用于推断与目标运动相关的信息，但在许多情况下，它可能会掩盖或使我们偏离自己感兴趣的目标。利用一项被称作“拖尾减少处理”（smear reduction）的技术，我们可以通过清除拖尾效应来整理合成孔径雷达图像。

另一种形式的拖尾效应，产生于在固定位置旋转或震动的物体。此类物体会导致扭曲的回波，在合成孔径雷达图像中为空间重复（周期性）特征。这些特征通常太微弱，无法在合成孔径雷达数据中看到。但对有大震动或旋转金属部件的系统，其信号属于可利用范围。与冷却塔相关的旋转直升机叶片或大风扇叶片，通常作为失真目标出现在合成孔径雷达图像中。扭曲失真通常显示为在目标的任一侧出现方位角位移的回波对，与目标的距离表明了旋转速度或震动速度。震动的地面或震动的建筑物会产生类似的失真，但其返回的信号通常太弱，在合成孔径雷达图像中无法显示。[1]

c. **非恒定雷达散射截面**。在处理时，我们也假设生成图像时雷达散射截面保持不变。无论从什么方向照射，一个完美圆形球体的雷达散射截面都是恒定的。其他形状的物体则不然。几乎没有球体出现在典型的合成孔径雷达场景中；当合成孔径雷达至目标的几何位置发生变化时，场景中大多数物体的雷达散射截面都是变化的。合成孔径雷达图像（物体的雷达散射截面突然变得非常大时）的亮点被称为“回波起伏”（glint）。例如，垂

[1] 原注：Skolnik, *Radar Handbook*, 17.25–17.27.

直于合成孔径雷达光束的边缘会返回强度较高的信号，导致图像像素更亮，或造成回波起伏。在一些弯曲的表面，沿着弯曲的边缘会产生明亮的条痕。这种效应在电力线或电话线上尤其明显。

雷达散射截面中的平面变化很大。一个常见的例子是，在情报搜集中的某个时刻，当合成孔径雷达波束垂直于平坦的金属屋顶时，屋顶会变得非常亮。如果强度够高，这可能会导致接收机饱和。图像上的目标看起来像是变大了，这种现象被称为“图像泛光”(image blooming)。与拖尾减少处理技术一样，回波起伏减少技术也被用于通过移除伪影来清理合成孔径雷达图像。

d. **受干扰的微波环境**。合成孔径雷达的成像能力受到它工作波段干扰信号的严重限制或干扰。这种干扰可能是故意干扰（信号堵塞），或出现在合成孔径雷达波段的射频干扰。干扰信号在合成孔径雷达图像中的表现取决于干扰的类型；它通常是在距离、方位角或在距离和方位角上同时出现的条纹，有时还会产生一个以干扰发射器为中心的明亮交叉形状。[1]

合成孔径雷达具有高度灵活性，可以通过多种方式搜集或处理具有情报价值的数据。以下对一些方式进行讨论。

变化探测。本书之前已经介绍过变化探测的优点。用于变化探测的技术有三种：不相干变化探测（incoherent change detection）、相干变化探测（coherent change detection，CCD）和合成孔径雷达干涉测量法（SAR interferometry）。前两种技术需要以几小时、几天、几周甚至几年时间为间隔进行重复通过（repeat pass），合成孔径雷达以大致相同的方位角和高度观测同一个目标区域。图 12.10 为重复通过的图示。第三种技术，合成孔径雷达干涉测量法可以在单次通过中完成，但需要用到位于同一平台上的两个单独接收天线。

不相干变化探测通过比较重复通过时各个像素反向散射的能量强度来识别场景中的变化。局部地区的重大变化（例如图像中卡车、船舶或坦克

[1] 原注：Skolnik, *Radar Handbook*, 24.49–24.51.

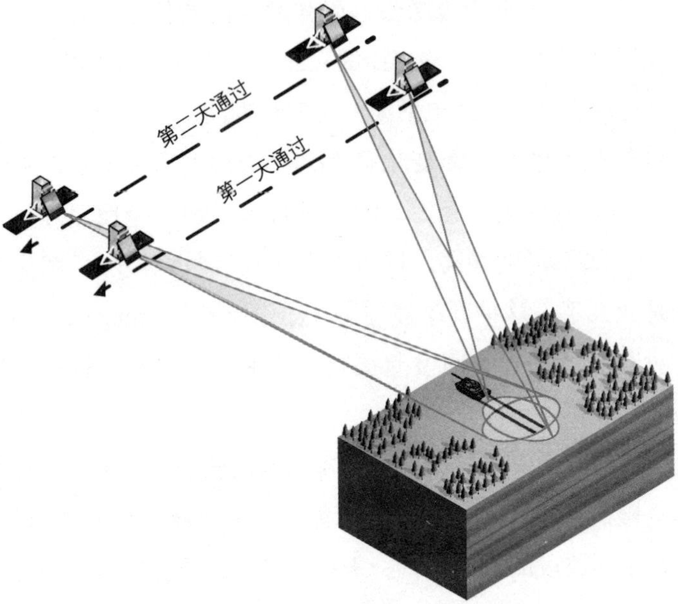

图 12.10　重复通过图像的几何结构

的出现和消失）都会在反向散射能量强度上显示出显著变化。该技术也可用于探测土壤、植被水分含量或表面粗糙度的变化。

相干变化探测的信号处理更为复杂，但它可以探测非常细微的场景变化。[1] 通过揭示诸如交通模式、交通类型和可能使用隧道的关键区域（例如在阿富汗）的地形图等信息，这些变化图像提供了有价值的情报。[2] 相干变化探测可以提供揭示该地区已有交通和交通类型的特征信息。[3] 德国 TerraSAR-X 卫星和卢皮合成孔径雷达卫星是工作雷达中可以进行相干变化

---

[1]　原注：Mark Preiss and Nicholas J. S. Stacy, "Coherent Change Detection: Theoretical Description and Experimental Results," Australian Department of Defense, DSTO-TR-1851（August 2006）, accessed 23 September 2012 at http://www.dtic.mil/cgi-bin/GetTRDoc?AD=ADA458753.

[2]　原注：John L. Morris, "The Nature and Applications of Measurement and Signature Intelligence," *American Intelligence Journal*, Vol. 19, Nos. 3 & 4（1999–2000）, 81–84.

[3]　原注：Preiss and Stacy, "Coherent Change Detection."

探测的两个雷达卫星。

实际上，相干变化探测依赖于两个雷达图像的掩叠，以生成一幅图像，显示在两张图像间隔时间里发生的变化。与仅测量强度的不相干变化探测不同，相干变化探测通过测量和存储每个图像像素的强度和相位（相位历史数据）实现这一目标。在后续通过时，强度和相位会被再次测量。表观英寸长度的细微变化都会被作为相位历史数据中的相位变化被探测到。当然，植被由于生长或受到风的影响，其回波通常会发生变化，地面回波也可能因为雨等自然原因而变化。这些变化都会显示在相干变化探测图像中。

相干变化探测受到所谓的**图像去相关**（image decorrelation）或**基线去相关**（baseline decorrelation）的影响。如果首次通过搜集和重复通过搜集之间的成像几何存在显著差异，则两个图像将不相干（即相干性将丢失）。为避免去相关，情报搜集者会在两次通过中尽量使用完全相同的飞行路径。当路径完全或几乎一致时，两幅图像之间的任何强度或相位差异都可归因于场景中的变化。但在实践操作中，由于平台导航信息的不准确，使用相同的飞行轨迹非常困难。机载系统尤其如此，风和湍流可导致飞行轨迹出现明显偏移。处理过程一定会涉及随之而来的去相关处理。[1]

合成孔径雷达干涉测量法也叫干涉测量合成孔径雷达，需要使用位于同一移动平台上的两个独立接收天线来获取图像。然后对两张图像进行处理，以识别和利用图像对的强度和相位差异。根据两个接收天线在平台上的不同部署和操作方式，我们可以获得两种不同类型的情报信息。[2]

一种是使用合成孔径雷达干涉测量法来探测场景中的移动目标。为此，要把两个接收天线并排置于平台上。当平台移动时，前端天线从目标区域接收反向散射回波。在几毫秒之后，后端天线正好处于前端天线之

[1] 原注：Preiss and Stacy, “Coherent Change Detection.”

[2] 原注：Sun Xilong, Yu Anxi, and Liang Diannong, “Analysis of Error Propagation in Inteferometric SAR,” *Heifei Leida Kexue Yu Jishu*（February 1, 2008）, 35.

前所占据的位置，在那一刻，它接收到来自同一目标区域下一个脉冲的反向散射回波。因为接收到的两个脉冲目标几何角度相同，所以任何回波强度或相位变化一定是目标区域的移动造成的。所有不变的反向散射回波都可以消除，只有场景中慢速移动的目标才会保留下来。[1] 该技术也可用于绘制洋流图。

另一种是使用合成孔径雷达干涉测量法进行地形测绘。其中一种办法是让卫星携带两个接收天线，并将一个天线置于另一个之上。这里的区别在于，两个天线同时接收和处理相同的反向散射脉冲。由于两个天线用稍微不同的成像几何观测场景，我们可以精确地测量出地形特征变化。

另一种技术是使用两颗卫星，编队飞行，每颗卫星都携带一个合成孔径雷达并对同一个目标区域进行成像。德国 TerraSAR-X 卫星和几乎与之相同的双胞胎卫星 TanDEM-X，展示了合成孔径雷达干涉测量法使用两颗卫星工作的原理。两颗卫星相距 200 米到几千米，进行紧密编队飞行，同时对同一区域图像，如图 12.11 所示。[2] 对组合的相位历史数据进行处理可得到地球表面的三维图像，从而可以生成详细的地形图。该技术与在可见光成像中使用的立体视觉技术类似。得到的地球数字三维图像产品可以商用，但也具有明显的情报用途。这对卫星也可用于偏振成像。[3]

合成孔径雷达干涉测量法可以提供高精度的地形海拔测量。[4] 合成孔径雷达干涉测量法被用于生成地形图，勘察地表形变，监测滑坡，测量物

[1] 原注：Sun Xilong, Yu Anxi, and Liang Diannong, "Analysis of Error Propagation in Inteferometric SAR," *Heifei Leida Kexue Yu Jishu*（February 1, 2008）, 35.

[2] 原注：NASA, "TanDEM-X," accessed 23 September 2012 at http://ilrs.gsfc.nasa.gov/satellite_missions/list_of_satellites/tand_general.html.

[3] 原注：Space Daily, "German Radar Satellite TanDEM-X Launched Successfully"（June 22, 2010）, accessed 23 September 2012 at http://www.spacedaily.com/reports/German_Radar_Satellite_TanDEM_X_Launched_Successfully_999.html.

[4] 原注：Skolnik, *Radar Handbook*, 17.30–17.33.

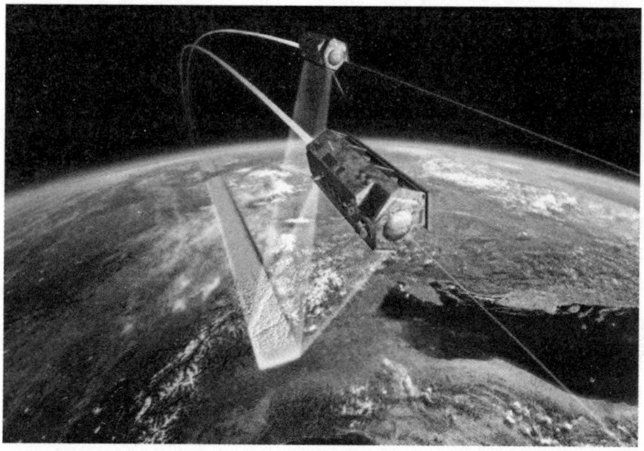

图 12.11 TerraSAR-X 卫星和 TanDEM-X 卫星

体速度，确定植被结构和组成，以及上文提到的探测变化。

合成孔径雷达图像的拍摄间隔可能为几天、几周甚至几年，**双色多视图**（two-color multiview）或**多色多视图**（multicolor multiview，对两张以上图像进行比较）是展示这些合成孔径雷达图像微小变化的最佳技术。该技术用单色显示出现在第一幅图像但不出现在第二幅图像的物体，用另一种颜色显示自第一幅图像就出现在场景中的物体。通过使用双色多视图比较间隔几周至几年搜集到的图像，我们可以很容易识别出车辆、围栏、海岸线或正在施工的建筑物的位置变化。[1]

偏振处理与利用。当偏振脉冲接触到目标并被反射回雷达时，反射面会改变偏振。通常，反射信号包含水平偏振和垂直偏振，这种偏振被称为“椭圆偏振”（elliptically polarized）。回波中水平偏振和垂直偏振的相对量，取决于反射表面的结构、反射率、形状、方向和粗糙程度。因此，测量来自物体的返回偏振，可以获得有关物体额外的相关信息。此类测量是偏振

[1] 原注：John W. Ives, “Army Vision 2010: Integrating Measurement and Signature Intelligence”(April 9, 2002), accessed 23 September 2012 at http://www.dtic.mil/cgi-bin/GetTRDoc?AD=ADA400786.

测量过程的基础。

合成孔径雷达偏振测量涉及获取、处理和分析来自目标区域反向散射信号的偏振。在偏振测量中，我们会对该反向散射信号进行处理，以确定表面材料的散射机制或指纹信息。合成孔径雷达能以四种不同的操作方式获得此类偏振信息。以下情况获得某个特定目标的反向散射信号是不同的：

- 传输和接收相同的偏振——常规方法；
- 传输一种偏振，接收相反的偏振（称为“交叉偏振”）；
- 传输一种偏振并接收相同和相反的偏振；
- 传输并接收相同和相反的偏振（执行此操作的合成孔径雷达被称为“全偏振”）。

例如，来自粗糙表面的反向散射通常产生单个偏振返回到接收天线。与之相比，树木的反向散射为包含多种偏振的漫射，原因是雷达波与树干、树枝和树冠上的树叶发生了相互作用。这种复杂表面的性质可由全偏振合成孔径雷达（fully polarimetric SAR）测定。

合成孔径雷达对水体成像。对水体成像时，合成孔径雷达传感器仅观察海洋的表面；与地面回波不同，水面回波几乎不会穿透水体。完全光滑的水面或生物和人造浮油膜（如水面浮油）返给雷达回波的能量很少，在所得图像中呈黑色。但海面很少是光滑的，来自粗糙海面的反向散射会产生可以进行测量和分析的回波。例如，虽然雷达能量没有明显穿透海水，但合成孔径雷达测量可以间接地提供水体深度信息，这常常是影响海军行动的关键情报。随着海浪从深处上涌到浅层，海浪会在合成孔径雷达图像中显示出不同的图案。

测偏振合成孔径雷达在合成孔径雷达水体成像中具有一定的优势。水面回波给雷达回波的水平偏振能量很少，但水中的物体会向雷达返回两种偏振波。因此，水平偏振的反向散射通常会突显小的点状目标，例如漂浮在水中的水雷。

图 12.12（彩色效果见书前插页对应图片）阐明通过对开阔的海面成像可以获得的一些特征。这是由“奋进”号航天飞机上的空载成像雷达在1994 年拍摄的合成孔径雷达图像。它包括多频率和多偏振，展示了合成孔径雷达能力的多样性。该图像实际上由三张不同的雷达图像组成，并且使用三种颜色对这三张图像做了区分。L 波段雷达图像以红色显示水平偏振，蓝色显示垂直偏振。水平偏振的 C 波段雷达图像显示为绿色。红色和蓝色图像的组合会产生紫色效果。左下方的线为一条长约 28 千米的船只尾迹。从尾迹的长度来看，可能有油料自该船排出，这会使尾迹的持续时间变长，并使其突显在图像中。一条十分清晰的温度界线（可能是一条锋线 [front]）在图像中延伸，将图中的海洋分成温度不同的两个水体。两种不同的水温使得两边吹的风也不相同，不同的风造成了两边的海浪差异。在图像下方的浅绿色区域，风力更大，海浪更汹涌。在紫色区域，风力较小，海浪较平静。黑色块状区域是风力较弱的平稳区，成因可能是锋线上的云层。明亮的绿色块状区的成因，很可能是云层中有对 C 波段雷达波造成强烈反射的冰晶。[1]

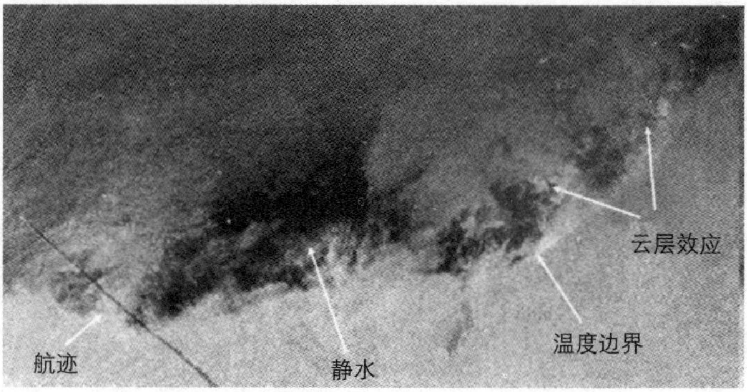

图 12.12　北大西洋的合成孔径雷达图像

移动目标指示器。如前所述，移动物体在合成孔径雷达图像中会产生

[1]　原注：NASA, "North Atlantic Ocean," accessed 23 September 2012 at http://southport.jpl.nasa.gov/pio/sr11/sirc/naocn.html.

失真和伪影。但移动目标可能具有高情报价值，因此，与其消除目标移动造成的模糊和位移，不如对物体运动进行详细的分析，从中获取信息。用于侦察移动目标的技术通常有以下两种：前面讨论过的合成孔径雷达干涉测量法与多普勒频移测量。

移动目标指示器依赖多普勒频移对移动目标进行远距离侦察和追踪。以联合监视和目标攻击雷达系统为例：天线可以倾斜到飞机的任一侧，其 120 度的视野可以覆盖近 5 万平方千米的区域面积。它能够同时追踪 250 千米范围内的 600 个目标。雷达可以追踪车辆大小的任何移动物体。除了实时侦察、定位和追踪大量地面车辆之外，联合监视和目标攻击雷达系统在一定程度上还可以对直升机、旋转天线和低速固定翼飞机进行侦察。

图 12.13（彩色效果见书前插页对应图片）阐明了联合监视和目标攻击雷达系统可以产生的显像类型。[1] 它显示伊拉克部队在 1991 年 2 月 28 日第一次海湾战争（First Gulf War，即“沙漠风暴”）期间的撤退路线，这一图像以“超级大溃败”（Mother of All Retreats）之名为人所熟知，这是讽刺萨达姆·侯赛因（Saddam Hussein）吹嘘的说法——当时他吹嘘自己发动的这场战争将是“超级大战”（Mother of All Battles）。

该图显示了移动目标指示器对情报搜集的另一个重要作用：它可以让图像分析人员提取路线图信息并评估交通流量。一旦绘出路线图并确定了正常的交通流量，分析人员就可以识别优先目标和确定具有情报价值的交通变化（如交通流量增加——预示着大规模军事行动或本例中的大规模撤退）。在这幅图中，我们可以很容易看到伊拉克车队分为三路逃跑。[2]

---

[1] 原注：Public domain photograph from the U.S. Air Force, available at http://acute.ath.cx/link/motherof.jpg.

[2] 原注：M. Ulmke and W. Koch, “Road Map Extraction Using GMTI Tracking,” *Conference Proceedings of the 9th International Conference on Information Fusion*, Florence, Italy (July 10–13, 2006).

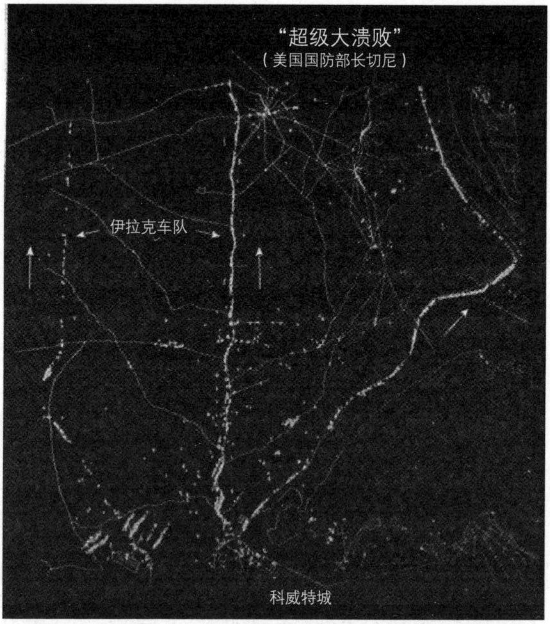

图 12.13 JSTARS MTI 关于伊拉克军队溃败的图像（1991 年）

材料被处理和利用，分析后尽可能提取有用的情报，所得到的图像产品必须分发出去。

分发

可见光图像通常会被直接传给最终用户，虽然有些图像特征需要图像分析人员帮忙处理，但最终用户通常可以无障碍地看懂可见光图像。要看懂雷达图像则没有这么简单，必须由合格的图像分析人员对图像进行解释。本章讨论的一些伪影——掩叠、阴影、目标位移和扭曲等等——都可能对用户造成误导。

战场合成孔径雷达图像通常以不高于秘密级的较低保密级别分发，理想情况下可与盟友共享图像。特殊的合成孔径雷达搜集或利用技术可能需要更高的保密级别，为了保护情报来源和搜集方法，其分发会受到更多限制。

与光学图像（可见光图像和光谱图像）一样，为了对图像进行判读，我们需要建立特征库。这些特征库比可见光图像使用的图像分析关键要素更复杂，因为某一目标的特征根据雷达操作频率和所使用偏振组合的不同而不同。

三、结构

情报用户的性质、搜集平台以及是秘密搜集还是公开搜集，塑造了合成孔径雷达图像的结构。

与可见光和光谱图像一样，为国家级需求提供支持的图像，通常集中于为广泛的决策者和军事用户提供图像产品的组织中。有时会在国家层级进行飞机和无人机图像覆盖，但此类图像的主要用户是军队。军事战术图像支持通常是有机的，也就是说，它由战场上的机载侦察平台（飞机和无人机）控制。

虽然合成孔径雷达图像搜集通常由一个同时搜集可见光图像的国家级组织完成，但此种图像的处理和利用与可见光图像完全不同。因此，可能会建立独立的子组织搜集合成孔径雷达图像。

许多政府和商业组织都在进行公开搜集。军队、其他政府组织和商业组织过去都会利用美国航空航天局的合成孔径雷达图像。来自德国TerraSAR-X卫星等的机载和星载雷达图像都用于商业销售。

四、小结

如第11章所述，传统的雷达可以在扫描地球表面时生成图像。机载搜索雷达（airborne search radar）可以完成这一例行任务，但其图像的像素很大，且随着目标与雷达距离的增加而变大，图像的分辨率差。合成孔径雷达则不然。

合成孔径雷达基于从目标区域反向散射的射频能量，生成目标区域的高分辨率图像。合成孔径雷达图像是这种能量强度的图示，此种能量是由场景中的点反向散射得到的。更亮的图像像素对应较高的反向散射返回点。

合成孔径雷达与常规雷达不同之处在于，它可以使用脉冲序列合成一个长天线。较长的天线可以在方位角上获得分辨率更高的图像。为了形成有效的长天线，雷达相干地传输脉冲，并保留传输信号的精确频率和相位。当反向散射信号返回时，雷达会测量回波的强度，并将反向散射信号频率与发射信号频率进行比较。合成孔径雷达会注意到细微的频率或相位差异，并记录这些信号强度差异和相位差异。通过多次脉冲搜集到的记录被称为“相位历史数据”，该数据会被用于生成长合成天线。

为了获得良好的距离分辨率，合成孔径雷达通过极宽的带宽信号来传输有效的极短脉冲。大多数合成孔径雷达会使用调谐长脉冲，又称啁啾脉冲，其频率在脉冲持续时间（duration of the pulse）内平稳地升高或降低。因此，它的频率带宽较宽，并且可以在处理过程中使较短脉冲的距离分辨率拥有相同带宽。

相位历史数据的初始处理基于这样一种假设，即每个脉冲从场景中每个点的返回波强度相同。在处理时需要做四个假设：地形平坦；目标静止不动；雷达散射截面恒定；射频环境安静无干扰。场景中的自然和人为特征通常与上述一个或多个假设不符，为修正图像中的伪影，我们必须对其进行额外的解析和分析：

- 因为地形不是平坦的，山脉和建筑物后面的区域会被阴影遮住，而且掩叠会导致该结构的顶部与雷达的距离比实际的距离更近。
- 目标运动会导致目标在图像中出现拖尾效应或位移，或同时出现拖尾效应和位移。

- 除非目标是一个完美的球体，否则雷达散射截面会在成像过程中发生变化，导致条纹的出现和图像失真。
- 无意的射频干扰或故意阻扰通常会使生成的图像带有条纹。

利用测偏振术，合成孔径雷达可以通过发送至少一种偏振并接收两种偏振来获取具有情报价值的特征。传输两种并接收两种偏振（形成发射和接收四种可能的偏振组合）的合成孔径雷达，被称为“全偏振合成孔径雷达”。当偏振脉冲接触到目标并向雷达反射回去时，偏振波会被反射面改变。回波中水平和垂直偏振的相对量取决于反射面的结构、反射率、形状、方向和粗糙程度。因此，测量从物体返回的偏振可以获得关于物体的额外信息。

合成孔径雷达的主要优点之一是：它可以通过连续从相同位置对同一场景成像，来探测该场景在一段时间里发生的变化。变化探测可以识别在几次成像通过之间进入或离开该区域的物体，还可以观察新的车辆轨迹、作物生长或收割情况、土壤开垦以及由于地下施工导致的地表变化。

在甚高频和较低特高频波段工作的合成孔径雷达，可对隐藏在树叶中的物体成像，这些合成孔径雷达也可在短时间内穿透浅层干燥土壤。

合成孔径雷达也可在被称为“移动目标指示器”或“地面移动目标指示器”的特殊模式下工作，该模式旨在增强目标运动的可探测性。移动目标指示器模式可用于监测飞机、直升机或船舶运动，以及追踪地面车辆运动。

[第 13 章]

无源射频

本章主要讲述如何搜集、处理、分析具有情报价值的射频发射信号。搜集部分靠的是无源射频传感器，第 8 章提到的飞机、卫星、无人机、高空探测气球、舰艇、潜水艇、地面站等各种搜集平台均安设有此类传感器。出于四种不同目的，这些传感器搜集并处理四种基本类型的射频发射。本章仅介绍其中三种。四种基本类型为：

- 作为通信情报（第 4 章）搜集的通信信号；
- 作为电子情报搜集的雷达信号；
- 作为外国仪器信号情报搜集的遥测信号；
- 作为射频测量与特征情报搜集的有意发射信号与无意发射信号。

第 4 章单独讲述通信情报是出于以下两个原因。首先，通信情报搜集的结果是文字信息，从逻辑上说属于第一部分。其次，并非所有的通信情报都是靠无源射频感应进行搜集。虽然通信情报在很大程度上依赖射频信号，但它也利用其他搜集手段，音频搜集与光缆便是其中最重要的两种。

提到无源射频搜集，就无法避而不谈那些可能混淆读者的术语。大部分书籍会以“信号情报”作为本章标题，并讲述信号搜集的内容。上文提到的三种情报——通信情报、电子情报与外国仪器信号情报，这是公认的信号情报组成部分。然而“信号情报”一词仍会造成混淆，原因如下：

并非所有的信号情报都属于无源射频信号。如前文所述，许多通信情报搜集不依赖无源射频信号。

并非所有的无源射频信号都属于信号情报。许多具有情报价值的有意发射信号与无意发射信号，尽管是通过无源射频传感器搜集，但它们并不属于传统信号情报的范畴。从严格意义上说，它们连信号都算不上。这种信号统称为“射频测量与特征情报”。

这些术语难免引起混淆，因为人们说的“信号情报”往往意指“通信情报”。为了方便起见，本章将频繁使用“信号情报”与“信号”二词，即使在提及射频测量与特征情报之时。但请读者谨记，射频测量与特征情报是不同的。虽然本章着重讲述非通信信号情报，但对于射频通信情报而言，搜集系统、平台与地理位置同样重要。

在概述电子情报、外国仪器信号情报、射频测量与特征情报的功能之后，本章将探讨信号搜集流程的内容：无源射频搜集是如何进行的。这就不得不提到射频传感器在情报中的重要应用之一——地理定位。在某些情况下，对信号源进行地理定位至关重要。而在其他信号源已知的情况下，信号本身的内容才是重点。

无源射频搜集的手段大同小异，流程却有显著区别。因此，电子情报、外国仪器信号情报、射频测量与特征情报应用都使用不同的流程。

一、功能

无源射频搜集对于识别、地理定位、评估射频能量辐射系统的性能十分重要。军方可通过它对武器系统构成的威胁进行目标定位与确认。

电子情报

电子情报指的是，通过对雷达、信标、干扰发射机、导弹制导系统、高度计的传输信号进行搜集、处理、利用和分析，从中提取的信息。由于大部分电子情报搜集是针对雷达进行的，因此以下探讨均假定目标为雷达。

有些读者可能对电子情报这一缩略词不大熟悉，但全世界都在广泛搜集电子情报。汽车司机用于探测警车雷达的雷达探测器，正是一种电子情报传感器。雷达在世界范围的普及，使电子情报的搜集与分析成为军事行动规划的重要部分，也使它在执法活动中发挥日益重要的作用。我们必须对机载雷达、空载雷达、船载雷达以及地基雷达进行识别与连续定位，为此类行动提供支持。对于像美国这样拥有全球利益的国家来说，工作量无疑是巨大的。

提供行动支持的电子情报大致分为两类：战役性与技术性，如图 13.1 所示及下文所述。二者的最终目标一致——针对这些雷达或搭载雷达的平台提供对抗支持，但使用的是不同的技术，满足用户需求的时限也有区别。

战役性电子情报。大部分电子情报被用于截获、分析雷达信号，以便定位、识别雷达，确定雷达的工作状态，追踪雷达活动。此类情报一般被称为“战役性电子情报”，英文缩写为“OPELINT”。

军事战役性电子情报的产品是雷达作战序列。军队确定对手的雷达作战序列，是为了禁止这些雷达读取信息，或在战斗中摧毁它们。

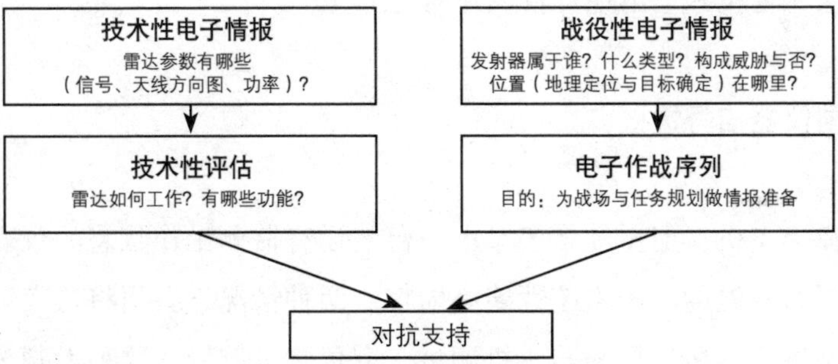

图 13.1　战役性电子情报与技术性电子情报

战役性电子情报被证明在最近的中东冲突中具有重要价值，美国空军、海军在中东冲突中处理大量战役性电子情报，为战斗任务提供支持。

关注战役性电子情报的主要是军队战地指挥官，寻求战术性情报的执法官员对其也日益重视。对于舰艇、飞机或地对空导弹，对其所载雷达进行连续定位往往能达到很好的追踪效果。战役性电子情报被广泛应用于现代战争，用以定位空袭目标、威胁雷达，使攻击机避开或破坏对方雷达控制的防御系统。对发射器进行高度精确的地理定位，对于瞄准高精确弹药尤为重要。

在现代战场上，若有固定雷达持续发射可识别的高功率单频信号，它很可能在弹指间灰飞烟灭。可对雷达信号实现精确地理定位的精密电子情报系统日益发展，高精度（“智能”）弹药应运而生，二者使战场格局发生改变。战场威胁雷达（控制防空的雷达）已具备高机动性，它仅在必要时短暂升空，而且升空后易于快速移动（所谓的“打了就跑”战术）。这使人们愈发重视快速地理定位，将搜集到的情报快速传输回作战部队。

技术性电子情报。技术性电子情报被用于评估雷达的功能与性能，确定构建雷达的技术水平，探测雷达弱点以帮助电子战设计师攻克该雷达。它涉及对雷达信号特征的超高精度测量，或对凸显雷达探测、追踪能力的工作进行相关测量。其主要目标是获取技术参数，对雷达的任务、目标、性能和弱点进行评估。其中特别重要的是测量雷达在电子对抗中的弱点，如图 13.1 所示。技术性电子情报也具有战略目标，即评估一个国家的技术水平，避免在技术上出现意料之外的情况。

外国仪器信号情报

导弹、飞机、卫星等诸多军用平台装设有监测工作状态的仪表，测量速度、压力、温度、子系统性能等内容。两种情况下必须将仪表读数传输到地面站进行分析：导弹与飞机测试，卫星状态监测。这种射频传输被称为“遥测”。

测试中的导弹装有换能器，该装置能不断获取仪表读数，并将数据传输（遥测）到地面站，供稍后实验室分析之用。将遥测技术应用于导弹测试，是因为通常在测试之后恢复机载记录数据来做分析是不可能的。而且在出现严重故障时，遥测通常能指示故障位置。弹道导弹与巡航导弹仅在测试阶段才装设遥测系统；战役性导弹无遥测系统。

测试中的飞机与无人机与导弹不同，它们往往能完好地恢复数据。尽管如此，在这些测试中，对仪表读数也要进行遥测。出现严重故障时，机载记录仪不大可能保留下来。

几乎所有卫星都必须携带相应装置，用以接收地面通信信号（控制信号或上行指令），将卫星状态信息传输到地面站（遥测或下行遥测）。上行指令与下行遥测都是可以截获并分析的，用以获取卫星的位置与状态信息。

由于遥测涉及信息的人为传输，因此遥测截获可归入通信情报。但因为它属于非文字信息，传输的又是测量信息，所以遥测截获信息在逻辑上属于技术性搜集的一部分。美国情报界将其称为“外国仪器信号情报”。

射频测量与特征情报

多种射频发射都具有情报价值，但正如本章开始所述，尽管它们通常靠信号情报系统搜集，但不会被称作“信号情报”。不同之处在于，这些发射信号不属于有意传输。如上文所述，它们常被称为“射频测量与特征情报”。一些射频发射确属有意信号，但大部分并非如此。许多活动都能造成这种射频能量发射。对于情报目的而言，最重要的一种是核爆所产生的电磁脉冲（electromagnetic pulse，EMP）。

电磁脉冲。在核武器高空爆炸的首次试验中发现了电磁脉冲效应。这种空中爆炸产生短而强烈的射频能量脉冲，从源头四处迸射。这种电磁脉冲其实是射频冲击波，可在电缆、印刷电路板的裸露部分等导电体上产生数千伏的瞬变电压。

装设电磁脉冲传感器的卫星得以在轨道上工作多年，正是因为它们在识别核武器试验方面的价值。第 10 章提到南非、以色列涉嫌进行核试验，“维拉”卫星上的电磁脉冲传感器未运行，因而没有接收到单独的电磁脉冲特征信号，无法质疑两国核试验是否确有其事。[1]

射频破坏武器。人们发现核爆产生的电磁脉冲可能会干扰或破坏电子设备，于是一种无须引爆核装置便可产生类似效应与结果的武器应运而生。这种武器能产生短而强烈的脉冲，形成高达数千伏的瞬态浪涌，从而破坏或干扰半导体器件。它们能够破坏无屏蔽的电子装置，而且可以说是在其有效射程内的所有现代电子装置。它们的目标通常是电子系统，如飞机或导弹传感器、战术计算机、炮弹引信。情报需在对射频破坏装置的测试中起作用，从而采取适宜的对抗措施（主要是屏蔽敏感电子器件，使其不破坏脉冲功率等级）。

无意发射。许多设备在正常工作时会辐射射频信号，如内燃机、发电机和交换机。这些发射信号可用于对机动车辆、舰艇的识别与地理定位，但仅适用于相对小范围。通过射频特征往往能识别设备的特定部分。如厂房的功能、生产率，都可以通过监测射频发射模式进行确定。

地理定位

在搜集领域，对目标进行精准定位称为“地理定位”。人们普遍认为，地理定位是针对陆地或海洋表面的目标；地理定位一词的定义意味着目标位于地球上。大部分地理定位确实是针对地表目标。但出于情报目的的地理定位涵盖了地下、水下、空中、太空的目标。对于运载工具、舰艇、飞机、导弹、卫星等移动目标，地理定位必须重复进行才能追踪目标移动。常规的搜索雷达会进行常规地理定位，以追踪飞机、舰艇、卫星。军队则

---

[1] 原注：Carey Sublette, “Report on the 1979 Vela Incident” (September 1, 2001), accessed 23 September 2012 at http://nuclearweaponarchive.org/Safrica/Vela.html.

依靠情报、行动等多种方式，对敌对部队进行地理定位。

除了搜集信号，电子情报活动与外国仪器信号情报活动还会尝试对信号源进行精确定位。射频通信情报通常也涉及定位通信传输来源。这里的关键性能参数是地理定位精度。通过光学与雷达成像进行地理定位已在第 9 章与第 12 章讲述。二者或根据传感器的已知方位进行几何计算，或以图像中已定位对象作为参照，均可得出高精度的地理定位。本章着重讲述通过无源射频传感对情报目标进行地理定位，该方法在精确度方面可以向光学与雷达成像靠拢，但始终存在差距。与基于图像的地理定位相反，射频地理定位依赖发射信号的目标。然而，射频系统可以在成像系统无法企及的速度下进行大范围搜索。

二、流程

一般来说，无源射频搜集流程需要截获、搜集信号，识别具有情报价值的信号，将其与特定发射器相联系或识别信号源，进行地理定位、处理和分析以提取有用情报，并报告结果。我们将针对上文提及的不同目标对这些步骤进行一一梳理。

计划

预期目的不同，无源射频搜集的规划定然有所区别。下文将讲述电子情报、外国仪器信号情报、射频测量与特征情报的规划。

电子情报。战役性电子情报规划的目标是搜集区域内具有潜在情报价值的信号，并进行地理定位。因搜集平台不同，此类活动有例行规划与事先规划之分。对于下文提到的 ELISA 等卫星，战役性电子情报搜集类似于操作吸尘器，所有存在的信号都会被卫星搜集。虽然路径多变，但卫星迟早会处于接收信号的位置。对于机载或船载平台的搜集，往往需要更多规划来使平台处于有利位置。

技术性电子情报主要针对特定目标或目标区域（如测试范围）。搜集平台可以是第 8 章提到的任何一种，而搜集者可以搜集战役性和技术性两种电子情报。电子情报搜集者可能对目标雷达非常了解，所以目标确定可以很具体。

规划还必须考虑到共享目标信息的需要。在可能的情况下，电子情报搜集应提供指引，其他搜集资产（尤其是图像情报搜集者）也应为电子情报提供指引。当显示出现新信号（如来自开源情报、图像情报或人力情报）时，即可启动目标搜索。但电子情报例行搜集的一个重要部分是搜索新信号。

外国仪器信号情报。导弹、飞机测试的仪表信号与特定的测试范围有关，因此情报搜集往往需要了解即将进行的测试。卫星遥测往往长时间进行，所以卫星的外国仪器信号情报搜集规划可以更系统地进行。

射频测量与特征情报。非核武器（非核电磁脉冲、射频破坏武器或电磁轨道炮）测试的搜集规划存在一个共同的难题。此类测试不常出现，因此搜集系统需进行监测，最好是在近距离，确保对测试过程进行监测。这就要求扩大测试的识别范围。

探测核电磁脉冲信号的规划更为简单。大爆炸会产生强信号，配备相应传感器的卫星可以识别出来。此类监测可以全天 24 小时进行，比如“维拉”卫星。

针对其他无意发射信号的规划，以识别目标或目标区域、确定要搜集的信号特征、部署相应传感器为中心。部署传感器往往离不开秘密的人力情报行动，而且规划必须包括提取与分析信号的相关准备。

搜集

情报搜集所使用的无源射频传感器，一般由天线、接收机与信号处理器组成。这种系统有些是由操作员直接操控传感器，因此可能拥有显示与存储系统。远程操控传感器，如卫星上的传感器，通常将搜集到的信号信息分发到地面站。但天线与接收机是所有此类传感器的最低要求。传感器的性能几乎完全取决于天线与接收机的设计和性能。

这种系统适用于三种主要信号的搜集：第 4 章的通信情报；本章的电子情报和外国仪器信号情报。它还可以搜集射频测量与特征情报。射频搜集系统有时会被优化，仅用作搜集这些信号的一种。无人机载具上的电子情报系统，可能仅用于在战区搜集战役性电子情报。测试区域附近的秘密传感器，可能仅用于搜集指定频率的外国仪器信号情报。其他射频搜集器可能需要搜集各种频率、强度的信号。卫星的造价与运营耗费不菲，因而搭载系统往往很灵活，适用于多种任务与信号类型。

因此，射频搜集系统设计一般是基于以下几点：(1) 目标信号的性质；(2) 对信号进行地理定位的要求；(3) 搜集平台的性质。接下来的三小节将对这些设计要素一一探讨。

目标信号权衡处理。无源射频搜集系统的设计有别于通信与雷达搜集系统。雷达接收器或通信接收器的设计，是用于接收、处理单个或一组特定频率的信号。大多数无源射频搜集系统无法面面俱到，它们必须能够接收、处理多种类型的宽频段信号，能够测量多种信号参数。这些要求说明，任何系统都将根据预期用途进行权衡设计。

在一定的时间、频率与空间覆盖内尽可能地搜集目标信号的信息将引发多种问题，因而需要不同的设计来解决不同的问题。第 7 章探讨的三个相同方面——覆盖范围、分辨率与精度，同样适用于此。权衡方案一般有：

- 总带宽范围（光谱覆盖）[1]；
- 瞬时频率带宽——同时截获信号的频段宽度（光谱覆盖）；
- 频率与时间的测量精度；

---

[1] 原注：P. Hyberg, “Spread Spectrum Radar Principles and Ways of Jamming It,” (Swedish) Defense Research Institute (December 1980).

- 频率分辨率与时间分辨率——不丢失信息且能分辨不同信号的最小频段或时间间隔；
- 灵敏度——可探测的最小信号能量（强度覆盖）；
- 动态范围——可同时探测的信号能量范围（强度覆盖）；
- 地理定位能力。

没有一种系统可以面面俱到。预期目标信号的性质决定了系统选择与设计的重点关注特性。不同的设计会针对特定目的进行性能优化。但接收机与天线的设计都必须符合预期用途。

举个例子，信号搜集天线的设计权衡点在于尺寸、增益、波束宽度与追踪需求。高增益天线因可探测弱信号而更受青睐，其天线尺寸大，波束宽度窄。然而，高增益天线的角覆盖有所减小，窄波束的性能优势（选择性与灵敏度）必须与大范围覆盖的需求相平衡。在信号密集的环境中，宽带接收机需要使用高度定向天线来识别、区分复杂信号。为了实现大范围覆盖，有必要让天线进行机械式扫描，或使用单个天线，如产生多波束的相控天线阵等。

总而言之，解决方案是综合利用天线、接收机与多种信号处理器。例如，一个接收机用于搜索、获取新信号，另一个接收机用于对探测到的价值信号进行仔细检查，特殊处理器则用于测量脉冲宽度、脉冲重复频率（PRF）等信号参数。[1] 另一个例子是使用传感器套件。第 7 章提到，当单个传感器无法满足任务要求时，可使用多个传感器的互补组合。

以下是射频搜集的一些特定目标，以及适用于搜集此类信号的系统性质。

a. **窄带信号**。在光谱中找窄带信号相对容易，找特定频率的窄带信号则更轻而易举。遥测信号属于此类信号。难点在于，这些有情报价值的信号通常很弱。考虑到灵敏度的重要性，搜集平台通常采用高敏接收机（如超外差式接收机）与最大的实用天线。或者，有时可将搜集系统设于目标

[1] 原注：David Adamy, *EW 101: A First Course in Electronic Warfare*（Boston, MA: Artech House, 2001）, 59.

附近。对于这种在目标信号附近秘密安设传感器的近距离搜集，天线必须小且易于隐藏，不能比短线或手机贴片天线更明显。

b. **宽瞬时频带信号**。目标雷达一般拥有强信号，但一些新型雷达可能会使用宽频带（高达 1 千兆赫或以上），因此宽瞬时频带对战役性与技术性电子情报接收机而言更为重要。与电磁脉冲和射频破坏相关的射频测量与特征情报发射信号属于宽频带。用于搜集宽瞬时频带信号的接收机与天线将在接下来的新信号搜索部分探讨。

c. **低截获概率（LPI）信号**。雷达技术日新月异，电子情报系统搜集雷达信号可谓难上加难。LPI 雷达正是其中一种主要类型。该雷达使用多种技术的任意一种，使信号更难截获，或使截获信号更难定位。最简单的方法是，把传输功率降至允许的最低水平，从而实现发射控制。一些雷达使用不同的频率传输每一束脉冲（跳频技术），避免信号被截获，或使电子情报系统无法处理该信号。其他 LPI 雷达传输宽频带模拟噪声信号，使其在电子情报系统前隐匿踪迹。雷达甚至可以模拟良性信号（如机场监视雷达或电视台），避免被攻击。

LPI 信号通常必须为远距离搜集。这就要求设备兼具弱信号搜集能力（高增益天线与高敏接收机）与宽瞬时频带接收能力。

最先进的 LPI 雷达相对较新，连最尖端的电子情报系统也难以探测。这种雷达被称为“有源电子扫描阵列”（AESA），依靠相控天线阵与复杂的电子线路欺骗电子情报系统。人们形容这种雷达——“捉摸不定的电子变色龙，反射能力卓越，高智能系统，能轻松摆脱 [电子情报系统] 追踪”。[1]

d. **新信号搜索**。搜索未识别的新信号是任一射频搜集系统的重点，但它在电子情报搜集系统中的重要性更加凸显，因为搜索结果可以说明是否存在新的威胁雷达。搜索系统靠的是迅速搜索大部分射频波谱的能力，这

---

[1] 原注：Barry Manz, “Is EW Ready for AESA（and Vice Versa）?,” *The Journal of Electronic Defense*（Washington, DC, September 2012）, 31.

样才不会遗漏短时信号，且灵敏度最高。再次重申，没有哪种接收机可以搜索所有类型的新信号。如果目标是宽频带信号，射频辐射计可以探测信号是否存在，但它无法测量信号参数；或者在短距离内使用晶体视频接收机（灵敏度相对较低）。对于跳频信号搜索，瞬时测频接收机因良好的动态范围与灵敏度而更受青睐。当目标为弱信号，尤其是在密集信号环境中，微扫描（超外差快速扫描）接收机效果最佳。

声光接收机是一种通用功能更佳的新信号搜索接收机，它可以将输入的电信号调制成穿过玻璃的光波，兼具频率分辨率高与瞬时频带宽两大优点。它还能很好地处理跳频信号，是电子情报的理想接收机之一。

新信号搜索天线也必须覆盖很宽的频段。虽然表 11.1 列出了特定雷达频段，但雷达信号可能遍布整个微波光谱。有些天线因频带宽而被称为**"非频变天线"**（frequency-independent antenna）。它们形状各异——平面螺旋天线、圆锥螺旋天线、对数周期天线，其外形类似安装在屋顶的传统家用电视天线。

地理定位。许多技术都可用于获取射频能量源的位置，应用最广泛的三种技术是到达角、到达时差（TDOA）与到达频差（frequency difference of arrival，FDOA）。射频标识可用于生成便于地理定位的射频来源。

a. **到达角**。最早的无源射频地理定位技术是确定信号的到达方向。由于发射的电磁波沿直线传播，因此信号的到达方向即为信号源的方向。

这些传统测向定位（DF）系统综合运用两种及以上的传感器。系统的每个测向传感器可估计截获信号的到达方向。发射器的位置可根据各个到达方向的交叉点估计得出。

图 13.2 阐明了手机的地理定位过程。每座移动信号塔均能感测其区域内手机信号的到达角。如图所示，图中三座移动信号塔能确定手机信号的传输角度。移动信号塔位置是固定且众所周知的，因此手机的位置不难计算，这一过程被称为"三角测量"。信号情报设备定位飞机、舰艇、卫星、地面站的雷达信号与通信传输信号时利用的正是同一技术。

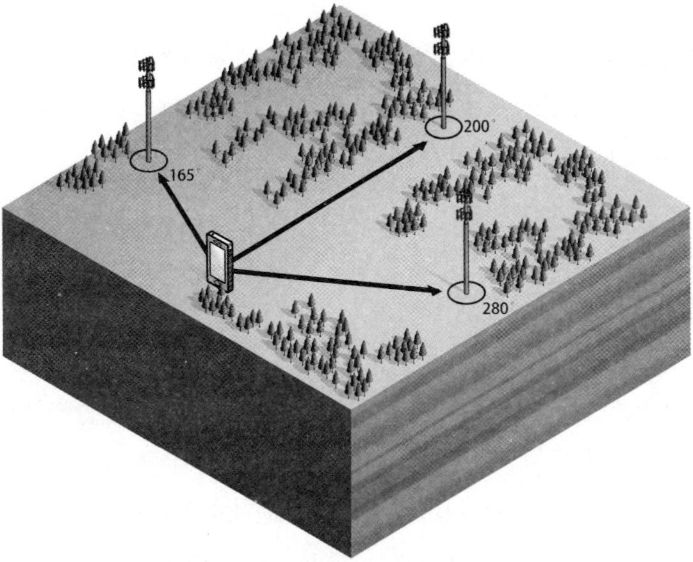

图 13.2 利用信号到达角定位手机

测向地理定位的精度有两方面局限。

- 没有哪种天线能完美地测出到达方向。所有天线都有一定的波束宽度，致使波束交叉形成的是地表的一块区域，而不是图 13.2 所示的单点。即使是信号情报站最尖端的设备，到达角的测量精度也不会优于 1 度。
- 测向定位技术，基于信号由发射器到接收天线是直线传输的假设，但在城市环境中往往并非如此。信号在到达信号情报天线之前通常被多栋建筑反弹，这一现象称为“多路径传播”。多路径传播效应是指，信号经由建筑的最后一次反弹后抵达接收天线（图 13.2 的移动信号塔），造成地理定位误差。

以下三种天线类型可用于确定到达角：旋转器、相控阵与干涉计。

旋转器是一根小天线，它通过快速转动天线（通常是旋转，实现 360 度覆盖），记录最强信号时的天线指向，从而达到无线电测向的目的。

第 11 章对相控阵已做介绍。信号情报搜集会采用一些专用于对目标进行地理定位的天线阵，因为它们能实现一定空间区域的瞬时覆盖。一种广泛应用于信号情报的天线阵叫作“环形配置天线阵”（circularly disposed antenna array，CDAA），即我们俗称的“乌兰韦伯阵列”。

乌兰韦伯阵列是一种大型环形天线阵，军方利用它对高频无线电信号进行三角测量，主要用于无线电导航、情报搜集以及搜救活动。该天线阵因大尺寸和巨大的圆形反射围栏被人们俗称为“象圈”。环形配置天线阵最先由德国人于二战时期发明，用于接收北大西洋德国潜艇的传输信号，确定潜艇大致位置。他们用“乌兰韦伯”一词统指环形配置天线阵研发项目。[1] 若两个环形配置天线阵（如图 13.3 所示，彩色效果见书前插页对应图片）[2] 间隔足够远，即可利用高频信号经地球电离层反射这一原理，对数千米外的高频发射器进行地理定位。这种地理定位不是很精确，其精度取决于电离层状态以及角度测量精度，这种精度以几十千米计。

干涉计这种传感器通过多路径接收电磁能量信号，根据接收信号之间的相干干涉推断信息。它们可通过测量多个天线辐射单元上射频信号的到达相位差确定到达方向。这些天线辐射单元按一定波长比例分设于不同的位置，每个单元记录的相位差决定了到达方向。由此可见，干涉计只是一个间距更宽的相控天线阵。最简单的干涉计由一对定向天线组成，这对天线经过调制后可以接收期望频段的无线电发射信号。比较两个接收机的信号相位即可确定信号波前的到达方向。波前到达方向决定了目标无线电发射器的方向。

b. **到达时差**。与测向定位相比，移动信号塔对信号进行地理定位的方式更精确，电子情报系统还将其广泛应用于对雷达的地理定位。该方式基

[1] 原注：Michael R. Morris, “Wullenweber Antenna Arrays,” accessed 23 September 2012 at www.navycthistory.com/WullenweberArticle.txt.

[2] 原注：Photo from www.navycthistory.com/craig_rudy_various.html, accessed 23 September 2012, used with permission.

图 13.3 德国奥格斯堡附近的 AN/FLR-9 环形配置天线阵

于信号以特定速度传输的原理——声学信号以声速传播，电磁信号（包括光学信号）以光速传播。这一速度可用于对信号来源的地理定位。介质不同，传播速度也不同，这对声学信号来说可能是个问题。但实际上，无线电波的速度与光速无异。如第 11 章所述，雷达可通过测量脉冲往返的延时来确定目标距离。移动信号塔同样可以做到，它是通过 Ping（向手机发送信号），并测量接收到手机响应信号所需的时间。测量结果决定距离 (尽管多路径效应可能是一个问题，因为它会引入延时因素)。

信号情报系统并不传输信号，因此无法直接测量来自发射器信号的传输时间，但它可以利用**多点定位**（multilateration）这一间接技术对目标进行地理定位。这一方式又称为“双曲线定位”（hyperbolic positioning)，是通过计算不同位置的信号到达时差实现目标定位的流程。多点定位常用于监视，可通过测量多个接收位置的信号到达时差来精确定位飞机、车辆或固定发射器。[1] 该技术同样适用于声学信号，这部分内容将在第 14 章探讨。

[1] 原注：Li Tao, Jiang Wenli, and Zhou Yiyu, “TDOA Location with High PRF Signals Based on Three Satellites,” *Chengdu Dianzi Xinxi Duikang Jishu*（July 1, 2004）, 7.

来自发射器的脉冲到达不同位置接收机的时间不同。到达时差是每个接收机到平台的距离不同导致的结果。问题在于，对两个接收机的已给定位置，许多发射器位置都会提供相同的到达时差测量值。对于已知位置的两个接收机，到达时差可以对双曲面（这也是它被称为双曲线定位的原因）上的发射器进行地理定位。接收机无须知道每个脉冲传输的绝对时间，只需要了解时间差。[1]

不妨假设信号搜集系统拥有位于第三个不同位置的接收机，且该接收机可以截获信号。如图 13.4 所示，可以测量出第二、第三个到达时差。比较三个传感器的到达时差即可得出一条空间曲线；发射器必定位于这条曲线上。如果该发射器位于地表，地理定位问题很容易解决，即发射器位于曲线与地平面的相切位置。若已知发射器位于地表上方，则需要第四个传感器才能定位它在曲线上的具体位置。[2]

在目标定位方面，多点定位的精度远远优于到达角等技术。测量时间显然比简单测向定位形成的窄波束更为精确。多点定位的精度受多个变量影响，其中包括：

- 接收机与发射器的几何结构；
- 接收系统的时间精度；
- 接收站的同步精度（会因未知的传播效应有所退化）；
- 发射脉冲的带宽；
- 接收机位置的不确定性。[3]

---

[1] 原注：Li Tao, Jiang Wenli, and Zhou Yiyu, “TDOA Location with High PRF Signals Based on Three Satellites,” *Chengdu Dianzi Xinxi Duikang Jishu*（July 1, 2004）, 7.

[2] 原注：Pan Qinge, Yan Meng, and Liao Guisheng, “Joint Location by Time Difference of Arrival and Frequency Difference of Arrival at Multiple Stations,” *Heifei Leida Kexue Yu Jishu*（December 1, 2005）.

[3] 原注：Huai-Jing Du and Jim P. Y. Lee, “Simulation of Multi-platform Geolocation Using a Hybrid TDOA/AOA Method,” Technical memo, Defence R&D Canada TM 2004–256（December 2004）, accessed 23 September 2012 at http://pubs.drdc.gc.ca/PDFS/unc33/p523132.pdf.

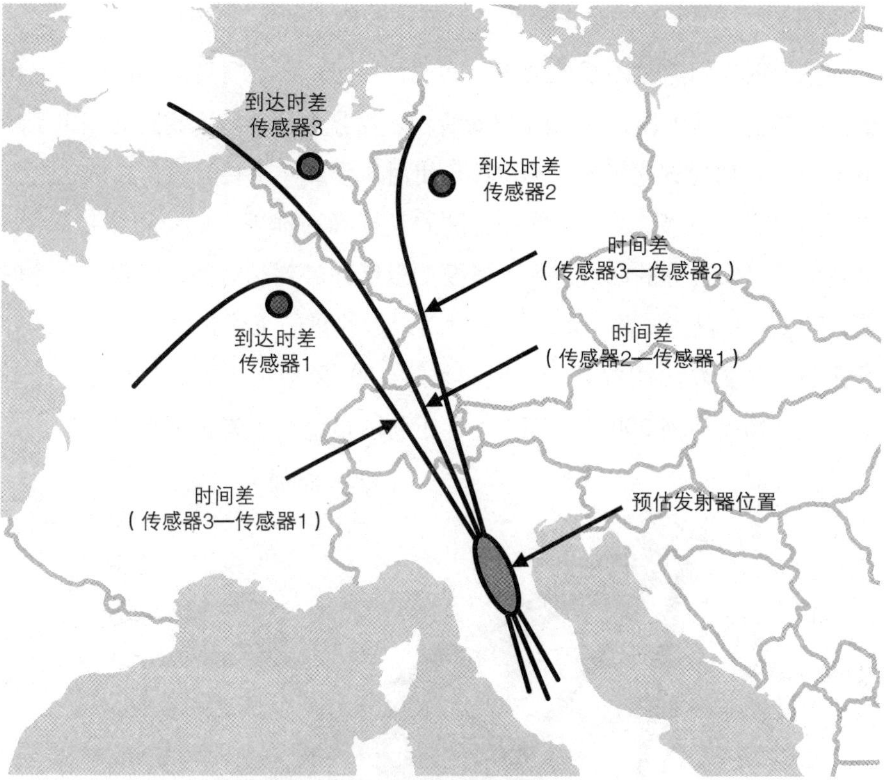

图 13.4 到达时差地理定位

自雷达问世以来，到达时差一直是高精度定位系统的首选技术。与大多数定位发射器的系统一样，全球定位系统正是基于到达时差技术。到达时差系统的工作是将在分散于大区域的多个站设置定位接收机；每个站均有精确的计时源。当移动设备发射信号时，所有天线站在接收信号时都会盖上时间戳。随后综合时间戳的差异可得出上文提到的相交双曲线。[1] 注意，图中的发射器预估位置不是一个点，而是椭圆，它被称为地理定位

[1] 原注：Louis A. Stilp, "Time Difference of Arrival Technology for Locating Narrowband Cellular Signals," *Proceedings of SPIE*, 2602 No. 134–144（1996）.

“误差椭圆”。误差椭圆显示了发射器最可能位于的地理区域。[1]

作为现代到达时差系统的一个实例，VERA-E 是捷克共和国生产的电子情报系统。其工作方式如图 13.5 所示，而且大部分地面到达时差电子情报系统均以相同方式工作。VERA-E 使用 3 个或 4 个接收机，接收机之间相隔 10 到 25 千米。3 个接收机提供的是目标在地图上的位置；4 个接收机还可以提供目标的海拔。由于需要测量脉冲的到达时间才能得出到达时差，VERA-E 仅能探测、追踪脉冲发射。接收机的工作频率范围为 1 到 18 千兆赫。位置精度可描述为，距离目标 150 千米时，方位角精度达到 20 米，距离精度达到 200 米。VERA-E 还利用指纹技术来识别目标。这一系

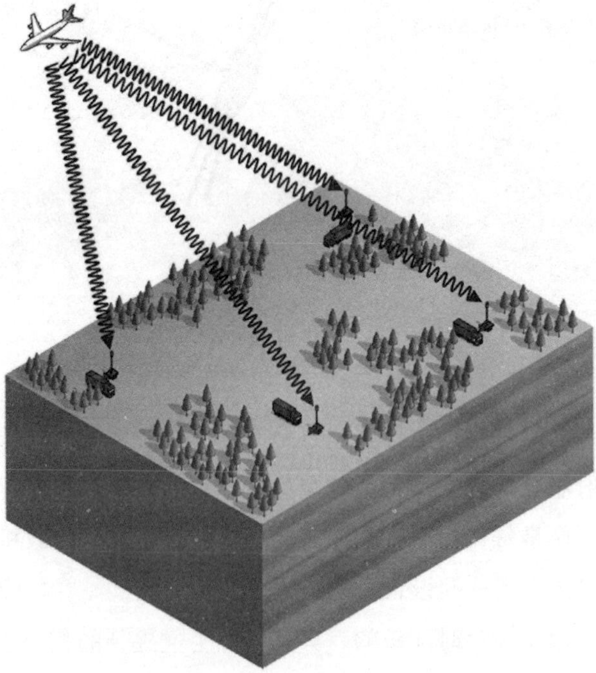

图 13.5　运用到达时差定位飞机

[1]　原注：Li Tao, Jiang Wenli, and Zhou Yiyu, “TDOA Location with High PRF Signals Based on Three Satellites,” 7.

统最多可以同时自动追踪 200 个目标。[1]

VERA-E 需要 4 个接收机才能确定目标的海拔，因为 4 个接收机的到达时差可以唯一确定空间的某一点，而 3 个接收机的时差只能确定一条曲线，如上文所述。但是，单个接收机也可以确定目标海拔，这一内容稍后再做介绍。

c. **到达频差**。移动目标收发信号产生的多普勒频移，可用于确定目标的位置或移动速度，地理定位的第三种技术——到达频差正是基于这一原理。到达频差与到达时差类似，都是基于若干观测点预估无线电发射器的位置。不同点在于，到达频差的观测点必须在彼此之间或与发射器之间存在相对运动。(该技术也可用于根据对多个发射器的观测预估自己的位置。[2])

这种相对运动导致不同位置的发射器出现不同的多普勒频移。根据接收机的位置和速度、接收机之间的相对多普勒频移，可以估计出发射器位置。位置预估的精确度与发射信号的带宽、各个观测点的信噪比（signal-to-noise ratio，SNR）、发射器的几何结构与速度，以及接收机位置有关。[3] 到达频差的不足是，大量数据必须在观测点之间转移，或由观测点转移至中心位置来进行处理，这样方可预估出多普勒频移。

图 13.6 阐明了到达频差的工作原理。图中由左向右移动的 3 个接收机可用于定位 1 个固定发射器。传感器 1 观测到的多普勒频移为负，因为它正离发射器而去。传感器 2 观测到的多普勒频移为零，因为它在发射器的侧边（二者之间无相对位移）。传感器 3 观测到的多普勒频移为正，因为

[1] 原注：ERA Radar Technology, “VERA-E,” accessed 23 September 2012 at http://www.radiolokatory.cz/pdf/vera-e.pdf.

[2] 原注：Pan Qinge, Yan Meng, and Liao Guisheng, “Joint Location by Time Difference of Arrival and Frequency Difference of Arrival at Multiple Stations.”

[3] 原注：K. C. Ho and Y. T. Chan, “Geolocation of a Known Altitude Object from TDOA and FDOA Measurements,” *IEEE Transactions on Aerospace and Electronic Systems*, Vol. 33, No. 3（July 1997）, 770–783.

它正朝发射器靠近。通过对比传感器 1 与传感器 3 的观测频率，信号情报处理器即可确定发射器位于如图所示的曲线上。通过对比传感器 2 与另外 2 个传感器的频率，处理器可以确定发射器位于传感器 2 的侧边直线上。这 3 条线的交点即为发射器的位置。请注意，这种地理定位难免存在模糊性；若发射器位于传感器 2 的另一侧且距离相同，测出的到达频差是一样的。

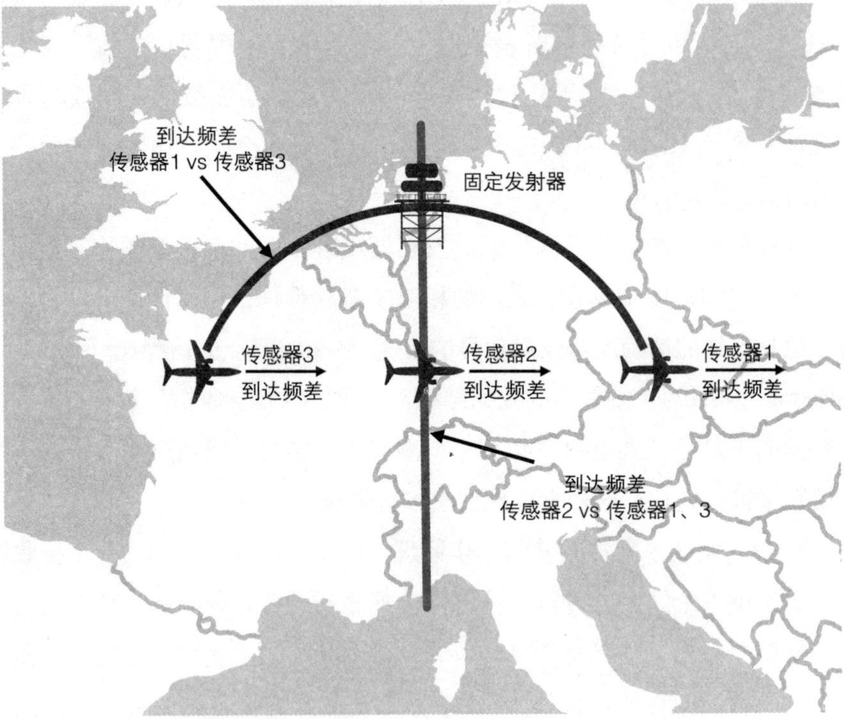

图 13.6　3 个移动接收机的到达频差地理定位

图 13.6 说明到达频差的另一个问题是发射器必须固定。毋庸置疑，许多具有情报价值的发射器都不是固定的；移动发射器将造成定位失效，除非电子情报处理系统应用某种校正方法。上一章也提到这一现象：移动目标会改变多普勒频移，进而造成合成孔径雷达系统与电子情报系统的地理

定位误差。然而，通过增加额外到达频差传感器，或观测到达频差随时间的变化，电子情报系统可以实现必要的校正。

d. **地理定位精度**。如前文所述，地理定位精度在给军方与执法部门行动提供情报支持方面非常重要，为提高地理定位精度，人们在定位处理阶段要做出相当大的努力。

地理定位必须以某种方式处理多路径信号。到达角系统与到达时差系统均会受到城市多路径效应的影响。多路径接收会使信号变形和发生延时变化，导致到达时差系统难以精确定位所有接收机的测量信号。[1] 因此，多路径效应通常被认为是导致到达时差系统误差的最主要因素。天线接收的首个信号，从发射器到接收天线的传输路径是最为直接的。通常来说，尤其是在城市里，接收机会在几百纳秒到几十微秒内接收到额外副本信号，与首个信号重叠。这些副本信号经由区域内天然或人造表面（如丘陵、桥梁、汽车，甚至密林）的反射。[2] 信号处理器必须校正这些额外杂散信号。

一种提高地理定位精度的直接技术是，将针对目标部署更多地理定位资产。例如，为了减少脉冲到达时差的测量误差，情报搜集者可以在分散位置增加更多接收机。4 个接收机可生成 6 条双曲线，5 个接收机则产生 10 条，依此类推。完美的测量应为所有双曲线均相交于一点。实际上，多种误差的存在致使多个平面鲜有相交，这就导致结果总是一个误差椭圆。但针对发射信号的多路径传输脉冲，可以对到达时差稍做平均以提高精度。[3]

---

[1] 原注：K. C. Ho and Y. T. Chan, “Geolocation of a Known Altitude Object from TDOA and FDOA Measurements,” *IEEE Transactions on Aerospace and Electronic Systems*, Vol. 33, No. 3（July 1997）, 770–783.

[2] 原注：K. C. Ho and Y. T. Chan, “Geolocation of a Known Altitude Object from TDOA and FDOA Measurements,” *IEEE Transactions on Aerospace and Electronic Systems*, Vol. 33, No. 3（July 1997）, 770–783.

[3] 原注：Huai-Jing Du and Jim P. Y. Lee, “Simulation of Multi-platform Geolocation Using a Hybrid TDOA/AOA Method.”

另一种提高精度的方法是综合上文提到的几种技术。结合多种地理定位技术，结果也更为精确。到达时差与到达频差有时会结合使用以提高位置精度，而且所得到的预估值在某种程度上是独立的。[1] 结合到达角可以解决目标位置模糊性问题。[2] 例如，如果图 13.4 中只有接收机 1、2 工作，任何发射器都只能定位在图中标注为“时间差”（传感器 2 到传感器 1）的地表曲线上。但如果其中一个接收机也能获取到达角信息，发射器在曲线的位置就能确定了。

一种截然不同的提高精度的方法是，借助已精确定位的目标区域内的发射器。使用参照信号发送机，可以显著提高到达时差与到达频差的精度，这种发送机又被称为“参照发射器”或“参照信标”。参照发射器可以是，如目标区域内的雷达，或作为参照发射器的 GPS 信标（目标区域的位置已明确）。当必须定位目标区域的新信号时，地理定位系统接收参照发射器信号与新信号，通过信号处理器的比较技术减少地理定位误差。[3]

e. **射频标记与追踪**。射频标签被广泛应用于情报与执法领域。其目的是提供对目标的独特标识，这种标识可在一定距离内被感应，并用于追踪对象移动。如大家熟知的将射频标签用于追踪被盗车辆。这些标签通常包含 GPS 接收器，可追踪汽车位置，它们隐藏于汽车中以降低被盗风险。警察可通过接收该标签的射频信号，来定位被盗的标识车辆。

射频标记在商业领域得到最广泛的应用。最简单且最常用的射频标签类型是射频识别（RFID）标签。这种标签广泛应用于零售业与供应链，用于追踪商品流动。

---

[1] 原注：Pan Qinge, Yan Meng, and Liao Guisheng, “Joint Location by Time Difference of Arrival and Frequency Difference of Arrival at Multiple Stations.”

[2] 原注：Huai-Jing Du and Jim P. Y. Lee, “Simulation of Multi-platform Geolocation Using a Hybrid TDOA/AOA Method.”

[3] 原注：Layne D. Lommen, David O. Edewaard, and Henry E. Halladay, “Reference Beacon Methods and Apparatus for TDOA/FDOA Geolocation,” USPTO Application No. 20070236389（October 10, 2007）.

RFID 标签是一种微型芯片，是一种结合天线的小巧封装；此封装结构可以使 RFID 标签附着于被追踪对象上。天线附有计算机芯片，人们通常把天线与芯片一起称为“RFID 标签”。芯片的存储数据通过无线传输，由天线发送到 RFID 读取或扫描装置，该装置与天线的工作频率相同。标签天线将接收 RFID 读取或扫描装置的信号，然后回发信号，回发信号通常附加一些数据（如一个独特的序列号或其他自定义信息）。

有源 RFID 装置与无源 RFID 装置：

- 无源 RFID 标签由 RFID 读取装置供电。当 RFID 读取装置指向被调成相同频率的无源 RFID 标签时，RFID 读取装置会发射电磁信号。标签接收到的有效能量为其回发响应信息供电。无源 RFID 通常需要在芯片 1 英尺范围内设置读取装置，但这一距离取决于频率，有时可以达到 20 英尺之远。
- 有源 RFID 标签传输芯片数据是靠电池供电，而且电池供电可以实现远距离传输。一些有源标签使用的是能供电数年的可更换电池；另外一些则是封装结构，本质上是一次性设计。一些有源标签与外部电源相连。[1]

RFID 标签可以做到非常小巧。无源标签的尺寸可能与稍大的米粒无异。有源设备通常更大——与小本平装书一般。用于情报目的的标签甚至曾经被安置在个人物品内，如提供给索马里武器进口商 Osman Ato 的手杖。得益于这一标签，美国三角洲特种部队在摩加迪沙抓获 Ato。[2]

实际上，手机属于 RFID 标签，且可以通过多种技术进行追踪。手机无须处于使用状态，只需要处于开机状态。有一种技术可以通过比较附近移动信号塔接收到的信号强度，获取手机的大致位置。配有 GPS 接收器的

[1] 原注：Technovelgy.com, “RFID Tags,” accessed 23 September 2012 at www.technovelgy.com/ct/Technology-Article.asp?ArtNum=50.

[2] 原注：Jeffrey T. Richelson, *The U.S. Intelligence Community*, 5th ed.（Boulder, CO:Westview Press, 2008）, 25.

手机可能精确度更高。对于使用广受欢迎的标准全球移动通信系统，且配有 GPS 的手机，在欧洲可实现 10 米内定位，在美国、南美洲和加拿大可实现 25 米内的定位。[1]

美国国土安全部的海洋资产标签追踪系统（Marine Asset Tag Tracking System，MATTS），正是有源标签在情报应用方面的一个实例。该系统是将微型传感器、数据记录计算机、无线电收发机与 GPS 追踪系统集成到一个小巧、廉价的盒子里，尺寸跟一副扑克牌差不多。据说即使位于甲板下方深处，集装箱内的标签也能通过舰载通信系统传输信号。标签信号在集装箱之间辗转，直至找到可行的传输路径。海洋资产标签追踪系统盒存储的是位置历史，当它位于联网船舶、集装箱码头或手机移动信号塔范围内（最远为 1 千米）时，将会发送位置信息。无论集装箱位于何处，我们都可以检查它的位置历史，若稍有不对，有关部门就会引起警觉，检查相应的集装箱。[2]

平台权衡处理。射频搜集传感器是针对特定的平台类型设计而成。实际上，平台的性质决定了接收机与天线的设计。地面站与舰载搜集系统的接收机可能非常复杂，它涉及集中处理与利用。因此，接收机必须具备高灵敏度和现成的维护支持。相比之下，卫星上的接收机与天线必须耐用且适用于大范围信号，因为它们一旦进入轨道就无法进行维护或重新设计了。机载传感器则处于这几种极端之间。秘密安设的天线、接收机组合必须小巧，其设计能为周围环境所容纳，拥有与远程情报站间的通信链路。

地面站天线可能很大，因为它们位于非常稳定的平台之上。相比之下，舰载天线系统的尺寸将根据指向与追踪要求而有所限制，因为

[1] 原注：GpsSpying.com, “Mobile Phone Tracking System via the GPS-TRACK Satellite Network,” accessed 23 September 2012 at http://www.gpsspying.com/.

[2] 原注：Department of Homeland Security, “When Your Ship Comes In”（July 2007）, accessed 23 September 2012 at http://www.dhs.gov/when-your-ship-comes.

它必须动态校正航向变化、横摇和纵摇。这就将舰载信号情报蝶形天线的直径限定在五六米左右。更大型的舰载天线也是可以实现的，但搭建与操作的难度很大。舰载相控阵可利用电控转向弥补船舶的艏摇、横摇与纵摇。

电子情报搜集。电子情报搜集通过多个不同平台完成。但人们越来越多地利用卫星，因为卫星能例行对世界范围内的目标读取信息。一些国家运行电子情报卫星，主要是为了向其军队提供作战序列情报，比如俄罗斯的 Tselina 系列卫星。

如图 13.7（彩色效果见书前插页对应图片）所示的法国电子情报卫星（ELISA）于 2011 年 12 月发射，是战役性电子情报卫星的一个实例。ELISA 是法国信号情报卫星的最新系列（之前的系列被称为“樱桃”、“克莱门汀”和“蜂群”）。ELISA 是由四个卫星组成的星座，各卫星之间相隔几千米。每个卫星均接收、记录输入的雷达脉冲，并将脉冲数据传输回地面站。地面站综合接收到的信号，运用本章提到的技术对目标雷达进行地理定位。[1]

每种电子情报搜集平台均有其优势与局限。卫星可提供良好的地球覆盖。另一极端是，弱信号往往需要近距离搜集，卫星对于这种地面目标就无能为力了。无人机、飞机、舰载或地基系统（用于搜集表面目标、卫星、飞机的信号）正是在两种极端之间发挥作用。此前提到的“全球鹰”、VERA-E 及挪威 Marjata 号舰艇，均为电子情报搜集平台的实例。

技术性电子情报搜集的重点，往往放在已识别信号，以及对这些信号的进化性修正之上。然而，搜集新的、未识别的信号是电子情报搜集的第一要务，因为它们可能代表最先进的技术。新研发雷达在测试时常常只做短时辐射，而且仅在敌方拦截可能性最低的时间段内。因此，对于这种雷

---

[1] 原注：CNES report, “Mapping Radar Stations from Space,” accessed 13 September 2012 at www.cnes.fr/web/CNES-en/5940-elisa.php.

图 13.7 ELISA 电子情报卫星

达，最好的情况也只能截获到短时信号。例如，大多数反舰巡航导弹携带目标截获与制导雷达，指引导弹到达目标。法国“飞鱼”反舰导弹是此类雷达的典型，它是一种反舰巡航导弹，配备 X 波段截获与制导雷达。[1] 针对巡航导弹雷达的技术性电子情报，对于发展对抗措施，尤其是舰艇防御系统所需的对抗措施，至关重要。

第二要务是识别工作模式不同寻常的新型雷达。譬如，一些雷达具有战时储备模式，它们在战时需要时一直处于隐藏状态，因此更难形成对抗措施。若要部署对抗措施，这些战时模式就必须被识别。

对于射频信号情报，尤其是战役性电子情报，地理定位是一项重要能力。VERA-E 等地理定位装置可以设置在地面，对飞机或卫星进行定位、追踪。舰载装置可以定位并追踪飞机、卫星、反舰导弹或其他舰艇。但当搜集过程是在地面之上完成时，如利用飞机、卫星或无人机，地理定位

[1] 原注：Federation of American Scientists, “Exocet AM39/mm.40,” accessed 13 September 2012 at www.fas.org/man/dod-101/sys/missile/row/exocet.htm.

是最有效的定位、追踪地表目标方式。[1] 机载和空载平台比地面站的覆盖范围更广，但劣势在于精度，它们的精度跟搜集信号时的自我定位能力无异。因此，情报搜集者给搜集事件盖时间戳，保持这段时间的平台位置记录，很重要。

外国仪器信号情报搜集。遥测信号通常为弱信号，因此外国仪器系统搜集或通过大天线、高敏接收机进行远距离搜集，或在测试范围附近进行秘密搜集。但遥测信号的工作频率是固定的，这点大家都知道，因此无须频繁搜索新信号。

射频测量与特征情报搜集

电磁脉冲。识别世界范围内大气层核试验的搜集活动，通常由卫星完成。美国在其 GPS 星座上采用电磁脉冲传感器。这一星座可对全球实施 24 小时监测。

射频破坏武器。关于此类武器测试的搜集活动存在诸多挑战。电磁脉冲类武器的脉冲频率很低、带宽很宽。一些射频破坏武器的工作带宽相对较窄，为 4 千兆赫以上的微波区域。此类武器的测试不常进行，而且往往会有时间规划以避开已知的敌方情报搜集者。因此，除非能对潜在测试范围进行连续宽带监测，最好是在可疑测试区域的附近，否则无法搜集射频破坏武器测试信号。

无意发射。各种各样的无意射频发射信号均可被截获、判读与分析。设备附近的传感器可从设备内部恢复有情报价值的信息——有时是文字信息，有时是非文字信息。搜集车辆的无意发射信号也是可以实现的，这取决于发射信号的类型。在越南战争期间，AC-130 武装直升机上安设了被称为 ASD-5 的“黑乌鸦”传感器。据报道称，该传感器探测到胡志明小道

[1] 原注：Nickens Okello, “Emitter Geolocation with Multiple UAVs,” *Proceedings of the 9th International Conference on Information Fusion*（Florence, Italy, July 10–13, 2006）.

上远达 10 英里的卡车点火系统。[1]

处理、利用和分析

电子情报、外国仪器信号情报、射频测量与特征情报的处理、利用和分析阶段各不相同，接下来将对这些不同点进行一一介绍。

电子情报。处理战役性与技术性电子情报均要应对密集信号环境的挑战。空载信号情报系统的观测范围通常覆盖大部分地球表面，机载系统的观测范围相对较小，但也覆盖了数千平方千米的地球表面。无论是哪种情况，系统都会观测到密集信号环境。以电子情报为例，会有大量脉冲连续进入电子情报系统接收机。如果接收机的带宽很宽（电子情报系统通常带宽很宽），信号会更密集。

为了应对这种环境，信号处理通常是靠情报搜集者将接收数据数字化。一旦信号被数字化，我们可以根据自己的需求对信号做不同处理。随后，电子情报信号处理器必须将每个入射脉冲分配给特定雷达。[2] 这样即可根据使用方式提取出所需信息，并按不同的方式显示信息。大多数情况下，电子情报系统还必须对雷达进行地理定位；地理定位技术在本章前面部分已做介绍。

战役性电子情报。战役性电子情报处理与利用必须首先识别具有特殊价值的雷达，尤其是战场环境中的威胁雷达。这就需要描述信号特征，定位信号源。这一过程往往要快速完成，结果也必须快速分发出去。

第一步是信号分选问题。将输入脉冲分配给特定雷达，需要根据射频、脉冲宽度、脉冲重复频率等信号参数，对雷达脉冲进行分选。使用

[1] 原注：Jeffrey P. Rhodes, “The Machines of Special Ops,” *Air Force Magazine*（August 1988）, accessed 28 August 2012 at http://www.airforce-magazine.com/MagazineArchive/Pages/1988/August%201988/0888sof.aspx.

[2] 原注：Adamy, *EW 101*, 112–120.

射频作为分选参数，相当成功地实现了信号分离；然而，许多不同发射器使用的射频频段很可能是相同的。对于大部分电子情报环境而言，脉冲重复频率是第二有用的分选参数。[1] 为了分选信号，电子情报系统处理器采用名为**脉冲串分选**（pulse train deinterleaving）的技术。脉冲串分选是基于以下原理——对于脉冲重复频率固定的雷达，脉冲将以恒定速率到达接收机，而恒速序列是很容易识别的。[2] 雷达设计者当然也了解这种技术，现代雷达往往不断改变脉冲重复频率，使信号分选过程更为困难。

随后，信号处理器必须执行诸多功能，这些功能会根据情报搜集的类型有所变化。完成信号分选后，来源发射器的特定类型必须被识别——假定这种发射器此前已被搜集、分析。如果是新型发射器，我们将进行技术性电子情报处理（稍后探讨），来分析信号参数。如果发射器具有已被识别的电子特征（如在现有信号目录中），通常会进行战役性电子情报处理（例如对发射器进行地理定位，并进行唯一识别以供未来参考）。

各种各样的情报处理技术被用在电子情报领域，而运用何种技术取决于情报功能。与技术性电子情报相比，战役性电子情报的处理相对简单，主要是从现有电子情报库中识别该信号，确定其状态，对其进行地理定位，并将情报迅速发给用户。这些考量往往促使战役性电子情报通过战术性搜集系统在战区完成搜集与分析；但如果能确保及时提供情报给用户，也会使用高空搜集等战略性系统。重点在于对特定发射器的识别和地理定位。因此，战役性电子情报通常为立体显示，即以地图显示特定信号或设备标识符，这些内容在地图上均有名称和定位。

战役性电子情报不仅能识别雷达类型，还能利用雷达信号的细微特征来识别、追踪特定雷达。这项技术被称为“**特定发射器识别**”或“指纹识

[1] 原注：Richard G. Wiley, *ELINT: The Interception and Analysis of Radar Signals*（Boston, MA: Artech House, 2006）, Chapter 13.

[2] 原注：Adamy, *EW 101*, 82.

别”。尽管雷达可能外形一样，但正如没有一模一样的指纹一样，雷达信号参数也各不相同。指纹识别技术往往需要优质技术性电子情报，先获取目标的细节特征。

技术性电子情报。技术性电子情报需要进行两步处理：首先，电子情报搜集者必须获取雷达的细节特征；其次，电子情报分析人员必须对这一特征进行详细评估，获取性能信息。典型的特征信息由三个不同要素组成：信号参数、天线方向图与功率。分析人员将结合这三个要素来预估其探测特性。

技术性电子情报的重点，往往放在对频率与调制特性的精确测量。技术性电子情报多使用频谱分析仪。频谱分析仪可以显示信号强度与频率之间的关系图，展示信号的带宽与调制、功率以及其他信号参数。

a. **信号参数测量**。电子情报测量的传统雷达信号参数有：频率、脉冲持续时间、脉冲重复频率或脉冲重复间隔（pulse repetition interval，PRI）、主波束扫描方向图以及带宽。频率与脉冲持续时间可确定雷达的探测范围。脉冲重复频率与脉冲重复间隔可确定雷达的最大真实距离。当雷达进行目标搜索与追踪时，主波束扫描方向图有助于识别雷达的工作目的与工作模式。雷达带宽可确定距离分辨率。

雷达在最初开发时传输的是单个简单的未调制脉冲。现代雷达可以很复杂，所以需要测量诸多脉冲参数。随着时代变迁，雷达也愈发精密。如今，雷达通过多种方式调制脉冲，以提高雷达性能或击败敌对电子情报系统。雷达可以在频率上调制，即**线性调频**（linear frequency modulation，LFM）技术；可以通过改变相位进行调制，即相位编码技术；可以使频率随机跳变，即前文提到的跳频技术；可以根据扩展频谱编码将雷达信号调制成伪噪声。以上这些以及其他更多技术，使技术性电子情报搜集者与分析人员的工作比以往更具挑战。

b. **天线方向图测量**。馈送到天线的射频总功率，本质上是由发射器的功率管或固态元件类型、脉冲特性以及系统的衰减损耗所决定的。天线的功能是把功率集中在期望方向，该能力被称为“天线增益”。辐射能量在各方向的相对分布称为“天线辐射方向图”。天线方向图与辐射功率是决定雷达性能的关键参数。为获取情报与电子对抗，这些参数都必须进行精确测量。

即使是对天线设计者而言，雷达天线方向图的精确和全面测量都是一个冗长的过程。对电子情报分析人员而言，这个问题更为棘手，因为进行电子情报搜集的条件往往不是那么理想。测试工程师将在雷达测试范围内控制测试环境，他们通常会尽力使信号难以搜集。而且，在测试范围与在实际应用时观察到的方向图并非总是一致的，因为地面站的环境与地面影响会使方向图显著变化。

c. **功率测量**。测量电子情报功率方向图的目标是，获取最大波束功率、总辐射功率、天线增益、天线周围增益变化（旁瓣与后瓣分布）的精确数据。这就需要用到机载或空载测量平台。理论上，电子情报搜集与天线测试范围内的方法一致；测量功率密度，并根据雷达天线与搜集系统之间的已知几何结构，将功率密度转化为辐射功率。实际上，除了测试范围内的所有问题，电子情报还面临情报搜集的固有问题：目标雷达并不配合。目标雷达可能在电子情报系统搜集信号时不辐射信号，或不朝电子情报系统的方向辐射。这些不利因素增加了潜在误差来源，此类误差必须消除、最小化或校正。

外国仪器信号情报。导弹、卫星等复杂且昂贵的系统需要传输大量仪表读数，为每个读数分配独立的传输链路是不现实的。因此，遥测系统采用多路径传输流程，使用单个发射器即可传输综合所有仪表的读数。每个信号占据多路径传输系统的一个通道。在接收机端，各通道会被分离（多路径解编），并被发送到各个独立的显示器或记录仪上。

一些遥测系统，尤其是旧式遥测系统，通过把每个信号分配到无线电频谱的不同部分进行多路径传输；这一技术被称为“**频分多路复用**”（frequency division multiplexing）。“**时分多路复用**”（time division multiplexing）是一种更为复杂但日益流行的方法，它使每个信号能周期性地在短时间隔内利用发射器的整个频带。

遥测截获信号难以判读，部分原因是所谓的“尺度问题”(scaling problem)。操作该仪表的工程师清楚接收到的读数尺度，知道哪个遥测通道对应哪个仪表。但信号截获方必须推断仪表性质以及外部证据的读数尺度，外部证据是指将读数与外部事件（如飞机、导弹的高度或速度）关联。

仅仅进行几个关键识别便可带来可观的情报价值，因为遥测分析人员可以将当前火箭与之前的火箭相联系，从而确定它是否为同一系列。而且，比较当前的遥测信号与之前的遥测信号，或许还能说明这是新型运载工具的测试，或是已知系列导弹的新型号测试。分析人员往往能根据一个靠动力飞行的遥测信号样本，判断运载火箭是液态燃料还是固态燃料，是单级火箭还是多级火箭，以及有效载荷占估计总重的比率。分析人员可以通过在不同的遥测渠道中寻找典型特征来得出以上问题的结果。例如，弹道导弹的速度变化图有其典型特征：导弹加速时速度随时间稳定上升，发动机停止时速度保持不变。对于多级导弹，二级发动机启动后导弹会再次提速。这些加速模式使遥测信号具有独特特征。

遥测信号可通过加密手段使对手无法访问。通过时分多路复用技术发送的电子遥测信号尤其适合加密。加密技术使搜集者无法访问**遥测内控**(即读数原本的值）信息。搜集者只能依靠**遥测外控**（即因运载工具飞行剖面所产生的信号变化)，遥测外控可提供运载火箭的性能信息。[1] 针对遥测外控，飞行剖面可通过多路复用技术测量，本章稍后会讲述这部分内容。

a. **导弹发射程序**。弹道导弹测试遥测的实例说明，一般如何利用与分析外国仪器信号情报。

在弹道导弹发射程序的某一点，连接导弹与发射台的脐带电缆会断开。从那时起，导弹性能信息必须通过遥测技术传输给地面站。

---

[1] 原注：Angelo Codevilla, *Informing Statecraft*（New York: The Free Press, 1992）, 122.

在飞行过程中，导弹沿着飞行路径将遥测信号传输给地面站。这些信号继而被转发到记录导弹所有测量数据的控制中心。地面站的预定遥测信号接收人拥有遥测通道分配密钥。这一密钥标识了信号与以下三者的对应关联：测量内容，校准列表，将遥测信号转换为加速度、压力、温度或其他变量的转换因子。

情报部门可以截获、分析遥测信号。但情报分析人员最初并没有通道分配密钥，因此必须在使用测量信息之前先对各通道进行识别。有些基本测量是每趟飞行所必需的。推进系统都会测量加速度和一种推力室压力。导弹姿态、速度、加速度等都会得到测量与遥测。分析人员了解自己的弹道导弹有怎样的遥测读数，搜索截获数据时也会着眼于类似读数。

因此，分析人员首先要准备可能的通道分配密钥，进而利用物理定律及过去的导弹设计实例，检查密钥的有效性。例如，疑似加速度的测量曲线，可以通过与加速度随时间变化的理论曲线或实际曲线比较来验证。确定是加速度后，分析人员进而可利用产生加速度的力（火箭推力）与推力室压力成比例这一原理。加速度记录的微小变化也会对应出现在推力室压力上，从而识别推力室压力通道。

获取良好的遥测样本，才有可能识别所有重要测量数据。这一样本必须包含一个主要的飞行过渡阶段，如发动机停止。以发动机停止为例，导弹的多个部件以不同的方式动作或反应，而且在不同阶段会产生独特的遥测信号特征。

最具价值的测量之一是导弹加速测量。假设在一级燃烧完毕之前截获遥测信号，它的曲线与图 13.8 的示例类似。你可以看到有两个主要燃烧阶段，一级燃烧在 100 秒左右停止。

随后，导弹惯性飞行 5 秒直至开始二级点火，二级燃烧持续 145 秒才结束。二级燃烧结束后的低平线区记录表明在主发动机停止后，用于精密调节燃尽速度的小型火箭发动机（vernier engine，微调发动机）将工作 10 秒。270 秒的负跃变是由制动火箭启动所导致，以分离火箭主体与有效载荷。[1]

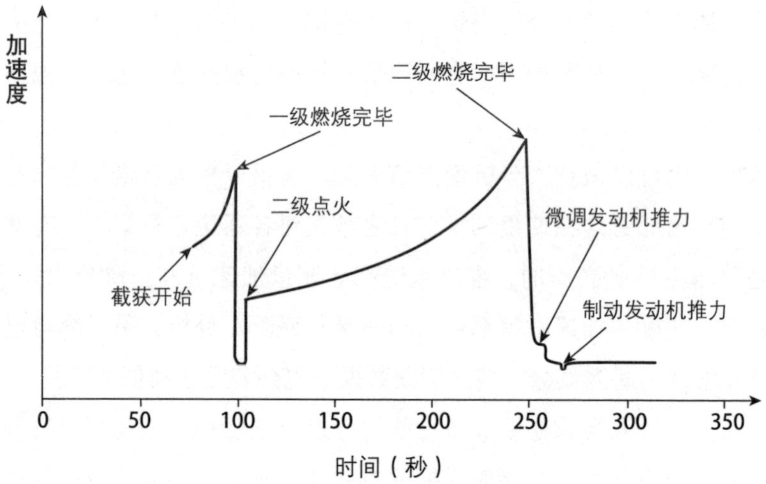

图 13.8　典型的导弹加速过程

b. **利用多路复用到达时差确定目标高度**。我们此前已讨论过，在接收信号、对信号进行地理定位时，多路径效应是一个难题。尤其是在城市，信号在到达接收天线前经过建筑物的多次反射，这一问题更为棘手。

然而，多路径信号接收对外国仪器信号情报搜集非常有用。它可以确定导弹、飞机等射频发射器的高度。直接信号与地表反射信号存在到达时间差，结合该时间差与几何结构的相关信息即可预估发射器的高度，如图 13.9（彩色效果见书前插页对应图片）所示。如果反射表面是平滑的（如水平面），该技术可以相当精确，以便接收镜面反射。若反射平面比较粗糙，精确度就有所下降了；反射会受粗糙平面的影响，出现散射。最终接

[1]　原注：David S. Brandwein, "Telemetry Analysis," accessed 13 September 2012 at https://www.cia.gov/library/center-for-the-study-of-intelligence/kent-csi/v018n04/html/v08i4a03p_0001.htm.

收机端的信号被污染，反射信号的到达时间也就更难确定。[1]

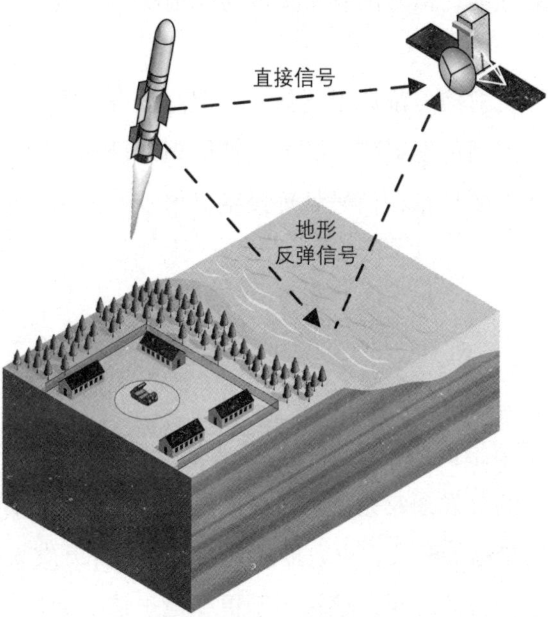

图 13.9 通过多路径信号接收确定目标高度

在使用多路径技术追踪飞机或导弹时，多路径传输的到达时差可以确定目标高度；多普勒轮廓表明了目标的移动速度随时间发生的变化。综合各项信息，可能还包括到达角信息，情报分析人员就可以确定目标的飞行剖面了。[2]

射频测量与特征情报。大气层核试验非常罕见。射频伤害与非核电磁脉冲试验也不常见，而且处理方式因信号而异。对于核电磁脉冲，信号处理与利用可以确定测试位置（基于不同搜集器接收脉冲的时间差），并估

[1] 原注：Yang Shihai, Hu Weidong, Wan Jianwei, and Zhou Liangzhu, "Radar Detection of Low Altitude Target in Multipath," *Beijing Dianzi yu Xinxi Xuebao*（April 1, 2002）, 492.

[2] 原注：Yang Shihai, Hu Weidong, Wan Jianwei, and Zhou Liangzhu, "Radar Detection of Low Altitude Target in Multipath," *Beijing Dianzi yu Xinxi Xuebao*（April 1, 2002）, 492.

计爆炸高度与爆炸当量。对于射频伤害与非核电磁脉冲，必须进行处理与利用以评估武器性能。信号的频带宽度与峰值功率是两项必须测量的重要参数。

大部分无意发射信号都属于弱信号，但高敏设备可以探测该信号，并定位其发射器，或利用发射信号的典型特征识别目标。除了高敏接收设备外，分析人员还需要高精密信号处理设备，用于处理无意辐射信号，并从中提取有用情报。

分发

战役性电子情报需要快速分发具有情报价值的目标位置与身份识别。技术性电子情报的分发通常是更为周详的过程，报告也更详细。因为这类报告将用于对抗措施的开发，供政府规划人员与硬件开发人员使用。

技术性电子情报的结果，还被用于更新电子情报参数库。美国有诸多电子情报信号库——电子情报参数表（ELINT parameters list，EPL）正是其中之一。如果情报搜集目的是追踪特定的发射器，该发射器的独特信号参数则需要被识别，并保存在临时参数库里。

外国仪器系统报告的分发，通常局限于负责评估武器系统性能的科学与技术情报中心。

参数库是外国仪器系统流程的关键部分。一旦遥测通道被特定的机载传感器识别，它们在未来的卫星工作或导弹与飞机测试中都不会改变。因此，遥测分析人员会保留这份备忘单，这是识别各通道用途的关键。

战区无意发射的信号产品，往往出于战役性目的（定位并摧毁目标），而不是为了获取情报。无意发射信号的非军用秘密情报搜集往往会被严格划分，其分发有所限制。

有核试验的电磁脉冲特征库，它可用于评估新的大气层核试验。也有多种非核电磁脉冲与射频破坏武器的特征库。坦克、导弹运输—起竖—发射一体车等运载工具的典型射频特征也都会被测量。

三、结构

国家级情报搜集者、军事野战部队与执法部门均搜集战役性电子情报，为军方与执法部门用户服务。军事支援符合此前提到的大规模搜集的定义。执法部门的战役性电子情报搜集更有针对性，它通常用于制定紧急战术，而非情报用途。

技术性电子情报、外国仪器信号情报与无意辐射均符合精选情报搜集的定义。它们通常从组织上与战役性电子情报分离，是一种定向搜集，服务于特定的情报用户。

对于外国仪器信号情报、射频测量与特征情报，搜集阶段与处理、利用、分析阶段一般在组织上分离。存在这种分离的原因是，用于电子情报的搜集系统通常也能搜集外国仪器信号情报、射频测量与特征情报。尽管情报搜集者也能进行处理与利用，但这两种情报由科学与技术情报中心负责处理与利用会更好，毕竟后者拥有武器系统方面的专家。

四、小结

用于情报领域的无源射频传感器被称为“信号情报搜集器”，它可以搜集射频通信情报、电子情报与外国仪器信号情报，还可以搜集射频测量与特征情报。

电子情报指的是，通过对雷达、信标、干扰发射机、导弹制导系统、高度计的传输信号进行搜集、处理、利用和分析，从中提取的信息。大部分电子情报搜集是针对雷达进行的，它们可大致分为两类：战役性与技术性。

战役性电子情报涉及截获、分析雷达信号，以便定位、识别雷达，确定雷达工作状态。战役性电子情报的产品被称为“雷达作战序列”，它主要用于策划和执行军事行动。

技术性电子情报被用于评估雷达的功能与性能，确定构建雷达的技术水平，探测雷达弱点以帮助电子战设计师攻克该雷达。它涉及对雷达特征信号的超高精度测量，或对暴露雷达探测、追踪能力的活动进行相关测量。电子情报搜集的首要任务是搜集未识别的新信号。

外国仪器信号情报涉及对导弹与飞机测试的遥测信号进行截获与判读。遥测可以进行加密，阻止搜集者读取所谓的“遥测内控信息”——遥测读数的值。加密技术使搜集者只能依靠所谓的“遥测外控信息”——因目标飞行剖面变化引起的遥测信号变化。

射频测量与特征情报可获取并利用来自内燃机、发电机和开关的射频能量无意发射信号。这些发射信号通常为弱信号，但高敏射频接收机可以探测到信号并定位其发射器所在，或利用发射信号的典型特征识别目标。射频测量与特征情报还包括搜集电磁脉冲、射频破坏装置的信号。

信号情报系统的两大关键部件是天线和接收机。二者都需要有所权衡。理想的天线应为高增益，覆盖范围广，频带宽度宽，但这三个要素往往此消彼长。接收机必须在灵敏度、带宽、同时接收多信号的能力、动态范围、分辨率及测量精度等方面做权衡。有许多接收机的设计对部分要素进行了优化。因此，信号情报系统通常混合使用不同的天线、接收机，每种系统都是针对特定类别信号的搜集。

信号情报传感器最具价值的贡献之一是，对具有情报价值的发射器进行地理定位和追踪。第一项且最早的无源射频地理定位技术是测向定位，它可以确定信号的到达角。由于源自发射器的电磁波信号沿直线传播，所以信号的到达方向即为发射器的方向。旋转器、相控阵与干涉计可以确定到达角。若间隔充分，两个这样的天线即可实现地表目标的定位，三个则可以实现空中目标或太空目标的定位。

第二项对雷达信号进行地理定位的技术，基于电磁信号以光速传播的原理。测量充分间隔的接收机的到达时差，再结合电磁信号的传播速度，即可对信号源进行地理定位。为了使到达时差起作用，识别雷达的特定脉冲非常关键。

第三项地理定位技术——到达频差基于以下原理：移动目标发射或接收信号产生的多普勒频移，可用于确定目标的位置或移动速度。到达频差与到达时差类似，都是靠若干间隔充分的观测点来预估无线电发射器的位置。不同点在于，到达频差必须在观测点之间，或在观测点与发射器之间存在相对运动。

第四项地理定位技术要求目标具有射频标签。此类标签通常被隐藏起来，以防被摘除。射频标签通常包含 GPS 接收器，可用于定位目标，并将位置信息传输到远程接收器。

由于地理定位精度非常重要，因此人们采用多项技术来提高地理定位精度。对目标信号进行地理定位至少需要一定数量的信号情报搜集器，在此基础上增加搜集器则可降低地理定位误差。另一个提高精度的方法是，综合利用多种地理定位技术。如可以结合到达时差与到达频差来提高定位精度。结合到达角信息可以帮助解决目标位置的模糊性问题。

[第 14 章]

声学传感和地震传感

上一章主要论述了电磁传感这一问题。电磁传感被定义为包括射频传感在内的一种概念，从频率上看，这种传感从红外波长到紫外波长都是由毫米长的波段和光学传感组成的。

情报价值的特征在声谱上是可以听出的（大概 20 赫兹），在频谱的次声部分也能够体现出来。显然，这种情报搜集基于某种干扰在无意识状态下制造出的声波。

- 一些声学传感器通过大气或在大气层内部接近表层的地方监测声音，从而使得声学传感器的功能只能在相对较短的范围内发挥作用（从几米到几千米）。用这种方式搜集的情报通常被称为“声学情报”。地震传感一词通常用来表示对地下的声音监测。
- 从水下的声音监测获取的情报被称为“水声情报”（ACINT）。水声情报由一类声学传感器提供，它们可用于监测水中传播的声音。声音在水中传播要比在空气中传播好很多，船只和潜艇在水下制造的声音在数百千米之外就可监测到。
- 有一种特殊的地震传感被称为“远震传感”。通过远震传感获取的情报有时也指地球物理学情报，尽管这一术语通常包括声学情报和水声情报。远震传感包括对地下传播的次声的搜集、处理和利用。

根据声音来源的强弱，这样的次声在几千千米之外就可监测到。

一、功能

声学传感器在军事行动和情报领域都有所应用，用以识别和追踪船只、潜艇、陆地车辆和机载平台。这种声学传感器可基于声音在空气或地下的传播来定位目标，确定它们自己的速度和移动方向。这样的传感器很容易部署，各种地势都可用来伪装。[1] 大多数空中或地下的声音传感都用在战术性军事或执法行动中，因为这样的监测只能短距离发挥作用。比如边境管制，就是利用脚步产生的地表共振传感。

水声学传感也常用于短距离以实现海军的战术目的。但水声也可用于远距离监测，故海军情报机构多年来一直使用声学系统在宽阔海域识别和追踪潜艇。

地震传感用以监测爆炸、描绘爆炸特征，应用于监测包括核武器试验在内的各种领域。这种传感所产生的次声波在地下或水下传播可达洲际距离，其搜集和分析的结果能为禁止核试验条约的监测提供支持。

二、流程

计划

进行短距离声学传感或地震传感需要提前制订一些计划。在监管车辆

---

[1] 原注：B. Kaushik and Don Nance, “A Review of the Role of Acoustic Sensors in the Modern Battlefield,” paper presented at the 11th AIAA/CEAS Aeroacoustics Conference (May 23–25, 2005), accessed 28 August 2012 at https://ccse.lbl.gov/people/kaushik/papers/AIAA_Monterey.pdf.

和行人通行时，传感器必须放置在离这些场所很近的地方。声呐必须放置在船只、潜艇最可能通过的地方——通常在诸如海峡等艰难险阻之地发挥作用。要想秘密将情报搜集传感器放置在禁区，必须将之设计得融入环境，不易被发现。

远距离声学传感和地震传感不仅仅是一种全天候的活动，声学传感器阵列还可以不间断地监测情报特征或行动倾向。

搜集

声学搜集在声音可以长距离传播时最为有效，就像声音在水中传播，次声在地下传播那样。比如，众所周知，可用被动声呐获取潜艇特征并加以定位。潜艇的涡轮机、螺旋桨和船上其他机器设备都会产生噪声，这些声音是可被监测到的，在水中数千米之外就能识别出来。

不过一般为获取情报，都是短距离进行传感。图 14.1（彩色效果见书前插页对应图片）阐述了在不同频率下声学及次声学传感的一般范围。下文将对所遇到的一些特征种类及其使用进行探讨。

声学传感和地震传感。军用大气声学传感器历史悠久，但直到第一次世界大战期间才投入使用。在此之前，我们一直依赖于自己的耳朵。在第一次世界大战战场上，首次出现了声学传感器的配置——目的在于通过对炮火声进行三角定位来确定敌军炮队的位置。[1]

自那时起，通过搜集短距离声音或次声来获取战场情报，变得越来越普及。陆、空载具诸如卡车、坦克、直升机、无人机，明显会产生持续的声功率谱，而且这种声功率谱能在可听范围内传播。很多此种装置同时

[1] 原注：B. Kaushik and Don Nance, “A Review of the Role of Acoustic Sensors in the Modern Battlefield,” paper presented at the 11th AIAA/CEAS Aeroacoustics Conference (May 23–25, 2005), accessed 28 August 2012 at https://ccse.lbl.gov/people/kaushik/papers/AIAA_Monterey.pdf.

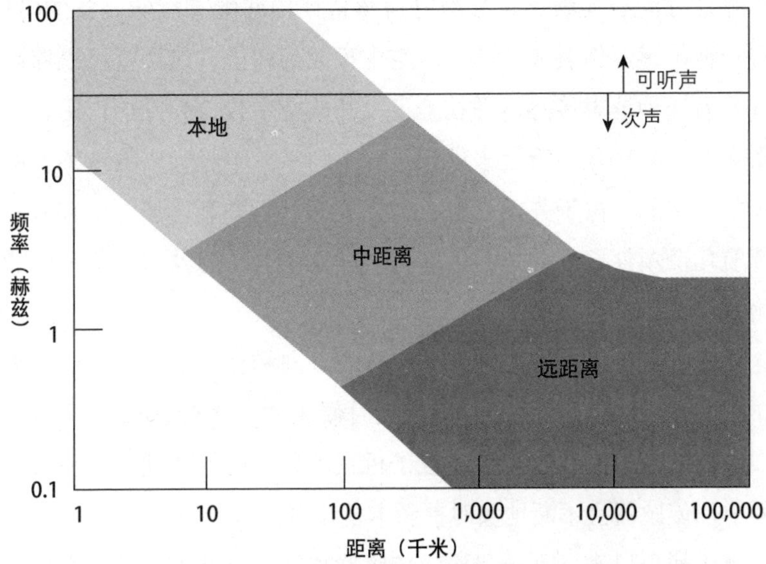

图 14.1　声音与次声探测体系

也会显示出具有明显狭窄波段的声音特征（比如汽油机和燃油机发出的噪声，轮胎或坦克履带旋转时发出的声音）。

大部分的声音特征只能在短距离探测到，这个距离大概有几千米。但发射大型弹道导弹，则可在很远的距离利用声学探测或次声学监测到。27 千米范围内能成功测量出，飞毛腿导弹发射时的声音特征频段在 1 赫兹到 25 赫兹之间。[1]

在良好的大气条件下，声音在空气中能够传播相对较长的一段距离。通常，在近地面出现逆温层时（即海拔越高，温度不降反升）会发生该种情况。声音在水中或顺风处也会传播得更远。

越南战争中，逐渐兴起利用技术搜集战场中的声音或地震情况，这一点早在“白色冰屋”计划中讨论过。美国空军在胡志明小道放置了各种传

[1]　原注：Christopher Stubbs, “Tactical Infrasound,” JASON Report JSR-03-520, The MITRE Corporation（May 9, 2005）.

感器，并且都配有无线电，从而将声学特征传回配有特殊装备的飞机中。其中有一种传感器伪装成降落伞从空中投放到树上，这样就可以监测当地的声音。另一种地震传感器埋在地下（并非空中投放）发挥作用，天线是唯一露在地面的部分，看起来就像是种子的茎。不过大多数传感器都是从空中投放下来的。由于并不是所有的投放都进行顺利，加上传感器的电池只能续航几个星期，因此“白色冰屋”计划中的传感器由一些地区的地面队伍秘密部署。

这些传感器可以追踪过往卡车车队的方向和行驶速度。通过搜集到的数据，很容易就能知道这些卡车什么时候出发，大概什么时候到达目的地。如果目的地具有攻击价值，攻击机在 5 分钟内就能到达。在攻击机行进过程中，传感器会不断地实时更新卡车位置。[1]

自越南战争以来，新一代声学传感器和地震传感器已经开发出来，并投入使用。第 8 章探讨的“钢制有轨电车”传感器和“钢鹰”传感器就是两个范例。它们和在越南战争中使用的技术大致相同，即空中投放或地下埋藏。如此可以很好地将传感器隐藏起来，避免被发现。

大多数声学传感器都是一种简单的扩音器，在特定环境（空气、地下和水中）中能够充分工作。图 14.1 显示了其声谱的特定部分。通常，这种简单的扩音器都不是单个独立的，而是以排列的方式组合起来，如此可以保证良好的定位。图 14.2 就是一个关于声学监测组合的范例，用来探测和追踪低空飞行的飞机。[2]

---

[1] 原注：John T. Correll, “Igloo White,” *Air Force Magazine*（November 2004), Vol. 87, No. 11, accessed 23 September 2012 at http://www.airforce-magazine.com/MagazineArchive/Pages/2004/November%202004/1104igloo.aspx.

[2] 原注：Tien Pham and Leng Sim, “Acoustic Detection and Tracking of Small, Low-Flying Threat Aircraft,” U.S. Army Research Laboratory, accessed 28 September 2012 at http://projects.mindtel.com/2005/SDSU.Ge01600.Sensor_Networks/sensornets.refs/2003.%20ASC.%20Army%20Studies%20Conference/JP-25%20ACOUSTIC%20DETECTION%20AND%20TRACKING%200F%20SMALL%20LOW%20FLYING%20THREAT%20AIRCRAFT.pdf.

图 14.2　声学传感器组合

地震传感可用于监测和测量地下传播的声波。地震信号和地震波是由地面震动造成的。无论是人类活动还是自然活动都会导致地面震动。这样的震动可能会很轻微（比如一个人走路时或低飞的飞机发出的声音使地面震动）或很强烈（比如地震或大规模的地下爆炸）。

大多数地震传感使用一种叫地震检波器的装置——这是一种能够在地下充分工作的扩音器，而且可以在次声和低频音域进行感知。图 14.3 展示了其设计图。声波和次声波能够击打圆筒，圆筒的机械振动转化为环绕磁铁的磁振荡。磁振荡传导为环绕圆筒线圈的电流。

地震检波器是一种用来探测地表震动的设备，这种设备简单却拥有高敏感度。几十年来，众多地震学家和地球物理学家一直使用这种仪器，在石油与天然气行业也同样使用广泛。然而，地震探测器通常只用于相对较短距离内的高频（4 赫兹到 400 赫兹之间）地震传感，对于低频的远距离远震信号的描绘就力有不足了。下文将对这种远震信号进行探讨。

当前，科技的发展让地震传感器比地震检波器更适合用来获取情报。微机电系统技术简化了声学传感器和次声学传感器，并提高了它们的灵敏

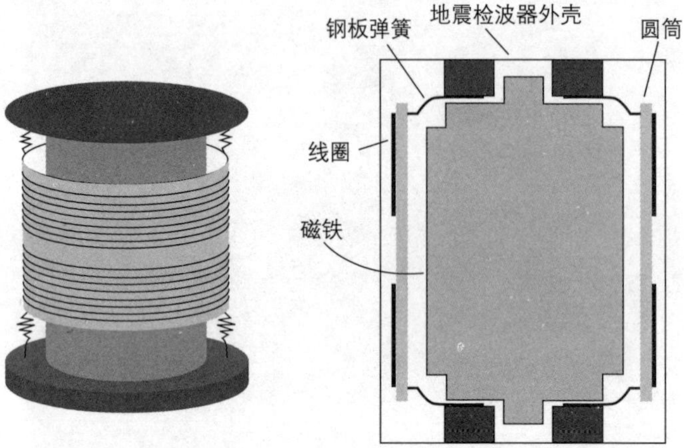

图 14.3 **地震检波器设计图**

度。[1] 另一种类似的传感器使用光纤电缆获取情报，这种传感器埋藏在地下18 英寸处。地壳运动会使电缆轻微弯曲，这些弯曲改变了电缆反向散射的激光量，此时就可以利用计算机算法来定位并识别震荡或地壳运动的来源地点。传感器能够识别行人和具体的交通工具，也能追踪其移动。[2]

大多数地震传感都是在短距离内实现的，并且通常服务于军事行动。接下来是一些关于地震传感情报应用的探讨。

a. **行人与车辆通行的监测**。短距离内，地震传感器可以探测并识别人的活动与车的活动的具体类别。20 世纪 60 年代，越南战争中使用传感器获取战场情报的做法已在上文中有所描述。放置在胡志明小道的地震检波器将数据和信息传回指挥中心，分析人员再通过作战单位将这些数据转化为可用的目标信息。[3]

---

[1] 原注：Kaushik and Nance, “A Review of the Role of Acoustic Sensors in the Modern Battlefield.”

[2] 原注：William Matthews, “Tracking Noises—with Light,” *Defense News* (May 10, 2010), accessed 23 September 2012 at http://www.defensenews.com/story.php?i=4612633&c=FEA&s=TEC.

[3] 原注：Correll, “Igloo White.”

b. **建筑与地下设施的监测**。地震检波器能够监测到附近建筑里或地下设施中进行的活动。将专业扩音器直接放入建筑结构中——如墙内、结构梁上、电缆或通风管道内，就可以获取价值极高的情报信息。地震检波器在建筑结构中直接感知到机械振动，然后通过电线或安全的无线通信方式将信息传输出去。这种技术依赖于建筑物里的结构性物体来获取声音（比如发出的声响和机器噪声），从而产生机械振动。因此，地震检波器可用来获取具有情报价值的声音特征。而获取建筑物里人们交谈的通信情报，这一作用在第 4 章已提及。

如果建筑物里或地下设施中无法放置地震检波器，就在建筑物附近放置很多这样的地震检波器，同样可用来确定声源位置，并识别发声设备。众所周知，所有的机器设备都会发出声音信号，比如发动机和齿轮。通过这些信号频谱，是有可能识别出声源的。地上或地下的人类活动及机器工作时，声音的频谱范围大多在 10 至 250 赫兹之间。

c. **声成像**。在情报搜集中利用声成像，就如同医生利用超声波图像检查患者身体一样。这种成像方法在勘探地震学中早有应用：将爆破装置和振动装置放置在地表，获取声波来反应或折射深层次的结构。地震检波器阵列搜集反射信号，然后将地质构成的图像呈现出来。这样的有源传感在地区上是非常明显的，因此不太可能在获取情报方面有价值。但是，这或许可基于对地下设施内静止或移动设备的声频发射的无源监测，来对地下设施进行秘密成像。这种技术需要对该地区的地质学有很好的了解。无源传感器阵列可持续汇总接收到的数据，以获取声源地的图像。这和地震勘查中使用的图像形成过程是十分相似的。[1]

d. **水声学**。水面上的船只和潜艇发出高强度的水下噪声，几千米之外就能探测并追踪到。如前文所述，这一无意识发射情报的特殊领域被称为

[1] 原注：Steve Norton, I. J. Won, Alan Witten, Alex Oren, and Frank Funak（Geophex, Ltd.）, “Time-Exposure Acoustics for Imaging Underground Structures,” Final Report (September 30, 2003), accessed 23 September 2012 at http://handle.dtic.mil/100.2/ADA417769.

“水声情报”。通常情况下，声音在水中传播的速度要比在空中快，大概是空中传播速度的四倍。水下噪声的声源一般有以下几种：

- 低速状态下占主导地位的机械振动；
- 船体周围的水流，行进速度超过 10 节时会成为更重要的声源；
- 螺旋桨旋转，会以叶片转速产生信号；
- 螺旋桨空泡，螺旋桨高速旋转时在水中产生的气泡；
- 船员活动。

水下声音是由一种叫作**水听器**（hydrophone，本质上来说是一种在水下能十分有效工作的扩音器）的无源设备搜集的。水听器在短距离（声呐）传感和远距离传感方面都可发挥作用。

声呐（声音导航与测距）是一种著名的技术，几百万年来海洋生物一直利用声呐进行交流，探测目标。第一次世界大战期间，由于要探测潜艇，有源和无源声呐技术都得到飞速发展。随后，人们开始在船只和潜艇上安装水听器。英国在 1944 年研制出声呐浮标，由飞机投放后，在很远的地方就可对潜艇进行识别和追踪。简单地说，声呐浮标是一种水听器，属于浮选设备（浮标）；浮标携带一个无线电发射器，将接收到的声学信号传输到飞机。

下文图 14.8 展示了这样的声学信号。图中的信号是在相对较短的距离内搜集的，很多声学信号都是这样搜集而来。但声学信号在海洋中也会随着海浪的自然波导传播很长一段距离，有时我们把这样的波导称为“声通道”。声通道在海底深约 1 千米处，多少会和海洋上下层有所分隔。一旦进入声通道，声音会在其中停留而非向表层海面积聚，并传播相当长的一段距离。海面（船只和海浪）产生的声音不易进入声通道，但潜艇产生的低频声很容易进入，并且可进行远程监测。

水声学操作中的挑战在于，监测船只和潜艇的信号是在一个非常困难的环境下进行的，因为海面下的世界是一个非常嘈杂的环境，而环境的噪声会让声学信号的接受变得很困难。比如，信号在传播时会受到水温变化的干扰，甚至阻碍。其他因素，包括深度、盐度以及海床质地的变化，同样会影响声音在水中的传播。在诸如波罗的海和北海这样的浅海中，声音的传播过程极为复杂，声学信号也很难获取。但是，由于声音在水下可通过各种模式进行传播，使用各种传感器组合还是有可能在短距和长距搜集到信号的。

20 世纪 50 年代中期，美国海军利用声通道建立了一个**声音监测系统**（sound surveillance system，SOSUS），用来远距离追踪潜艇。这一系统是一个耗资数十亿美元打造的网络，从大西洋到太平洋的海床上都设置了水听器阵列。这些水听器阵列在声通道听取低频声音并记录下来，然后通过海底电缆将数据传回海岸电台进行分析。水听器阵列获取高敏感度的途径和射频相控阵是一样的，即在预定方向增加信号，同时在其他方向减少信号。阵列用电子化的方式进行操控，也就是在特定的时间序列下，通过增加每一个水听器传回的信号实现操控。

水听器阵列也能够被船只或潜艇拖拽，而不仅仅是固定在海底。最通常的情况是，船体拖拽水听器阵列在后面形成线状分布，但同时也在使用二维或三维阵列。**一体化海底监测系统**（integrated undersea surveillance system，IUSS）作业结合声音监测系统的同时，也包括移动的声学阵列，这种阵列显示了实施战术性反潜艇作战的可能性。一体化海底监测系统作业是美国海军在公海进行探测和识别外国潜艇的主要手段。[1]

图 14.4（彩色效果见书前插页对应图片）阐述了水听器阵列的工作方式。[2] 潜艇的声音传入水听器的时间各不相同，因为这取决于水听器阵列位于潜艇的方向。而处理信号可以决定方向。如图所示，声学处理包括在时间上以秒（或分钟）计，这与雷达和电子情报信号处理是不同的，后者的处理时间是以纳秒计。

---

[1] 原注：IUSS Caesar Alumni Association, “IUSSHistory 950–2010,” accessed 23 September 2012 at http://www.iusscaa.org/history.htm.

[2] 原注：Graphic from University of Rhode Island, “Discovery of Sound in the Sea,” accessed 23 September 2012 at www.dosits.org/gallery/tech/bt/ha1.htm.

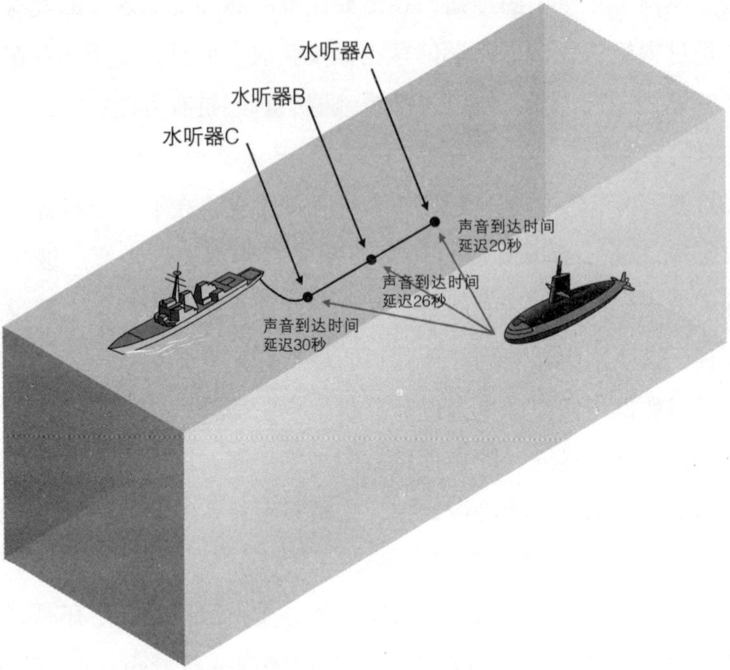

图 14.4 拖曳型水听器阵列

远震传感。远震信号这一术语指的是，在离声源地很远的地方记录下的地震信号，这种地震信号因强烈干扰而产生。用于探测较低次声频率的远震信号的是地震仪。[1] 和地震检波器一样，地震仪也是一种加速计，但只在低频范围内发挥作用。其工作特点在于频带宽度很宽（如 0.01 赫兹到 50 赫兹），动态范围很高（即对大范围的信号强度十分敏感）。

地震和地下爆炸通常在很远的距离就能探测到。在情报获取中，尤其是在涉及核武器实验时，首要考虑的就是对地下爆炸的探测和分析。

在欧洲、亚洲、北非或北美洲的任何地方进行 0.1 千吨（100 吨 TNT 当量）的地下爆炸，都可在硬质岩石中有效探测到并加以识别。在一些

[1] 原注：Gurlap Systems, "Broadband Seismometer," accessed 23 September 2012 at http://ida.ucsd.edu/pdf/cmg-3t.pdf.

具有情报价值的地点，比如俄罗斯的新地岛，0.01 千吨（10 吨）的爆炸就可能探测到。由于爆炸方式不同，信号差异可高达 100 倍。含水量高的土壤传输的信号很强，而松散的干燥土壤传输的信号很弱。地下爆炸的信号很强，0.001 千吨（1 吨）甚至更低的爆炸都可有效探测到并进行识别。[1]

感知地下（或水中）爆炸的两种基本方法，就是感知中程地震波或感知远程地震波，正如图 14.5（彩色效果见书前插页对应图片）所示。范围不同的原因在于，土壤中声波传播的方式不同。传统上，地震信号也称为“远震波”或“区域波”，这是基于其发现距离划分的。地震波的传播既不像远震波那样在土壤深层传播 1500 千米之远，也与区域波（如同池塘水面的涟漪）有所区别。由于远震波在 2000 至 9000 千米范围内传播的损失极小，因此，在境外部署的站台内利用远震波监视一个国家是十分适宜的。20 世纪 90 年代以前，美国监视大多数外国核武器实验就是以远震波为基础的。[2]

1949 年 8 月苏联核试验之后的数十年里，美国建立了一个次声学探测系统，并部署了一个地震监测站网络来监视地下核试验。多年来，苏联在已知的测试区进行了一系列测试，这些测试相对而言是比较容易识别的。

1961 年，苏联第一个地下核试验被探测到。这一大气核试验在哈萨克斯坦的塞米巴拉金斯克进行，该地点是在其南边 40 海里处探测到的。在这一事件之前，该地点并不是一个已知的测试地点。然而，由于该地不在

---

[1] 原注：National Research Council of the National Academies of Sciences, “The Comprehensive Nuclear Test Ban Treaty: Technical Issues for the United States”（Washington, DC: National Academies Press, 2012），60, accessed 23 September 2012 at http://www.nap.edu/catalog.php?record_id=12849.

[2] 原注：National Research Council of the National Academies of Sciences, “The Comprehensive Nuclear Test Ban Treaty: Technical Issues for the United States”（Washington, DC: National Academies Press, 2012），45, accessed 23 September 2012 at http://www.nap.edu/catalog.php?record_id=12849.

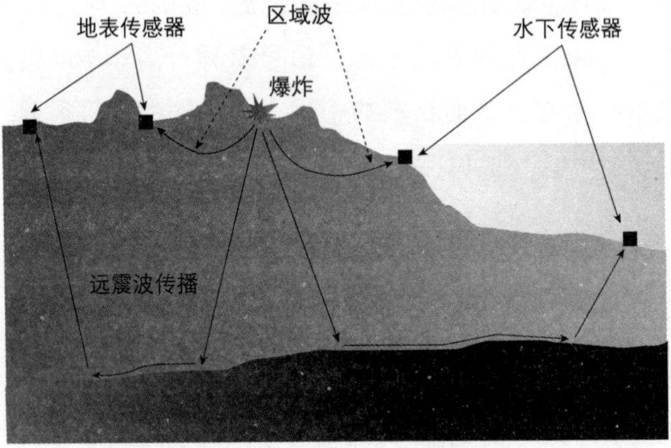

图 14.5 地震波传感路径

地震带上，距已知的测试区很近，且山体险峻，适合进行地下核试验，因此，情报界公认这是一处可能的地下核试验地点。[1]

远震传感同样可以在远距离探测非核武器爆炸，深海中几千千米之外就能探测到极小的爆炸。由于气体在短时间内扩散到周围并收缩，因此爆炸在记录的信号中拥有一个独特的脉冲。因为声波在撞击海底时会转化为地震波，所以将水下声学和地震网络结合起来可对海洋进行有效的监视。主要得益于上文所说的声学系统探测潜艇这一创举，监视海洋声波这一学科发展良好。[2]

定位声源和震源。两种方法常用来定位声源和震源：测量声音到达的方向和到达的时差。两种方法都需要至少两个相互分隔的传感器进行地理定位，并且都类似射频信号地理位置中使用的定位技术。

测量声音到达角可追溯到第一次世界大战，这一技术在上文已有所提

[1] 原注：James R. Shea, "Winnowing Wheat from Chaff," *Studies in Intelligence*, Vol. 13, No. 3（Fall 1969）, 20, accessed 23 September 2012 at https://www.cia.gov/library/center-for-the-study-of-intelligence/kent-csi/v0113n04/pdf/v13i4a03p.pdf.

[2] 原注：National Research Council, "The Comprehensive Nuclear Test Ban Treaty," 61.

及。一些欧洲国家开发声学阵列来测量炮火声到达的方向。[1] 两组这样的阵列保持合适的距离就可对声源做三角测量，这与射频信号情报的到达角测量是十分相似的。该技术应用于大气、水中、地下的声音定位。

另一种定位方法同样基于广泛分布的传感器对声音到达时间的精确测量。这种传感器阵列测量出到达时间的延迟情况就可对声源进行三角测量，并找出噪声的位置。该技术和第 13 章提及的到达时差非常相似，只有一点显著的区别。如前所述，电磁信号的速度可类比光速，而不像声波那么简单。

问题在于，在不同成分的地下，声音传播的速度差异很大。在土壤中，声音每秒可达 500 米；在硬质岩石中，每秒可达 5000 米。甚至在大气中，即便不像在地下那样差异巨大，声音的速度也千差万别。水中的声速每秒在 1500 米左右，是最容易预测的，但这同样并非没有差异，随着压力、温度、盐度的增加，差异就会越大。

因此，根据声音到达的时间来识别声源具有挑战性。再者，利用接近地表的传感器阵列来确定声源在地下或海洋中的深度十分困难。为获取声源深度，阵列必须放置在土壤的垂直钻孔中或是垂直放置在海里。

处理与利用

战场声学。一系列的识别技术被开发出来，用以搜集特定的一种声音，这有时称为“战场声学”。这些技术侧重于处理并利用频率超过 10 赫兹的声音或地震信号，但同时也能通过几赫兹到几百赫兹之间的声谱来搜集短距离情报。

处理与利用这些信号的基础是，与其他大气或地下声音区分开。在沙漠地区，这可能并不是一个严重的问题，但在丛林地区或城市里，会变

[1] 原注：Kaushik and Nance, “A Review of the Role of Acoustic Sensors in the Modern Battlefield,” 2.

得非常困难。处理并分析“白色冰屋”计划的声音特征，在胡志明小道探测人群和卡车并不算困难，真正的挑战在于将这些声音与风声、雨声、雷声、地球振动和动物的声音区分开来。[1]

处理过程非常依赖频谱分析将具有情报价值的信号从混乱中分离出来。图 14.6 展示了在充斥着其他噪声源中一辆大型卡车的声学特征。[2] 该信号在 25 到 200 赫兹这段声谱中拥有很强的功率。其窄频带特性在谐波频率方面表现明显，反映出发动机气缸的旋转运动，以及从轮胎在地面滚动时周期性的撞击可以看出其不对称性。像这样的窄频带特性可用于信号处理算法来加强探测能力，识别车型。

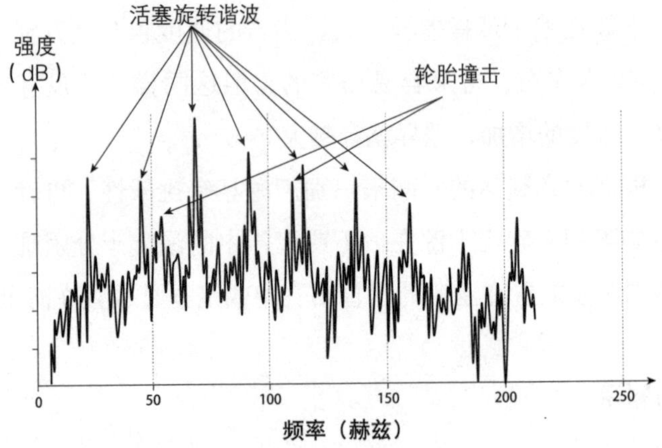

图 14.6 卡车的声功率谱

如图 14.6 所示，在车辆移动伴有尖锐的声波峰值时，可利用一个或多个此特征的多普勒频移来测量径向速度。在不同地点使用多个声波探测器可以预测车辆的移动方向和范围。再者，信号中的大量细节能够让情报分

[1] 原注：Correll, “Igloo White.”

[2] 原注：From S. Tenney, Army Research Laboratory, quoted in Christopher Stubbs, “Tactical Infrasound,” JASON Report JSR-03-520, The MITRE Corporation（May 9, 2005）.

析人员识别车辆的具体型号，并追踪其行程。[1]

图 14.7 是波音 747、A-7 海盗战斗机和黑鹰直升机的声学特征比较。总体上说，每一种喷射式发动机都有自己独特的声学特征，但同样的喷射式发动机在不同飞机上产生的特征略有不同，这是由于飞机结构或发动机的保养状况不同导致的，情报分析人员就是凭此识别具体机型的。其中，直升机更易识别。请注意，图中的特征峰值信号和直升机的转子叶片是关联在一起的。[2]

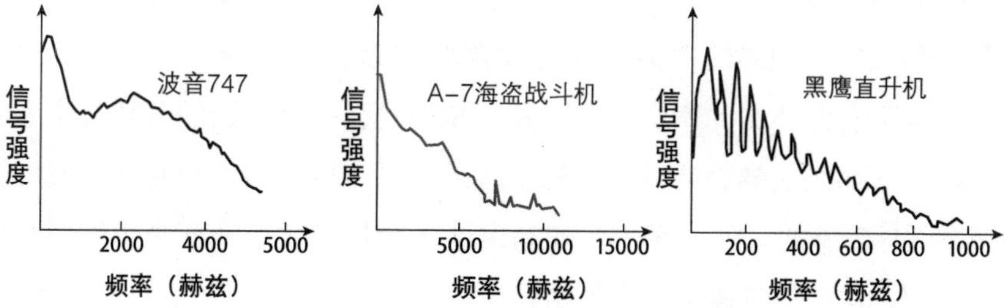

图 14.7　固定翼飞机与直升机的声学特征比较

水声学。船只（包括潜艇）的识别，依赖的是对船只行进过程中声音的分析，特别是分析主要发动机和辅助发动机的振动，以及螺旋桨旋转时的声音。这些噪声组合在一起就形成了船只的声学信号。每一只船理论上都有自己独特的声学信号，这是一种声波指纹，和上文所说的飞机和车辆的声学信号颇为类似。这些声波信号可用于识别目的。识别是利用先前记录过的信号，通过比较和用水听器记录来实现的。一旦建立了有关这种信号的库，之后的信号搜集和分析就能提供有价值的信息，其中包括船型分

[1]　原注：From S. Tenney, Army Research Laboratory, quoted in Christopher Stubbs, “Tactical Infrasound,” JASON Report JSR-03-520, The MITRE Corporation（May 9, 2005）.

[2]　原注：Gregory Crawford, “Netted Sensor Fence for Homeland Defense,” accessed 23 September 2012 at www.mitre.org/news/events/tech04/briefings/1406.pdf.

类、识别、活动和性能。

同一造船厂设计出完全相同的船体，其特征或许会完全相同，因此其声学信号也会十分相似。但分析人员通过对信号的精密测量，仍然可以区分出不同的船型。问题在于，船只的声学信号随着时间和情况的变化而变化。当船只的载重变化，吃水就会随之变化，声学信号也会改变。船只的信号同样会随着使用年限、受损度和船体维修状况的改变而改变。一些专家认为，应当对声学信号进行测量，并每隔 6 个月就进行记录，以确保识别结果的可靠性。[1]

图 14.8（彩色效果见书前插页对应图片）中的声谱图反映出，美国国家海洋和大气管理局的大型船只“罗纳德 · 布朗”号在驶入太平洋赤道地区时，水听器监测出的声学信号。其中水平的、持续不断的黄色线条和噪声的频段，都是由螺旋桨叶片旋转产生的。图中的粗线条出现在 21 赫兹、35 赫兹和 42 赫兹几处。军方定期利用这些叶片的线条特征来识别船只特征和类别，这些船只通常以私人船只为主。[2]

地震情报和远震情报。由于存在众多地震事件，且地震情报主要是为了探测核试验，因此第一步就是要使用信号所包含的信息来筛查事件（换句话说，就是确认该事件尤为可疑，还是看起来不具备与核爆炸相关联的特征）。

- 事件的筛查首先以发生地为基础。地震在世界上大部分地区都是非常罕见的，比如俄罗斯的大部分地区。任何来自这种地方的地震信号都会引起详细的审查。
- 其次会考虑震源的深度。比如，非常自信地预估某个事件中震源深度位于地下 50 千米，而核爆炸不可能达到 10 千米之深，因此将其屏蔽。

[1] 原注：Daniel Frei, “International Humanitarian Law and Arms Control,” *International Review of the Red Cross*, (November–December 1988), 491–504, accessed 23 September 2012 at www.loc.gov/rr/frd/Military_Law/pdf/RC_Nov-Dec-1988.pdf.

[2] 原注：Andra M. Bobbitt and Sharon Nieukirk, “A Collection of Sounds from the Sea,” NOAA Pacific Marine Environmental Laboratory, accessed 23 September 2012 at www.oceanexplorer.noaa.gov/explorations/sound01/background/seasounds/seasounds.html.

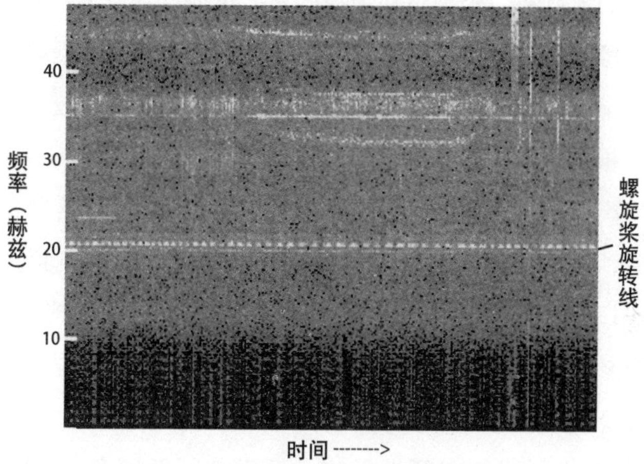

图 14.8 海面船只的声谱图

- 如果某个事件出现在不曾发生过地震的地区，且震源很浅，下一步就要仔细查看该信号了。这需要一个建立在以往事件基础之上的信号库。在地震频发的地区，监测站正逐步建立起地震信息资料库，包括以往众多的地震信号。[1] 在发生新的地震时，就可以利用以往的信号与之比较。

其中一个有关信号的难题是，如何将化学爆炸从核爆炸中区分出来，原因在于两者的地震信号完全相同。因此，单独使用地震传感是无法将其区分开的。大型化学爆炸总是与运河建造、大坝建造联系在一起，但如果当量足够大（数万吨当量及以上），爆炸的核性质必会暴露无遗。而对于当量不足的爆炸来说，就需要一些间接证据来确定爆炸的性质。[2]

一旦地震监测与获得的精确方位预测相联系，监测的下一步就是识别该事件。这需要对事件信号进行进一步的分析，并且在信号库中比较各种信号。

---

[1] 原注：Andra M. Bobbitt and Sharon Nieukirk, “A Collection of Sounds from the Sea,” NOAA Pacific Marine Environmental Laboratory, accessed 23 September 2012 at www.oceanexplorer.noaa.gov/explorations/sound01/background/seasounds/seasounds.html.

[2] 原注：Shea, “Winnowing Wheat from Chaff,” 20.

区域波有好几种，但都只在很浅的深度传播（不及 100 千米）。这些声波很明显不会像远震波那样传播那么远，并受到地壳和上地幔地质情况的影响，而这些地质情况在全球不同地点是不一样的。因此，区域波比远震波更复杂，更难判读。根据记录，前者的强度从浅源地传播可达 1200 千米的距离，而后者可达 1800 千米的距离。低于千吨的爆炸释放出的远震信号总是太过微弱，难以探测到，但这种爆炸释放出的区域性信号很容易被探测到。[1]

在 1961 到 1989 年之间，苏联在塞米巴拉金斯克测试场地进行了总计 340 次地下核试验。那时，大部分试验都被西方的地震学家用远震信号探测出来。苏联解体后，中亚地区的区域性信号档案公之于世。一份关于这些信号的调查揭示出，在塞米巴拉金斯克地区新增有 26 处核爆炸点，其中大部分都是不足千吨的，远震信号无法识别这些地点。[2]

由于地震传感器的探测阈值很低，每年都有大量的地震事件被探测和分析。一年中，世界上有超过 7000 次地震的震级大于或等于 4 级，超过 60000 次地震的震级大于或等于 3 级。[3] 面临的挑战是，如何从该网络每天搜集的成千上万的信号中进行分类，并整理与同一震源相关的所有信号。国际监测系统站的方向感应功能，有助于从大量无用信号中搜寻出真正有用的信号。

塞米巴拉金斯克附近任何地方发生的地震都曾被认为是核试验，这一情况直到现在仍然存在，除非有确凿证据可以证明并非如此。新地岛的情况如出一辙。众所周知，苏联在这里进行了五场地下核试验，第一次是在 1964 年。鉴于这一地区历史上进行过大气试验，地震活动并不频繁的现实，以及山峰形状有利于进行地下试验的特点，在该地探测到地震情况总会被做进一步的情报审查。苏联将该地确认为爆炸的试验地，1966 年秋进

[1] 原注：National Research Council, "The Comprehensive Nuclear Test Ban Treaty," 111.

[2] 原注：National Academy of Sciences, "Technical Issues Related to the Comprehensive Nuclear Test Ban Treaty"（Washington, DC: National Academy Press, 2002）, 39.

[3] 原注：National Academy of Sciences, "Technical Issues Related to the Comprehensive Nuclear Test Ban Treaty"（Washington, DC: National Academy Press, 2002）, 42.

行了最大的一次核试验，大概有 1 百万吨级。[1]

如前所述，区域波类型各异，其中最常见的两种声波为 **P 波**和 **S 波**。P 波（压力波）是一种压缩波，类似空气中的声波；S 波（横波）是一种横向波，可以像海面的波浪那样从一边传播到另一边，或是上下传播。由于地下爆炸压缩周围土壤环境，P 波得以有效传播。相反，地震产生于土地的滑动和破裂，从而使得 S 波横向移动。爆炸会造成 P 波强、S 波弱，而地震会造成 P 波弱、S 波强。因为 P 波传播得更快，监测站也总是首先接收到 P 波，因此 P 波是可被识别的。

信号分析人员比较不同种类地震波的强度比率，利用 P 波和 S 波区分爆炸和地震。[2] 图 14.9（彩色效果见书前插页对应图片）展示了两者之间显著的差异。图片上方的地震信号取自 1998 年 5 月 11 日印度的核试验，由当时巴基斯坦尼罗尔（Nilore）的监测站记录。图片下方也是该监测站测量的地震情况。两者的 P 波与 S 波差异显而易见。[3]

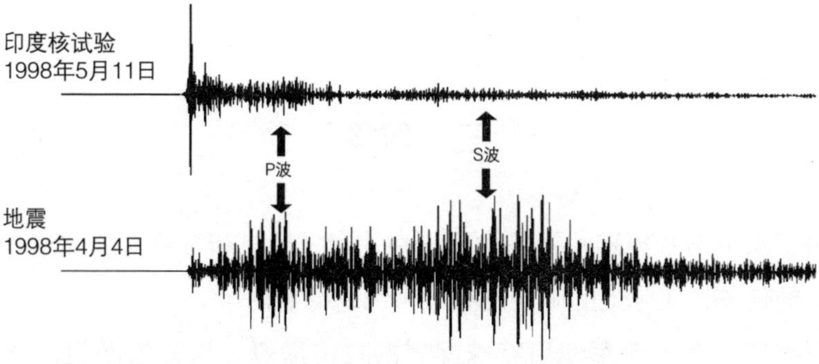

图 14.9　地震和印度核试验的震波曲线图比较

---

[1]　原注：National Academy of Sciences, “Technical Issues Related to the Comprehensive Nuclear Test Ban Treaty”（Washington, DC: National Academy Press, 2002）, 21.

[2]　原注：National Academy of Sciences, “Technical Issues Related to the Comprehensive Nuclear Test Ban Treaty”（Washington, DC: National Academy Press, 2002）, 44.

[3]　原注：Lawrence Livermore National Laboratory, “Seismic Monitoring Techniques Put to a Test,” *S&T Review*（April 1999）, 18.

分发

战场声学多用于作战而非情报目的，因此会快速而直接地分发到作战部队。第 8 章描述的“钢制有轨电车”传感器和“钢鹰”传感器可以阐释这一过程。“钢制有轨电车”传感器所需信息通过内置的低功耗卫星通信系统，以多个小数据包的形式传入，而“钢鹰”传感器利用先进的声学探测算法和地震探测算法，分类并识别大到重型车辆、小到发动机气缸的各种物体。分析结果会与船载已知车辆资料库的内容进行比较，从而得出统计匹配。多个传感器一起工作可以追踪车辆的移动情况。[1]

建立良好电磁传感信号库的重要性，在前面章节已做探讨。为获取情报，声学信号和地震信号的探测也立足于良好的信号库，但本章提到的主要传感器类型都各自持有独立的资料库。在美国，陆军拥有自己的战场声学信号库和地震信号库，海军拥有自己的水声学信号库，下文将探讨的国际监测系统数据中心也拥有自己的远震信号库。

三、结构

由于水下声音传感主要是为了识别并定位船只和潜艇，因此这被认为是海军的任务，实际上的确是由海军来组织放置的。

据报道，美国海军使用特殊配置的攻击潜艇获取外国潜艇的声学信号。这一项目据说在 1959 年开始启动，目的在于获取苏联潜艇的信号库。冷战末期之后，该项目扩展到搜集世界上所有具潜在威胁潜艇的声学信号。“9 · 11 事件”以来，进入美国的货船都会引起关注，原因在于它们有

[1] 原注：Kevin T. Malone, Loren Riblett, and Thomas Essenmacher, “Acoustic/Seismic Identifications, Imaging , and Communications in Steel Rattler,” Sandia National Laboratories, published in *SPIE*, Vol. 3081, 158–165, accessed 19 July 2012 at http://lib.semi.ac.cn:8080/tsh/dzzy/wsqk/SPIE/v013081/3081–158.pdf.

可能用来进行恐怖袭击，这导致信号库扩展到涵盖超过 120000 艘商船的信号资料。[1]

战场上的声学及地震信号搜集主要由陆军战场部队完成。在美国，这些信号会传给美国国家地面情报中心，以供资料库存储之用。

由于 1996 年签订了《全面禁止核武器试验条约》，按其要求，成立了国际监测系统，对世界范围内的次声网络、水听器网络和放射性核素传感器网络进行了整合。一个典型的国际监测系统地震传感器阵列包括 5 至 30 个相互间隔几平方千米的传感器，围绕中央记录系统工作。这些阵列能够探测到非常微弱的信号，减轻噪声的影响，并根据信号到达每个传感器的时间顺序预测其方向。在全球监测区域中，有 50 个通过卫星近实时地不断传送数据到国际探测系统数据中心。[2] 信号分析人员利用这些遍布全球的传感器，通过比较信号到达每一个传感器的时间来定位爆炸来源地。

四、小结

声学传感和次声学传感都属于地球物理学情报的范畴，包括搜集、处理和利用环境扰动等过程。这些环境扰动是通过可听声（约 20 赫兹）频率或次声（低于 20 赫兹）频率，在地上或地下的传播中探测到的。最有利于开展搜集工作的条件是，声音能够长距离传播且不会有损失，就像次声在地下传播那样。一般来说，除用于探测低频声（次声）的传感器之外，没有电磁传感器能够进行短距离探测。根据声音来源的强度，这样的

[1] 原注：Lieutenant-Commander David Finch, "Acoustic Surveillance and Maritime Domain Awareness," *Canadian Naval Review*, Vol. 3, No. 1（Spring 2007）, 15 accessed 15 September 2012 at http://naval.review.cfps.dal.ca/archive/3175534–3196361/v013num1art4.pdf.

[2] 原注：National Radiation Laboratory of New Zealand, "CTBT International Monitoring," accessed 23 September 2012 at www.nrl.moh.govt.nz/about/ctbtinternationalmonitoringsystem.pdf.

声音在几千千米之外就能探测到。

但是，声学传感器通常在短距离搜集情报。战场情报越来越多地依赖于搜集短距离声音或次声来获取。陆地和空中的装备，诸如卡车、坦克、直升机和无人机等，都具有明显的持续声功率谱，分布于几百赫兹到几十赫兹。很多这样的装备也有明显的窄频带声学信号以便于识别。

海面船只和潜艇在水下会发出高强度噪声，这些噪声可在几千千米范围内被水听器探测和追踪。这一无意发出情报的特殊领域，通常被称为“水声情报”。水下声音探测的挑战在于，将船只和潜艇的信号从嘈杂的海洋环境中探测出来。对于几千千米的长距离传感，多使用水听器长阵列。

与水声传感类似的是地震传感，即对地震波的探测和测量。地震信号或地震波是由地球震动引起的。人类活动和自然活动都能够导致地球震动，这种地球震动可以很轻微（人在地上行走或飞机低空飞行时发出的声音对地面的影响）或很强烈（地震或大型地下爆炸）。

远震信号是地震运动的结果，通常会在地下产生强烈的干扰，在远离源头的地方被记录下来。爆炸和地震都会造成此种干扰，但爆炸会产生与地震不同的远震信号，因此两者是可区别的。不过，仅仅利用远震信号无法区分化学爆炸与核爆炸，除非爆炸当量足够大，远超化学爆炸的水平，否则信号完全相同。在远震传感和短距离地震传感的中间范围，可以感知到中程波或区域波，从而得以探测并描绘爆炸特征。

[第 15 章]

材料情报

本章将论述材料情报，分为两部分，一是材料传感，二是材料取样。

材料传感利用设备，能立即感应到传感器周围环境中发生的化学或者物理变化。这些传感器测量物体内或者短距离的一些现象，还会特别探测一些情况，诸如温度、污染物、核辐射、电场或者磁场等。

材料取样包括获取少量或微量的材料，然后利用取证流程确定其性质。所以，材料取样包括搜集和分析微量元素、颗粒、废液和残渣。这些材料经过大范围的工业处理、测试和军事活动，被释放到大气、水源以及土壤中。侦察机将空气取样设备带入高空，探测大气层核试验泄露出的残渣，这就是取样活动的一个例子。

一、功能

对于情报搜集的许多领域而言，材料传感和材料取样是非常重要的两个方面。它们为军事计划及军事行动提供支持。它们被用来识别核试验、核材料生产及转移、化学武器生产。经济情报利用材料取样来评估工厂的生产情况。材料搜集还包括环境监测中的传感或取样，这已日渐成为一个需要关注的情报问题，因为一些政府和工业企业试图掩盖他们的污染活动。材料取样已在执法活动中运用很长一段时间，最早进行取样的人之一出现在虚构小说中，他就是夏洛克 · 福尔摩斯。他谦虚地承认道，他可以“不管是香烟或雪茄，看一眼烟灰，就知道其品牌”。[1] 接下来是关于材料传感和取样的主要情报功能的总结。

核材料传感和取样

用于情报的核传感与取样目前有两个已确认的功能和一个待确认的功能。

- 第一个功能是，探测核武器试验结果及评估核武器性能。它主要依靠飞行器或者地面站搜集空气样本。通过对空气样本的分析，苏联被确认进行了第一次原子弹试验。后来，对苏联氢弹试验中放射性尘降的分析也揭示出此种核武器设计的许多细节。
- 第二个功能是，探测核武器材料的生产及转移情况。它主要依赖于搜集可疑设施里或周围的材料样本。这在一些事件中扮演了重要的角色，曾直接导致 2003 年的伊拉克战争；也一直影响着以美国为主导的联盟和伊朗之间的关系。“9 · 11 事件”给人们留下一个后遗症，即人们越来越担心“脏弹”（会扩散核材料的爆炸物）可能会被恐怖分子当作武器。出于这种担心，港口和国家边境会安装很多核传感器。
- 第三个功能可能行得通，但未被使用：在发生核攻击后，获取残渣样本用来识别所使用装置的来源。

任何处理核材料的行为几乎都会在环境中留下痕量，即便之后转移核材料、清理设备都于事无补。每次核爆炸，即使是地下爆炸，都会在环境

[1] 原注：Sir Arthur Conan Doyle, “A Study in Scarlet,” *The Complete Sherlock Holmes*（New York: Doubleday, 1985）, 33.

中留下痕量材料。这种痕量核材料会暴露其使用年限、来源和用途信息，以及其生产和处理方式。这些痕量材料以及留下的线索通常可被探测到，而且可被核取证技术用来做分析，核取证的功能和医学取证非常类似。

核取证可广义定义为搜集和分析含核或放射性材料的样本，以此来判定此种材料的来历以及生产过程。核取证最常用于打击核走私，但它也有助于查证军备控制与裁军框架，如《全面禁止核试验条约》和《禁止生产裂变材料条约》。[1]

化学传感和材料取样

化学特征广泛应用于环境监测和执法过程中。例如，遥感和水样采集可用来判定水污染物的存在和来源，由此探测特殊污染物的特征。类似技术也可用于监测空气污染。执法部门会使用这种传感来探测空气中的化学特征，表明存在非法冰毒实验室。

在情报方面，主要会通过化学特征来鉴别工厂排出的废水，从而判定工厂内正进行的生产流程。最常规的要求是弄清那些设备的特征，这些设备涉嫌生产大规模杀伤性武器。而为了弄清楚这种特征，很大程度上依赖于一种能力，即鉴别出这些设备排出的化学废液特征。有一种用来浓缩铀的气体扩散装置会产生几种废水特征；六氟化铀及其分解产物都有独特的化学特征。核燃料再处理工厂会产生种类繁多的废水，每一种都有其独特的特征，这能帮助鉴别该工厂的生产目的。[2] 神经毒剂是化学武器，在其生产过程中也会产生具有独特特征的废水，表明正在生产的神经毒剂的信息。

材料取样也会用来进行工业间谍活动。从工厂内或附近搜集到的金属

---

[1] 原注：Vitaly Fedchenko, "Weapons of Mass Analysis—Advances in Nuclear Forensics," *Jane's Intelligence Review,*（November 1, 2007）.

[2] 原注：Jack Allentuck and James R. Lemley, "Open Skies and Monitoring a Fissile Materials Cut-off Treaty," Brookhaven National Laboratory Report No. BNL-61355（July 9, 1965）.

和其他化合物样本会泄露一些信息，包括正在生产的军用和民用设备的生产过程。

全球范围内都存在化学恐怖主义的威胁，且形势日渐严峻。基于此种现状，进行化学取样时大多会使用专用传感器。但化学取样多年来一直用于提供情报。很多工业生产过程会产生和释放警示性的化学材料；它们的特征会提供关于设施里工作活动的信息。探测出从设备里释放到环境中的化学材料，这种能力提供了一种强有力的手段，可监测条约是否得到遵守或者探测武器生产活动。

追踪爆炸物（特别是简易爆炸装置中的爆炸物）已经变得越来越重要，材料取样和分析对情报组织、军方和执法部门来说，是一种尤为重要的手段。

磁性材料传感

磁场传感利用车辆、船只及潜艇在地球磁场里造成的微小变化，可在短距离探测到它们的存在及其运动。磁传感只对对磁场有反应的材料（称为“铁磁材料”）起作用。这些传感器可在非常近的距离探测到铁磁物体，例如武器和一些简易爆炸装置。多年来，在乘客检查点，它们被当作扫描装置来排查武器，不过现在被很多新式扫描仪替代。

二、流程

计划

针对取样和传感两种搜集方式，计划也会有所不同。对取样来说，不管是进行公开的或是秘密的取样，例如巡视或者参观工厂期间，人力情报资产必须接受鉴定并为其提供简要说明，以进行公开或者秘密的取样。如果搜集中使用传感的方式，传感器必须部署在成功概率较高的地方。例如，在使用磁异常探测器（magnetic anomaly detector，MAD）或光谱传感的情况下，必须为有希望获得情报的目标区域规划飞机飞行路线。

搜集

材料传感依赖于某种传感器，可获取属于某种材料的独有特征。特别之处在于，获取这种材料特征的传感器可以探测到核辐射或铁磁性材料，如钢铁的存在。这些传感器只可在相对短的距离内发挥作用。不过，第 10 章已有论述，化学特征可由光谱传感远程搜集。

取样，顾名思义，不使用传感器；先搜集材料的物理样本，再送到实验室进行处理。核材料和化学材料都是通过取样搜集到的。一些取样活动会公开进行，但很多带有情报搜集目的的取样活动都是秘密进行的，使用人力情报资产完成。

如上所述，材料搜集有两种方式。核材料和化学材料特征的搜集一般使用传感器，因其可探测到核辐射和材料的光谱特征。传感器可以秘密地安放在工厂或者武器装备附近，其接收的结果可传送到远端地点进行分析。或者，也可以人工搜集材料样本以进行后续的利用和分析。目前，材料样本搜集有三种方式：空气、土壤及水源取样。

核材料传感。**a. 核材料特征**。核材料特征有物理、化学和同位素三个方面的特征，可据此将不同种的核材料或放射性材料区分开来。放射性材料会发出一种或多种类型的辐射，如 α 粒子（氦原子核），β 粒子（电子和正电子），中子和伽马射线。放射出的粒子和射线的特定组合以及各种放射强度，构成一种可识别放射性原材料的特征。尽管脏弹里含有的所有放射性材料都是关注的对象，但情报主要关注的是三个可裂变同位素——

铀 233、铀 235、钚 239。

所有核反应都来源于粒子和波的辐射，这些粒子和波包括中子、电子、离子、伽马射线或 X 射线。X 射线和伽马射线纳入电磁波谱（比紫外线或紫外线辐射波长更短）。但是，因为它们更符合其他种类核辐射的讨论范畴，所以这里的论述会包括它们。

地面或大气层核爆炸的辐射强度是最大的，但核动力反应堆也会发出辐射。辐射的强度和种类可帮助人们描绘辐射源的特征。各种核辐射探测器一直处于不断发展中；盖革计数器是最老的一种探测器，它的工作原理是探测辐射产生的电离效应。现代固态辐射传感器更敏感，能探测在近距离隐藏的核设备。有些体积非常小，大概如衬衫纽扣那么大。

在大多数情况下，核辐射探测器只有在离辐射源较近的距离才会有效果。例如，钚武器自发裂变过程中的特征是伽马射线和中子，但核武器周围约 15 米处是中子的探测距离阈值。若超出这个距离，背景噪声（即背景中的天然中子）将会盖过武器的特征。相较而言，核材料探测器的探测范围更小。最好将其放置于交通咽喉要道和探测入口处，或是提前获知准确情报显示有核材料存在的地方。

b. **近程传感**。目前正在研制 X 射线和伽马射线探测器，以解决情报日益关切的脏弹威胁。脏弹使用常规炸药来散播一些放射性材料，如铯 137，这种材料可被恐怖组织开发出来。全球有大量可被掺入脏弹的放射性材料。

将伽马射线探测器和 X 射线扫描仪组合使用，可在交通咽喉要道探测到这类武器。如果放射源未加掩盖，伽马射线探测器就能探测到放射源。如果它被物体（如管道）掩盖，则会使用 X 射线扫描仪来扫描这一大团不透明的物体，做进一步的调查。事实上，可采用一些技术掩盖放射性材料，但这会使其更容易被探测到。[1]

[1] 原注：Steven Johnson, "Stopping Loose Nukes," *Wired*, (2004), accessed 23 September 2012 at www.wired.com/wired/archive/10.11/nukes_pr.html.

很多种类的核辐射传感器都要权衡一件事情，即装备可以制作得十分敏感，但虚假警报数量随之骤增。对于这种传感器，面临的另一个挑战是，它们要能将两种东西（一是核装备或核材料，二是合法的货物）的特征区分开来，后者的某些产品会自然地发出低水平的辐射。对于安装在港口和边境检查站的辐射监视器，存在一个反复出现的问题，即一些物体（如猫砂、瓷砖和陶瓷）会自然地产生辐射，反复触发虚假警报。[1]

c. **空气取样**。人们通常认为这种探测核残渣的方法应追溯到 20 世纪 40 年代末，当时美国开始监测大气层核试验。实际上，在第二次世界大战期间，取样活动才开始。美国担心德国可能会研发原子弹，因此发展出能捕捉并分析放射性气体氙 133 的能力。操作核反应堆时会释放此类气体。这种装置安装在 B-26 轻型轰炸机上，并在上面做测试。战后，美国空军的航空气象处接管此取样任务。航空气象处最初采用的是有特殊装备的 WB-29 飞行器，而后采用了 RB-57s，后者的飞行高度更高，更有利于搜集核残渣样本。[2]

1949 年 8 月底，苏联进行了第一次核试验。当时在太平洋搜集的空气样本就被用来探测这次核试验。1963 年《禁止核试验条约》签订后，空气取样变得更为重要。此条约禁止其签署国在水下、大气层及外层空间进行核试验。此条约并没有提供一套独立的国际监测系统，而是依靠大国的卫星搜集资产，即第 8 章论述的国家技术手段。国家技术手段资产主要针对政府，追踪他们的核项目，还针对新晋拥有核武器的国家，因为它们可能会进行核试验。[3] 这些高空资产可能会给出警示，但它们会错过精心隐藏的核试验准备（如 1998 年未探测到的印度核试验）。卫星

[1] 原注：Eric Lipton, “U.S. Security Devices at Ports to Be Replaced,” *International Herald Tribune*,（Monday, May 9, 2005）, accessed 23 September 2012 at http://www.nytimes.com/2005/05/08/world/americas/08iht-secure.html.

[2] 原注：Luis W. Alvarez, *Alvarez: Adventures of a Physicist*,（New York: Basic Books, 1987）, 120.

[3] 原注：Luis W. Alvarez, *Alvarez: Adventures of a Physicist*,（New York: Basic Books, 1987）, 120.

传感器甚至会漏掉整个核试验，或者给出一个指代不明的特征，如在第10章论述过的南非或以色列疑似核试验。因此，空气取样结合地下声学监测是一种重要的交叉探测，可保证国家技术手段的有效性。

地面上的核试验会产生数量丰富的放射性同位素（名为“放射性核素”），它们可被探测到。但地下的核试验也会释放很多放射性材料进入大气中。在核爆炸中，其释放的气体很难控制住。一旦核试验发生，试验时放射性粒子和气体就可能出现泄漏，或者试验之后，放射性气体可能通过位于爆炸点岩层上的裂缝渗透出来。基于过去在试验点的实验，总结出的经验表明，即便在地下进行的、控制最精准的爆炸也可能会意外泄漏这些气体。据俄罗斯报道，在新地岛的所有苏联地下核试验，以及在哈萨克斯坦塞米巴拉金斯克进行的近一半地下核试验，都释放了放射性材料。[1] 更可能的是，所有测试都释放了放射性材料。

用于搜集和分析的主要目标是氩、氙和氪这些惰性气体，它们可用来探测地下核试验。这些气体，如惰性气体氡，不与其他元素发生化学反应。因此，当它们渗过岩层裂缝时，不会被岩石吸收；下雨时，也不会被雨水冲刷掉。此外，它们有不同的半衰期，这使得搜集具有挑战性，但有助于利用和分析。如所有放射性元素一样，它们都会衰减。搜集工作面对的挑战是，在它们衰减之前能够取得样本。氩37的半衰期为35天。氙133的半衰期为5天，而氙135的半衰期仅为9小时。情报搜集人员的行动要非常迅速，才能保证探测成功。搜集工作完成后，各种同位素的不同剩余量可帮助判断爆炸的持续时间。[2] 例如，钚裂变产生的氙135和氙133的比率是已知的。因为氙135比氙133衰变的速度快得多，它们在羽流中的浓度可用来粗略测算已过半衰期的氙135的数量，由此可算出核试

[1] 原注：National Academy of Sciences, “Technical Issues Related to the Comprehensive Nuclear Test Ban Treaty”（Washington, DC: National Academies Press, 2002）, 45.

[2] 原注：National Academy of Sciences, “Technical Issues Related to the Comprehensive Nuclear Test Ban Treaty”（Washington, DC: National Academies Press, 2002）, 45.

验在多久前进行。[1] 这种相对比值还可以帮助判定爆炸装置的当量，及是否使用了钚和铀。

有两种方式来探测核试验释放的放射性材料：专门配备的飞机（上文有提及），或者是国际监测系统操控的地面站。[2] 第 14 章论述过国际监测系统在地震和声学传感中的作用。国际监测系统还有一个放射性核素监测网络，主要用来监测大气层核爆炸。

d. **现场核取样**。很多核材料的信息可通过传感获取，但物理样本是取得一些特征详细信息的唯一渠道。这些包含详细信息的特征，可帮助研究人员确定最初创造出这些材料的过程，也可能帮助确定这种材料的来源，这是情报学中的重要议题。[3] 例如，铀粒子的形状和大小能提供来源材料的一些线索。给定样本释放的辐射量可用来判定材料产生的时间。

如今有了核试验禁令，情报搜集已经不采用空气取样而是采用现场取样，旨在验证核弹头的安全，探测核武器扩散的迹象，以及阻止非法贩运核材料。[4] 用于核取证的样本搜集活动通常会采用一种技术，称为“刮擦”(wipe and swipe)，意思是用特别准备的棉织物擦拭可疑区域，这种棉织物专门用来搜集粉尘。国际原子能机构的核查人员每年会在世界各地的核电站，使用专门准备的样本箱搜集大量的样本。对于拒绝核查人员参观视察的一些国家，可能需要进行秘密抽样。

化学传感和材料取样。化学特征可通过传感或者取样获取。第 10 章已有论述，很多化学特征可通过对电磁能量的远程光谱传感来搜集。

[1] 原注：Richard L. Garwin and Frank N. von Hippel, “A Technical Analysis: Deconstructing North Korea’s October 9 Nuclear Test,” *Arms Control Today*（November 2006）, accessed 23 September 2012 at www.armscontrol.org/act/2006_11/tech.

[2] 原注：National Radiation Laboratory of New Zealand, “CTBT International Monitoring,” accessed 23 September 2012 at www.nrl.moh.govt.nz/about/ctbtinternationalmonitoringsystem.pdf.

[3] 原注：“Identifying the Source of Stolen Nuclear Materials,” *Science and Technology Review*, Lawrence Livermore National Laboratory（January/February 2007）,13–18.

[4] 原注：Jonathan Medalia, “Nuclear Terrorism: A Brief Review of Threats and Responses,” CRS Report to Congress（February 10, 2005）.

例如，一些气体如果受到外源能量的激发，通常会释放辐射能量，产生光谱。这种外源能量可能是太阳，或是在化工生产过程中遇到的外部能量。

大多数化学特征都是通过材料取样得到的。但是，为了应对恐怖分子化学袭击的威胁，我们更希望有一个传感器，能迅速、可靠地探测到相邻地区的化学痕迹。现如今已有很多这样的传感器存在，但其更新换代的速度非常快。集成光学传感器具备一种能力，即能够在几秒钟内探测到化学药剂的存在。典型的传感器包括一个激光光源，一个平面波导（实质上就是一小块平滑的玻璃，光可以通过其传播）和一个探测器，监测光的输出。化学材料与玻璃波导的表面发生反应，从而改变通过波导的光的速度。信号处理软件会给出化学传感器的结果，提供具体化学材料的种类和数量方面的信息。[1]

前面集中讨论的是较近距离的材料取样。材料搜集的另外一种方式是获取一份材料样本，可以现场或是后续做处理和分析。取样可以公开或是秘密进行。如下文例子所示，有些条约规定只能进行公开取样。

《禁止化学武器公约》规定进行现场检查，以确保签署国工厂不生产化学战所使用的毒剂。授权检查人员可在工厂装备表面进行“刮擦”来取样，也可在生产过程和废液源流中进行液体取样。如果要生产化学战所需物品，其生产的所有方法都会产生废物。一些化学战材料生产过程中总会有残留，这些材料会出现在废液源流中。在检查人员取样之前，就把反应堆和管道清洗干净是行不通的。在生产化学战毒剂时，橡胶密封制品和垫圈中会残留少许药剂、易制毒化学品和副产品。混凝土地板会像海绵一样吸收化学材料。[2] 即使时间过去很久，土壤取样仍然可用来

---

[1] 原注：“Sensing Danger: Researchers Develop New Sensing Technologies to Improve Response to Chemical and Biological Attacks,” *Research Horizons Magazine*, (November 23, 2004) , accessed 23 September 2012 at http://gtresearchnews.gatech.edu/newsrelease/danger.htm.

[2] 原注：U.S. Congress, *Technologies Underlying Weapons of Mass Destruction*, OTA-BfP-ISC-115(Washington, DC: U.S. Government Printing Office, December 1993), 48.

探测化学战毒剂。毒剂或其降解产物会一直存留。对从伊拉克北部库尔德村庄取得的土壤样本进行分析，发现了沙林和芥子气的降解产物。而进行取样活动时，距离 1988 年伊拉克政府轰炸这个村庄，已经过去 4 年多了。[1] 很多的土壤和残渣取样都是秘密进行的。例如：

- 1998 年，美国巡航导弹袭击了苏丹制药厂，这件事引发了争议，袭击是由土壤取样和后续分析引起的。在喀土穆的希法制药厂附近，通过秘密手段搜集到土壤样本。对样本进行分析，结果表明里面含有一种名为 EMPTA 的化学成分。一位美国情报官员称，EMPTA 除了用来生产神经毒气，再无其他商业用途。[2]
- 和美国情报机构一样，苏联克格勃也擅长秘密进行材料取样活动。曾有一位苏联人在冷战时期参观了美国飞机制造厂，他在鞋上放了胶粘剂，得到一些金属样本，后续通过研究就可判断出美国用了何种金属合金来制造新型战斗机。[3]
- 材料取样第一次提供了有力证据，证明苏联用钛打造其潜艇外壳。钛被用来制造潜艇，代表潜艇设计的一个巨大进步，因为这种设计可保证潜艇下潜得更深。通过地面和卫星拍照，得到列宁格勒船厂里船体部分的第一条线索：船体部分高度反光，所以不可能是钢材结构。而且船体没有任何氧化迹象，但钢材会发生氧化现象。线索提示，1969 年，一位美国海军武官从船厂得到一块金属样品，这一小块金属被验证是钛。这证明苏联的制船材料有所进步。[4]

---

[1] 原注：U.S. Congress, *Technologies Underlying Weapons of Mass Destruction*, OTA-BfP-ISC-115（Washington, DC: U.S. Government Printing Office, December 1993）, 62.

[2] 原注："U.S.: Sudan Plant Sample Contains VX Nerve Gas Precursor," *CNN.com*, (August 24, 1998) , accessed 23 September 2012 at www.cnn.com/WORLD/africa/9808/24/bomb.damage/.

[3] 原注：Gus W. Weiss, "The Farewell Dossier," CIA Center for the Studies of Intelligence, accessed 23 September 2012 at www.cia.gov/library/center-for-the-study-of-intelligence/csi-publications/csi-studies/studies/96unclass/farewell.htm.

[4] 原注：Norman Polmar and Kenneth J. Moore, *Cold War Submarines*(Dulles, VA: Brassey's, 2004), 143.

取样也可用来追踪舰艇或潜艇。这些舰船在水中航行时，会留下一些微量的化学物质。船体不断遭受腐蚀和侵蚀，金属就会不断地进入水中。从卫生水箱流出的润滑剂和废水，以及潜艇生命维持系统排出的氢气，都会随船的尾迹排出。例如，图 12.12（见第 351 页）中显示出，因为漏油而产生的踪迹。核能发电机产生的中子辐射可使海水发生变化，而这种变化可被探测出来。一些安装在拖曳船或潜艇的特定传感器，可追踪到这些污染物在海水里的踪迹。当然，这种追踪是实时的，与其说它是一种情报工作，不如说它更像是战役性信息。但持续追踪舰艇或潜艇可帮助建立起行动模式，以及预判舰艇或潜艇的未来航行走向，因此，它可用于情报工作。

磁异常探测器。磁场传感或磁力测定与电磁传感并不是一回事。电磁波传播可在远距离探测到。磁场不能传播，它们通常只能在短距离内被感应到。例如，磁铁会产生磁场，但如果不用特殊的传感装备，最多只能在几英寸到几英尺的距离内才能感应到其磁场。

用于感应地球磁场微妙变化的装备称为“**磁强计**”（magnetometer）。磁强计的工作原理是探测一些特定类型的原子，它们在遇到外部磁场时会发生变化。磁异常探测器就是一种特别的磁强计。在地质学中，在有矿物的地方，正常的地球磁场会受到干扰，而通过磁异常探测器可以观察到这种干扰，因此可用来寻矿。磁异常探测器也可找到地下隧道或地下建筑物，因为在真空环境里，岩石通常会造成地球磁场的轻微变化。一些寻宝者会用金属探测器，公共事业公司会用一些装备来寻找地下管道，磁异常探测器则与上述装置有类似的操作原理。

磁异常探测器最常用的一种军事用途，就是从飞机上定位水下的潜艇。飞机必须距离潜艇非常近，几乎就在其头顶位置，才能探测到异常。通常来说，探测距离会限定在几百米内。潜艇大小及船体材料成分决定其最大探测范围。飞机和潜艇的航行方向与地球磁场相关联时，也会影响探测能力。磁异常探测需要较高的距离精度，因此若能首先通过其他方式，将潜艇位置定位在特定区域，磁异常探测器就能将潜艇位置定位在某一点。

操作搭载了磁异常探测器的飞机，也会影响探测器的探测距离。电动马达和其他电子产品可产生射频从而干扰飞机，而飞机会在干扰声中丢失潜艇的磁性特征。磁异常探测器依靠特殊的电子装置弥补和消除这种飞机噪声。同时，装配磁异常探测器时，要尽量远离干扰源。结果可以看到磁异常探测器飞机的机尾有显著延长，这称为“磁异常探测器吊杆”。图15.1 是配备有磁异常探测器吊杆的 P-3 猎户座飞机。

图 15.1 P-3 猎户座飞机配备磁异常探测器吊杆

磁异常探测器装置也会应用于战场，以探测隐藏的金属物件——例如，装甲车辆和藏在森林冠层里的火炮。

处理和利用

材料和化学物质会送往实验室，通过各种技术手段来确定其成分。利用光谱仪进行质谱分析（第 7 章有介绍）是一种最常用方法。质谱分析是指用电子束来轰击样本，电子束有足够的能量将样本分解成分子。然后将正电分子置于真空中加速，穿过磁场。磁场会根据分子质量与电荷的不同比值将它们分离开来。

a. **核材料样本**。在进行核材料取样时，用于筛选放射性同位素的技术称作“伽马光谱测定法”（gamma spectrometry）。伽马光谱测定法依赖于一个事实，即大多数放射性物质会放射出伽马射线。放射出的能量和伽马射线的计数率，能提供样本同位素的信息。例如，核材料发出的辐射会暴露其使用时长（从第一次开始处理使用时计算）。当放射性元素开始衰变时，它们产生的放射性同位素反过来又会创造出其他同位素。光谱仪可以探测出混合离子群中各离子所占的比例，然后利用这种比例推算出原始材料已衰变的时长。

伽马光谱测定法可以仅利用一微克的铀，估算出它的浓缩程度。[1] 还有很多其他方法，例如电子显微镜和 X 光衍射，可用来获取放射性同位素的具体信息。接下来的一个例子，就是关于核攻击残渣的处理办法。

b. **核攻击残渣**。由导弹或飞机发动的核攻击，在大多数情况下可追溯到攻击的发源地。若要追踪一起恐怖主义核攻击，则会有些困难，因为这种攻击很可能是由秘密安置的装置造成的。恐怖分子可能会用上两种装置：

- 一种是常规的核弹，来自一些国家的核武器储备或是用偷来的武器级别核材料制造的。
- 另一种是所谓的“脏弹”，包含常规炸药，爆炸时会大范围释放放射性材料。

针对第一种类型的核攻击，可用取证法来确定发射核燃料或武器的国家，还可以判定恐怖分子是自己制造武器或是从某国核武器储备中获取的。[2] 针对脏弹袭击，取证法可用来确定所用放射性物质的来源。核取证之所以可行，是因为对核材料和放射性材料进行指纹识别的做法十分普

[1] 原注：Norman Polmar and Kenneth J. Moore, *Cold War Submarines* (Dulles, VA: Brassey's, 2004), 143.

[2] 原注：Medalia, “Nuclear Terrorism.”

遍，它们可用来防止走私和贩运可能用于核恐怖袭击的材料。总的来说，重要的是，迅速从残渣中获取样本，并快速处理和利用样本。

处理和利用放射性残渣能提供很多深层信息，可帮助确定实施攻击的罪犯。若有核弹爆炸，首先需要问的问题就是，核武器的主要原料是高浓缩铀还是钚。这个问题可以很快得到解答。快则数小时，慢则数周内，调查人员就可测定出原始核材料的重要详细信息，由此可估计出核弹的大小、重量及复杂性。例如：

- 如果装备用的是高浓缩铀，在利用过程就可测定出其含有铀 235。
- 如果是钚武器，则在利用过程中，可判定出核燃料在核反应堆里用了多少时间创造出炸弹级的钚同位素；确定同位素与核燃料分离所用时长；测定独特的特征，由此可揭示特别的生产方式和分离过程。
- 另一个重要问题是武器的先进与否。利用团队会根据两点做出判断，一是铀或钚裂变的效率，二是是否利用聚变反应来增加当量。

通过对比来自残渣里的同位素数据，与来自钚或高浓缩铀储备或武器的类似数据，可能得出结论，即某些裂变材料是否来自某个特定武器库。如果有足够的时间，而且能获得真实武器的设计图，也有可能判定出是否有采用特定类型的武器。[1]

磁异常探测器数据处理。磁异常探测器数据处理必须在有噪声和干扰的情况下，抓取微弱的异常信号。若增强磁异常探测装备的敏感度，虚假警报也会不可避免地增多。

分发

材料情报报告通常都会限制其分发，只会让预先确定的用户群获知。

[1] 原注：William Donlop and Harold Smith, "Who Did It? Using International Forensics to Detect and Deter Nuclear Terrorism," *Arms Control Today*(October 2006), accessed 23 September 2012 at www.armscontrol.org/act/2006_10/CVRForensics.

除了磁异常探测器的搜集，其他产品通常对时间不敏感。大多数材料情报需要进行大量的处理，所以报告不会迅速分发。

在技术性情报的其他领域，一个详尽的特征库对取证过程来说非常重要。至于核取样，其目的就是将样本的特征与铀矿和加工设备的已知特征做对比。这就需要拥有一个特征库，包括世界上所有已知核材料的原始信息。美国科学家已建立此类特征库，其使用的样本来自美国国内核材料（六氟化铀和氧化铀反应堆燃料）的供应商。[1]

如果在利用阶段必须识别出某化学物质来源，拥有一个详尽的化学特征库就显得至关重要了。一个特征库需要包括具体到地点的化学物质（如爆炸物）特征，这样才能让研究人员鉴别出生产此化学物质的实验室或工厂。

生物毒剂菌株也需要记录在特征库里面，便于识别来源。生物毒剂的特征须包括其自然地理分布，这样情报部门可以更好地追踪生物事件和突发事件。第 16 章描述 2001 年的炭疽攻击可被缩小到一个特定来源，因为早已获取此炭疽特征的详细分析。

在某些情况下，诸如此类化学毒剂取证，其添加物的特征数量不断变化，因此特征库需要不断地更新。现有分子结构特征库还在扩充之中，而且新的化合物也在不断被创造出来。

三、结构

和其他很多精选搜集工作一样，材料取样也是一种结构多样的产业。海军、执法部门和陆军部队的磁场传感活动都有其专门的目的。军方、情报机构、执法部门和国际条约监控组织会进行核材料和化学取样。例如，禁止化学武器组织这个国际机构的责任，就是监测《禁止化学武器公约》的实施情

[1] 原注：Lawrence Livermore National Laboratory, “Identifying the Source of Stolen Nuclear Materials,” *Science and Technology Review* (January/February 2007).

况。海关人员会在边境检查站进行监测，以探测化学或核材料的非法动向。

四、小结

材料情报会充分利用两种搜集技术，一是材料传感，二是材料取样。

材料传感依靠装备，可立即感应出传感器周围环境中的化学或物理变化。这些传感器测量一个物体内或者短距离内的一些现象，探测污染物、核辐射或者磁场。

材料取样包括获取少量或微量的材料，然后通过取证流程确定其性质。所以，材料取样包括搜集和分析微量元素、颗粒、废液和残渣。这些材料经过各种工业生产过程、测试和军事活动，被释放到大气、水源以及土壤中。

三类常规材料：核材料、某些化学物质和磁性材料，是情报工作的关注对象，也是传感和取样工作的重点。

核材料取样和传感

任何处理核材料的行为几乎都会在环境中留下痕量，即便之后转移核材料并清理设备，都于事无补。每次核爆炸，即使是地下爆炸，都会在环境中留下痕量物质。这种痕量核材料会暴露其使用年限、来源和用途的信息，以及其生产和处理的方式。这些痕量材料及其留下的线索通常可被探测到，而且可被与医学取证功能相似的核取证技术用来做分析。核取证技术在情报目的方面，主要有三个用途：

- 一是探测核武器试验结果以及评估核武器性能。它主要依靠飞行器或者地面站搜集空气样本。
- 二是探测核武器材料的生产以及转移情况。它主要依赖于搜集可疑设施内或周围的材料样本。

- 三是在发生核攻击后，获取残渣样本用以识别装置来源。

所有的核反应都会产生粒子和波的辐射，这些粒子和波包括伽马射线、X 射线、中子、电子或离子。地面或大气层核爆炸的辐射强度是最大的，但核动力反应堆也会发出辐射。辐射的强度和种类可帮助人们描绘辐射源的特征。若有可裂变同位素铀 235，钚 239 和铀 233 的存在，就可以识别出核武器爆炸装置。

在大多数情况下，核辐射探测器只有在离辐射源较近的距离才会有效果。很多种类的核辐射传感器都会遇到一个问题：即使在远距离的情况下，传感器依然可以十分敏感，但虚假警报的数量随之骤增。

化学取样和传感

全球范围内都存在化学恐怖主义的威胁，且形势日渐严峻。因此，化学取样与传感变得更为重要。光谱传感可远距离探测到很多化学物质，而且对探测废气尤为有效。在化工生产过程中，会产生和释放警示性的化学物质，它们的特征能提供关于设备里工作活动的信息。传感器广泛应用于探测化学物质，通过与其接触还能识别其成分。

材料取样用于探测设备的生产过程以及识别产品。若有证据怀疑某地一直在生产或者使用化学战毒剂，材料取样亦可在那里派上用场。

磁性材料传感

短距离传感最常见的例子就是磁异常探测器，很多国家用飞机装载磁异常探测器来定位水下的潜艇。飞机必须在潜艇上方几百米飞行，以便于探测到潜艇造成的地球磁场变化。磁力计也用于探测隐藏的武器和简易爆炸装置。

[第 16 章]

生物、医学和生物测定学情报

本章讨论的情报搜集有两个目的：

- 一是探测环境里、人体、动物或作物体内的生物制剂——微生物，以及识别它；
- 二是鉴别人类身份或者获知他们的生理或情绪状态。

这种专业化搜集门类看起来似乎很杂乱，但它有个共性：生物和医学取样、生物测定学传感与取样都包括侵入性搜集，这些主要针对人类。

一、功能

与第 15 章的化学传感器情况相同，由于生物恐怖袭击的威胁，且形势日益严峻，生物传感器（biosensor）已变得愈加重要。生物取样和生物传感器能提供疾病暴发预警。它们可识别特定的病原体，如炭疽或天花。当探测到有害的生物制剂时，接下来的目标就是快速、准确地追踪到它们的起源，以此确定它们是否属于某一特定地区，或找出故意将其传入者的身份。

很长时间以来，国家医学情报中心（National Center for Medical

Intelligence，NCMI）一直在评估疾病（如 H5N1 型禽流感）暴发的威胁等级。这方面的情报搜集与分析很有必要，因为有些国家无法报告一些传染病，更有甚者会提供传染病的错误信息。医学情报搜集仍然很重要，因为存在一种风险，即政府隐瞒疾病信息会导致大型流行疾病的暴发。

生物取样和传感

生物情报涉及获取生物特征，其有两种目的：

- 一是确定引起疾病的微生物以及追踪疾病暴发的起源；
- 二是确定生物战毒剂的生产或使用。

全球情报机构和公共卫生服务机构投入很多精力来编录生物特征，因为它们可用来追踪疾病暴发的源头。2001 年，美国出现生物恐怖袭击，有人将炭疽杆菌随信寄给他人。这个例子说明有详细的生物特征记录非常重要。经过 2001 年 9 月 11 日的恐怖袭击，美国人处于胆战心惊、心神不宁的状态，紧接而来的又是炭疽袭击，数个新闻媒体办公室及两名民主党参议员都收到信件，无一例外这些信件都含有炭疽粉末。这起生物袭击导致五人死亡，包括两名邮政工作人员，而他们并非目标收信人。倘若没有完整的特征编录，很可能无法识别炭疽来源。还好与上述假设相反，这种用于生物袭击的炭疽杆菌是一种特定菌株——艾姆斯菌株，只存在于特定实验室，包括位于马里兰州美国军方的德特里克堡政府生物防御实验室。据此消息，美国联邦调查局调查员找到目标嫌疑人——实验室的一位工作人员布鲁斯·艾文斯博士，他在被捕前自杀身亡。[1]

另一个具有优先情报价值的是确定生物战毒剂的生产和使用，理想的情况是能立刻感应到。当发生生物战毒剂泄漏的事件时，医疗急救者基本没时间处理这种毒剂。

---

[1] 原注："New Details on F.B.I.'s False Start in Anthrax Case," *New York Times*,（November 25, 2008）, A23.

第一次海湾战争期间，有报告称伊拉克兵工厂存有生物战毒剂，美国为此感到担忧，遂将取样小队派遣到海湾地区。他们成功采得空气、土壤和水样本，还有一些血液和组织样本。战地小队在做样本测试时，得到大量炭疽和肉毒杆菌毒素指征的假阳性结果。进行实验室分析时，发现这些阳性结果都不可复制。[1]

医学取样和传感

医学取样和生物取样的目标相同，生物取样的目标在上文已有论述。医学取样会用到很多相同的取样技术。但通常医学取样的重点是，评估单个目标样本的情况而不是鉴定疾病威胁。医学取样除了探测疾病还有其他用途，例如识别化学战毒剂的生产。若工厂有生产化学战毒剂，由于其工人一直暴露在存有毒剂的环境中，可对他们进行尿检或血检来探测。[2]

医学取样和传感被用来评估国家领导人的身心健康。他们都很重视自身的公众形象，一旦被公众获知其健康状况正在衰退，就会降低公众对他们的信任。所以，领导人都会将他们的健康信息保密，而情报部门要做的工作是刺破这层秘密面纱。若某国领导人身体状况不佳，又被外国政府获知其真实境况，外国政府就能从中获取政治和外交方面的利益。得知某国领导人命在旦夕，对外国政府来说非常重要。例如，面对病危领导人的继任者，外国政府可以把握时机采取有影响力的行动。而且领导人若患有绝症，比较容易意气用事，这会造成持久的政治后果。杰罗尔德·波斯特医生在美国中情局创立了一个中心，该中心旨在分析人物

---

[1] 原注：DoD, “Close-out Report, Biological Warfare Investigation”（February 13, 2001）, accessed 7 April 2013 at http://www.gulflink.osd.mil/bw_ii/index.html.

[2] 原注：U.S. Congress, *Technologies Underlying Weapons of Mass Destruction*, OTA-BfP-ISC-115（Washington, DC: U.S. Government Printing Office, December 1993）, 53.

性格以及政治行为。在美国中情局任职期间，他准备了世界上很多领导人的心理档案，包括以色列总理梅纳赫姆·贝京。贝京总理在临死前做了两个决定，一是将耶路撒冷定为以色列永久首都，二是将以色列的法律覆盖到戈兰高地。波斯特医生对此评论道，从那时起，这两个决定将中东和平谈判变得复杂起来。[1]

生物测定学取样和传感

生物测定学是一门测量和统计分析人类生物学数据的技术。根据一个人的身体或行为特征，它能自动识别出这个人。

所有人都有很多生物特征，这些独一无二的特征可将人识别出来。它们统称为“生物测定学特征”。指纹和 DNA 是两种众所周知的特征。眼睛的视网膜和虹膜对个人来说，也是独一无二的特征。生物测定学能感知的其他生理特征包括：面部特征、手掌几何特征、声音及叩键特征。对于不同的应用，采用不同种类的生物测定学传感器才能发挥出更好的效果，传感器之间的应用区别很大。前文已有提及，一些类型的生物测定学取样和早前讨论过的医学取样非常相似。

生物测定学这一概念已存在多年，它以指纹、手掌形状、眼睛结构、声音模式或其他生理特征作为识别标识。它看似最近才流行起来，实际上已存在多年。在古代文明里，指纹就是一种生物特征。数字化的指纹和声纹用于人类识别也有些年头了，而且它们的用途在不断增多。

对于要求识别人物的情报，生物测定学占有重要地位。生物测定学对人力情报行动能起到特别有效的支持效果。在情报领域，那些不动声色就识别出来的特征是最有帮助的。例如，现如今已使用并属于这种类别的特

[1] 原注：Gary Thomas, “Spies Track Physical Illnesses of Foreign Leaders,” *VOA News*,（September 19, 2011）, accessed 3 September 2012 at www.voanews.com/content/article/171599.html.

征有：面部特征、气味以及声音生物特征。

除了情报领域，很多事情都用得上生物测定学。若有人想进入某个设备或获取资料，生物测定学可用来验证此人的身份。它可帮助识别在控制点观察名单上的人物。还广泛用于执法和出入境管制。在伊拉克和阿富汗战争期间，生物测定学技术的军事作用大大提升。参谋长联席会议前副主席埃德蒙·詹巴斯蒂亚尼（Edmund Giambastiani）上将发现，目前在美国进行的非对称作战中，美国拥有最重要的两个工具就是身份管理技术及生物测定学。他指出："在战场上运用生物测定学技术可使敌人无法匿名，限制其随意行动的自由。我们意识到，在非常规战争和反叛乱行动中，我们需要对抗的不是传统军队，而是单个敌人。" [1]

随着价格更加实惠，操作更加简单，加上人们对强化安全的需求持续上升，生物测定学系统变得越来越普及。当恐怖分子和犯罪分子在国家之间流窜，生物测定学技术可帮助情报机构及执法组织追踪这些不法分子。

生物测定学技术在战术和执法应用中被证明有价值，但在秘密行动时造成一些问题。秘密人力情报员在穿越国界时，依靠的就是其身份伪装的能力。但生物测定学技术愈来愈将这个过程变得危险。以色列摩萨德前情报员和以色列议员拉菲·埃坦（Rafi Eitan）指出："到 2015 年，大多数国家都将转向生物测定学的鉴定方法，因为那些方法能更全面地检查一个人的身份。" [2]

行为传感

行为传感和评估的科学与生物测定学紧密相关，通常与生物测定学传

[1] 原注：DoD newsletter, "The Biometric Scan"（January 2008）, accessed 9 September 2012 at http://www.biometrics.dod.mil/newsletter/issues/2008/Jan/v4issue1_a4.html.

[2] 原注：Jonathan Lis, "Will Biometric Passports Limit the Reach of Israel's Intelligence?" *Haaretz*（February 19, 2010）, accessed 28 July 2012 at http://www.haaretz.com/print-edition/news/will-biometric-passports-limit-the-reach-of-israel-s-intelligence-1.263599.

感相结合。这个领域发展迅速，在执法和情报领域都有应用。行为传感并非用来鉴别某个指定的个体，而是用来鉴定潜在的犯罪者。行为传感并不仅仅针对特征，它研究的是行为模式。其目标是在安全的环境下，在犯罪者有机会实施袭击之前，将其鉴定出来。

在执法过程中，可疑行为的模式可谓尽人皆知。人们坐在公园长椅上打发时间，很显然是无所事事的样子，这是正常的行为。然而，如果有人将车停在某安全设施的旁边，花同样长的时间坐在车里，那么他们的行为就值得怀疑。

二、流程

计划

生物传感和取样是持续不断的过程，旨在提供疾病暴发和流行病预警，这些疾病可能发生在人类、动物和作物身上。因此，有必要做好规划，确保特定地理区域一直处于针对性疾病监测之中。例如，在监测过程中，必须考虑到可能需要将新的疾病列入监测列表。

通常来说，用于情报的医学传感和取样的关注点是特定目标——健康状况不佳或行为异常的国家领导人。所以，当这类情报需求变得明显时，情报搜集规划就会偏向于这些目标。

由于生物测定学搜集在伊拉克和阿富汗应用广泛，它已变成一种大规模搜集工作。通过喀布尔机场或主要边界点进出阿富汗的大多数人和所有囚犯一样，都被要求取指纹和拍照。由于工作量巨大且带有侵入性，需要做大量的预先规划，招募人员及协调搜集工作，还需要解决一些外交、社会和法律问题。

搜集

生物传感和取样。生物传感和取样工作是由全球范围内的医学及兽医卫生设施完成的，目的是为了公共卫生以及监测可能会在作物和家畜间暴发的疾病。人们会在人体、动物和植物身上定期取样来检测疾病。例如，联合国世界卫生组织、美国疾病控制和预防中心做了大量的医学抽样。这种搜集工作并没有情报用途，而是为情报机构拥有更多的目标选择提供基础背景信息。

举个目标选择的例子，情报搜集会用来获取生物战毒剂的生产迹象，而这类搜集工作可能必须秘密进行。通常会用取样来做这类工作，因为生物制剂传感提供的生产过程信息还不够详细，达不到所要求的水平。

生物制剂的遥感，依靠制剂本身有可遥感得到的特征，而绝大多数制剂没有这种特征。生物制剂通常是无色无味的。若能获取样品，很多生物探测器能立即感知到生物制剂的存在，但这需要将样品搜集起来，送往实验室，再进行培养才能识别出病原体。这整个流程得花费数小时。

可迅速探测并鉴别出生物制剂的传感器，还处于试验之中。尽管生物制剂比化学制剂更难探测，但有时同一个传感器可探测到上述两种制剂。第 15 章中有论述探测化学毒剂的集成光学传感器，其实它也一直用于探测生物毒剂。这种装备会测量在光学波导表面毒剂与化学物质发生的反应。采用不同的设计方法，能感应到某些特定人体细胞面对炭疽、鼠疫和天花等疾病时的快速反应。[1] 如前文所述，在海湾战争中进行抽样工作时，对于大多数生物传感器而言，遇到的一个问题是会频繁收到虚假警报，但这点可能会随设计的改变而改善。

医学取样。医学取样和生物取样紧密相关，但两者的关注重点有所不

---

[1] 原注："Bio-sensor Quickly Detects Anthrax, Smallpox and Other Pathogens," *Science Daily*,（March 7, 2008）, accessed 9 September 2012 at http://www.sciencedaily.com/releases/2008/03/080304120746.htm.

同。在情报领域，相对于鉴定出某种疾病带来的威胁，我们更想知道特定某人的身体状况或者此人的身份。往往这个特定的人是某个国家领导人或者一些国际事件的主要影响者。为评估他们的身体状况，需要同时用到取样和传感这两种技术。要完成取样活动，通常需要用到秘密的人力情报。但传感只能按照老套路，基于领导人的视频和照片来完成。

医学取样需要对患病者进行详细的生理检查，所以它带有侵入的性质。但搜集工作可通过任意一种秘密取样技术完成。例如，它可以搜集医疗废物，诸如废弃的绷带或注射器，或者管道系统中的粪便和尿液样本。再或者，它可能获取送往实验室进行检验的血液或体液样本。一些国家领导人会出国进行医疗体检，这就给取样活动增加了很多机会。[1]

医学取样通常是由世界上的非政府组织完成的，例如无国界医生组织，救助患者就是它们日常工作的一部分。但依靠非政府组织进行情报搜集也存在风险，下文会举例说明这类风险。

a. **案例研究：追捕本·拉登**。在以获取情报为目的的医学取样中，追捕奥萨马·本·拉登就是其中最具争议性的一个例子。萨奇尔·艾法帝（Shakil Afridi）是巴基斯坦一名医师，被雇来在阿伯塔巴德周边地区实施疫苗接种计划。这个接种计划的真正目的，其实是为了搜集疑似本·拉登藏匿区孩子们的血液样本。DNA 检测会确定他们是否为本·拉登的孩子。这个取样计划是否获得成功还没有消息。但艾法帝医师被巴基斯坦人视为叛徒。他遭到逮捕，受到审讯，接着被判有罪，罪名是与政府取缔的激进组织有关系，最后他进了监狱。[2]

这个事件中的争议是，美国明显打着人道主义援助的幌子进行情报搜集。美国人道主义援助团体联合给中央情报局局长大卫·彼得雷乌斯将军

---

[1] 原注：Gary Thomas, “Spies Track Physical Illnesses of Foreign Leaders”(September 20, 2011), *Voice of America*, accessed 21 September 2012 at http://www.voanews.com/english/news/usa/Spies-Track-Physical-Illnesses-of-Foreign-Leaders-130222673.html.

[2] 原注：BBC News Asia, “Profile: Shakil Afridi”（September 11, 2012）, accessed 17 September 2012 at http://www.bbc.co.uk/news/world-asia-18182990.

写了封信，声称“美国非政府组织本是独立的行动组织，关注大众利益，此次行动损害了其名声，使其人道主义工作者遭受怀疑。中央情报局的行为，也可能危及在巴基斯坦工作的人道主义救援人员的生命”。[1]

很多非政府组织会定点进行医学取样；他们经常做取样工作，因为这是人道主义工作的一部分。但艾法帝的事例说明，利用非政府组织或普通公民做秘密搜集工作有风险。它同样说明一点，即医学取样常常与另外的专业搜集工作有紧密的联系，例如该事件中的生物测定学。

生物取样和医学取样两者有密切的关系。在某些情况下，两者都需要进行。规模更大的搜集工作之一是在东南亚进行的“黄雨”调查，它同时涉及生物取样和医学取样。

b. **案例研究：“黄雨”**。从 1976 年的老挝开始，到 1978 年的柬埔寨，再到 1979 年的阿富汗，情报分析人员收到报告称，有化学或毒素武器被分别用来对付老挝赫蒙族、柬埔寨高棉人及阿富汗人。人们大多对这类攻击做如下描述，一架直升机或飞机飞过一个村庄，释放一团彩色的云，这团云掉落时，从视觉、触觉和听觉上感受，它都像是一场雨。这团云最常报告为黄色。因此，上述三个国家报道的袭击被称为“黄雨”。

在这三个国家中，人们对袭击的描述与之后受害者的症状有相似性，这增强了一种怀疑，即袭击采用的是同一种毒剂。这三个国家在某些方面都与苏联政府有一些联系：苏联人直接参与阿富汗的战争；在老挝和柬埔寨，苏联人分别支持巴特寮和越南军队。

从 1979 年起，联合国、美国及其他一些国家开始调查这些被指控使用的化学、毒素武器。在受灾国家志愿者和难民的帮助下，美国政府雇员开始寻找可以验证或者推翻难民报告某些方面内容的证据。他们搜集生物医学样本、环境样本来做实验室分析，从受害者身上获取医学数据，并就

---

[1] 原注：Saeed Shah, “Aid Groups Protest to CIA over bin Laden Scheme,” *Miami Herald*,(March 3, 2012), accessed 17 September 2012 at http://www.miamiherald.com/2012/03/02/2672173/aid-groups-protest-to-cia-over.html.

这些袭击展开问卷调查。1981 年，美国国务卿宣布，根据已发现的实物证据，显示出苏联提供的真菌毒素（由真菌产生的有毒物质）被当作武器来镇压东南亚和阿富汗的平民和叛乱分子。

不是每个人都认同这一发现，即“黄雨”是一种含有真菌毒素的生物、化学武器（chemical/biological weapons，CBW）袭击。调查期间，中央情报局接触到一位叛逃者，他是由苏联训练的越南化学军官，来自越南军方化学部门高层。这位叛逃者供出关于越南化学、生物和核防御方面的大量信息。他还说道，苏联坚决拒绝给越南提供任何化学或生物武器，而且越南也没有生产这种武器的技术能力。根据测谎仪的探测以及反复的审问，审讯小组相信这位叛逃者所言不假。[1] 此外，还有一些国家在分析样本时并未发现真菌毒素。联合国发现，根据这种证据还不够得出结论。由此产生了另一种假说，这种黄雨实际上是一种自然发生的现象，是一群亚洲蜜蜂飞行时排泄导致的。[2] 直到 20 世纪 80 年代中期，美国还在继续调查此事，搜集和分析与此类攻击相关的信息。从那时起，关于这起事件的争议从未消停。

医学和心理剖析。与取样相反，医学传感技术不带任何侵入性而且应用广泛。一些对非典型肺炎的简单传感，也包括远程测量人的体温这样的生物测定学技术。2003 年，非典型肺炎暴发期间，日本东京国际机场安装了红外测温仪，用于监测乘客及识别潜在患者。[3]

在创建国家领导人的医学档案时，视频是首选的传感工具。它们可以有效评估身体残疾或疾病的外在迹象。某人走路的方式，某些肢体是否更灵活，皮肤颜色和纹理以及脸是否对称，这些都会显示出他是否患有疾

[1] 原注：Merle Pribbenow, "'Yellow Rain': Lessons from an Earlier WMD Controversy," *International Journal of Intelligence and Counterintelligence*, Vol. 19（2006）, 737–745.

[2] 原注：U.S. Department of State, "Case Study: Yellow Rain," accessed 24 September 2012 at http://2001-2009.state.gov/t/vci/rls/prsrl/57321.htm.

[3] 原注：NIC Assessment: *SARS: Down but Still a Threat*, ICA 2003-09（August 2003）, accessed 24 September 2012 at www.fas.org/irp/nic/sars.pdf.

病，或最近是否得了中风。

用于心理剖析的方法众所周知。这些年来，心理学家已开发出很多技能，主要利用公开搜集的领导人的信息，如他们的演讲、著作、自传以及能观察到的行为。[1] 在评估外国领导人时，搜集者和分析人员也可借鉴文化人类学这门专业学科的技术。

生物测定学搜集。从最简单的层面上讲，生物测定学搜集需要用一个传感器来进行观测。根据生物测定学类型的不同，传感器的种类及其观测内容也会随之改变。例如，若要进行面部识别，传感器通常就是一个摄像头，观察内容则是个人的面部图像。

指纹一直以来都是主要的生物测定学技术，它的原理是世界上没有两个完全一样的指纹。现在的指纹识别器不仅便宜，而且到处都能买到。为便于传输、存留档案以及搜索指纹，必须根据一些标准将其数字化。现在的标准指纹数据格式，就是联邦调查局和国际刑警组织使用的那一套。

对个人来说，其语音生物特征识别（声纹）和指纹（掌纹）一样，都是独一无二的。人耳听起来仿真度极高的模拟声音，实际上与原声的声纹相去甚远。声腔的形状和说话时嘴的活动方式，导致人的声音都是独一无二的。若想将声音存入声纹系统，个人必须念出系统给定的单词或短语，或者提供一段较长的语音样本，这样不管他说的是哪些字，计算机都能将他辨认出来。这种声纹中的特征称为“声谱图”或“声波图”。但人们更偏向于使用**“声谱图”**这一术语，因为声波图也用于描述由超声回波形成的医学诊断图像。声谱图在第 14 章中有介绍，与追踪舰船与潜艇有关。大体上它是一张图表，纵轴显示声音的频率，横轴标注时间。不同的说话声音在图表上会显示不同的形状。

使用声纹会遇到一个问题，即尽管声纹特征是独一无二的，但人若处

---

[1] 原注：Benedict Carey, “Teasing Out Policy Insight from a Character Profile,” *New York Times*,（March 28, 2011）, accessed 20 September 2012 at http://www.nytimes.com/2011/03/29/science/29psych.html.

于疲惫状态或是得了感冒，声纹就会发生变化。而且用于传输或记录声音的媒介会改变声纹特征，而声纹特征正是利用工作需要用到的东西。

大家都知道，人体每个细胞内都有双螺旋结构的DNA。通过分析DNA样本可鉴定DNA指纹图谱或DNA基因图。DNA目前还不能用于生物测定学监视，因为它不是一个自动化过程。生成一个DNA指纹图谱需要花费数小时。尽管两个人拥有相同DNA基因图的概率只有约六十亿分之一，DNA检测仍然无法区分同卵双胞胎。

视网膜扫描分析的是眼睛内层的血管模式。扫描需要使用低强度的光源和一个光学传感器。在判读结果模式时，其精准度可达到很高的水平。使用者在接受扫描时，需要将眼镜摘下，眼睛靠近扫描设备，专注于某一特定的点。实际上，视网膜扫描属于比较旧的生物测定学技术概念之一。早在1935年，《纽约州医学杂志》上就刊登了一篇文章，表明视网膜内的血管模式可用来鉴别人类个体。[1]

虹膜扫描用来分析瞳孔周围有色组织的特征。虹膜是独一无二的。整个人类群体中，即便是同卵双胞胎，都没有相同的虹膜。单是一片虹膜，就有400多种可区别特征，能用于测量和鉴别人类个体。现已掌握的可用于虹膜鉴别的特征约有260种。

视网膜和虹膜扫描可在1米内捕捉到各自的特征。这使得它们适用于检查站，但在进行区域监视时，它们通常派不上用场。

生物面部识别大概是生物测定学技术里发展最迅速的一个领域。它拥有的较大优势是可远程操作，不具侵入性。面部识别利用摄像头图像，测量脸上特定点之间的距离与角度，这些特定点包括双唇、鼻孔和眼角，由此生成面纹，扫描人群时可将其鉴别出来。生物面部识别技术目前用于控

---

[1] 原注：Tiffany L. Vogel, "Security: Biometric Style," International Federation for Protection Officers（April 25, 2003）, accessed 24 September 2012 at www.ifpo.org/articlebank/biometrics.html.

制进入设施以及计算机、赌场和世界各地边境检查站的人。[1]

掌形几何分析利用手掌的几何形状来验证用户的身份。但与指纹不同，除非仔细观察手掌上的细节，否则人类的手掌不会是独一无二的。人们可以通过手指的形状、厚度及曲率来完成验证（验证这个人是否为他自己所陈述的身份），但这种方法并不适用于识别（因为数据库中有太多相似的手印，所以搜索的结果并不可靠）。

叩键力学（keystroke dynamic）依靠的是，测量一个人用键盘输入信息时采用的独特方式。作为一种生物测定学技术，其发展历史已有一百多年。前文第 4 章曾提及，莫尔斯电码操作员能根据其他操作员输入电码的特征模式认出他们，相当于他们自身的“手法”，操作员们掌握这种能力已经很久了。

气味识别基于一种能力，即鉴别气味独有的特征，这种方式就像狗能识别特定的人和其他狗的气味一样。这种识别是通过一种名为**色谱分析法**的技术完成的，它可以测量气体中化学物质的相对比例。研究人员也正在研究用人的气味来测谎的可能性。[2]

这种趋势就是，利用便携式电子设备搜集多种生物测定学特征，然后通过电子元件将搜集结果导入能连接特征库的中央处理器。例如，在阿富汗广泛使用的手持跨机构身份检测装备（Handheld Interagency Identity Detection Equipment，HIIDE）。图 16.1 中有其使用方式说明。该装备用来搜集人物脸部和虹膜的照片，并利用传感器搜集 10 只手指的指纹。然后利用此装备搜索特征库，或通过无线网络搜索数据库找到匹配个体。[3] 手

[1] 原注：John D. Woodward Jr., “Super Bowl Surveillance: Facing Up to Biometrics,” in *Intelligencer: Journal of U.S. Intelligence Studies*（Summer 2001）, 37.

[2] 原注：Shaun Waterman, “DHS Wants to Use Human Body Odor as Biometric Identifier, Clue to Deception,” UPI.com（March 9, 2009）, accessed 24 September 2012 at www.upi.com/Emerging_Threats/2009/03/09/DHS_wants_to_use_human_body_odor_as_biometric_identifier_clue_to_deception/UPI-20121236627329/.

[3] 原注：Biometrics Task Force, “HIIDE Gets an Update,” accessed 28 September 2012 at http://www.biometrics.dod.mil/Newsletter/issues/2008/Oct/v4issue4_pm.html.

持跨机构身份检测装备在阿富汗联合军队中应用很广泛。英国也配置了相似的一款装备，名为 MForce，它一种便携式生物测定学系统，同时拥有识别和情报搜集功能，士兵们可在野外或前方作战基地迅速将其设立起来。

在打击暴动时，生物测定学搜集已变成一种常规手段。2012 年年中，美国和阿富汗政府军队已完成阿富汗 3000 万人口中 250 万人的生物测定学信息记录，主要形式是虹膜和指纹扫描。搜集目标包括军事基地的劳工、过境者、被捕人员以及适龄参战男子。在伊拉克时，已搜集完成相当数量的记录。[1]

图 16.1 生物测定学搜集 [2]

行为传感。恐怖分子经常受训以便隐藏情绪，但有些反应是人体不能自发控制的。控制皮肤温度、血流模式、出汗、心跳和呼吸频率是有困

[1] 原注：Defense Systems, "Biometrics Now Way of Life in Afghanistan" (July 11, 2012), accessed 17 September 2012 at http://defensesystems.com/articles/2012/07/11/agg-biometrics-afghanistan.aspx.

[2] 原注：Public domain image, accessed 28 September 2012 at http://warrior-police.blogspot.com/2010/05/hiide-seek-modern-army-style.html.

难的，或者说是不可能的。测谎仪恰恰测的就是这些。人们正在研发新技术，实现远距离感应这些特征。据报道，美国国土安全部正在研发一种自动感应系统来探测敌意，该系统依靠一系列的传感器，可在约 2 米处探测到这些特征。[1]

另一种有发展前景的行为特征被称为“微表情”。它们是短暂的面部表情，通常持续时间小于十分之一秒，出现在人脸的小部分区域。大多数微表情都是无意识的。已知的微表情约有 40 种，人们认为，一些微表情可暴露出人是否说谎。人的肉眼很容易忽视这些微表情，然而顶尖的职业扑克玩家在识别微表情方面可是专家。这类轻微的表情可被自动探测出来并被分类。微表情在不同文化中显然都是通用的，这使得它们在情报和执法中都是重要的特征。[2]

处理、利用和分析

生物取样和医学取样。处理生物和医学样本的方式大体是一样的，在医学实验室中进行，使用的也是医学界中广泛用到的工具和方法。处理传感数据，比如国家领导人的视频，通常都是由医学专家或精神科医生完成的。

生物测定学处理。生物测定学处理依靠国际标准方法将观察到的信息精确描述出来，即每个生物测定学特征有自身的标准格式。方法也根据不同的生物测定学技术种类而发生改变。在识别或是过程中的验证部分，需要计算机系统将生物测定学特征导入比较算法中，然后将它与之前存储在

[1] 原注："If Looks Could Kill," *Economist.com*, (October 23, 2008), accessed 24 September 2012 at www.economist.com/science/displayStory.cfm?source=hptextfeature&story_id=12465303.

[2] 原注："If Looks Could Kill," *Economist.com*, (October 23, 2008), accessed 24 September 2012 at www.economist.com/science/displayStory.cfm?source=hptextfeature&story_id=12465303.

系统特征库中的一个或多个生物测定学特征做比较。如果搜集到的特征与之前储存在特征库中的特征没有相同的格式，这一步就行不通。

行为传感。行为传感越来越多地被用于分析和识别潜在的恐怖分子。现如今，这种受过训练的观察员已完成这种利用工作，执法人员以此方式工作了几百年。现在的研究目的是研发一种利用系统，它可以根据一些科学性测试行为指征匹配脸、声音、身体和其他生理识别特征，由此可以打出一个数值分，显示个人可能实施恐怖行动的可能性。[1]

分发

很多有情报价值的生物、医学和生物测定学数据是在外国搜集的。这使得搜集工作变得困难，因其往往需要与其他国家密切合作。由于涉及公民权利和身份保护，搜集和存储个人数据对大多数国家来说都是一个敏感的问题。但主要的挑战是，有时要与盟友分享这些信息。特别是生物测定学数据，因为在他国和国家边境进行身份检查需要将其分享出来。由于不同东道国的文化、法律、准则和政治，这成为一个问题。每个国际数据共享协议背后都必须制定出特殊处理说明。一个解决方案并不适用于联盟里所有的伙伴国家。当基于医学取样的情报信息必须与联盟伙伴共享时，相似的限制和要求是适用的。

与疾病暴发有关的生物和医学报告会广泛地分发。通过世界卫生组织，可以获取很多这样的公开信息。国家医学情报中心会将涉密和非涉密的疾病暴发报告都公布出来。

生物制剂菌株也需要记录在特征库里，便于识别来源。生物制剂的特征须包括其自然地理分布，这样情报人员可以更好地追踪生物事件和疫

[1] 原注："Technology Would Help Detect Terrorists Before They Strike," *Science Daily*, (October 10, 2007), accessed 24 September 2012 at www.sciencedaily.com/releases/2007/10/071005185129.htm.

情。之前描述过 2001 年的炭疽攻击，因为早已获取此炭疽特征的详细分析，此次攻击调查便缩小到一个特定来源。

相比之下，由于情报搜集来源的敏感性以及信息的政治敏感性，外国领导人的医学报告和心理评估通常都是涉密文件，而且分发范围很有限。外国领导人的报告可引起政治上的争议。据报道，1993 年，中央情报局向国会提供了海地前总统让 – 贝特朗 · 阿里斯蒂德（Jean-Bertrand Aristide）的心理评估。它的结论是，阿里斯蒂德有精神疾病和躁狂抑郁症的病史。[1] 有些国会议员支持阿里斯蒂德复职总统，听到这个结论后，这些议员对中央情报局进行了强烈谴责。

从本质来说，生物测定学技术报告首先从个体身上搜集，以特征库的形式将其储存。之后身份查询必须提交到特征库，在那里进行搜索匹配。在美国国内，国防部管理生物测定学技术的很多工作，建立特征库，追踪有情报价值的人。但工作挑战是，要将文档格式做成适合入库的标准，以便与国际合作伙伴分享信息。人们也非常期待文档里含有位置信息，以支持追踪有情报价值的人。

三、结构

生物取样和医学取样已有相当完善的结构；多年来，情报组织内部和外部都会进行这两项活动。很多政府、商业和非政府组织会进行医学取样。在国际上，联合国世界卫生组织会监测疾病暴发，进行自己的医学取样工作。很少有国家会维持专门负责医学取样的情报组织。在美国，有这样一个机构存在，即国家医学情报中心，坐落于马里兰州德特里克堡。国

[1] 原注：Benedict Carey, "Teasing Out Policy Insight from a Character Profile," *New York Times*,（March 28, 2011）, accessed 20 September 2012 at http://www.nytimes.com/2011/03/29/science/29psych.html.

家医学情报中心的前身是军队医学情报中心，在提供医学情报方面有着悠久的历史。国家医学情报中心也负责生物战毒剂情报，身处作战地区的美国陆军取样小组会为其提供支持。

心理评估也有一个完善的结构。据报道，中情局拥有这样的搜集及分析部门，提供心理评估档案。一些大学也有进行心理评估的政工部门。[1]

生物测定学技术在结构上还不够完善，会依靠于它的分支学科。例如，联邦调查局已经维持指纹搜集和指纹特征库数十年了。但生物测定学和行为传感等新兴领域代表着情报领域的迅速发展，所以这种结构也在不断变化。

在美国，国防部生物测定学管理机构的任务是，协调国防部和美国情报部门的生物测定学技术工作，以及管理生物测定学库。执法机构有自己的系统来获取生物特征数据，如指纹和DNA，并将其存储在一个中央特征库里。

若需要与伙伴国家密切合作搜集和共享生物测定学特征，就需要有某种形式的国际结构。但伙伴国家对本国国民的身份数据是敏感的，同时会担忧那些可能会获取数据的国家。例如，印度不太可能与巴基斯坦分享身份数据，反之亦然。

四、小结

生物取样和医学取样，生物测定学传感与取样都需要进行侵入性搜集，且其目标对象是人类。因为搜集工作是国际性的，结果与其他国家共享，它会引发公民权利和身份保护问题。

[1] 原注：Benedict Carey, “Teasing Out Policy Insight from a Character Profile,” *New York Times*,（March 28, 2011）, accessed 20 September 2012 at http://www.nytimes.com/2011/03/29/science/29psych.html.

由于全球范围内存在形势日渐严峻的生物恐怖主义威胁，生物搜集已变得愈加重要。生物特征被用于鉴定引发疾病的微生物，追踪疾病暴发的根源，还会用于鉴定生物战毒剂的生产或使用。大部分搜集工作是由取样完成的。诊断取样在医学或者兽医卫生设备中进行。人们会在人体、动物和植物身上定期取样，来探测疾病。但生物传感器现在有了越来越多的用途，因为它们可识别特定的病原体，如炭疽或天花。当探测到生物制剂时，接下来的目标是要快速、准确地追踪它们的起源，以此确定它们是否属于某一特定地区，或鉴定故意将其传入者的身份。

医学取样和生物取样紧密相关，但前者的关注点在于个体生物，而不是去探测和鉴定疾病。医学取样用来鉴定与化学战毒剂的接触情况。医学取样和传感都被用来评估国家领导人的身心健康。

生物测定学技术是一门独立的学科，用来获取和分析人类特征。根据一个人的身体或行为特征，它能自动识别出这个人。专用传感器可捕捉很多生理特性，由此创造出一些生物测定学特征，包括指纹、面部特征、虹膜或视网膜模式、手掌几何特征、语音特点和叩键力学。

行为传感和评估与生物测定学技术紧密相关，通常与生物特征传感相结合。行为传感并不仅仅针对特征，它研究的是行为模式。行为传感并非用来鉴别有专用名的个体，而是用来鉴定潜在的犯罪者。

[第 17 章]

物料获取和利用

本章讨论的是技术性搜集中的一个专业领域。与前文所有章节相比，它显得有些格格不入，但它对条约监督、军事行动和执法活动贡献巨大。尽管**物料**获取和测试与第 15 章讨论的**材料**取样往往都需要人力情报行动的帮助，但绝不能将两者混为一谈。

物料获取特指获取硬件装备（大件包括飞机、导弹和船只，小件包括集成电路芯片，或手机和计算机芯片）。

一、功能

物料获取和利用在军事领域已有很长的历史。公元前 2000 年，小亚细亚的希泰人可能是物料获取活动的首要针对目标，因为埃及人获取了他们的铁质武器，并用逆向工程制造了这种武器。[1] 希泰人并不是最后一个受害者。获取军事物料是常见的事情，但往往是通过非法手段完成的。如最近的 2012 年，一个替俄国卖命的网络公司非法获取美国的微电子芯片，其结局是公司倒闭，参与者被捕。这家网络公司利用虚假

[1] 原注：Ralph Linton, *The Tree of Culture*（New York: Alfred A. Knopf, 1955）, 105.

的终端用户证书从美国供应商那里获取到先进的芯片，而且据报道，它将芯片运往俄国武装部队及俄国国内情报机构——联邦安全局。这些微电子设备被设计用于军事和情报装备——雷达和监视系统、导弹制导系统和引爆器。[1]

通常，大多数物料获取工作都是为了如下三个情报目的之一：

1. 通过逆向工程制造一个组件或是一件装备（即将它拆开，分析它的结构、功能和流程），这样自己的组织或国家就能将其复制。

2. 完成性能分析，测定装备的优劣之处。国家获取军事装备，通常是为了制定对抗这种装备的措施（例如，确定穿透坦克装甲的武器类型）。

3. 识别装备的来源及其产量。以非法武器交易为例，通常这些武器都用来支持叛军。每年匿名的军火贩子都会将大量的轻型武器带进冲突地区，如撒哈拉以南的非洲地区。这种装备上的标识可用来鉴定武器来源，并用来支持外交或执法行动，从而阻止武器流通。

二、流程

图 17.1 展示了物料获取的过程。它与以前章节描述的非文字搜集有所不同。它通常不存在处理过程，也没有特征库。你可从搜集（获取）直接进入利用过程。这个分发阶段可能会产生利用报告数据库，但它与特征库的功能不同。

---

[1] 原注："Feds: High-Tech Smuggling Ring Sent U.S. Electronics to Russian Spy, Military Agencies," *NBCNews.com*（October 4, 2012）, accessed 4 October 2012 at http://usnews.nbcnews.com/news/2012/10/04/14213457-feds-high-tech-smuggling-ring-sent-us-electronics-to-russian-spy-military-agencies?lite.

计划

通常情况下，某个军事项目可能是已知存在，关于它的情报问题需要有答案。需要信息的机构将产生搜集和利用此项目的需求。举例来说，这种需求可能是识别或验证敌军主战坦克的疑似外部改装。需求结果会是一个目标文件夹，里面会描述这个有价值的项目，最好能带有照片或是草图，以及可能获取到的渠道或地点。这个文件夹也会包括利用和报告说明。[1]

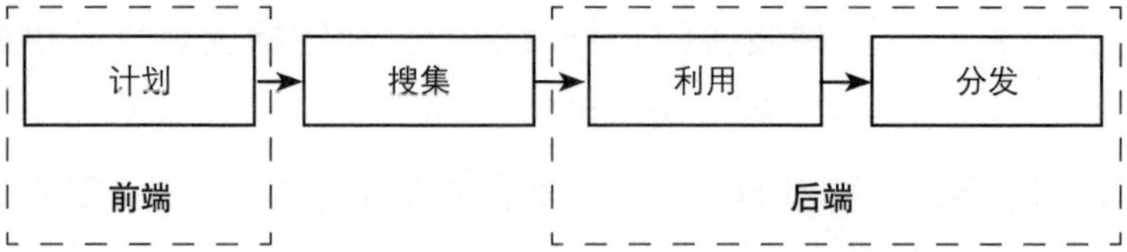

图 17.1　物料获取的结构和流程

计划只能仓促进行。稍后会谈到苏联狐蝠式战斗机的利用，说明它是如何发生的。不管是长期行动或是仓促发生，获取阶段通常都需要精细的计划和全源分析人员的参与。本节中的案例说明了这一事实。同时，即使没有计划进行某个获取活动，人们也会精心计划利用过程，最大限度地利用机会。

获取（搜集）

物料会通过公开的或秘密的方法搜集。

公开获取。公开获取军事物资通常意味着装备是在战斗结束后俘获的。在最近的中东冲突期间，美国情报机构在获取装备以供利用上取得了相当大的成功。1991 年，美国国防部成立联合缴获装备利用中心（Joint

[1]　原注：US Army FM 2-0, *Intelligence*,（March 2010), Chapter 13.

Captured Materiel Exploitation Center，JCMEC）。在两次海湾战争和阿富汗冲突期间，美国军事机构的所有外国装备利用专家和英国专家一同被派往联合缴获装备利用中心。

在伊拉克自由行动期间，联合缴获装备利用中心小组在伊拉克行动战场上俘获了大量的敌军装备，并将它们搜集、识别、利用及转移。派往联合缴获装备利用中心的国防情报局人员搜集到价值超过 100 万美元的外国短程弹道导弹、反坦克导弹和地对空导弹。海军情报小组办公室俘获超过 150 吨的装甲车、鱼雷、水雷和反舰巡航导弹，并运到美国。[1] 联合缴获装备利用中心在持久自由行动期间，对获取外国军事装备表现得同样很积极。联合缴获装备利用中心在阿富汗获取的外国军事装备，其价值估计有 4000 万美元。该中心将这些军事装备运到美国做详细的利用。[2]

这些例子阐明了一条准则，即大多数军事装备都是在冲突中偶然获取的。很少会发生为了获取装备而专门发起的军事行动。然而，偶尔也有为获取军事装备而发起的特别行动。接下来的例子会大致描述一个行动，它是公认最成功的行动之一。阿尔弗雷德 · 普赖斯的书《黑暗工具》（*Instruments of Darkness*）里，记录了这个二战时发生的真实间谍惊悚电影的详细内容。[3]

a. **公开获取事件范例：布鲁纳瓦尔突袭行动**。1941 年秋，英国科学情报官 R. V. 琼斯博士将目光瞄准德国的一款防空火控雷达，人们认为它可用 570 兆赫兹的频率进行传输。这个新雷达的位置靠近法国的布鲁纳瓦尔，一个胆大的英国侦察飞行员从那里带回雷达的照片。英国了解到这个

[1] 原注：“Support to Operation Iraqi Freedom”（Washington, DC: Central Intelligence Agency, posted April 25, 2007），accessed 29 June 2012 at https://www.cia.gov/library/reports/archived-reports-1/Ann_Rpt_2003/iraq.html.

[2] 原注：“Support to the War on Terrorism and Homeland Security”（Washington, DC: Central Intelligence Agency, posted April 30, 2007），accessed 29 June 2012 at https://www.cia.gov/library/reports/archived-reports-1/Ann_Rpt_2002/swtandhs.html.

[3] 原注：Alfred Price, *Instruments of Darkness*（London, UK: William Kimber, 1967），80–87.

雷达的位置距海岸不足 200 码，便迅速组织了一次突击队突袭来获取雷达的详细信息。

英国组建了一个伞兵连进行空降突袭。海军突袭的风险太大，因为布鲁纳瓦尔周围都是高高的悬崖，但还是调集了一支小型海军舰队负责撤退工作。同时，琼斯博士根据其名字——维尔茨堡，鉴定出这款德国雷达，但他仍然无法确定雷达是 570 兆赫兹信号的源头。

琼斯将他需要的部分讲得很详细，想让他的装备获取小队将这些信息带回来，他的装备获取小队由皇家工兵部队成员和一个雷达机械师组成。特别有情报价值的信息当属雷达碟形天线的馈送天线，它可用来确定雷达的操作频率，以及接收和显示设备，这可揭示出是否会有抗干扰电路的存在。他还要求获取发射机，因为它们可揭露产生 570 兆赫兹信号的德国技术。如果可能，还需要俘虏两名雷达操作员，因为审问他们可得到雷达的操作信息。最后，如果不能移动装备，就需要将标签和检验印记带走，因为这些东西可提供有价值的背景信息。

1942 年 2 月 27 日晚上，代号为“BITING”的行动拉开序幕。尽管出现了错误以及未完成的任务，但这次突袭还是获得了成功。除了只俘虏一位雷达操作员，布鲁纳瓦尔突袭队将琼斯所要求的东西都带回了。[1]

布鲁纳瓦尔突袭是成功的，因为英国人知道他们到底想得到什么。获取小组进行的每一步行动，都会有一位分析专家参与其中。从那以后，大多数成功的获取装备行动都是由目标明确、仔细认真的小组完成的，他们会与专业分析人员紧密协作。大多数失败的例子都是由于搜集者和分析人员之间有隔阂，搜集者根本不知道需要努力去获取何物，以及为何要获取它们。

秘密获取。尽管布鲁纳瓦尔突袭是一次胜利，但在战争或特别作战中进行获取行动时，总会出现明显的缺陷，比如维尔茨堡行动。对手知道行动成功后，会采取反制措施减少已获取信息的价值。如果有选择，人们更

---

[1] 原注：Alfred Price, *Instruments of Darkness*（London, UK: William Kimber, 1967）, 80–87.

愿意采取秘密获取这种搜集技术。成功的黄金标准就是对手完全没有意识到己方的装备获取行动。

政府情报部门秘密获取的装备通常是购买得到的，往往会通过中间商来隐藏目的地。在他们活动的鼎盛时期，苏联政府非常善于利用这种方式来秘密获取装备。苏联获取大量用于军事和民事产品的逆向工程物料。有一次，在一款新的 IBM 计算机正式上市之前，他们设法将其成功获取。然而，结果却不尽人意，因为苏联政府之后联系了一些 IBM 的销售和维修人员，但他们中没有一人知道如何使用这台计算机。

前文提及，能获取到军事装备往往都是由于顺利完成了人力情报行动，因为获取装备通常都是秘密进行的。之所以秘密地进行，是有其充分理由的。首先，人们希望保护情报来源和方法。其次，正如我们已强调过，如果对手知晓装备获取行动，得到的情报价值就会减少。“格洛玛勘探者”（Glomar Explorer）行动，大概是美国有史以来进行过的花费最高的一次秘密物料获取行动，这次行动能说明上述两点动机。

a. **秘密获取事件范例：“格洛玛勘探者”**。1968 年 3 月，苏联一艘 G 级潜艇在夏威夷西北部巡逻时，舰身由于爆炸而受损，沉入 17000 英尺的水底，潜艇上 90 名船员无一幸免。苏联的打捞船只无法定位沉船位置，但随后美国海军使用了更先进的搜索装备定位到它。这时，有人提议找到这个潜艇，由此美国中央情报局卷入此事件。这就是该事件的开始，据说它的代号是“詹妮弗计划”。

为完成这项任务，霍华德 · 休斯的圣马公司建造了一艘 620 英尺长的海上回收船，命名为“格洛玛勘探者”。这艘船配备了一些巨大的吊杆以及一艘同行的驳船，来掩护找到的沉船。“格洛玛勘探者”在深海采矿任务的掩护下建造，于 1973 年完工，耗资 2 亿美元。

1974 年 7 月和 8 月，“格洛玛勘探者”开始搜寻行动。缆绳将潜艇缠绕起来，绞车开始慢慢地将潜艇拉向驳船。在打捞工作进行到一半时，潜艇破裂开，三分之二的船体回落，遗失在海底。据称，尽管遗失了最想要的密码书和核弹头，但他们还是取回剩下三分之一的潜艇，得到了有价值的情报。[1]

“格洛玛勘探者”这个例子完美地阐明了秘密行动的两个要点。第一，为保护情报来源和方法，需要耗费大量的精力。第二，美国情报搜集始终拥有的资产就是美国情报搜集者，他们具有创新精神，而且能出人意料。物料获取行动和人力情报搜集一样，美国情报搜集者会努力尝试一些新方法，而这些方法其他情报机构都因为过于保守或觉得风险太大而不会尝试。

利用

之前例子的关注点都是物料获取。一旦获取到物料，就必须对其进行利用以获得情报价值。这通常由专家们来完成，他们熟知这种产品是怎样制作的。如果搜集工作是秘密进行的（而且有时俘获装备就完成了搜集工作），利用工作也应该秘密进行。

如果是俘获装备，利用工作通常是在战地开始。这种初始快速进行的利用阶段会确定敌方是否真的采用这种装备，以及是否需要进一步利用。如果答案是肯定的，可能要将装备送到战地中心进行利用。美国依靠缴获装备利用中心做这种战术性情报利用工作。具有高价值的装备可能会被转移到美国科学与技术情报中心做详细的利用，该中心由独立的美国勤务机构负责。[2]

不管在哪里进行这项工作，不管用什么工具或方法，利用工作都有标准的目标。可用的利用方法有很多种，但所用方法取决于你能否将装备带到你的领土，或你能不能想办法借到装备，或者最糟糕的情况是，你无法碰到它。这里会讨论关于以上三种情况的应对办法——拆卸产品、性能测

[1] 原注：*Newsday*（April 11, 1989）, 2.

[2] 原注：US Army FM 2-0, *Intelligence*（March 2010）, Chapter 13.

试和工厂标识。

拆卸产品。不管最终目标是性能分析还是逆向工程，在某种程度上，利用过程中的这一步称为“拆卸产品”。大型商业公司会为此目的专门设置拆卸产品的房间。政府情报组织可能会依靠工厂或它们自己的测试设备做同样的事情。

拆卸产品就是将其拆散成很多部分，然后分析它们。最开始要将整个产品做一次全面的分析。接下来才是拆卸，每一步都会进行测量、测试和半成品建模。在可能的情况下，拆卸和测试对产品都不具破坏性。在进行每一步时，利用小组会拍照、测量以及给每一个组件或主要部件绘图。利用的最后一步可能是分析单个部件的性能。对民用产品和军事设备来说，此过程是相同的。接下来的一个例子将对此进行说明。

a. **拆卸产品的范例：狐蝠式战斗机的利用**。一些装备利用来源于身上带有装备的流亡者或叛逃者。其中，最引人注目的是一位叛逃者开飞机逃离祖国的事件。1976 年发生的这一逃叛事件给美国情报机构提供了一次机会，使其能近距离观察苏联的新式战斗机：MiG-25 狐蝠式战斗机。

1960 年，美国国会投票决定给北美 XB-70 瓦尔基里飞机的开发提供资金。苏联还没有拦截器能够攻击这样一款飞行速度为 3 马赫，高度在 70000—80000 英尺的飞机。MiG-25 狐蝠式战斗机最初被设计用于应对这个未来威胁，它计划的飞行速度为 3.2 马赫，高度为 80000 英尺。其原型机于 1965 年 4 月进行首飞。狐蝠式战斗机于 1969 年开始生产，最终于 1973 年在苏军服役。美国情报评估得出的早期结论是，狐蝠式战斗机是一种技术先进和速度极快的战斗机，能很好地对抗美国战斗机。

1976 年 9 月 6 日，苏联维克多 · 别连科（Victor Belenko）中尉叛逃，开着狐蝠式战斗机飞往日本函馆机场。飞机是苏联的财产，日本必须将其归还。所以问题就变成：若在地面拆卸和研究飞机，工程师和技术员要用多长时间才能提取到最有价值的情报呢？美国专家认为 30 天就足够。日本同意美国至少使用 MiG-25 满 30 天，但前提是美国专家要穿上平民的衣服，并在日本的监管下充当顾问的身份。[1]

美国专家清楚，他们最后还是要将飞机还回去。他们将飞机一块块拆卸，它的发动机、雷达、计算机、自动驾驶仪、消防、电子对抗、液压、通信和其他系统被堆叠着放在架子上，等待进行机械、电子、冶金学和照片分析。

MiG-25 的利用工作让美方获得了不少惊喜。总之，虽然情报预估苏联的这种飞机有惊人的性能，但拆卸分析之后，美方发现其实际性能远低于预估。作为对抗轰炸机的截击机，它尚能表现出色，但针对美国战斗机就逊色不少。狐蝠式战斗机比较耗油，航空电子设备也相当原始。实际上，这架飞机建造出来是为了一个特殊的任务——拦截并击落 B-70（从未投入生产）。它的局限性包括下面 5 点：

- 巨大的涡轮喷气机能推动飞机达到 3 马赫的速度，但飞机在这个速度几乎无法进行机动。
- 飞行员的视野极其有限，他们基本上只能看见正前方的东西。
- 航空电子设备使用的是真空管，当时美国的作战飞机依靠的是固态电子元件。
- 相较于西方标准，其制造技术非常粗糙（例如，铆钉头外伸和焊接劣质）。
- 除了一些重要的地方，很少使用钛这样的先进材料。只要能凑合，其他地方都使用镍钢合金。[2]

当美国和日本正有条不紊地拆卸 MiG-25，继续他们的利用工作以及盘问别连科时，苏联要求日本立即归还飞机和飞行员。日本回应指出，该飞机侵犯了日本领空；因此，这个问题变得复杂。历史上有归还飞机的先例，也有扣留的先例。当时，日本把飞机作为证据将其扣留，但同时也在

[1] 原注："MiG-25 Foxbat," accessed 16 September 2012 at www.spyflight.co.uk/foxb.htm.

[2] 原注：Global Aircraft, "MiG-25 Foxbat," accessed 16 September 2012 at http://www.globalaircraft.org/planes/mig-25_foxbat.pl.

进行调查活动。[1] 在犯罪活动中，物证应该接受最严格的检查，比如这架飞机，或许应该由几个国家的专家一起检查。这是可能的，毕竟飞行员带着违禁品进入这个国家。飞机必须接受仔细搜查。当苏联要求将这架飞机驶离日本时，日本回应道这件事是不可能的。由于飞机闯入日本领空，已算是犯罪行为。日本政府不允许出现重复的侵犯行为，不同意飞机驶离日本。狐蝠式战斗机必须装在板条箱里由舰船运出。

苏联政府从开始的抗议和恳求，逐步变成威胁并采取行动。苏联海军舰艇开始拦截日本渔船，监禁他们的船员。这些行动和其他威胁以及苏联居高临下的态度产生了适得其反的效果，与苏联的本意相悖。这激怒了日本民众，致使日本政府摆出强硬的姿态。日本政府正式与苏联照会，拒绝苏联的抗议和指控，并且表示对苏联入侵日本领空却不道歉感到很惊讶。对苏联提出归还 MiG-25 的所有要求，日本外务省官员说道："苏联一开始就应对此事做出解释，对任何人来说，即使在不知情的情况下，将东西扔到邻居的院里又想再收回去，是不可能的。" [2]

1976 年 11 月 12 日，距别连科开着狐蝠式战斗机降落日本已过去两个多月，这时苏联终于将飞机要回，只不过已被拆成零部件。8 辆日本卡车将一些板条箱载到一个日本港口，一艘苏联货船正在那里等着，上面有一个船员、一些技术人员和克格勃官员。直到苏联人清点完所有的部件，货船才离开港口。[3]

性能测试。拆卸产品是一种利用方法，它广泛地用于消费性产品，也是逆向工程的必要步骤。但是，诸如坦克、军舰、导弹和飞机这样的大型装备，对于利用工作来说，在测试场中对它们进行性能测试是非常可取的。主要军事大国都有自己的作战装备测试场，这类测试场是用来测试对手相似装备的合理地点。所有的美国军事机构都有测试场，用来测试获取

---

[1] 原注：John Barron, *MiG Pilot: The Final Escape of Lt. Belenko* (New York: McGraw-Hill, 1980).

[2] 原注：John Barron, *MiG Pilot: The Final Escape of Lt. Belenko* (New York: McGraw-Hill, 1980).

[3] 原注：John Barron, *MiG Pilot: The Final Escape of Lt. Belenko* (New York: McGraw-Hill, 1980).

的装备。挑战在于，要保护这种工作的隐秘性，因为进行测试的装备一般都是秘密获取的。

接着说狐蝠式战斗机，当五角大楼得知日本意外获取一架 MiG-25 时，他们的目标就是：把飞机运到美国，在测试场中对它进行性能测试。假使美国能成功借用狐蝠式战斗机较长的时间，很可能会在 51 区对飞机进行利用，因为据报道，以前美国获取到的飞机，比如 MiG-17 和 MiG-21 都在那里进行利用。[1] 但出于政治原因，这是不可能的。

MiG-25 的实际性能测试落下帷幕后，研究人员转向另外一种情报门类：人力情报，特别是审讯叛逃者。很多性能信息都是通过审讯中尉别连科得到的。

将审讯得到的信息和利用结果结合在一起，可得到飞机设计和性能的整体情况。例如，别连科的报告如下：

- 飞机的最大作战半径是 300 千米（186 英里），按照西方的标准，这是一个非常短的距离。
- 在演习中，飞机加满油，只能承担 2.2G 的重力，载荷超过 2.2G，机翼就会脱落。即使飞机几乎没有加油，5G 的重力也已是极限。狐蝠式战斗机被设计出来，显然不是为了进行空战；转弯时它跟不上美国老式 F-4 幽灵战斗机的速度。
- 理论上，它的最大速度可达 2.8 马赫，但还是低于最初的设计目标 3.2 马赫。而飞行员的飞行速度禁止超过 2.5 马赫。若飞机高速飞行，引擎会加速失控；若高于 2.8 马赫，引擎会因过热而烧毁。只要飞机的飞行速度接近 2.8 马赫，引擎就会损毁，必须将其更换。[2]

无获取的利用。图 17.1 显示的是搜集步骤，通常包括物理获取。但若未获取到物料，也可对其进行利用。有时你需要的只是一张不错的照

[1] 原注：T. D. Barnes, “Exploitation of Soviet MiGs at Area 51,” accessed 28 July 2012 at http://area51specialprojects.com/migs_area51.html.

[2] 原注：Barron, *MiG Pilot*.

片，甚至只需一张草图。坦克、船只或者飞机的形状，就能透露装备本身性能的很多信息。用摄影来评估军事装备的性能已有几十年的历史。这种图像通常是由世界范围内的陆军武官获取，并会分发给他们的情报机构进行利用。手持摄像可视作图像情报，但在逻辑上讲，它更具有物料利用的性质。

例如，手持摄像通常是用来判断新式军事飞机性能的第一手资料。利用过程的第一步是，将平面图片（最好是从不同角度拍摄的照片）变成三维图。这一步通常由图像分析人员完成。然后，通过图像和体积估计飞机的重量。测量发动机排气端口，其结果可用于计算推力。铆钉线这类线索可以提供飞机结构布局的信息。武器、电子和装备专家使用图纸和图像确定的特征，可重建飞机内使用的武器、电子和其他组件系统。飞机的形状可用于计算阻力。[1] 这些通过摄像得到的预估结果组合在一起，可以判断出飞机性能和作战效能。

有时，为获得具有情报价值的工厂标识，并不必要一定获取物料。军事装备的表面通常有识别标志，方便盘存物品和质量控制。这些标志可让利用小组识别出设备的来源；利用序列号可估计出设备的生产量。军事情报组织都熟知这种装备利用方式。二战期间，美国和英国利用工厂标志估计德国 V-2 火箭的总产量。同时，德国用工厂标志估计苏联战备物资的产量，苏联也用它们来估计德国坦克的产量。[2]

此后，每场战争中都会有这样的做法，冷战时期也不例外。下面的例子会阐明工厂标志的获取和利用。

a. **利用范例：盗劫月球探测器**。接下来是一个通过人力情报进行搜集工作的例子，说明了工厂标志是怎样获取的。正如 MiG-25 的例子一样，

---

[1] 原注：Isadore Herman, “Estimating Aircraft Performance,” *Studies in Intelligence*（Washington, DC: Center for the Study of Intelligence, posted May 8, 2007）, accessed 29 June 2012 at https://www.cia.gov/library/center-for-the-study-of-intelligence/kent-csi/v016n01/html/v06i1a02p_0001.htm.

[2] 原注：Arthur G. Volz, “A Soviet Estimate of German Tank Production,” *The Journal of Slavic Military Studies*, Vol. 21, No. 3（July 2008）, 588–590.

进行利用不一定非要获取实物，能借到实物可能就已足够。

20 世纪 60 年代，苏联进行巡回展，展示其工业和经济成就。在展览途中的某一站，从莫斯科驶来一艘货船，上面装载有苏联新式月球探测器太空飞行器的顶层，这让人始料未及。月球探测器脱去外包装后，被放置在基座上。

月球探测器的出现激起了美国情报分析人员的讨论。究竟是苏联冒着风险在展销会上暴露实际产品，还是说这只是一个特制的模型呢？第一种可能有很多潜在的情报价值，第二种可能价值甚微。最终美方决定赌一把月球探测器不是一个模型。

巡展的第一站结束之后，一个专家组秘密与月球探测器共处了 24 小时。他们发现它确实是件实际产品，但它的引擎、大多数电气和电子组件早已被移走。他们从可能的性能、测量尺寸、确定结构特点以及接线方式等方面，将它非常仔细地检查了一遍。接着，这个小组建议进行更为详细的利用工作。

当展览转到下一个城市时，他们截获到一张载货单，上面列有一件物品“天文仪器模型”，它的尺寸与装载月球探测器的箱子大小相似。这条消息传给离展览目的地最近的中央情报局工作站，并要求一旦月球探测器出现，想出一个能安全靠近它的办法。

不久后，装载箱到达，月球探测器被送到展览会。这些被带进来做详细利用的专家来自一个工厂标识小组，他们专门利用工厂生产的产品，以及鉴定产品的生产源。根据他们在商品交易会和其他展览上的经验，这个小组更喜欢在展览开始之前，在展厅或是在它去往下一个目的地之后对它进行检查。然而，实际的客观情况决定了，在展览开幕之前接近月球探测器是不可能的。展览期间，苏联安排了保安，他们全天候值班，所以想秘密夜访月球探测器是不可能的。

所以只剩下一种可能：待它离开展览场地后找个时间接近它。展览结束之后，卡车会将展览品从展览场地运到火车站，然后用货车将它们转运到下一个展览目的地。

按照安排，月球探测器是当天最后一个离开展览场地送上卡车的。卡车离开之后，它的前后都有中央情报局安排的车随行，两辆车的任务就是确定苏联政府会不会将月球探测器运送到火车站场。当确定卡车周围没有苏联人时，他们将卡车拦在最后一个可能的岔道，用一块帆布将运载箱裹了起来，并换了一个新司机。那个本地司机被押送到一个旅馆房间，在那里关了一晚。

接着，小组一半成员带着一套摄像装备和一个吊灯，爬进月球探测器的前方孔端。他们拆下月球探测器头部的观察窗，为避免在金属表面留下印记，他们脱了鞋子，然后挤了进去。然后，他们将所有的标识和组件通过摄像或是手抄记录下来。另一半组员在舱尾做了同样的工作。

凌晨 5 点，一个司机将卡车开到事先安排的地点。卡车车身上的遮盖帆布已撤下，并换上原来的司机继续开车到铁路战场。负责清点物品的苏联人前一天已到达，那天早上 7 点他到达铁路战场，发现卡车已到位，月球探测器正静静等着他的到来。他一点也不惊讶，进入板条箱检查一下后，看着它被装进一辆无盖货车。[1]

通过后来的工厂标识利用工作，人们认出月球探测器基座和电子产品的制造商。这些装备的照片可用来评估建造基座所用的技术水平。

逆向工程 B–29。乍一看，逆向工程似乎是一种高效的方式，可利用已获取的装备，比自家工厂生产的装备还要高级一些。毕竟复制一件产品通常比从零开始生产一件产品的速度快得多。接下来的例子会讲到逆向工程的原则以及主要缺点。

1944 年，3 架 B-29 飞机轰炸完日本和日军在中国的占领区后，紧急

[1] 原注：Sydney Wesley Finer, “The Kidnapping of the Lunik,” *Studies in Intelligence*（Washington, DC: Center for the Study of Intelligence）, accessed 24 September 2012 at https://www.cia.gov/library/center-for-the-study-of-intelligence/kent-csi/v0111n01/html/v11i1a04p_0001.htm.

迫降到苏联领土。苏联在战争期间对日本几乎一直保持中立的态度。所以，即使美国要求归还3架飞机，苏联依然将其扣押。斯大林让飞机设计师安德烈·图波列夫（Andrei Tupolev）对飞机进行逆向工程。被扣押的B-29飞机被空运到莫斯科，送往图波列夫设计局。一架B-29飞机被彻底拆卸，只剩铆钉。另一架被用来做飞行测试和训练。第3架则原封不动，当作标准进行参考。图波列夫在两年内复制生产了20架这种飞机，并给它起名为TU-4。[1] 图17.2是这两种飞机的对比。

图波列夫的故事同时说明了逆向工程的利与弊。优势是，相比从零开始生产一件产品，你可以很快生产出一件复制品。缺点是，你永远都是在追赶别人的脚步。如TU-4飞机，刚起飞时，它就已经落伍了。美国那时已生产出B-47，即美国第一代以喷气为动力的战略轰炸机。

图17.2 对B-29的逆向工程

[1] 原注：Kerber, Leonid. “TU-4 Bomber Epic.” A compilation of articles published from 1988 to 1990（in Russian）. Accessed 29 June 2012 at http://militera.lib.ru/memo/russian/kerber/02.html. See also Wayland Mayo, “Russian B-29 Clone—TheTU-4 Story,” accessed 29 September, 2012 at http://www.rb-29.net/html/03RelatedStories/03.03shortstories/03.03.10contss.htm.

分发

军事装备利用结果的分发分为几个级别。在美国，联合缴获装备利用中心通常会处理战场上的利用工作，给出一级利用报告。这些报告的需求点是评估敌军战争装备的优势和劣势，重要的是将报告迅速传到战场上。联合缴获装备利用中心做的就是这种报告工作。在联合国，这些简短的报告有种专门的形式，称为“情报信息报告”（intelligence information report，IIR）格式，它的机密性不高，因此这类报告分发得很广泛。[1]

美国技术情报中心会深度利用军事装备，报告结果非常详细，通常以正式报告的形式分发。这些报告通常会传给需要利用工作的组织。在这些情况下，利用工作是为了支持逆向工程或者反制措施开发，因此准确性和细节比速度更为重要。对于逆向工程装备或反制措施开发的工作者来说，他们需要知道所有的产品细节信息。

三、结构

这是精选情报门类的一个最佳范例。它针对性强，为了特定目的追踪某些特定项目。

人们通常会通过秘密行动来进行秘密获取工作，经常是从中间商购得装备。最著名的例子之一是，克格勃的 X 小组。直到弗拉基米尔 · 维特罗夫上校将它的行动公之于世，此前一直都不为人知。这个小组一直很善于获取西方的技术。

成立军事组织就是为了获取和利用俘获的军事装备。在美国，由国防情报局承担此责任，归属于国防部的外国物料获取和利用计划（Foreign Materiel Acquisitions and Exploitation Program）。行动内容通常包括，处理

[1] 原注：US Army FM 2-0, *Intelligence*（March 2010), Chapter 13.

对行动有价值的装备。例如，美国陆军指派美国国家地面情报中心作为其执行代理机构，获取和利用外国的地面系统。[1]

但现如今，很多商业公司会与政府签署合同，负责大量的军事物料获取和利用工作。他们会管理位置、获取、装备检查，以及与装备进口、修理和维护相关的所有后勤工作。[2]

四、小结

尽管物料获取与第 15 章讨论的材料情报听起来很相似，但其实两者大为不同。物料获取包括获取一件装备或者仅是一个元件，例如一枚集成电路芯片、一辆车、一台计算机、一枚导弹或一个雷达。物料获取通常有两个目的。第一个目的是对一个元件或者一件装备进行逆向工程。第二个目的是为了完成性能分析，测定装备的优劣之处。物料获取是精选情报门类中的最佳范例。不管是为了军事或是商业目的，物料获取都是针对特定的项目，利用工作也会为了满足特定目标做相应调整。

获取到军事装备往往是由于顺利完成了人力情报行动，因为获取装备通常都是秘密进行的。秘密获取是首选的技术，因为获取者通常不想让对手知道他们的行动。然而，也可通过战争或是叛逃者获取军事装备。

一旦获取到装备，必须对其进行利用以获得情报价值。如果是俘获的军事装备，利用工作通常是在战地开始的。如地面车辆、雷达和飞机等大件，都是之后在测试场进行详细的利用。小件通常在实验室中进行研究。

[1] 原注：US Army manual FM 34-37（January 15, 1991）, Chapter 8.

[2] 原注：See, for example, the services offered commercially by SASI at http://www.sasi-corp.com/forsales.htm and by Culmen International at http://www.culmen.com/?page=pg&pid=18.

两种情况下，产品经过性能测试后，下一个利用步骤就是拆卸产品。拆卸产品的目的是，对产品的设计、使用的组件质量和功能进行详细的检查。如果还未对产品进行详细的检查，人们会检查军事装备组件上的工厂标识，这可帮助鉴别设备生产商和生产数量。

商业公司通常会获取它们竞争对手的产品来进行利用。他们的目的往往是为了进行性能测试，测定装备的优劣之处。有时，他们获取产品是为了对产品进行逆向工程，而后生产其复制品。

第三部分
搜集管理与策略

[第 18 章]

情报搜集管理

一个大型情报机构，例如美国情报机构，它的利益遍及全球，拥有很多情报资产和许多情报目标，因此它面临着艰巨的管理挑战。本章讨论的是搜集管理中的一些问题，并重点强调美国实施的管理方法。

诚然，在一个情报系统里，情报搜集是第一步工作，没有其他的步骤能先于它。另一个事实是：若要分发情报搜集结果，之前需要先完成一系列步骤：

- 设置情报优先次序。(此步骤不包括情报搜集者。)
- 确定需求（或需要），以完成情报优先次序。
- 生成搜集优先次序以满足这些需求。
- 必须依据优先次序来决定搜集策略。
- 获取搜集结果后，要对其处理、利用和分发。

这看上去是一个简单的步骤列表，但实际上并不是。

搜集者通常认为，搜集管理分为三个阶段（第 1 章有提及）。事实上，这几个阶段的界限模糊，有些部分是重叠的。但本章讲的就是管理，鉴于此，我们会尊重大部分搜集者的直接搜集方法。一般来说，(管理) **前端**是指决定得到何种信息，以及使用何种搜集方法的过程：根据国家情报的优先次序确定需求（或需要），根据需求设置搜集优先次序，然后形成搜集策略。理想情况下，作为情报搜集结果的用户，全源分析人员在搜集过程中会（而且应该）与搜集者相互协作，一起参与这些步骤。出于该原因，本次讨论内容会涉及分析人员的作用。前端部分以描述自动化管理工具作为结尾，这些工具旨在促进参与者之间互相团结，彼此依靠。搜集者们用最简单的术语描述了中间部分：搜集或获取信息。

之后的管理（后端部分）与搜集到的情报相关，讲的是情报的处理、利用和分发过程。管理问题将一些核心流程变得复杂化，像美国这样的大型情报机构对该问题都感到棘手。

这里将会讨论情报搜集中的其他管理问题，如跨边界管理、用户预期管理以及新功能上线过程管理。本章将以情报搜集评估结尾。

一、前端管理

情报优先次序

情报优先次序源于国家利益和优先事项。通常，高级行政部门和美国国会会说明何为国家利益和优先事项，而且美国国会变得越来越具有发言权。情报优先次序要反映出现有的和预期的威胁或机会，以及政治、经济和军事方面的局限性。

当可将搜集资产集合在一起，针对某一个非常大的目标集，以及必须选择一个子集进行目标定位时，制定情报优先次序就显得尤为重要。几乎所有的情报搜集活动都符合此定义。地球上几乎任何一个地理位置都可成为可见光图像或光谱图像搜集的目标，但若是针对整个地球，则需要拥有全面的搜集能力，而处理和利用这样的全球搜集工作是不可能完成的任务。电子情报搜集也会受到同样的限制。另外它还有一个限制，即电子情报资产不可能完全覆盖全球范围内的整个无线射频波谱。在这两种情况下，情报搜集问题都必须有界限，而设置情报优先次序正是用来帮助达成这一目的的。由此，面临的挑战就是需要开发一个有效的系统来确定情报优先次序。

自从美国于 1947 年设立《国家安全法》以来，人们多次尝试将情报优先次序正式化。下面是一些尝试：

- 20 世纪 70 年代初，美国情报界开发出一系列关键情报问题（key intelligence question，KIQ），来定义情报优先次序。[1]
- 20 世纪 70 年代中期，《中央情报主任指令 1/2》（Director of Central Intelligence Directive 1/2，DCID 1/2）创建了一个情报目标和优先次序矩阵，这套模型取代了关键情报问题。不久后，它又被外国情报需求、分类和优先次序（Foreign Intelligence Requirements, Categories, and Priorities，FIRCAP）系统所取代。[2]
- 1992 年，中央情报主任将 FIRCAP 更换为国家情报需求流程，这是一套用于定义优先次序的分级系统。最高级优先次序的定义范围很广，包括政治不稳定及大规模杀伤性武器等问题。在分级系统的金字塔底端，是一些具体和重要的问题，如选举的透明度和合法性。[3]
- 冷战结束后，为了反映新的现实，美国重新调整了情报优先次序。

---

[1] 原注：Center for the Study of Intelligence, Intelligence Monograph, "Critique of the Codeword Compartment in the CIA"（March 1977）, accessed 24 September 2012 at www.fas.org/sgp/othergov/codeword.html.

[2] 原注：Douglas Gartoff, *Directors of Central Intelligence as Leaders of the U.S. Intelligence Community*, Center for the Study of Intelligence（March 16, 2007）, Chapter 12, accessed 24 September 2012 at www.cia.gov/library/center-for-the-study-of-intelligence/csi-publications/books-and-monographs/directors-of-cen-tral-intelligence-as-leaders-of-the-u-s-intelligence-community/chapter_12.htm.

[3] 原注：Douglas Gartoff, *Directors of Central Intelligence as Leaders of the U.S. Intelligence Community*, Center for the Study of Intelligence（March 16, 2007）, Chapter 12, accessed 24 September 2012 at www.cia.gov/library/center-for-the-study-of-intelligence/csi-publications/books-and-monographs/directors-of-cen-tral-intelligence-as-leaders-of-the-u-s-intelligence-community/chapter_12.htm.

调整得到的初步结果是《总统第 35 号行政令》(即 PDD-35),它明确了政治目的和情报需求。它将情报需求划分为两个范围较广的类别:一是所谓的“硬目标”(如叙利亚、古巴、伊拉克、伊朗及朝鲜),二是跨国问题(诸如国际犯罪、恐怖主义和武器扩散)。PDD-35 用的是一种层式结构,上层国家有较高优先级。[1] 尽管国际形势不断变化,包括日益严峻的国际恐怖主义威胁,PDD-35 规定的优先次序被使用了很多年,直到 1995 年才发生变化。

- 2003 年,国家情报总监开始实施国家情报优先次序框架(National Intelligence Priorities Framework,NIPF),以取代 PDD-35,下文将对其进行讨论。

对任何情报组织来说,这些情报优先次序系统都会有一些共同的缺陷:

- 在任何情报优先次序系统中,搜集者和分析人员都常常将他们的精力集中在高优先级事项上,这样就只剩下很少或根本没有资源来解决一些低优先级事项。[2]
- 组织能存活下来,就说明其搜集或分析工作是在解决高优先级情报。毕竟资源和预算都很紧张。

情报优先次序系统的以往经验会阐明这个问题是如何发展的。前文提及,20 世纪 70 年代,美国情报界用《中央情报主任指令 1/2》来发展情报搜集的优先事项。《中央情报主任指令 1/2》有 7 个优先等级,其中一级是最高级。高级决策者和军事指挥官必须通过竞争才能满足他们的情报需要。很快所有参与者都意识到,如果他们的情报优先次序等级低于二级,就不太可能对其进行搜集工作。跨部门委员会会定期召开会议,调整优先

[1] 原注:Thomas C. Bruneau and Steven C. Boraz, *Reforming Intelligence: Obstacles to Democratic Control and Effectiveness*(Austin: University of Texas Press, 2007), 41–45.

[2] 原注:U.S. House of Representatives, Permanent Select Committee on Intelligence Staff Study, “IC21: The Intelligence Community in the 21st Century”(June 5, 1996), Section III: Intelligence Requirements Process.

次序等级。而往往这些会议会变成激烈的争吵，原因是为了某一项特定需求，它的支持者们会要求提升它的优先次序等级。随着时间的推移，绝大多数需求都排在一级或二级，使得优先次序系统几乎毫无用处。最终，情报部门的领导认识到此系统已经出了问题，于是放弃了《中央情报主任指令 1/2》这种方法。[1]

现如今，上至国家情报总监，下至情报界国家情报优先次序，都以国家情报优先次序框架作为指导。国家情报优先次序框架受国家安全委员会审核，经总统批准通过。美国情报搜集、分析涉及的行动和规划的重要等级，是由国家情报优先次序框架引导完成的。国家情报优先次序框架每年会更新一次。它的形式是一些国家和情报领域非国家行为体组成的矩阵，还有与它们相对的一套情报主题。它被用于引导情报搜集和分析。国家情报委员会前会长冯稼时将国家情报优先次序框架描述成由 32 个情报主题（细分为三个优先次序等级）共同组成的一个矩阵：

> 以大约 220 个国家和非国家行为体作为依托。矩阵里的每个单元格都会有其对应的评分，评分范围是 0—5 分。若评分为 0，则意味着此单元格是空白的，情报主题基本上不会得到情报界的关注。1 是最高优先级别，小组内的主题会得到很多关注。类别五的主题基本上是“覆盖全球”的报告，用于支撑外交和其他连续责任，或者是“灭火器”报告，对它们还是会进行低水平的维持工作，因为它们对美国利益可能产生重大影响。[2]

[1] 原注：Private communication from Professor Peter Oleson, University of MarylandUniversity College（2013）.

[2] 原注：Thomas Fingar, “Analysis in the U.S. Intelligence Community: Missions, Masters, and Methods” in *Intelligence Analysis: Behavioral and Social Scientific Foundations*, Baruch Fischoff and Cherie Chauvin, eds.（Washington, DC: National Academies Press, 2011）, 18, accessed 24 September 2012 at http://www.nap.edu/catalog/13062.html.

因为国家情报优先次序框架由国家安全委员会审核，而未采用下属的跨部门机制，所以它比以前采用过的方法都要好。在过去，很多军事需求都很紧急，还有一些国家需求虽然重要但不需要赶时间完成。前者常常挤占后者，使得后者的完成度降低。但在国家安全委员会中，会将国务院、国土安全部、司法部、财政部、能源部、中央情报局等部门的需求与国防部的要求一起审核。相比即时的军事行动支持，这种结果于情报需要来说，更具长远眼光。[1]

需求

人们需要将经常使用的需求种类说明清楚。情报搜集管理系统要易于变通，以适应快速变化的情况。所以，在接受时间敏感和临时的需求时，需要做一些规定。这些需求常常建立在新情报或者解释需求的特殊情况的基础之上。图像体系是指由**“需求平台”**（requirements deck）这个术语分类的要求，但相似的情报分类已在大部分的搜集工作中投入使用：

- **长期需求**的定义是持续且长期的情报搜集工作——通常是对图像和电子情报目标进行重复的情报搜集工作。
- **对时间敏感的需求**需要进行即时的搜集行动。根据不同的情报搜集资产，这可以是几分钟也可以是几天。一个即将进行的导弹或核武器试验会产生一些时间敏感的需求。
- **临时需求**（ad hoc requirement）是全新出现的，不会包含长期需求。它们通常是短期的，时间大约是几天到几周的范围内。大多数材料搜集是临时的。
- 如果对以何种方式完成情报搜集工作施加条件，则需要将需求**放大**（例如，在一天的某个特定时刻，或者搜集者与目标之间存在特定

---

[1] 原注：Private communication from Professor Peter Oleson, University of Maryland University College（2013）.

的几何学情况）。第 17 章中的布鲁纳瓦尔突袭就是一个很好且详细描述了需求放大的例子。

当处理大量的高空图像情报、电子情报和开源材料时，需要用到正式的需求结构。其中存在大量的潜在目标，而具有竞争优势的大型用户组需要的搜集工作，比整个国家预算能完成的还要多。

然而，在解决非最高优先级时，这个需求结构还是存在问题。对人们来说，有一点很重要，即理解情报搜集需求会形成层次结构。在层次结构中，低级元素更为具体。而且在设计精良的需求结构中，低级元素与高级元素通过一些方式联系在一起，这些方式能体现它们在总体方案中的相对价值。根据具体的低层次需求的数量，几十个需求对应的目标是某个特定公司，几百个是对应一个小国或财团，几千个是对应一个非法网络目标，例如国际麻醉品。低层次中典型的需求可能是："物理定位战场上所有的装甲车辆"，或者"识别锡那罗亚州贩毒集团的关键成员"。

在美国，国家情报优先次序框架建立了最高优先级，但人们必须将这个优先结构带到需求层次结构上。《中央情报主任指令 1/2》提及，这种做法存在争议。同是需求，物理定位哥伦比亚古柯地比定位阿富汗罂粟地更重要吗？这些优先需求与定位俄罗斯的移动导弹部队相比较，结果又是怎样呢？建立低优先级使得美国高级情报官员不止一次指出，人人都在拼命使用这个系统，但没有一个人列出优先次序。一些情报官不情愿地告诉用户说，"我们并不迫切需要在这方面投入资源"。[1]

即使投入使用一个完善合理的需求层级，搜集管理问题也会很容易暴露出来。当一个情报问题有足够的高优先等级，相对来说，它可以要求比实际需要更多的搜集资源。搜集系统也必须响应其要求，有时反馈形式是转给它一些资源，这些资源攫取自一些低优先级目标。要求采用高分辨率的光学图像搜索一个大区域来寻找一座机场，是一种浪费。通过低质量

[1] 原注：Roy Godson, *Intelligence Requirements for the 1990s*（Lanham, MD: Lexington Books, 1989）, 68.

的国家图像判读度评价标准为 2 的图像，可以更快更方便地定位到一个机场，然后可得到高质量的图像以获取所需的细节程度。但设计不良的需求系统能够（并经常）导致未达最佳标准的资源分配。所以，需求流程中的所有参与者——分析人员、搜集者和用户——必须学会自我约束，寻求他们真正需要的东西，而不是看似不错的东西。

搜集优先次序

搜集优先次序源于情报优先次序与需求。但其他的考虑因素也会提供一些搜集优先次序。让国家情报优先次序框架（或者其他定义情报优先次序的系统）转化为搜集优先次序难度不小，有如下几个原因。

首先，必须存在搜集空白。这意味着必须证明替代来源匮乏。除了极少的一些情况，情报界都不应该利用情报资产去获取一些已是现成的信息。具体来说，如果可以通过非涉密来源得到信息，就不应该利用搜集资产去获取，一种情况除外，例如需要反复核查以应对有嫌疑的欺骗行为。越来越多的商业来源，如商业成像卫星可进行情报搜集工作，这些搜集工作过去需要国家情报资产才能完成，而前者完成工作的成本更低。

将情报优先次序转化为搜集优先次序的关键是，从所有其他的空白中鉴别和区分出情报搜集的空白。可能已搜集到物料，但还未对其进行处理或利用。或者是物料已经过处理和利用，但还未进行分析。后文的这些事例就是处理、利用或者分析空白，不是搜集空白。

其次，必须存在得到成果的可能性。情报搜集资产应被分配到一些地方，在那里他们可能为决策者或用户给出具体的利益或结果。搜集优先次序必须反映情报优先次序，还要涵盖情报界能够成功获取的信息。自然而然，一些持有情报高优先次序的用户常常要求使用搜集资产，即使成功完成搜集活动的可能性近乎为零——换句话说，即使不是滥用也是对有限资源的不当使用。搜集管理者要能与用户（往往是一些非常有权势的用户）分庭抗礼，并敢于说，“为这种搜集所做的努力是对我们能力的一种浪费”。

情报搜集优先次序在冷战时期是一个更为简单的问题。苏联常常是人们的首要目标，第一优先级是搜集其核武器及传统军事力量相关的情报。此外，苏联是一个可预测的搜集目标。它的军事基地和测试场的位置是众所周知的。美国和苏联有很多共同的利益和能相互理解的行为模式，这使得即使偶尔出现误判，影响也是有限的。

从那时起，搜集优先次序就开始变得更加复杂。反恐战中的敌人就难以预测。他们的基地和攻击能力并不是广为人知，而且变化速度很快。此外，有相当数量的失败国家的内部情况对美国利益有害，这种情况可能随时会进一步发展且没有一点预警。结果就是搜集优先次序一直在不断变化。

若没有将搜集优先次序仔细考虑清楚，就会搜集到大量不相干的原始数据。例如，很多新高空图像含有的信息，是人们早已知晓的。尽管自然地理特征和固定结构在一年之内变化很小，即使有变化，每年也会对它们进行多次拍摄。

然而，所有搜集到的数据都必须处理到某种程度，而且这些大量不相干数据使得处理和利用系统背负很大压力，也常常使分析人员苦不堪言。

搜集策略

为便于讨论，假设国家利益已适当转化为清楚明了的情报优先次序，而情报优先次序反过来又转化成合情合理的需求层次结构。搜集管理系统知道它需要做什么事情，然后转向如何完成事情。

搜集策略可被描述成一个系统化的计划，这种计划可用来优化所有有能力、可用且合适的搜集资产的效能和效率，而且能针对需求优化资源：

- 效能通过分析针对特定目标的情报资产、来源的能力和可用性来确定。

● 在给定的环境中，会对所有派去搜集特定目标的可能资产进行比较，通过比较他们的适宜性来确定效率。[1]

举一个关于效率的例子，相比要求搜集一个特定目标的信息，情报成像卫星在国家图像判读度评价标准方面可发挥出更强的能力。在这种情况下，商业成像卫星可能非常符合国家图像判读度评价标准的要求，因此若想替换更强大的成像仪，商业成像卫星是一个合适的选择，可在其他地方得到更有效的使用。

另一个例子是，一项需求会导致在搜集特定数据时产生多项任务。例如，与人权和战争罪行有关的要求可能会引发一些任务，包括针对多个通信系统搜集情报，对可疑埋葬地点成像，使用人力来源的专题报告，编译开源情报材料，以及专业性技术搜集。[2] 获取开源情报材料，相对来说会简单一些，而且成本不高。就困难度和成本而言，接下来可能是对可疑埋葬地点成像，然后可能是通信情报。人力来源的任务，虽然不需要很高的成本，但风险也可能很高，所以它只能作为最后一个选择——也就是说，当没有其他选择可满足需求时，才会利用人力来源。

这些例子说明，搜集策略必须考虑到所有未解决的情报需求，它们对应的重点，以及在分配稀缺资源时会出现的紧急情况。再次重复这一点，当一个成本更低或者风险更小的来源可以完成工作时，就不应该利用昂贵的或有风险的来源。

一些搜集问题很容易解决。人们需要检查导弹发射井以确保它仍然在保持工作。搜集工作还包括获取一张发射井的高空光学图像，这样才能进行图像的处理和利用工作。这一解决方案不需要花多少心思，也不需要很多协调工作。

---

[1] 原注：DoD Joint Publication 2-01, “Joint and National Intelligence Support to Military Operations”（January 5, 2012）, Chapter 3, accessed 24 September 2012 at http://www.dtic.mil/doctrine/new_pubs/jp2_01.pdf.

[2] 原注：Private communication from Professor Peter Oleson, University of Maryland University College（2013）.

然而，正如本书前文所述，如今的目标更为复杂。如果需要检查的目标是一个移动导弹而不是一个固定的发射井，则必须先确定导弹的位置。那眼前的问题就变成：任务需要派遣给怎样的资产才能完成导弹定位工作呢？有几种选择可供挑选，其中可见光图像和合成孔径雷达图像是获取潜在导弹位置图像的两种选择。根据可能的导弹位置、伪装及需要成像的区域面积大小，每一种选择都有其自身的优点。电子情报或者通信拦截也许可用来定位导弹的位置。人力情报搜集是可能的，或者将这些方法组合一下也很有必要。在某些情况下，由于武器核查条约要求，通过现场检查来定位导弹也许可作为一种选择。当然，公开来源有时也能提供导弹位置的线索信息。

考虑到复杂目标可能的情报搜集场景范围，在给搜集资产分配任务之前，制定一个搜集策略是有必要的。这意味着要考虑到所有可能搜集者的效用性，以及在几个不同的组织间协调好他们的使用。

因此，搜集管理人员试图制定策略，整合多学科综合人员的任务分配以及搜集工作，以便能在搜集工作中获取最大利益。这种计划的意图是利用每种资产的独特能力，以及管理和分配搜集资源，相比独立制定的策略，前者可提供更多的价值。这种协同策略可使用下面两种方法之一：[1]

- **集中搜集**（convergent collection）：同时利用不同的搜集资产针对一个相同的目标。例如，同时进行通信情报和图像情报搜集，相比单独采用任意一种情报活动来说，前者能提供更加全面的活动状况。
- **顺序搜集**（sequential collection）：这是指先根据另一种技术、通信情报或者人力情报资产得到的信息，再派出一种人力资产进行搜集工作。顺序搜集也可能意味着，利用大量的搜集时间获得一种利益，如更持久的覆盖范围。

这些协同方法会引出更多有效的搜集策略，人们也会经常使用这些策略。美国情报界的一些部门一直尝试将这个过程正式化，赋予它的称呼

[1] 原注：IC21, Section IV: Collection Synergy.

是**“协同搜集策略”**（collaborative collection strategies，CCS），这个叫法是意料之中的。从根本上说，协同搜集策略就是传统的多元情报搜集，只不过换了个说法而已。协同搜集策略旨在让情报搜集者和分析人员在整个过程中，从形式上处于合作关系，这样可支撑跨学科的搜集和分析活动，从识别问题到具体策略的制定和执行都包含在内。协同搜集策略活动将通信情报和图像情报协同起来利用有一段时间了，也正尝试加入其他情报界学科。[1] 例如，人力情报可确保很多其他搜集工作成功进行，反之亦然：

- 在图像里观察到的新地下设施构造可作为人力情报搜集的基础。反过来也一样，关于设施构造的人力情报可用来协助图像情报搜集任务，但有时时效性的问题会干扰行动。人力情报需要时间才能穿过这个系统，但若地下设施被土壤掩盖或挖掘出来的土壤被移走，其图像的价值就会大大降低。
- 若人力情报报告，有可疑飞机夜里在机场降落和起飞，就可以用这种报告来要求安置在机场周围的声学传感器，以鉴定飞机型号。
- 人力情报来源提供人可能会用手持相机获取新式雷达天线的照片。测量天线可使分析人员预估出应对电子情报目标该用什么样的工作频率。

搜集者的这种交互提示可实时或近实时完成，它在情报行业有一个专有名称：密报。在许多情况下，搜集目标出现的时间特别短。所以，在搜集策略中，规划密报是一个重要部分。真正的密报在任务分配阶段就已完成，但必须在策略阶段规划出来。各种传感器平台和机制中的协调搜集任务，对于解决复杂情报问题所起的作用至关重要。有时，只有当特定事件发生后，才会需要进行搜集工作。这是密报的一种用途。例如，当雷达探测到一架不明身份的飞机，就可用为电子情报提供一些密报来对抗飞机的雷达，从而识别出飞机的身份。

---

[1] 原注：Scott C. Poole, “Integrated Collection Management Accelerates Interagency Cooperation,” *NGA Pathfinder*, Vol. 6, No. 3（May/June 2008), 8, accessed 24 September 2012 at http://www.dtic.mil/cgi-bin/GetTRDoc?AD=ada493139.

接下来的两个例子讲述的是情报搜集策略，它们被用于解决困难的搜集问题。

群体、突进或闪电搜集策略（Swarm，Surge，or Blitz Collection Strategy）。进行侦察活动时会遇到一个问题，即如果对方能推断出侦察方式，该种侦察活动就会失败，因为对方会仔细选择活动时间，避开搜集者出现的那个时间段。进行高空电子情报和图像情报搜集时，这个问题尤为突出。尽管可能没有足够的人员进行监测工作，但只要有可用人员，就能分配他们进行短时间工作，深度覆盖特定的目标。情报界对这种搜集策略有各种称呼，包括闪电、突进或群体搜集。

这种搜集工作的用户——此处指分析人员——必须意识到材料都是通过突进或闪电的方式搜集到的。若不能理解这一点，会导致分析错误，这是关于伊拉克大规模杀伤性武器的国家情报评估中得出的结论。分析人员认为伊拉克有可疑的化学设施，它们的活动量一直在增加。大规模杀伤性武器委员会的报告总结出，活动量明显增多可能只是由于对设施的成像活动增多了。[1]

探查策略。针对目标实行的拒止与欺骗实践，挑衅性的探查有时是有益的。20 世纪 50 年代时，在美国空军空中侦察计划中，军方使用了探查的方法，有效克服了苏联实行的发射控制。在发射控制时，人们停播所有不必要的信号，一直持续到信号情报搜集者离开该地区。例如，美国的响应是，派出一架飞机飞往苏联边境进行侵入行动，并持续保持飞行直到苏联打开整个防空网络来应对威胁，然后转换方向往回飞。若想掌握敌方系统更多的信息，探查敌方系统后观察其反应，是一个有用的策略。然而，面对一方的探查，另一方的反应可能会产生一系列不良后果：苏联偶尔会追击并击落侦察机，阻挠美国的探查行为。

---

[1] 原注："Report of the Commission on the Intelligence Capabilities of the United States Regarding Weapons of Mass Destruction," 125, accessed at http://www.gpo.gov/fdsys/pkg/GPO-WMD/content-detail.html.

全源分析人员的作用

第 1 章中已提到前端这个概念。它是情报搜集中所用的术语，指的是一个连续的发展过程，囊括到目前为止我们讨论过的所有内容。前端搜集管理中一个不可或缺的部分就是全源分析人员。

就连大型的官僚化搜集网络，例如美国的搜集网络，也能做出反应。但全源分析人员必须在这方面发挥更为重要的作用。大规模杀伤性武器委员会指出，分析人员——搜集行动的用户——应该在制定搜集策略时发挥作用：

> 分析人员必须愿意承认有一些东西他们还不知道，以制定出未来搜集工作的重点。[1]

这大概就是前一节中描述的协同搜集策略计划的目的。在这个过程中，分析人员可带来独特的专业知识和对目标的理解。对分析人员来说，协助情报搜集工作集中于一点是有高回报的，而且分析人员为过程带来了一种独特的资产。分析人员必须同时生成一个问题细分模型和一个目标模型，这是他们工作的一部分。通过与搜集者共享这些模型，搜集者可以确定他们知识的空白部分，分析人员则可以更好地帮助他们有效地填补这些空白。追踪搜集需求的状态，找出需要同样信息的需求者（从而成为情报界利益的一部分），以及获取别人研究成果，都可以通过一个共同系统来帮助完成，例如协同搜集策略提出的共同系统。

在过去 20 年里，一些情报组织限定了一个专门的职业领域，并称之为**目标分析人员**，以满足这种需求。在这个术语里，目标这个词通常是指一

---

[1] 原注："Report of the Commission on the Intelligence Capabilities of the United States Regarding Weapons of Mass Destruction," 12, accessed at http://www.gpo.gov/fdsys/pkg/GPO-WMD/content-detail.html.

个人，他拥有有情报价值的信息，但它也有网络、组织、通信系统或者设施的意思。目标分析人员的工作是，将情报需求转化为潜在目标，确定知识空白，鉴定可用来处理目标的搜集资产，以及制订搜集计划。从根本上说，分析人员要处理所有这些步骤。但显然，目标分析人员不用为大规模搜集行动制订计划，例如图像搜集或电子情报搜集，这两种工作都是由自动化系统完成的。分析人员要把注意力放在搜集目标上，前文称其为定向搜集；而且分析人员最可能将重点集中在情报价值非常高的单个目标上。

一个正式且复杂的需求系统的反应往往都不是很迅速。因为它不能对细节进行优先排序，而且它的情报需求超出情报资产可以处理的数量，很多需求都不能完成。当分析人员和搜集者一起工作，提供背景信息、理由、详细指导及后续评估时，系统就能反应得很迅速。那些花时间培养搜集者和为搜集产品的价值提供反馈的分析人员，会受到所有搜集系统的奖励。

任务分配

前端过程的下一步是搜集资产的任务分配。任务分配包括给一个特定的搜集者提供特别的指导。搜集需求可能是，需要“一张拉塔基亚港港口的照片，清晰度高到可鉴别港口的货船”。支撑完成这个需求的任务，可能会详细说明“U-2 任务 1037：搜集国家图像判读度评价标准为 6.5 的可见光图像，2×2 NM 帧，以北纬 35° 32'、东经 35° 46' 的位置为中心，时间大概在 2013 年 7 月 27 日 0200Z 时”。

利用导弹与飞机的外国仪器信号情报的任务分配更加以事件为导向；只能在飞行时或者开始飞行前的少许时间进行情报搜集工作。电子情报的任务分配可以是自动化的，但也会受事件的约束。人们很少能够获知一个非常重要的信号何时会突然出现。

这里举例说明软件如何自动处理图像任务，即人们利用计算机演算规则系统帮助 Hyperion 高光谱成像仪处理任务，这个成像仪位于美国国家航空航天局的地球观测 1 号卫星上。软件拥有由美国空军气象局生成的可用云数据，根据这些数据给 Hyperion 高光谱成像仪分配任务，这样传感器就不会给云层覆盖的区域成像。它的目的是管理之前提到的集中搜集策略和顺序搜集策略。也就是说，它可支援临时的任务，能鉴别出可用的搜集资源，并针对目标给出如何分配资源的建议；还可以给每个搜集者安排好时间，以获取最精确的定位和最高的图像分辨率。[1]

如上述 U-2 范例所示，任务分配不仅仅要做到内容具体，通常还要提供能够帮到搜集者的背景信息。很多需求要将内容扩增或者添加解释。一个正式的需求系统往往不能将内容放大到需要的水平。一个需求会有一些细微差别和先决条件，而对这个系统来说，提供这些东西是有难度的。例如，材料和物料搜集都需要非常具体的指导。大多数成功的搜集行动，得益于搜集者充分理解需要搜集什么，什么时候搜集，在哪里搜集，以及搜集的原因。细想一下，在第 17 章案例分析中讨论过，R.V. 琼斯针对维尔茨堡雷达派遣的搜集任务。它的指导非常具体地说明了应该将哪个部分带回来。有时，搜集者甚至需要如何进行搜集工作的建议。例如，搜集一个生物样本或者工厂废液可能要在非常特殊的条件下进行，而且样本也许只能以一种特定的方式进行处理、储存或运输。第 13 章中有另外一个例子，在弹道导弹熄火点第二个阶段搜集到的外国仪器信号情报，比在这个阶段之前搜集到情报的价值低得多。

搜集管理工具

前面章节阐明了前端管理的复杂性。为帮助大型搜集系统管理这个复

---

[1] 原注：Mark Abramson, David Carter, Brian Collins, Stephan Kolitz, John Miller, Peter Scheidler, and Charles Strauss, "Operational Use of EPOS to Increase the Science Value of EO-1 Observation Data," accessed 24 September 2012 at http://esto.nasa.gov/conferences/ESTC2006/papers/a3p1.pdf.

杂的前端过程，加上这类搜集系统有很多用户，美国情报界研发了很多自动化的搜集管理工具。有时这些工具也用于管理后端过程，这将会在下一章节进行讨论。多年来，人们做了大量努力，从过多的单独工具转变为一套全情报体系的搜集管理工具，这可用来进行综合搜集管理。

1994 年，美国国防部开始研发联合搜集管理工具（joint collection management tools，JCMT），旨在将其建设成一个国防部系统，为全源搜集管理服务。它将图像情报、信号情报、测量与特征情报及人力情报任务结合起来。这个软件包为以上领域情报搜集需求的搜集、组织和追踪提供支持。联合搜集管理工具取代了很多现有的搜集管理系统，包括：

- 陆军搜集管理支持工具；
- 国防情报局的搜集需求管理应用；
- 行动支持办公室的国家运行支持终端；
- 美国南方司令部的情报支持处理工具；
- 美国空军国家航空情报中心的搜集需求管理系统。[1]

复杂的人机接口、消息解析问题和繁重的数据库维护需求等，导致联合搜集管理工具于 2000 年被停用。它被纳入“情报界多元情报获取计划”（Intelligence Community Multiintelligence Acquisition Program，IC-MAP），之后更名为“情报界分析和需求系统”（Intelligence Community Analysis and Requirements System，ICARS）。[2] 报道称，情报界分析和需求系统计划于 2009 年停止。但它说明一个综合系统要怎样才可能起作用。此概念就是建立一个以网络为基础的搜集需求管理环境，在计划搜集活动时，可为分析人员提供一个单一的进入点。它旨在连接所有的情报界搜集需求管理系统，使分析人员更为简单地提交他们的搜集需求或者描述情报空白。同时，分析人员能够搜索和查看现有的需求来补充自身。情报界分析和需

---

[1] 原注：GlobalSecurity.org, “Joint Collection Management Tools,” accessed 4 April 2013 at www.globalsecurity.org/intell/systems/jcmt.htm.

[2] 原注：GlobalSecurity.org, “Joint Collection Management Tools,” accessed 4 April 2013 at www.globalsecurity.org/intell/systems/jcmt.htm.

求系统旨在促进跨组织间的合作，因为分析人员会同意双方的请求，与搜集者共同努力制定出最佳搜集策略。[1]

另一个跨部门需求系统的例子，是美国国家地理空间情报局和国家安全局的联合系统，称为“综合搜集管理系统”（Integrated Collection Management）。综合搜集管理系统旨在将这些机构的搜集和利用工作过程中的每个阶段都同步起来，包括任务分配、搜集、生产、利用和分发，对所有的情报领域都一视同仁。[2] 在撰写本书时，很多特定领域的需求管理系统继续保持在国家层面，国防部内还存在大量的并行系统：

- 需求管理系统用来管理和分配图像搜集、利用及生产的任务。它由美国国家地理空间情报局管理。[3]
- 测量与特征情报需求系统在搜集测量与特征情报时，执行的是一个相似的功能。[4]
- 国家信号情报需求过程（National SIGINT Requirements Process）这个系统用于请求信号情报（包括电子情报和通信情报）的搜集和处理。它可以评估和安排需求的优先次序。[5]
- 开源情报需求管理系统由国家情报总监开源中心管理，它是中央情报局的一个内部组织。该系统允许用户研究现有的开源情报需求，

---

[1] 原注：Office of the Director of National Intelligence, “FY2008–2009 Congressional Budget Justification,” Vol. 12（February 2007）, 27–28, accessed 24 September 2012 at http://www.fas.org/irp/dni/cbjb-2008.pdf.

[2] 原注：Poole, “Integrated Collection Management Accelerates Interagency Cooperation,” 8.

[3] 原注：NGA Publication 1.0, “National System for Geospatial Intelligence: Geospatial Intelligence（GEOINT）Basic Doctrine”（September 2006）, 21, accessed 24 September 2012 at http://www.fas.org/irp/agency/nga/doctrine.pdf.

[4] 原注：DoD Joint Publication 2-01, “Joint and National Intelligence Support to Military Operations.”

[5] 原注：*U.S. Commission on National Security/21st Century*, Vol. 6, “Intelligence Community”(April 15, 2001), chapter on National Security Agency/Central Security Service, 12, accessed 24 September 2012 at http://govinfo.library.unt.edu/nssg/addedum/Vol_VI_Intel.pdf.

提交新的需求，以及追踪它们的状态。[1]

事实上，这些计划中会出现什么样的管理工具，这些工具是什么样的，都仍是悬而未决的问题。然而，这些工作都有一个统一的目标，能描绘出理想的搜集管理系统是什么样子。在这样的图景中，分析人员和搜集者能够协同合作，以管理机会和减少重复。搜集者会知道其他同行在做什么，这样他们可以提前预料到协作机会。而且这个系统能在很多不同的分类等级中有效地工作。

二、后端管理

搜集工作的一个关键阶段是，处理和利用搜集到的原始情报。在搜集系统开始工作之前，人们要将这个阶段计划好，并给它分配资源。然而在整个搜集工作中，这部分通常是最难计划的。相对来说，评估搜集系统的潜在价值会简单一些；通常人们可以提前理解它们。但在处理和利用过程中增加的价值，则不是很好理解。文字情报信息（主要来源于开源情报、人力情报和通信情报）的处理工作相当简单，通常包括文本的翻译工作。相比之下，非文字信息需要技术专家的持续努力和利用，且需要维持大型软件的使用。处理、利用高光谱图像和合成孔径雷达图像是非常昂贵的。而且变化的目标设定也催生出更多需要修改的地方。例如，当一个国家部署了新的雷达，电子情报的处理和利用系统可能必须要更新以适应这些新的目标，通常这项工作代价高昂，因为人们必须很快将它完成。

此外，当出现新的搜集类型时，计划者可能还来不及弄清楚该如何设计最好的处理和利用流程。同时，有时在搜集系统工作一段时间后，人们才发

[1] 原注：Richard A. Best, Jr., “Open Source Intelligence（OSINT）: Issues for Congress,” Congressional Research Service（January 28, 2008）, accessed 24 September 2012 at http://www.dtic.mil/cgi-bin/GetTRDoc?AD=ADA488690.

现使用搜集的新方式。这些因素都导致后端的发展落后于搜集系统本身。

为了进行识别工作，非文字情报搜集的利用工作通常需要将一种特征与一个特征数据库联系起来。正如第二部分讨论过，这需要一个特征库：一个大型数据库，包括已进行处理、利用且可获取的材料，它们可用于监测活动，探测特征或模式中的重大改变。所以，对后端来说，完整和最新更新的特征库是至关重要的组成部分。第二部分一直在强调特征库的重要性。需要大量这样的特征库，包括一个基本的图像情报特征库、电子情报和外国仪器信号情报特征库，以及高光谱和声学特征库。

管理特征库所经受的挑战是持续不断的。这些特征库必须不断更新，并提供给所有的潜在用户。这种挑战非常类似于管理联邦调查局的指纹库，因为这个指纹库也必须不断更新，对大量的执法机构开放。在所有地方进行的试验都表明，协同共享和利用特征库会产出更好的情报。执法界认可分享指纹库的价值所在。相反，在过去，搜集组织都倾向于保护和隔离它们的特征库。这种为了防止资源流失的自然趋势限制了特征库的潜在价值，也限制了一种可能性，即更好地使用这些特征库提供的情报。[1]

三、跨边界管理

商业公司有时会把它们的企业文化称为“贮仓”（silo）。该说法参考了在农场区发现的巨大金属圆筒，它们内部储藏着大量的粮食，并将粮食与外部因素分隔开。只有当需要粮食时，才会从一个像漏斗的小开口中取出来一点儿。企业通常将其用作贬义，表示部门之间相互分隔，抑制了从伙伴关系中获取创造力、合作及潜在利益。在情报界，我们通常使用“烟囱”这个术语来描述类似的现象，它在几十年里呈上升趋势。

[1] 原注：Mark M. Lowenthal, *Intelligence: From Secrets to Policy*, 4th ed.（Washington, DC: CQ Press, 2009）, 76.

毋庸置疑，实时的跨业界合作是有需求的。而且“烟囱”将两件事变得困难起来，一是给资产分配需求，二是以产生协同作用的方式进行合作。但“烟囱”是由于情报界日益扩大产生的自然结果。彼得·奥尔森教授是这样描述它的：

第二次世界大战后，随着美国情报界的发展，围绕其内部的搜集学科和技术专长形成了特定的组织。例如，美国国家安全局的注意力主要集中在信号情报上——特别是搜集、处理、解密和分析敌手通信。中央情报局行动处研发了一种专业技术，它与发现、招募、审核、分配以及运作秘密的人力来源相关，包括进行秘密通信（人力情报）的能力。中央情报局的国家照片判读中心成为判读卫星图像和其他图像的技术专业部门。这些专业机构以“烟囱”而闻名。它们管理自己专业的全部发展过程，从兴起到走向没落。

随着情报的重要性、范围和复杂性的增长，会涉及很多机构各自的技术专长。重复工作和资源的浪费是不可避免的结果。对信号情报而言，国防部是政府的执行代理人，并由国家安全局落实此责任，中央情报局和其他情报机构也要参与这些信号情报活动。国防情报局和其他情报机构也进行人力情报活动。同样，为了满足自身需要，国防情报局和其他情报机构还要深入参与图像情报的工作。组织间的争论，尤其是关于投资和预算分配，都不是小事。国会经常要求行政部门将重复工作这个问题处理好。[1]

情报界“烟囱”有时会被错误地认为是搜集“烟囱”，也就是说，被

[1]　原注：Private communication from Professor Peter Oleson, University of Maryland University College（2013）.

搜集门类分隔开。[1] 例如，虽然“烟囱”是存在的，但它们不应仅被认为是人力情报或通信情报“烟囱”。事实上，有四种类型的“烟囱”：组织型烟囱、隔离型烟囱、技术型烟囱和国际型烟囱。这四种都有存在的正当理由。挑战在于与烟囱配合，搜集系统要能运转得更有效率，因为这些烟囱会一直投入使用。

组织型烟囱

组织间隔离在美国情报界创造出主要的“烟囱”。有很多情报界组织在做搜集工作。中央情报局、国防情报局、国家地理空间情报局、国家安全局、国家侦察局及军事机构拥有主要的搜集资产。特别是非文字搜集，不像传统的人力情报和通信情报那样，没有一个机构能做到鹤立鸡群（尽管部分技术性搜集，如图像情报和电子情报有其对应的优秀机构）。而对非文字搜集而言，没有国家级处理和利用中心给它提供可见度，没有较高的权威机构，也没有明确的所有权。

就此而言，任何商业、公司、行业或是学术界都有强大的动力来保留“烟囱”。身处情报组织的领域，人们很容易理解：

- 军事战斗部队都强烈希望拥有自己的情报搜集和分析小队。军事指挥官长期信仰的一条原则是：“不是自己能控制的东西绝不能依靠。”这个小前提是，只有他们自己麾下的小队才能正确理解他们的独特需求。
- 所有组织都希望它们的情报成就被人认可，其他组织哪怕只是获得部分荣誉，对它们来说都难以接受。管理者自然会常常强调他们的成就而淡化其他组织的贡献。这种不愿意分享成功果实的心理会妨

[1] 原注：Gregory F. Treverton, “Toward a Theory of Intelligence” (RAND, 2006), 24, accessed 24 September 2012 at http://www.rand.org/pubs/conf_proceedings/2006/RAND_CF219.pdf.

害合作的可能性。

- 对资金的争夺提供了一个密切相关的诱因。资金决策取决于提供资金的组织给予的认同感——在本文中，这个组织是美国国会。国会认为，能提供高价值情报的组织往往能得到资助，若一些贡献者提供的情报价值不太明显，就会发现他们的资助减少了。

因此，搜集活动是官僚斗争的持续焦点，或者说是情报资产所有权的竞争。[1] 理想的状况是，通过对目标的协同关注管理搜集中的所有问题，处理之前章节讨论过的优先次序，这样双方可用的情报资产就能互为补充。这种级别的合作需要有一个共同的目标，机构间的政策彼此兼容，以及能互相操作的系统。近年来搜集人员之间分享信息的情况有所改善，但依然有提升空间。

然而，人们对在跨组织烟囱间进行搜集管理，也一直在做努力尝试。最开始尝试做全源搜集管理，起因于 1977 年发布的《12036 号总统行政令》。它建立了国家情报任务分配中心（National Intelligence Tasking Center，NITC），由中央情报主任进行监督、控制和管理，此中心用于协调和派遣国家对外情报搜集活动的任务，这些任务来自情报界所有部门，包括国防部和联邦调查局。其他部门都反对这项工作，最终不了了之。[2]

国家情报总监建立了国家情报协调中心（National Intelligence Coordination Center，NIC-C），监督所有情报搜集资产的使用，并促进组织间在搜集工作中的协作。国家情报协调中心有一个雄心勃勃的议程，包括前端管理、协作和搜集评估。它似乎有一个目标，即实现本章开头所

[1] 原注：Pamela Hess, “Intelligence Agencies in Turf War,” Associated Press Report（May 28, 2008）, accessed 24 September 2012 at http://www.foxnews.com/wires/2008May28/0,4670,IntelligenceTurfWar,00.html.

[2] 原注：Gartoff, *Directors of Central Intelligence as Leaders of the U.S. Intelligence Community*, Chapter 8, accessed 3 April 2013 at https://www.cia.gov/library/center-for-the-study-of-intelligence/csi-publications/books-and-monographs/directors-of-central-intelligence-as-leaders-of-the-u-s-intelligence-community/chapter_8.htm.

描述的理想搜集管理系统。考虑到组织型烟囱的韧性，它是否会像国家情报任务分配中心一样夭折，也是一个未决的问题。维护这些烟囱存在很强烈的动机。在解决完这些动机之前，像国家情报协调中心这样的组织将继续面临对其权威的挑战。同时，在情报界，绝大多数的合作成功事例来自情报体系内的个人，他们的工作跨越组织边界，能做到尊重合作伙伴的敏感之处，并对其文化习俗表示理解。

隔离型烟囱

美国情报和国防体系有大量的**特殊访问计划**（special access program，SAP)，通常称为“黑色计划”。它们也被称为“隔离计划”，因为它们被特别的安全分隔区域保护着，访问它们的途径有极大的限制。隔离的一个明显好处是：计划的成功常常需要依靠对手意识不到计划的存在，或是不知道计划有什么作用。有些人支持创造出更多的隔离区间，而搜集资产的持续流失支撑了他们的主张，事实上隔离持续在激增。但隔离型烟囱也是要付出代价的：

- 有些人是需要情报的，如其他的搜集者、分析人员和情报用户，但隔离常常使他们得不到情报。隔离情报计划的守护者永远都在面对一个权衡问题，即保护他们的资源或是提供可用的产品。他们必须将安全性与效率平衡好。[1]
- 隔离意味着，不同的安全级别必须要以某种方式在整个系统中共存。在信息网络中实现多级安全是困难的，这令合作变得很困难。[2]
- 隔离倾向于保护烟囱，使其免受压力变化影响，而争夺资金能提供

[1] 原注：“Report of the Commission on the Intelligence Capabilities of the United States Regarding Weapons of Mass Destruction”（March 31, 2005），444.

[2] 原注：“Report of the Commission on the Intelligence Capabilities of the United States Regarding Weapons of Mass Destruction”（March 31, 2005），439.

一个诱因来维护烟囱，并使其更强大。情报界管理者自然而然会侧重保护他们的特殊隔离室。

当情报必须为执法机构和国土安全提供支持时，隔离有了一个额外的维度。这些组织里很少有人拥有任何安全许可。所以，情报产品需要进行处理，这会制造出一些政策、安全和监督问题，而它们不是轻易能解决的。

技术型烟囱

技术型烟囱之所以存在，是因为需要汇集大量专业知识解决棘手的搜集问题。但是，在一个搜集领域的专家对另一些领域并没有深入的了解，所以他们经常不认可这些合作的机会。例如，光学图像和合成孔径雷达图像搜集通常是在一个单独的整体组织型烟囱下完成的，即美国国家地理空间情报局。但对这两种类型图像的搜集和处理，所需的技术专长是完全不同的。光学工程师为前者工作，后者需要的是雷达工程师。在所有技术性搜集中，不同的情报门类有各种技能要求，属于不同分支学科的操作者通常没有共同之处。同时，各种不同的文化会使用不同的语言，这赋予搜集活动一些特点；各领域之间表达思想的技巧是不同的，这反映出在基础研究和应用研究中存在的问题。此外，因为人们对很多技术搜集资产所知甚少，而且他们的人数众多，用户没能利用他们的潜力。任务分配存在困难，当完成任务获得一些结果后，利用它们也存在困难。

描绘非文字搜集活动特性的特征库，可能是烟囱式体系中隔离程度最高的一部分。每个特征库有其对应支持的分支学科，设计特征库是为了分支学科能更有效地使用它。然而结果是，在协作分析工作中，任何跨越特征库的努力都会令人沮丧。可以访问某个特征库的分析软件，通常不能使用另一个特征库。

尽管技术型烟囱造成了一些问题，但它们满足了一个重要需求。任何搜集学科要取得进步，都需要大量重要的专业知识，技术型烟囱可以达到这个目的。

国际型烟囱

搜集管理中的一个重要部分是管理搜集和跨国界共享产品。

美国在利用其国际合作伙伴的资产、能力和领土方面做得特别出色。相比美国的敌手，美国搜集活动的最大优势可能就是它的合作伙伴关系。当然，由此产生的情报共享对合作伙伴也是有益处的。苏联与它在东欧的卫星情报机构有联系，但这并不是真正的合作关系。苏联克格勃往往占据主导地位，并且攫取了大部分利益。[1]

美国与它的国际合作伙伴共享搜集结果的频率越来越高，并反过来依靠这些合作伙伴进行搜集活动。在电子情报和通信情报方面，这不是什么新鲜事。多年来，美国在这些领域与英国、澳大利亚、加拿大和新西兰都有合作。一些搜集传感器必须部署在盟国领土内。这种传感器的部署活动，通常是通过与外国军事或情报机构协同行动完成的。第 11 章提到 AN/FPS-95 超视距雷达，英国有部署这种雷达。第 14 章提到一体化海底监测系统，它在加拿大、英国和冰岛的帮助下成功完成部署。[2] 第 11 章提到的 X 波段雷达被部署在日本。[3] 美国与日本合作利用 MiG-25 狐蝠式战斗机的事例说明，这些合作伙伴关系给美国带来了利益。这种搜集资产共享行为需要进行大量的规划和协作行动。

此外，因为日益频繁的跨国行动，国家被迫与更多的盟国进行分享。条约监控协议往往需要国际合作；其中一个例子是第 14 章提到的国际监测系

---

[1] 原注：GlobalSecurity.org, “Intelligence and Counterintelligence,” accessed 24 September 2012 at www.globalsecurity.org/intell/world/russia/kgb-su0522.htm.

[2] 原注：IUSS Caesar Alumni Association, “IUSSHistory 950-2010,” accessed 23 September 2012 at http://www.iusscaa.org/history.htm.

[3] 原注：“Forward-Based X-Band Radar–Transportable,” *Missilethreat.com*, accessed 24 September 2012 at www.missilethreat.com/missiledefensesystems/id.19/system_detail.asp.

统，它被用来监测核试验。美国越来越依赖于情报搜集者或处理和利用人员的跨国网络来进行工作分配，特别是语言翻译方面。美国与越来越多的其他国家建立合作伙伴关系，这带来了许多好处，但也引发了一些问题：

- 可以怂恿外国合作伙伴执行某些特定的任务，但不能直接指挥它们这样做。
- 随着时间的推移，外国合作伙伴了解到很多关于美国情报搜集资产和能力的信息；一些合作伙伴可能会泄露消息，降低这些搜集资产的效用。
- 与外国的联盟伙伴共享情报变得愈加重要，但这似乎缺少一个条理清楚的政策。很多美国情报机构和很多国家都建有直接的联络关系。最贴切的类比就像是，美国政府各个部门与外国同类部门直接打交道，而跳过国务院。

烟囱的职能管理

时至今日，搜集活动跨越了组织、国界及安全隔离。我们想在搜集活动中实现协同效应，意味着要在所有搜集团队中建立实时的跨情报门类合作。但是，边界或烟囱将两件事变得困难起来，一是给人员分配要求，二是在搜集活动中建立合作，实现协同效应。

如前面章节所述，烟囱起到了一个重要作用。它们能为搜集活动创造出一个管理架构。它们能准备和保护搜集活动的预算。几乎没人建议将烟囱淘汰。相反，现在人们的重点放在消除烟囱给跨情报门类创新造成的壁垒，如前一节讨论的，采用组织型烟囱的新方式。

为寻求改变，从此需求中发展出一种新的管理模式（一种混合方法），即职能管理。改变首先是从国防部开始的，20 世纪 70 年代中期，那时国防情报局被授予一般军事情报的预算规划权力。国防情报局局长被任命为一般国防情报计划（General Defense Intelligence Program，GDIP）的职能管理者，囊括非信号情报计划和四个军事机构。国家安全局局长成为信号情报的职能管理者，在分配资金，确定军事机构、美国国家侦察局和中央情报局信号情报工作计划的优先次序方面，可做出监督和影响。[1]

在情报界，现有很多职能管理者，分管不同的情报搜集和分析学科。在过去10年里，其中一个事例是地理空间情报功能管理概念的出现。美国国家地理空间情报局局长是地理空间情报的职能管理者。但地理空间情报包括情报搜集活动和全源分析，所以地理空间情报活动在美国国家地理空间情报局之外进行，一些军事机构、国防情报局、中央情报局、国家侦察局、联邦调查局及其他政府机构都要承担此活动，当然这些机构不全然是情报组织（例如美国地质调查局）。[2]

四、用户预期管理

用户偶尔会对情报搜集工作抱有不切实际的想法。所以，情报搜集管理者工作的一个重要部分是，保证用户能理解限制搜集活动的约束因素，也能理解搜集活动提供的契机。

当一种搜集能力使用多年后，用户群就会明白它可用于完成什么样的工作。用户在规划时会将其考虑在内。他们会持续依赖这种能力，它既是资产也是负债，因为它会导致系统遗留问题。弃置不用这种能力是很困难的，尽管它的整体价值可能已经在下降，但用户依赖它。在预算有限时，用于维护旧系统的资金不能被调去研发新的且更有效率的搜集系统。

然而，新的搜集资产会面临一个相当困难的问题。一些用户不明白新

[1] 原注：Private communication from Professor Peter Oleson, University of Maryland University College（2013）.

[2] 原注：Private communication from Professor Peter Oleson, University of Maryland University College（2013）.

系统是如何工作的，或是不知道搜集活动的价值何在，所以他们不善于通过这些系统要求或利用搜集活动。他们必须了解新搜集方法的能力和局限性，但这需要花费时间。所以，美国情报界一直都面临一个挑战，即让用户了解新搜集资产的能力。当然，这也是本书的主要目的。

认识搜集价值

有两种用户，一种是必须要使用搜集产品的全源分析人员，另一种是采纳搜集结果的用户，他们身处军队、执法部门及国家政治圈，他们不太可能依靠自身不熟悉的系统。这对文字情报而言算不上是一个很大的问题，因为文字情报通常很好理解。但很多非文字搜集产品，除了能直接观看的图像，都很难理解。在分析人员群体中，他们对非文字搜集活动的理解程度，根据分析专业的不同而发生变化：

- 科学、技术和武器系统的分析人员对技术性搜集学科最熟悉。他们依靠搜集得到的结果来评估外国武器系统和武器扩散问题。
- 军事分析人员的理解程度次之。例如，他们多年来一直依靠物料利用。而技术性搜集活动对于打击拒止与欺骗有特殊价值，因为一个典型目标有许多特征，而且要将它们都隐藏起来或模拟它们是很有难度的。外国情报机构对有些技术所知甚少，这一事实则起到了帮助作用。
- 相反，政治和经济分析人员往往不太依赖技术性搜集活动，虽然它能帮助解答他们心中的疑问，但却不太了解它的潜在价值。

不过，即使是非文字搜集的用户，通常对它理解也甚少，部分原因是它具有高度的技术性，另一部分原因是它涉及的情报学科广泛，其用户群极其多样化。就专业知识而言，操作者（搜集者和处理者）和产品用户之间的差距很大。操作者很大程度上依赖于技术术语，全源分析人员却发现它们难以理解。终端用户有时会分析通信情报、人力情报或开源情报报告的结果，并与全源分析人员进行讨论。但除了可见光图像，情报终端用户很少会查看技术性搜集的产品，而且一旦他们这样做了，他们会为此伤脑筋。即便是很多用户能理解的可见光图像，都有涉及一些特征分析。

因为人们对技术性搜集理解甚少，终端用户通常不承认它的价值，对它的结果缺乏信心，而且需要很长时间才能接受它。技术性搜集常常得不到它应有的尊重，而且它没有牢固的用户基础。一些终端用户将更多晦涩难解的技术性情报产品称为“巫术”或者“妖术情报”。随着时间的推移，情报界对情报产品变得熟悉起来，一些已有的技术性搜集技能被人们所接纳。然而，很多搜集领域的技术都在迅速发展，这意味着若想要将新的能力纳入，这种理解问题会持续存在。

所以，搜集管理者必须接触并不断地给这些用户补充新知识。分析人员与搜集者之间的关系需要加强。书中提及一些高科技学科，关于它们的知识问题尤为严重，但这个问题在特定领域中差异很大。例如，用户非常了解可见光图像，但对一些学科，如雷达情报、声学和物料特征的搜集与分析，则所知甚少。[1]

处理及时性压力

情报用户不断地要求及时获得情报，有如下几个原因：

- 政策制定者通常想要立刻获得情报，他们通常要对实事做出反应，这意味着他们的需求无法预料。今天想要关于斯里兰卡的情报，明天是瓦努阿图，下个星期又变成巴基斯坦。
- 越来越多的作战单位变成情报用户，并依赖国家搜集资产来确定目标。就像政策制定者一样，这些用户有及时性需求，但他们的需求更好预测。结果就是，情报工作与一些行动的关系越来越紧密，甚

[1] 原注：Mark M. *Lowenthal, Intelligence: From Secrets to Policy*, 4th ed.（Washington, DC: CQ Press, 2009）, 107.

至引发一些军事行动（例如，中央情报局使用捕食者无人机装载地狱火反坦克导弹，来打击目标恐怖分子）。

- 执法界越来越依赖情报活动，而且执法活动的节奏快。一个小时延迟通常都是很长一段时间。

及时性的要求成为情报分析人员最大的压力，因为他们与用户走得近，但搜集者也会感到有压力。很多文字情报来源都难以满足这些及时性的要求，因为通常需要经过语言翻译这个过程。

然而，技术性搜集能够提供实时或接近实时的产品，并将它们直接传给行动单位和政策制定者。如今电子情报和图像资源经常采用这种方式。一些新出现的技术性搜集技能，需要进行大量的处理工作以获取特征信息，因为它们依赖的是试验中的和不成熟的技术。这些相关流程属于技术密集型，依赖于专业知识，因此速度缓慢。然而一旦这些技术成熟后，处理过程就变成自动化了，分发产品的速度接近实时状态。

五、新搜集技能上线

搜集活动令人兴奋的一方面是，它如此依赖新科技和新技术。科技进步对所有搜集活动有两方面的积极影响：

- 新科技在世界范围内扩散意味着有更多的机会进行搜集活动；随着时间推移，搜集目标也会暴露出新的弱点。随着电子系统，如雷达、通信手段和个人数码助手（personal digital assistant，PDA）的大量产生，会出现更多的特征。举例说明这一点，如果搜集目标是阿米什教派（诚然，它极不可能成为情报目标），你也许只能采用人力情报、生物测定学技术及公开来源进行搜集活动；阿米什人往往不会广泛使用现代科技。但如今，典型人物、物体、组织或设备给搜集和利用活动提供了很多可能的切入点。

- 人们可采用新科技和新技术，从现有资源中获取更好的搜集结果，或者开发新来源。冷战时期，互联网、射频识别标签、高光谱和超光谱成像、雷达和光学测偏振术，以及许多材料传感技术都还未发明出来。

为了利用这些机会，情报机构至少必须做到三件事：保持技术优势；缩短研究、开发、测试和评估（research，development，test，and evaluation，RDT&E）周期，以便更快地将搜集、处理和利用系统投入使用；有效管理从研究、开发到运营系统的困难过渡。

保持技术优势

搜集资产的可用时间有限，而且有时非常短暂。真相暴露往往会减少搜集资产的价值，尤其是在美国。似乎没有其他国家会像美国那样快速将其情报资产置于危险之中，而这对技术性搜集的影响尤为巨大。结果是，新科技研发出来后，需要立马投入使用，这需要大量的研究和开发工作。不过，在保持这种技术优势方面也存在一些挑战。

首先，用户施加的压力（前文有提及）会怂恿搜集者依赖一些已知的来源、技术和目标，而不去发展新的东西。旧系统的问题也会刺激搜集者依赖一些传统的来源和传统的业务方式。例如，在电子情报中，不提倡寻找新的雷达信号；所有情报资产都专注于现成的信号，而且有些要求涵盖一些已知的目标，这使得寻找新的信号变得困难重重。分析人员需要更多相同的信号，助长了这种倾向。一旦针对任何一组目标形成一组既定的客户，就很难停止提供这种情报。用户通常依赖于继续接收信息。例如，如果军方精确定位系统依赖的是目标具有一定精度的多光谱图像，停止搜集这种图像，会将一种重要军事能力的效力消磨殆尽。

其次，当人们研发了新的搜集系统，就需要培训员工使用它们。所以，情报界一直有个需求，即培训员工采用新科技和利用新情报资产的能力。

最后，美国情报界还要解决这种存在已久的“非我发明”（not-invented-here, NIH）态度所导致的后果。很多情报部门不愿采用商业技术，或是由美国政府部门研发的技术。几十年来，这是有效的；就研发和应用新科技方面，情报界领先于商界。但如今，商业机构在一些搜集领域处于领先地位。拉斯维加斯赌场在应用人脸识别方面是领头羊。就研发和应用信息技术而言，微软和其他公司遥遥领先。谷歌地球在地理空间领域处于领先地位。当习惯领头羊的地位后，针对一些情报界领域，调整心态做个追随者并不容易。

对所有参与者来说，改变都是困难的；管理改变更是难上加难。有些书整本都在描写如何应对改变。但到最后，对每位情报界管理者而言，它都变成一个简单的命题。保持情报力量世界第一，关键在于保持技术优势。

加速研究、开发、测试和评估周期

与保持技术优势紧密相关的一件事是加速研究、开发、测试和评估周期，即 RDT&E 周期。每个新系统都必须经历 RDT&E 周期，但这会花费一段很长的时间。卫星、船只和飞机的研发周期需要好几年。地面站点，如第 8 章提到的毛伊岛空间监测设施，它的研发周期需要花好几十年。大型系统的时间范围似乎会变得更长。出现这种情况的一个合理原因是，系统的复杂性在不断增加。但延迟的部分原因也在于，计划的审查和批准是需要过程和时间的。

通过使用一个加速过程来缩短研发时间范围是有可能的。20 世纪 50 年代末期，美国空军创造了术语“快速反应能力”（quick reaction capability，QRC），指代这个快速达成目的的过程，人们至今仍在使用它，只是有时换成其他名称。快速反应能力概念是指，省去很多正式采购和系统工程的过程，以便将一件设备迅速投入到某一领域。对于一些小型物件如传感器，与正常的研发周期相比，快速反应能力已证明能对其起作用，而且所需成本更低。对一些大型和复杂系统实行快速反应能力是困难的，但仍有可能，因为需要完成很多系统工程。

加速 RDT&E 周期似乎是个很有吸引力的选择，但也存在风险。一些最先进的技术传感器只不过是试验样机。在技术上它们还不成熟，不能对其进行部署活动，或者在某一领域投入使用。这种部署完备前投入使用的方法，能帮助美国保持研发优势，但支持整个部署活动的花费非常高昂。

可操作搜集系统的转化管理

一些类型的搜集系统已存在多年。电子通信情报的历史可追溯到最开始使用电报的年代。20 世纪 40 年代以来，人们一直在发展电子情报图像和光学图像，它们得到稳步改善。对这样存在已久的系统，对它们做些改善，使其变成可操作的状态没有很大的困难。整个情报组织已经很熟悉这种搜集系统，知晓它能做些什么。人们欣然接受改善这种系统，甚至会主动要求改善。例如，对同一张光学图像，情报分析人员想要国家图像判读度评价标准质量更好的那一张，而且他们希望这张图像能覆盖更大的面积。结果就是，将这种用户主动要求的改善转化为行动相对平稳一些。

很多新类型的搜集系统面临一个不同且困难得多的过程。对于这些新的高技术资产，进入操作状态前面临许多障碍。通常，将先进的技术传感器从研发步骤转化为可操作状态是困难的，原因如下：

- 用户通常不了解新系统可提供什么或者如何使用产品，因此用户需求为零。美国情报界对合成孔径雷达潜力的认可进程十分缓慢，研发合成孔径雷达的计划因为缺少资金被放弃了好几次。
- 前文提及，现有搜集活动的需求持续不断，而用户都不愿意放弃现有的计划。不管搜集系统的预算有多大，最终这些资金都会被旧项目消耗掉，所以基本不会实施新计划，除非被强制完成。
- 处理和利用过程通常都是从头开始发展的。很多新搜集技术需要深度处理和利用，还需要专业技术人才，而后者是供不应求的。

- 最后，新系统遇到一个障碍，即并不需要处理系统改进，这个障碍太普遍，以至于它有一个不详的名字——“死亡谷”。

我们知道“死亡谷”一词源自商界。在那里，通过基础研究得到的发现转化为一个商业产品或过程，是一条很长的路，而且不同的道路上布满路障。创新者将这个“死亡谷”形容成一个资金缺口，它是研发过程中的中间阶段，介于基础研究和新产品商业化之间。在这个创新过程的中间阶段，技术项目的投入资金不足，它们不再被视为基础研究，它们的研究也不够深入，能带来的利益还不能为人认可。一则消息这样描述，“死亡谷”“实验室中好的发现在这里被扼杀，因为缺乏需要的资金将其变为商业产品”。[1]

在情报界 RDT&E 过程中出现相同的“死亡谷”。因为用于研发的资金很宽裕，但将计划转化为成本更高的获取阶段则难以筹集资金，出现上述情况是不可避免的结果。但“死亡谷”未必是一件坏事。搜集计划通常会进入获取阶段，不过最终在成本超支的情况下失败。此种情况下，前期缺乏资金可能对它们来说是一件好事。

六、评估搜集

因为所有情报机构的大部分预算都花在搜集活动上，这些机构想知道它们的钱是否花得值。因此，搜集性能必须进行前瞻性和回顾性评估。

对技术性搜集进行前瞻性评估时，通常会使用仿真建模；它常在搜集系统研发完成之前投入使用，特别是评估日常搜集系统的潜力。这些系统的成本都很高，所以研发和利用仿真建模所花的钱是值得的。

---

[1] 原注：J. Heller and C. Peterson, “Valley of Death,” in *Nanotechnology Investing*, Foresight Nanotech Institute, accessed 24 September 2012 at www.foresight.org/policy/brief8.html.

搜集系统一旦投入使用，有三种方法可用来回顾性地评估搜集产品：

- 调查分析人员，要求他们评估已完成情报活动中使用的搜集报告（这会消耗宝贵的分析时间）。
- 严密审查访问原始情报数据库的情况。一段时间内，若同一人多次访问同一个报告，则说明这个报告有更高的价值。（这种方法的一个问题是，人们通常只会访问一次价值最高的报告，然后将它打印下来，所以你需要知道这份报告什么时候被打印过。）
- 使用引证分析（citation analysis），即一份报告在已完成的情报活动中被引用了多少次。但最有用的报告不一定会被引用。高度隔离的报告通常会被用作背景材料，因为它们不能在更低级的报告中使用。

所有这些评估技术依赖于某些形式的度量——可用数字赋值的东西，其中数字代表相对价值。只要可能，评估搜集活动时都会使用度量标准，因为美国人似乎热衷于量化几乎所有的事情。所以，评估者必须了解需要测量什么东西，以及如何测量它。传统的度量是测量情报用户满意度的一种形式。

在搜集活动完成后测量用户满意度，能评估情报过程在针对需求或是填补空白方面的表现。换一种说法就是，这种测量是一种量化形式，来测定一种特定需求或条件的满足情况。有意义的用户满意度测量结果可解答下列问题：

- 伊朗可移动导弹中已确定位置的占多少比例？
- 石油工业计划的石油勘测区在哪里？
- 2014 年，在巴基斯坦、老挝、墨西哥、泰国、阿富汗和缅甸的鸦片种植面积达到多少？这些国家的鸦片加工中心在哪里？它们能够加工多少鸦片？
- 伊朗的大规模杀伤性武器生产中心都隐藏在哪里？

所有这些问题都需要分析结论，但都会引向对用户满意度测量的更具体的定义。

用户满意度测量的一个糟糕例子是，“在给定分辨率的图像里，有多少目标区域被搜索过？”将目标区域全部搜索一遍可能都无法发现一条有用的情报。搜集者喜欢使用这种定量测量，因为他们能提供严格且有技术含量的可计算测量方法。结果就是，很多搜集机构变得很关注数字——搜集的质量和数量，对内容却不够关心。例如：

- 搜集者的表现是根据提交报告的数量来评级的，这助长了一种风气——提交很多短篇报告而不是一些全面的报告。
- 通信情报搜集者可能会因为连续复制完整的对话而得到信任，即便整个传输过程被加密，无法提供任何情报。
- 如果图像情报搜集者为一个非常重要的设备拍摄了 100 张照片，每一张照片都可能为他们的搜集表现评级赚取信任，即便后面的 99 张照片没有提供任何新信息。

上述第一个例子说明，以度量为基础的系统有一个共同缺陷：它们可用于博弈；也就是说，搜集成果和报告可调整使得度量标准变得更好看，而不是提供更好的情报。当度量是决定预算的因素时，这个问题尤为严重。如果度量被用来分配资源，它们都能且会被用来博弈。

总之，正式的搜集度量倾向于更多地关注容易度量的内容，而不是重要的内容。关键的测量标准是内容而非数量，正式的需求结构并不能很好地处理内容评估。分析人员和用户必须评估内容，给予情报搜集一些价值。如果将这项工作做好，评估可有效地控制博弈行为。

七、结论

本章讨论情报搜集管理的挑战，部分来源于美国在发展情报资产和扩大美国利益范围两方面的成功。情报文献常常会重点批判美国情报能力的烦琐和低效。确实，一些小的政府情报机构，例如以色列摩萨德和许多跨国公司，它们将自己的情报专长集中在某些领域，并取得了成功。一些小型紧密组织所拥有的优势，它们也全部拥有。尽管如此，美国政府的搜集能力仍是世界上最优秀的。美国情报界拥有最多的资源，并能做出最好的系统规划。它不断创新，它尝试的东西其他机构很少敢于尝试。就覆盖面的广度和深度而言，美国是全球的基准。

八、小结

理想的搜集管理系统应该对两件事保持理解开放的态度，一是用户的信息需求，二是认知差距。它会整合需求和分配搜集资产，将情报搜集的价值最大化。所有搜集者都会知道其他同事在做些什么，这样可以协同利用搜集资产。系统能在很多不同的分类级别中有效地发挥作用。情报产品的处理、利用、分析会快速和准确地完成，这样才能让用户及时得到结果。

所有国家情报机构都发现这种理想状态很难实现。向理想系统靠近需要应对一些挑战：

- 一是将优先次序和需求对应起来，并将它们转化为搜集策略。
- 二是客观评估搜集性能。
- 三是管理整个跨越组织、隔离、技术和国家界限的流程。
- 四是管理用户预期，尤其是应对及时性要求的压力。
- 五是将新科技和新功能上线。

情报搜集管理始于前端——这一流程包括搜集规划。必须将国家优先次序转化为情报优先次序，再转化为特定需求。因此，必须制定搜集策略，并派遣特定搜集者去获取所需信息。

第一步是确立国家优先次序。几十年来，人们做了多次尝试来确立这种优先次序。当前使用的系统被称为“国家情报优先次序框架”。与之前的系统一样，国家情报优先次序框架必须处理搜集者的一个自然倾向，即将专注点放在最高优先级上，而牺牲一些较低优先级。

源于国家情报优先次序的需求形成了一个层次结构。处理大量的卫星图像情报、电子情报和开源情报材料时，都需要这种正式的需求结构。需求有几种形式。长期需求，顾名思义，是一个长期的过程，通常包括持续或重复搜集；对时间敏感需求，需要进行即时的搜集行动，而且通常只专注于一个单独的事件；临时需求则是全新的需求（可能也会有时间敏感需求）。

将情报优先次序或需求转化为搜集优先次序的关键是，从所有其他空白中鉴别和区分出搜集空白。当完成这个步骤后，在制定搜集策略之前，需要评估这个搜集活动成功的可能性。

搜集策略可被描述成一个系统的计划，它可根据需求来优化所有有能力的、可用的、适当的搜集资产和来源的效能与效率。考虑到复杂目标的可能搜集场景的分布范围，在给情报资产分配任务之前，制定搜集策略是有必要的。因此，人们会制定出一些策略，试着整合多学科资产的任务分配和搜集，以便能在搜集中获取最大价值。协同策略在之前已获得成功，包括群体探查、突进探查、闪电探查和挑衅探查。

前端流程的最后一个步骤是，给搜集资产分配任务。任务分配包括给一个特定的搜集者提供特别的指导。分配的任务必须具体，通常要提供能帮到搜集者的背景信息。很多需求需要将内容扩增或者添加解释。

为帮助拥有许多用户的大型搜集系统管理复杂的前端流程，美国情报界研发了很多搜集管理工具。有时这些工具也用于管理后端流程。多年来，人们做出大量努力将过剩的单个工具变为一套全情报界搜集管理工具，这可用来进行综合搜集管理。

搜集工作中另外一个关键阶段是后端，它包括处理和利用搜集到的原始情报。搜集系统开始工作之前，人们要将这个阶段计划好，并给它分配资源。总体搜集工作的全部内容通常不会提前安排好，至少不会触及搜集活动本身的程度。当出现新的搜集类型时，计划者可能还未来得及弄清楚该如何设计最好的处理和利用过程。同时，有时在搜集系统工作一段时间后，人们才发现使用技术性搜集的新方式。

搜集活动跨越了组织、国界及安全隔离。这些界限会阻碍有效地将需求分配给资产和所需的协作。有一个问题是众所周知的，对协作活动来说，这些界限在情报界有一个特定名称：烟囱。事实上，有四种类型的烟囱：组织型烟囱、隔离型烟囱、技术型烟囱和国际型烟囱。这四种都有存在的正当理由。假定这些烟囱会一直投入使用，挑战在于与烟囱配合，搜集系统要能运转得更有效。在美国，人们的反应是创建一种新的管理模式（一种混合方法），也就是职能管理。在美国情报界，现有很多的职能管理者，分管不同的情报搜集和分析学科。

当一项搜集技能投入使用多年之后，用户群就会明白这项技能可以完成什么样的工作。然而，新的搜集资产会面临一个相当困难的问题。一些用户不明白新系统是如何工作的，或是不知道搜集活动的价值何在。他们需要了解新搜集方法的能力和局限性。用户不断要求更及时地获取情报，有两个原因，一是为了政策决定，二是为了支持现代战场的快速反应需要。

所有的搜集活动都严重依赖新科技。科技的进步对搜集活动有一些积极影响，一是在其他国家，它能提供新的搜集目标；二是它能提供新的搜集方法。搜集资产的使用寿命是有限的，因此保持一项技术优势是有必要的。这意味着需要不断地将 RDT&E 周期缩短，以便将新装备迅速投入战场使用，以及找到一种机制，将有前途的研究转化为可操作的搜集系统。

对搜集系统性能必须进行前瞻性和回顾性评估。仿真建模可用来预测成本非常高昂的系统。基于内容的用户满意度测量可用来进行回顾性评估，但参与评估的人应该包括全源分析人员和用户，而不仅仅是搜集者。

术语释义

吸收（absorption）	波在媒质中传播时强度的减少。
精度（accuracy）	描述测量值与被测量的真实值的接近程度。
声学情报 (acoustic intelligence)	搜集和处理声学现象所得到的情报。如果分析的是来自水中的声音，就叫“水声情报”（ACINT）；如果分析的是空气中的声音，就叫“声学情报”（ACOUSTINT）。
基于活动的情报 (activity-based intelligence)	一种全源分析，关注的是与实体、民众或有价值区域相关的活动和交易。
自适应光学（adaptive optics）	一种光学技术，能够抵消由大气湍流造成的物体图像扭曲。自适应光学仪器使用可移动的拼接镜面或者可变形的连续镜面能够弥补图像的退化。
高空探测气球（aerostat）	比空气轻的飞行器，可以在空中静止。
全源分析 (all-source analysis)	一种流程或分析产品，利用到所有可用的、相关的信息来源；也叫“最终情报”（finished intelligence）。
角度分辨率（angular resolution）	传感器观测到的不同物体之间最小的角间距。
天线（antenna）	辐射或者接收射频能量的设备。
远地点（apogee）	物体——通常是卫星或者其他天体——环绕地球旋转的轨道上距离地球最远的一点。
伪影问题（artifact）	在使用合成孔径雷达时，由于违反了雷达操作过程中的一些假设，从而导致的图像失真。可参见“多反弹”和“掩叠”的例子。
上升通道（ascending passes）	卫星在地球的一侧向北运行。
扫描角（aspect angle）	对场景中物体在水平平面上做几何定向的描述。
大气窗口（atmospheric window）	毫米波的波长或者频谱的光学部分，这一部分大气透明或接近透明。

衰减（attenuation）	电磁信号强度上的减弱。
方位角（azimuth）	水平面上物体和视域之间的相对位置，通常是从正北方向开始测量的。
方位角分辨率 (azimuth resolution)	传感器观察到的不同物体之间方位偏差的最小值。
后门程序（backdoor）	一种允许人们绕过安全程序，访问计算机网络或个人计算机的植入软件。通常叫作“攻击”(exploit)。
反向散射（backscatter）	被照明场景的要素在传感器方向上反射回来的信号。
弹道系数（ballistic coefficient）	弹道导弹再入飞行器基于飞行器的重量、拖拽和横截面的性能。具有较高弹道导弹系数的飞行器可以更快进入大气层。也称为“beta”。
带宽（bandwidth）	对信号频带宽度的测量。传感器可以收集到带宽。
基线资料（baseline）	可参见《基本资料汇编》。
《基本资料汇编》 (Basic Encyclopedia)	全球范围内可能引起情报机构、军事指挥部门作战和规划人员兴趣的设施汇编。
束宽（beamwidth）	波束宽度。对天线辐射方向宽度的测量。
贝塔（beta）	β，用来描述再入飞行器弹道系数的术语。
闪光强度计（bhangmeter）	也叫“大麻强度计”，部署在卫星上的光学传感器，能够探测到大气核爆炸中的双闪。
生物测定学特征 (biometric signature)	从生物学角度识别的特征，通常用来对个人进行参照对比。
生物测定学（biometrics）	测量、分析生物学数据的科学和技术。
双基地雷达 (bistatic radar)	发射机和接收机分开放置的雷达，以获得和单基地雷达不同的特征，或者避免雷达干扰。
黑色程序（black program）	受到严密隔绝或者必须经特殊审批方可访问的程序。
黑体（blackbody）	一种能吸收所有入射的电磁能量的物体，并且随后能够进行完美辐射。这种物体有可能是全黑色的，不反射任何能量。

闪电战（blitz）	一种分配情报搜集资产的技巧，能够使情报搜集资产对特定目标进行短促而密集的覆盖。
僵尸网络（Botnet）	由“指挥与控制”(C&C) 计算机控制的一组计算机，用于按照指示执行命令。
C 频段（C band）	在 5250—5925 兆赫之间的微波雷达频段。
校准（calibration）	从数量上定义系统对已知的、受控的信号输入数据响应的过程。
专案官（case officer）	负责招募的官员；一名经过专业培训的情报机构人员，负责管理间谍人员和间谍网络。
变化探测 (change detection)	任何观察到一个图像随时间变化的技术。
电荷耦合器件 (charge-coupled device，CCD)	任何固态装置的相控阵设备，能够探测到图像传感器中输入的光子。
啁啾脉冲（chirped pulse）	应用于雷达脉冲上的频率调制，目的是获得脉冲长的高分辨率。通常称为“线性调频”(LFM)。
色谱分析（chromatography）	用于分离混合物中各类化学成分的实验室技术。
密码（cipher）	一种执行消息加密的算法。
秘密的（clandestine）	一种行动，其特征在于对手完全不会意识到它发生过。
秘密机构（clandestine service）	负责秘密行动的情报机构。
相干（coherent）	信号的一种特征，其相位可以测量（比如，在一个雷达的很多脉冲之中）。
相干变化探测 (coherent change detection，CCD)	使用合成孔径雷达有效地叠加两个雷达图像，测量和存储每一个图像像素的强度和相位（相位历史数据），产生一张图片，以确定两个图像拍摄间隔发生的变化。
附属情报（collateral）	情报搜集组织的外部材料或信息，通常是由另一个情报搜集组织生产的报告或情报。
通信情报（communications intelligence，COMINT）	非预定接收者通过拦截通信获得的情报信息。

竞争情报（competitive intelligence）	搜集关于企业竞争对手的情报，包括他们的计划，策略和产品。
对比（contrast）	同一幅图像中两个相邻区域色调的差异。
对比度增强（contrast enhancement）	一种处理技术，增强同一场景中不同特征的色调区分。
隐蔽的（covert）	一项行动，其结果是显而易见的，但行动的来源要么不明显，要么就可能存在推诿性。
交叉扫描仪（cross-track scanner）	又称“光机扫描仪”或者“摆扫扫描仪”。使用一个扫描镜，将表面分辨元素的图像投射到单个探测器内。
密码分析（cryptanalysis）	“破译加密”或对加密信息进行解密的过程，执行这一过程的不是预计的信息接收者。
卧底（dangle）	一个有吸引力的潜在招募对象，是故意安置到敌对情报部门面前的。
数据立方体（data cube）	对一个高光谱图像进行三维展示。
下降通道（descending pass）	卫星轨道向南行进的部分。
探测阈值（detection threshold）	传感器所能探测到的信号强度的最小值。
漫反射（diffuse）	通常由多个各具随机相位的能量反射构成，比如源于自然的树冠或农田的反射。这个术语也可用来描述一个按照这种方式反射电磁波照度的平面。与此相对的是镜反射。
数字图像（digital image）	放在数字化文件内的图像，画面要素（像素）的明亮值代表了原先场景中特定位置的亮度。
测向定位（direction-finding，DF）	对信号到达方向的测量。
分发（dissemination）	以书面或电子形式向客户传递经过处理和利用的原始情报。
多普勒（Doppler）	在传感器和目标的视线之间相对运动导致的频率改变。
多普勒效应，多普勒频移（Doppler effect，Doppler shift）	物体和观察者处于相对运动的时候，从物体发射或反射出的声学或电磁信号中观察到的频率的改变。

挂马网站（drive-by download site）	包含恶意软件的网站，它利用了网络浏览器和浏览器插件中的漏洞。
停留时间（dwell time）	传感器对目标保持接触的时间长度。
动态范围（dynamic range）	可观察到信号的最大值和最小值的比率。最大值就是系统满载时的信号，而最小值信号通常被定义为噪声基准或者本底噪声。
边缘增强（edge enhancement）	一种出于情报目的的图像增强技术，主要特点是强化目标对象的边缘轮廓。
电磁波（electromagnetic [EM] wave）	描述电场、磁场变化的一种波，如光波、无线电波、微波。这种波能在自由空间里以光速传播。
电子情报（electronic intelligence，ELINT）	通过拦截有意电磁辐射（通常是雷达）得到的情报，但不属于通信情报或者外国仪器信号情报的范畴。
光电成像仪（electro-optical[EO] imager）	一种成像传感器，把输入的光能转化为电子信号，用于发射和储存。
诱导（elicitation）	一种从对话中获取关于某个主题的信息的手法，消息来源最好对所发生的事情一无所知。
椭圆偏振测量（ellipsometry）	光学偏振测量的另称。
发射波段（emissive band）	从中波红外到长波红外，再到远红外波段。
发射率（emissivity）	物体的属性，描述了其热辐射跟理想黑体间的偏移程度。
误差椭圆（error ellipse）	在地理定位领域中，这个词指的是地球表面的一个椭圆，人们有 50%的概率在这个椭圆里定位到某个目标。
攻击（exploit）	恶意软件利用软件漏洞，在未经用户同意的情况下破坏或控制计算机，最好是在用户不知情的情况下感染计算机；通常称为“后门程序”。
利用（exploitation）	经过处理的搜集结果转化为可由用户或全源分析人员使用的产品。
f 值（f number）	光圈数。在光学中，焦距与孔径直径之比。

工厂标识（factory markings）	为了库存管理和质量控制目的而放置在军事设备上的标识。这些标识具有情报价值，因为它们可以帮助人们识别设备的来源和生产的数量。
虚假警报（false alarm）	噪声或被误以为有用的干扰信号。
假色（false color）	描述物体的图像不使用全彩色照片使用的颜色，而是赋予每一个像素的颜色更长的光波波长。
漏报（false negative）	有用信号被看成干扰或者噪声因而被抛弃。
误报（false positive）	虚假警报的另一种说法。
远红外（far infrared）	位于15微米和1毫米波长之间的红外波段。
能视域（field of regard）	一个情报搜集平台能够看到的全部区域。
视场（field of view）	视野，视界。传感器在任何时刻都能看到的空间大小。
流体传输法（fluidics）	利用流体压力和流量进行传感和控制的技术。
焦距（focal length）	在光学系统中，入射孔径和焦平面之间的距离。
焦平面（focal plane）	光学成像聚焦的平面。
焦平面阵列 (focal plane array)	光学传感器的平面阵列，放置在光学器件聚焦入射光能的位置。
外国仪器信号情报 (foreign instrumentation signals intelligence，FISINT)	由非预定接收者截收外国仪器信号得到的情报。外国仪器信号包括但不限于遥测、跟踪、融合、武器、火力控制系统的信息，以及视频数据链的信号。
前视红外 (forward-looking infrared，FLIR)	主要在夜间工作的红外成像系统，通常安装在飞机或者运输工具上，用来探测前进的方向，因而得名前视。
分幅式照相机 (framing camera)	使用传统光学仪器的相机，在照相机的焦平面上有一个平面探测器阵列。
频率（frequency）	波振动的速率，以赫兹（每秒的振动）为测量单位。
到达频差 (frequency difference of arrival，FDOA)	通过测量和比较不同接收机收到的多普勒频移来定位一个发射机，前提是发射机和接收机之间存在相对运动。

频分多路复用（frequency division multiplexing）	给每束通信流分配不同射频波谱的技术。
跳频（frequency hopping）	一种雷达技术，指信号周期性地跳到一个不同的频率（在每一次输送脉冲的时候）。
非频变天线（frequency-independent antenna）	在非常宽的频带（频率宽度上限数倍于下限）上保持几乎恒定的波束宽度的天线。
频率分辨率（frequency resolution）	一种标准，运用于衡量分辨频率间隔很近的两个信号的能力。
前端（front end）	涉及情报计划的流程，特别是提出情报需求、确定情报搜集优先次序、制定情报搜集策略、分配情报搜集任务。
全偏振（fully polarimetric）	同时发射和接收两种偏振类型，通常指一种合成孔径雷达。
增益（gain）	信号等级的改变。在处理过程中某些功能提升了信号的等级。
定位（geolocation）	在地面或太空中精确定位物体位置的过程。
地理定位精度（geolocation accuracy）	测量物体在地面或太空中位置的精度。
地震检波器（geophone）	一种测量地震波干扰的扩音器。
地理空间情报（geospatial intelligence，GEOINT）	对图像和地理空间信息的全源分析，用以描述、评估并形象地描绘地球上的实际地貌特征和有地理位置的种种活动。
地球同步轨道（geostationary orbit，GEO）	位于距离地球赤道海拔 35800 千米的轨道，轨道周期是 24 小时，等同于地球自转时间。
（雷达）回波起伏（glint）	简短的强雷达回波，由目标的雷达散射截面突然变得很大而引起。
全球覆盖（global coverage）	在情报方面指的是，对世界各地与国家安全相关的机会和威胁保持关注。
掠射角（grazing angle）	地面目标与卫星间的最小仰角，卫星在这个位置上可以观测目标。

地面移动目标指示器 (ground moving target indicator，GMTI)	参见“移动目标指示器”。
地面采样距离（ground sample distance，GSD）	传感器图像中相邻的像素中心之间的距离。
高椭圆轨道（highly elliptical orbit，HEO）	一个拉得极长的轨道，特点就是相对低海拔的近地点和相对高海拔的远地点。这些轨道的优势是，在接近或者远离远地点的时候有相对长的停留时间。
人力情报（highly elliptical orbit，HEO）	使用人力获取的情报信息，情报来源和情报搜集者是人，人力是最主要的搜集工具。
水听器（hydrophone）	用来记录和听取水下声音的扩音器。
高光谱图像（Hyperspectral images，HSI）	使用数百个光谱带的光学图像。
图像（image）	把一个场景的雷达反射或光学反射制成图。
图像增强（image enhancement）	一种处理技术，以改进图像的质量，协助进行光学判读和分析。
图像情报（imagery intelligence，IMINT）	从光学摄影、红外传感器、激光、光电设备和雷达传感器，如合成孔径雷达中得到的情报信息，物体的图像通过光电技术复制在胶片、电子显示设备或者其他媒介上。
成像辐射计（imaging radiometer）	一种测量电磁辐射强度的传感器，也能同时获得目标的图像。它实际上创建了“辐射度地图”。
成像光谱仪（imaging spectrometer）	一种获得目标图像的传感器，测量图像中每一个物体的光谱特征。
入射角（incidence angle）	传感器到目标之间的光线（入射光线），与从目标表面开始测量的法线之间的夹角。
（卫星轨道）倾角 (inclination)	在太空系统术语中，指从地球赤道平面逆时针方向测量的卫星轨道的角度。
非相干（incoherent，or noncoherent）	信号的品质特征，组成相位的要素既没有统计学上的关联，也没有系统上的关联。

不相干变化探测（incoherent change detection）	在雷达图像中指的是，对成像事件之间场景变化的观察，这些变化是由从目标像素处返回能量的强度变化引起的。与相干变化探测相反。
红外情报（infrared intelligence, IRINT）	从监视电磁红外波谱得到的伴随着能量发射或者反射的情报信息。
瞬时视场（instantaneous field of view,IFOV）	又称瞬时视场角。传感器的一个像素对电磁辐射敏感时的角孔径，以度为测量单位。
一体化海底监测系统（Integrated undersea surveillance system，IUSS）	声学阵列网络，有一些位于船只和潜艇后面，被它们拖拽，另一些被固定在海底，用于长距离定位和跟踪潜艇，可参见“声音监测系统”（SOSUS）。
强度精度（intensity accuracy）	传感器能够在强度上分辨差异的程度。
强度覆盖范围（intensity coverage）	传感器能够线性接收和处理的信号强度的范围。参照动态范围，两者有同样的含义。
干涉仪（interferometer）	一种传感器，通过两种以上不同路径接收电磁能量，并从接收到信号的相干干涉中得出信息。
判读度（interpretability）	可判读性。在图像中识别和区分物体、特征、模式和纹理的能力，以确定它们的重要性。
逆合成孔径雷达（inverse synthetic aperture radar，ISAR）	从固定的雷达位置，随着一个物体移动处理相干回声的过程，进而生成一个移动物体的二维图像的技术。
叩键记录器（keystroke logger）	捕获并记录叩键的恶意软件。
L 频段（L band）	从 1215 到 1400 兆赫的微波雷达频段。
掩叠（layover）	高程位移或者透视收缩的极端形式，反射物体的顶端（比如山峰），（在斜距上）比物体的其他部分更接近雷达。具有这种特征的图像似乎朝向雷达倾斜。
遗留系统（legacy system）	与确定用户群一起展开的现有搜集工作，用户需求使得人们难以停止该工作。
库（library）	原始情报的储存库，通常是非文字搜集得来的特征。
线性调频（linear frequency modulation，LFM）	一段时间内，对信号的调制导致其在频率上线性地增加或者减少，也称“啁啾”。

文字信息（literal information）	人类用来交流的信息的形式。
低地球轨道（low earth orbit，LEO）	在地球表面之上 200 至 1500 千米的卫星轨道。
低截获概率（low probability of intercept，LPI）	使用发射功率管理（transmitted power management）或信号调制，使信号情报系统难以搜集射频信号。
地磁异常探测器（magnetic anomaly detector，MAD）	观察对正常地球磁场造成干扰的仪器，军队用地磁异常探测器来探测潜艇，地理学上用来搜寻矿藏。
磁强计（magnetometer）	能够感知地球磁场微弱变化的设备。
材料（materials）	在情报领域指的是，用于挖掘利用的实物或生物样本。
物料（materiel）	在搜集领域指的是，为达到情报目的而获取的实体对象和设备，通常是秘密的。
测量与特征情报（measurements and signatures intelligence，MASINT）	对从特定技术传感器中获取的数据进行定性和定量分析后获得的情报信息，以辨识伴随着来源、辐射源、发射机的独特特征，以便对同一类型的发射源进行后续识别或测量。
中地球轨道（medium earth orbit，MEO）	通常在 10000 到 20000 千米高度的卫星轨道。
微表情（microexpressions）	短暂的面部表情，一般持续时间不到十分之一秒，涉及人脸的一小部分。
微波（microwave）	在 1—300 吉赫之间的电磁频率。
鼹鼠（Mole）	为外国情报机构工作的情报人员。
移动目标指示器（moving target indicator，MTI）	雷达探测目标运动的一种特征。它也被称为“地面移动目标指示器”（ground moving target indicator，GMTI）。
多反弹（multibounce）	一种散射机制，电磁波返回传感器之前在多点反射。最简单的例子就是双弹跳散射。
多功能雷达（multifunction radars）	在搜索、跟踪、成像和目标测量四种功能里，能执行一种以上的雷达。

多点定位（multilateration）	也称“双曲线定位”。通过计算一个信号到达不同接收机的时间差来定位一个物体的过程。
多径（multipath）	又称“多反弹”，通常指一个雷达信号返回雷达之前在多个平面弹跳。
多路复用（multiplexing）	把独立的通信流合并入一个发射的过程，通常用来发射遥感信号。
多光谱图像（multispectral images，MSI）	单一传感器在电磁波谱的多个区域（波段）搜集到的图像。通常是指低于 100 个波段的搜集，以区分于超光谱图像。
多光谱扫描仪（multispectral scanner）	一个成像传感器，能同步扫描很多光谱波段以形成某一场景的多重图像。
最低点（nadir）	又叫“天底点”，地球表面上位于卫星正下方的那个点。
国家图像判读度分级标准（National Imagery Interpretability Rating Scale，NIIRS）	共分 10 级，用以描述图像中的某些特征或者目标。美国国家图像判读度分级标准定义和测量了图像的品质，也是对成像系统性能的衡量。
国家技术手段（national technical means，NTM）	卫星情报搜集资产的委婉说法。1963 年《部分禁止核试验条约》里使用的术语。
近极地轨道（near-polar orbit）	接近南极和北极的卫星轨道。
近实时（near real time）	在事件发生的时刻和在其他位置接收数据的时刻之间，由自动处理和显示信号所引起的简短的时间延迟。这个术语可以描述从几秒到几分钟的延迟。
噪声（noise）	任何冗余的或者已被污染的信号，它们与有用信号产生竞争。噪声可能产生于传感器内部，也可能从外界进入。
非文字信息（nonliteral information）	信息的格式不是人类交流通常使用的。
核取证学（nuclear forensics）	搜集和分析包含核材料或者放射性材料的样本，以确定材料的元素衰变历史或者制造过程。
核情报（nuclear intelligence，NUCINT）	搜集和分析放射源的辐射和其他效应得出的情报信息。
公开来源（open source）	以印刷或电子形式出现，面向公众的材料。

作战电子情报（Operational ELINT，OPELINT）	主要用来直接支援正在进行的军事活动或执法行动的电子情报。
光学情报（optical intelligence，OPINT）	从辐射测量和分光镜测量光学能源（紫外线、可见光和近红外线）的利用中，测量目标的空间、温度或光谱特征，从而得出的情报信息。
光谱（optical spectrum）	电磁波谱的一个部分，人们用光学部件而非天线来接收这部分的能量。（波长短于300微米左右）
轨道周期（orbit cycle）	卫星重新折回原来路径，第二次通过地球上在卫星正下方的同一个点（天底点）的时间周期。
高空（情报）搜集（overhead collection）	高空（情报）搜集。从卫星上搜集情报。情报文献中常用。
高空非成像红外（overhead nonimaging infrared，ONIR）	参见“高空持久红外”。
高空持久红外（overhead persistent infrared，OPIR）	该术语用于描述空载传感器探测和跟踪地球上一大片区域的红外能量的强烈辐射。取代“高空非成像红外”这一术语。
P波（P wave）	在地震传感中指的是由地下爆炸产生的压力（压缩）波。
全色图像（panchromatic imagery）	覆盖电磁波谱某个区域的黑白图像，特别是可见光区域。
模式（pattern）	分析（通常是对特征进行分析）的产品。
近地点（perigee）	卫星或者其他天体环绕地球轨道运行时距离地面最近的一点。
周期（period）	一个波或一个模式定期重复出现的持续时间。周期是频率的倒数。
相位编码（phase coding）	对雷达脉冲的调制，通过周期性地改变发射信号的相位来提高距离分辨率。
相位历史数据（phase history data, PHD）	在距离和方位压缩之前，合成孔径雷达系统搜集到的原始数据。为生成相位历史数据，要记录轻微的频率差别或相位差，或者记录信号强度和相位差。
相控阵（phased array）	一系列天线要素，其中每一个天线馈源单元的相对相位都在变化，阵列的主要波束都被预期的方向所控制。

光度测定（photometry）	对物体发射或反射的光线的强度进行测量。
俯仰（pitch）	一个传感器平台以“鼻锥上下运动”形式进行的垂直旋转。
像素（pixel）	图像元素，数字成像最小的元素。
极地轨道（polar orbit）	倾角 90 度的轨道，从南到北运行正好穿过赤道，直接穿过两极。
测偏振合成孔径雷达（Polarimetric SAR）	能够发射和（或）接收多种偏振的合成孔径雷达。
测偏振术（polarimetry）	对横波（尤其是无线电波和光波之类的电磁波）偏振现象的测量和解析。
偏振（polarization）	电磁波中电场矢量的取向。在射频波段中，偏振由天线确定，会因发射或接收的不同而调制。
精度（precision）	对某一个量的细节的量度。
预处理（preprocessing）	在图像情报中，在进行主要数据分析和提炼情报之前，进行辐射校正或者几何校正。
传播，扩散（propagation）	以波的形式在太空或者其他媒质中进行的能量运动。
脉冲（pulse）	受到短时间间隔限制的一组波的分布。这一类分布特征可以通过持续时间和振幅（或者波幅）来描述。
脉冲压缩（pulse compression）	用在雷达和声呐上的技术，通过调制发射的脉冲来增强距离分辨率和传感器的信噪比。
脉冲重复频率（pulse repetition frequency，PRF）	雷达发射脉冲的重复率。
脉冲重复间隔（pulse repetition interval，PRI）	雷达发射相继脉冲的时间间隔。
脉冲串分选（pulse train deinterleaving）	在电子情报中指的是一种处理技术，用于分离传入的雷达脉冲并将其分配给特定的雷达目标。
推扫成像仪（pushbroom imager）	利用地面探测器阵列的运动来成像，成像效果类似于一把在地板上推进的扫帚。
快速反应能力（quick reaction capability, QRC）	美国空军项目，为让武器系统或者子系统迅速投入实战，终止正常的合同流程。

雷达（RADAR）	电磁传感器，特征是发射信号，并从目标处接收反射信号。是“无线电探测和测距”（Radio Detection And Ranging）的首字母缩写。
雷达散射截面（radar cross-section，RCS）	对雷达反射率的测量，用假设完美球体的实际尺寸来表达，该球体将产生与从样本目标处所观测到的同样的反射水平。
雷达情报（radar intelligence，RADINT）	雷达搜集数据得到的情报。
雷达分辨率单元（radar resolution cell）	由距离和角度分辨率定义的雷达的容量。
辐射（radiation）	释放电磁能的行为。
射频泛洪算法（radio frequency flooding）	使用射频信号（通常是微波）照射目标，并搜集从目标处反射而来信号的音频调制。
辐射计（radiometer）	一种无源传感器，接收和记录物体自然发出的电磁能。
辐射成像仪（radiometric imager）	一种电磁传感器，既可以创建图像，又可以测量图像上每个像素所接收能量的强度。
辐射分辨率（radiometric resolution）	传感器区分信号强度等级的能力。
距离（range）	通常是传感器和目标之间视线的距离。
距离分辨率（range resolution）	在雷达中，这是距离尺度（range dimension）分辨率的典型特征。距离分辨率基本上是由雷达带宽决定的。
实时（real time）	没有时间延迟，除了电磁能发射需要的时间，从事件发生时刻或者数据发射时刻，至意识到事件发生的时刻或者在其他位置接收数据的时刻之间，没有时间的延迟。和近实时这一概念相对，近实时有额外的延迟。
侦察（reconnaissance）	对目标区域的周期性观测，和监视相对。
参考发射机（reference emitter）	从已知位置发出的电磁信号，作为参考物使用，以减少对预期目标信号的定位误差。
红外反射（reflected infrared）	从地球表面反射的太阳辐射中主要的红外部分。

反射波段（reflective band）	包括紫外、可见光、近红外和短波红外波段。
反射性（reflectivity）	被照射物体再次辐射出一部分入射能的性质。
地区覆盖（regional coverage）	在情报领域指的是，认识到处于某个特定地理区域的国家在本国国家安全方面提供的机会和威胁。
区域波（regional wave）	被感知到的地震波，相对接近源头。和远震波相对。远震波是从远距离感知到的。
遥感（remote sensing）	远程感知。对电磁波谱的感知，通常从远距离进行（几十万千米以外）。
分辨率（resolution）	一个系统能够区分两个特征的能力——间隔尺寸的单位。
分辨率单元（resolution cell）	环绕着场景中每一个点的三维容积，分布在同一分辨率单元的两个独立目标不能被区分开来。
逆行轨道（retrograde orbit）	倾角超过 90 度的卫星轨道。卫星按照与地球自转相反的方向运动。
再访问时间（revisit time）	搜集资产两次感知目标之间流逝的时间。也称再访问周期。
滚进（roll）	传感器平台环绕着飞行矢量滚动，因此是“上下摆动”的方向。
系统权限获取器（rootkit）	软件代码，旨在控制计算机的同时避免遭到探测。
粗糙度（roughness）	成像过程中，在成像分辨率单元中表面高度的变化。当高度变化比一部分电磁波长更明显时，受到照射时表面就显得“粗糙”。
S 频段（S band）	在 2300—2500 兆赫之间，2700—3700 兆赫之间的两个微波雷达频段。
S 波（S wave）	在地震传感中指的是由地震产生的剪切（横向）波。
安全屋（safe house）	在情报方面指的是，用于秘密会议的住所、旅馆房间或类似设施。
合成孔径雷达干涉测量法（SAR interferometry）	在合成孔径雷达平台上，使用两条天线或两个编队飞行的合成孔径雷达来接收目标的独立图像。这两幅图像在经过处理后能检测移动目标，或者进行地形测绘。

扫描仪（scanner）	具有窄视域的传感器，扫描过后能建立和产生关于表面的二维图像。
场景（scene）	传感器观测到的地面区域。
地震传感（seismic sensing）	探测在地球内部传播的声音。参见“地震波”。
地震波（seismic waves）	穿越地球的波（例如，地震或者爆炸导致的结果）。
地震仪（seismometer）	一种用于感测远震波的传声器。
阴影（shadowing）	在合成孔径雷达中指的是隐藏在场景中高出周围的地区，在合成孔径雷达图像上显示为黑色。这个区域没有被雷达能量照射到，因此在最终的雷达图像中也不可见。
信噪比（signal-to-noise ratio，SNR）	把有用信号的相对水准与无用信号（比如噪声）进行对比的量化基础。信噪比也可以定义为有用信号和信号缺失时产生的无用噪声之间的功率比。
信号情报（signals intelligence，SIGINT）	包含了通信情报、电子情报和外国仪器信号情报。
特征（signature）	在空间、时间和（或）频率内某些物理量的强度或者状态的量度。
特征库（signature library）	与特定人或者目标种类相伴随出现的特征的数据库。一旦确定某种特征后，就可以将其对应于数据库中的某一特定的人、现象、目标或一类目标。
单源分析（single-source analysis）	由搜集组织生产的分析产品，主要依赖其搜集；如通信情报、开源情报和图像分析。
拖尾效应（smearing）	使用合成孔径雷达时，目标向雷达或者远离雷达的方向加速所导致的图像扭曲。
嗅探器（sniffers）	搜索未经授权访问计算机和网络的软件程序或管理员。
声谱图（sound spectrogram）	声音强度与频率的关系图，在语音识别中使用。
声音监测系统（sound surveillance system，SOSUS）	在整个大西洋和太平洋海床上安装的海底水听器阵列网络。现在是一体化海底监测系统（IUSS）的一部分。

空间目标识别（space object identification，SOI）	获得有关卫星、再入飞行器和空间垃圾更多信息的一系列技术。
空间准确度（spatial accuracy）	传感器对位于地球或者太空的目标进行定位的准确度。
空间覆盖范围（spatial coverage）	在给定时间内，传感器对于地球表面面积或者空间体积的量度。
空间过滤（spatial filtering）	提高（或者压缩）图像中特定空间模式的一种处理技术。
空间分辨率（spatial resolution）	传感器能够从空间上分辨或者隔开两个目标的能力，通常用于测量地面距离。
特殊访问计划（special access program，SAP）	国防部和情报界用来称呼高度保密计划的术语，这些计划受到特定隔离程序的保护。也叫“黑色计划”。
特定发射器识别（specific emitter identification）	也称为“指纹识别”，是一种基于信号的独特特征来识别射频发射器的处理技术。
光谱精度（spectral accuracy）	传感器能够确认信号的频率或者波长的准确度的量度。
光谱覆盖（spectral coverage）	对传感器所能观测到电磁波谱量的量度。
光谱发射率曲线（spectral emissivity curve）	目标的热辐射所产生的光谱特征。
光谱成像仪（spectral imager）	一组成像辐射计，每一个在不同的波长运行，因而能创造同一场景的许多同步图像。
光谱分辨率（spectral resolution）	目标发射或者反射出的不同波长的能量，传感器对此进行识别的能力。
光谱响应（spectral response）	光谱灵敏度。传感器区分电磁辐射不同波长的灵敏度的量度。
光谱响应曲线（spectral response curve）	由目标反射的电磁能量所创造的光谱特征。
光谱特征（spectral signature）	目标以特定波长发射或反射电磁能所产生的特征。
光谱仪（spectrometer）	测量光强度和波长的仪器。
分光镜（spectroscope）	根据波长不同来分离入射光线的光学仪器。

频谱分析仪（spectrum analyzer）	分析电波频谱成分的设备，在射频上相当于光谱仪。
镜反射（specular reflection）	从垂直于平面的某一光滑水平面上，以与入射角相对的角度发出的相干反射。镜子就是一种镜面反射器。
聚光灯模式（spotlight mode）	一种合成孔径雷达操作模式，雷达天线不断旋转，从而在飞行期间持续瞄准目标区域，增加整合时间，并因此增加方位角分辨率。
扩频（spread spectrum）	一种信号传播方式，故意使用比所需更多的频率带宽，以避免探测、防止干扰，获得更有利的信号接收条件。
偏斜角（squint）	在合成孔径雷达中，测量到的垂直方向（宽边方向）与飞行方向（称为零度偏斜的宽边方向）之间的角度。宽边方向的前沿部分（沿飞行方向）叫作“主动偏斜”，宽边方向的尾部叫作“被动偏斜”。
隐写术（steganography）	通过将消息嵌入其他看似无害的消息之中，来隐藏信息的一门艺术和科学。
立体照片（stereograph）	从略微不同角度拍摄的同一场景两幅照片的合成，以提供对场景的3D视野。
立体镜（stereoscope）	一种设备，能够同步地将左边的照片呈现给观察者的左眼，右边的照片呈现给观察者的右眼，来实现观看3D图像的目的。
烟囱（stovepipe）	由于组织、安全隔离或者技术等因素对情报进行单独搜集或者分析的过程。
带状图成像仪（strip map imager）	一种合成孔径雷达成像技术，天线指向固定方向（通常垂直于飞机或卫星移动的方向）。
太阳同步轨道（sun-synchronous orbit）	一种卫星运行的轨道，卫星在每天大约同一时间通过地球上空某一个给定的点。
地波雷达（surface-wave radar）	一种超视距雷达，依靠在海面上“弯曲”电磁波的扩散而不是视线的传播来进行探测。
监视（surveillance）	对目标或者目标区域采用视觉、听觉、电子、摄影或者其他手段进行连续观察。与“侦察”相对。

概要遥测覆盖（synoptic coverage）	几乎同步地让传感器覆盖一大片地区。
合成孔径雷达（synthetic aperture radar,SAR）	能实现高方位角分辨率的雷达，可以获得一系列相干记录信号。该雷达作业时,如同它有非常巨大的天线孔径。
目标（target）	情报搜集针对的一个实体（国家、地区、对象、设施、机构或者人员）。
目标位移（target displacement）	在合成孔径雷达图像中，由于目标在成像过程中产生移动，所以出现在不正确的位置。
确定目标（targeting）	选择情报搜集目标，根据情报需求和能力，向目标分配恰当搜集资源的过程。
技术电子情报（technical ELINT）	射频情报搜集和分析，主要用来评估电子系统（通常是雷达）的能力和性能。
遥测（telemetry）	从卫星或从正在进行测试的导弹或飞机上传输出来的仪器读数。
遥测外部信息（telemetry externals）	飞行器飞行剖面图所致遥测信号的变化。
遥测内部信息（telemetry internals）	飞行仪器生成的测量值。
远震传感（teleseismic sensing）	在地球深处传播的次声的集合。
远震波（teleseismic wave）	从远离源头的位置被记录的地震波。
时间准确度（temporal accuracy）	信号到达传感器时间的准确程度的测量。
时间覆盖（temporal coverage）	传感器覆盖的持续时间。
时间分辨率（temporal resolution）	针对目标进行连续情报搜集的时间跨度。既可以指一个情报搜集资产在第二次感知目标之前流逝的时间，也可以指分辨同一特征中两个相邻空间发生事件的能力。
明暗界限状态（terminator condition）	卫星的观测位置，地面站点处于黑暗状态下，而太阳照射到了目标。
热成像（thermal imaging）	基于发射辐射（不依靠照明设备）的红外波谱成像。

热红外（thermal infrared）	红外光谱的中波红外波段和长波红外波段。
到达时差（time difference of arrival，TDOA）	对一个信号到达不同地理坐标点相对时间的测量结果，用来定位信号。
时分多路复用（time division multiplexing）	发射多重通信流，每一个流周期性地在很短的时间间隔内使用发射机的整个频率带宽。
密报（tip-off）	使用某一个情报搜集来源得到的情报，来提示另一个情报搜集源的工作。
谍报技术（tradecraft）	通过情报学科积累的经验获得的技能，如分析或秘密行动。
流量分析（traffic analysis）	通信情报技术，用于凭借通信模式分析来构建通信网络模型。
特洛伊木马（Trojan horse）	一个看似无害的程序，隐藏了主要目的：用恶意软件感染计算机。
双色多视点技术（two-color multiview）	一种成像技术，物体出现在第一张图片中，背景呈现在第二张图片中，用同一种颜色表示。第一张图片拍摄后，背景中的物体以第二种颜色表示。
超光谱图像（ultraspectral images，USI）	测量数千个光谱带。
无人机（unmanned aerial vehicle，UAV）	一种动力航空飞行器，不需要操作员，可以自动飞行或被远程操控。弹道导弹、巡航导弹和火炮发射物不被视为无人机。
死亡谷（valley of death）	描述研发和制造出产品这一间隔的术语，大部分研究成果在该阶段夭折。
范艾伦辐射带（Van Allen radiation belt）	分布在地球周围、激发了能量的粒子构成的环面，被地球磁场固定和吸引。内环带距地球 700 至 10000 千米，较弱的外环带范围为地球辐射带延伸 3 到 10 个地球半径。
振动测量（vibrometry）	一种用于遥感目标振动的雷达技术。
目视星等（visual magnitude，mv）	天体相对亮度的量度。一等星，也就是天空中最亮的星，比六等星亮 100 倍。

不速之客（walk-in）	一个直接出现（通常出现于某国的海外大使馆），自愿进行间谍活动的人。
波（wave）	能量场周期性位移的传播。在任何时刻，都可以用“高度”（振幅）和“长度”（波长）来描述。
波长（wavelength）	一个循环性特征在一个周期内两次出现的事件之间的距离最小值，比如波的波峰。
摆扫扫描仪（whiskbroom scanner）	使用扫描镜面和一个探测仪来创建图像的成像传感器。也称为“交叉扫描仪”或“光机扫描仪”。
蠕虫（worm）	一种恶意软件，旨在完全隐藏自身，而不是像特洛伊木马一样伪装成无辜的程序。
乌兰韦伯天线系统（Wullenweber）	军队使用的大型环形天线阵列，对高频无线电信号（3—30 兆赫）进行三角测量，也称为“环形配置天线阵”。
X 频段（X band）	8500—10680 兆赫的微波雷达频段。
偏航（yaw）	传感器平台在水平面的旋转，也就是沿“鼻翼左右侧”的方向运动。

英汉词汇对照

Advanced Electro-Optical System, AEOS	高级光电系统
active electronically scanned array, AESA	有源电子扫描阵列
Armed Forces Medical Intelligence Center, AFMIC	武装部队医学情报中心（现在称为“国家军事情报中心”[National Center for Military Intelligence]）
advanced geospatial intelligence, AGI	高级地理空间情报
ARPA Lincoln C-band Observable Radar, ALCOR	ARPA 林肯 C 波段观测雷达
ARPA Long-range Tracking and Identification Radar, ALTAIR	ARPA 远程追踪识别雷达
Military Intelligence Directorate (Israel), AMAN	（以色列）军事情报局
British Broadcasting Company, BBC	英国广播公司
bombing encyclopedia, BE	（美国空军）轰炸目标汇编
Biometrics Identity Management Agency, BIMA	生物特征识别管理机构
ballistic missile defense, BMD	弹道导弹防御
biological warfare, BW	生物战
command and control, C&C	指挥与控制
citizen's band (radio), CB	公民波段（无线电）
chemical and biological warfare, CBW	生化战
coherent change detection, CCD	相干变化探测
collaborative collection strategies, CCS	协同搜集策略
circularly disposed antenna array, CDAA	环形配置天线阵
Central Intelligence Agency, CIA	（美国）中央情报局

computer network attack, CNA	计算机网络攻击
computer network exploitation, CNE	计算机网络利用
Collection by Remote Assets, COBRA	远程资产搜集
communications intelligence, COMINT	通信情报
chemical warfare, CW	化学战
denial and deception, D&D	拒止与欺骗
decibels, dB	分贝
direction finding, DF	测向定位
Director of Central Intelligence, DCI	中央情报主任
Director of Central Intelligence Directive, DCID	中央情报主任指令
Drug Enforcement Agency, DEA	（美国）缉毒局
Department of Homeland Security, DHS	（美国）国土安全部
Defense Intelligence Agency, DIA	（美国）国防情报局
deoxyribonucleic acid, DNA	脱氧核糖核酸
Director of National Intelligence, DNI	国家情报总监
Department of Defense, DoD	（美国）国防部
defense support program, DSP	国防支援计划
electronics countermeasures, ECM	电子对抗措施
electronic intelligence, ELINT	电子情报
electromagnetic, EM	电磁
electromagnetic pulse, EMP	电磁脉冲
electromagnetic radiation, EMR	电磁辐射
electro-optical, EO	光电的
ELINT parameters list, EPL	电子情报参数表
European remote sensing satellite, ERS-1	欧洲遥感卫星 1 号
European Space Agency, ESA	欧洲空间局

Federal Bureau of Investigation, FBI	联邦调查局
frequency difference of arrival, FDOA	到达频差
Foreign Intelligence Requirements, Categories, and Priorities, FIRCAP	外国情报需求、分类和优先次序
foreign instrumentation systems intelligence, FISINT	外国仪器信号情报
forward-looking infrared, FLIR	前视红外
frequency modulation, FM	频率调制
field of view, FOV	视场，视野
Federal'naya Sluzhba Bezopasnosti(Russia), FSB	（俄罗斯）联邦安全局
Government Accountability Office, GAO	（美国）政府问责局
Government Communications Headquarters (UK), GCHQ	英国政府通信总部
General Defense Intelligence Program, GDIP	一般国防情报计划
geostationary orbit, GEO	地球同步轨道
ground-based electro-optical deep space surveillance system, GEODSS	陆基光电深空监视系统
geospatial intelligence, GEOINT	地理空间情报
ground moving target indicator, GMTI	地面移动目标指示器
global positioning system, GPS	全球定位系统
Glavnoye Razvedyvatel'noye pravleniye (Russia), GRU	格鲁乌
ground sample distance, GSD	地面采样距离
global system for mobile communications, GSM	全球移动通信系统
highly elliptical orbit, HEO	高椭圆轨道
high frequency, HF	高频
handheld interagency identity detection equipment, HIIDE	手持跨机构身份检测设备

high power microwave, HPM	高功率微波
hyperspectral imaging, HSI	高光谱成像
human intelligence, HUMINT	人力情报
indications and warning, I&W	指征和预警
intelligence community, IC	情报界
Intelligence Community Multi-intelligence Acquisition Program, IC-MAP	情报界多元情报获取计划
Intelligence Community Analysis and Requirements System, ICARS	情报界分析和需求系统
intercontinental ballistic missile, ICBM	洲际弹道导弹
Integrated Collection Management, ICM	综合搜集管理系统
improvised explosive device, IED	简易爆炸装置
Institute of Electrical and Electronics Engineers, IEEE	（美国）电气与电子工程师学会
instantaneous field of view, IFOV	瞬时视场
intelligence information report, IIR	情报信息报告
imagery intelligence, IMINT	图像情报
International Monitoring System, IMS	国际监测系统
infrared, IR	红外（线）
inverse synthetic aperture radar, ISAR	逆合成孔径雷达
intelligence, surveillance, and reconnaissance, ISR	情报、监视和侦察
International Telecommunications Union, ITU	国际电信联盟
integrated undersea surveillance system, IUSS	一体化海底监测系统
Joint Captured Materiel Exploitation Center, JCMEC	联合缴获装备利用中心
joint collection management tools, JCMT	联合搜集管理工具
Joint Surveillance and Target Attack Radar System, JSTARS	联合监视和目标攻击雷达系统

Joint Worldwide Intelligence Communications System, JWICS	全球联合情报通信系统
Komityet Gosudarstvennoy Bezopasnosti(Russia), KGB	（俄罗斯）克格勃
key intelligence question, KIQ	关键情报问题
low earth orbit, LEO	低地球轨道
linear frequency modulation, LFM	线性调频
literature intelligence, LITINT	文献情报
low probability of intercept, LPI	低截获概率
long wavelength infrared, LWIR	长波红外
magnetic anomaly detector, MAD	磁异常探测器
man-portable air defense system, MANPADS	便携式防空系统
measurements and signatures intelligence, MASINT	测量与特征情报
Marine Asset Tag Tracking System, MATTS	海洋资产标签追踪系统
micro electro-mechanical systems, MEMS	微电子机械系统
medium earth orbit, MEO	中地球轨道
megahertz, MHz	兆赫兹
money, ideology, compromise (or coercion), ego, MICE	金钱、意识形态、把柄要挟（或强迫）、自负
MASINT Requirements System, MRS	测量与特征情报需求系统
multispectral imaging, MSI	多光谱成像
moving target indicator, MTI	移动目标指示器
visual magnitude, M_v	目测星等
mid-wavelength infrared, MWIR	中波红外
National Aeronautics and Space Administration, NASA	（美国）国家航空航天局
National Center for Medical Intelligence, NCMI	（美国）国家医学情报中心

National Clandestine Service, NCS	国家秘密行动处
National Geospatial-Intelligence Agency, NGA	（美国）国家地理空间情报局
National Ground Intelligence Center, NGIC	（美国）国家地面情报中心
nongovernmental organization, NGO	非政府组织
National Intelligence Coordination Center, NIC-C	（美国）国家情报协调中心
national intelligence estimate, NIE	（美国）国家情报评估
not invented here, NIH	"非我发明"
National Imagery Interpretability Rating Scale, NIIRS	国家图像判读度评价标准
National Intelligence Priorities Framework, NIPF	国家情报优先次序框架
near infrared, NIR	近红外
National Intelligence Tasking Center, NITC	（美国）国家情报任务分配中心
National Oceanic and Atmospheric Administration, NOAA	（美国）国家海洋和大气管理局
North American Aerospace Defense Command, NORAD	北美防空司令部
National Photographic Interpretation Center, NPIC	国家照片判读中心
National Reconnaissance Office, NRO	（美国）国家侦察局
National Security Agency, NSA	（美国）国家安全局
National Security Council, NSC	（美国）国家安全委员会
National SIGINT Requirements Process, NSRP	国家信号情报需求流程
national technical means, NTM	国家技术手段
NUCINT (collection of nuclear debris and radiation)	核情报，搜集核碎片和核辐射
overhead nonimaging infrared, ONIR	高空非成像红外
overhead persistent infrared, OPIR	高空持久红外
collection of nonimaging optical intelligence, OPTINT	非成像光学情报搜集
Open Source Center, OSC	开源中心
open source intelligence, OSINT	开源情报

Open Source Requirements Management System, OSRMS	开源情报需求管理系统
over-the-horizon, OTH	超视距
personal digital assistant, PDA	个人数码助手
Presidential Decision Directive 35, PDD-35	《总统第 35 号行政令》
processing, exploitation, and dissemination, PED	处理、利用和分发
phase history data, PHD	相位历史数据
pulse repetition frequency, PRF	脉冲重复频率
pulse repetition interval, PRI	脉冲重复间隔
quick reaction capability, QRC	快速反应能力
reentry vehicle, R/V or RV	再入飞行器
radar intelligence, RADINT	雷达情报
radar cross-section, RCS	雷达散射截面
research, development, test, and evaluation, RDT&E	研究、开发、测试和评估
radio frequency, RF	射频
radio frequency interference, RFI	射频干扰
radio frequency identification, RFID	射频识别
Requirements Management System, RMS	需求管理系统
scientific and technical, S&T	科学与技术
surface-to-air missile, SAM	地对空导弹
Special Access Program, SAP	特殊访问计划
synthetic aperture radar, SAR	合成孔径雷达
severe acute respiratory syndrome, SARS	严重急性呼吸综合征，又称非典型肺炎
Space-Based Infrared System, SBIRS	天基红外系统
Surface-wave Extended Coastal Area Radar, SECAR	地波扩展海岸区域雷达
signals intelligence, SIGINT	信号情报

Secret Internet Protocol Router Network, SIPRNet	秘密网间协议路由器网络
Secret Intelligence Service(UK), SIS	英国秘密情报局（英国军情六处）
submarine launched ballistic missile, SLBM	潜射弹道导弹
signal-to-noise ratio, SNR	信噪比
space object identification, SOI	空间目标识别
sound surveillance system, SOSUS	声音监测系统
Satellite Pour l'Observation de la Terre, SPOT	法国成像卫星
U.S. Strategic Command, STRATCOM	美国战略司令部
Sluzhba Vneshney Razvedki(Russia), SVR	（俄罗斯）对外情报局
short wavelength infrared, SWIR	短波红外
time difference of arrival, TDOA	到达时差
transporter-erector-launcher, TEL	运输—起竖—发射一体车
tracking and imaging radar, TIRA	追踪和成像雷达
tasking, processing, exploitation, and dissemination, TPED	任务分配、处理、利用和分发
Target Resolution and Discrimination Experiment radar, TRADEX	目标分辨与鉴别实验雷达
telemetry, tracking, and commanding, TT&C	遥测、追踪和指挥
unmanned aeronautical vehicle, UAV	无人机
ultra high frequency, UHF	特高频
ultraspectral imaging, USI	超光谱成像
ultraviolet, UV	紫外（线）
very high frequency, VHF	甚高频
very long wavelength infrared, VLWIR	甚长波红外
wide area network, WAN	广域网络
World Health Organization, WHO	世界卫生组织
weapons of mass destruction, WMD	大规模杀伤性武器

《战略情报：情报人员、管理者和用户手册》 [澳] 唐·麦克道尔 著

本书阐述了战略情报从生产到应用的整个环节，重点论述了战略情报的概念和原理，战略情报分析的流程和方法，战略情报管理思想和决策观念的革新，战略情报批判性与创造性思维的实践应用等，堪称战略情报的首部系统性研究著作。

《分析情报：国家安全从业者视角》 [美] 罗杰·乔治 詹姆斯·布鲁斯 主编

本书从国家安全的视角，汇集美国情报界 24 位顶级专家的思想，深度阐释情报分析的 20 个核心议题，包括搜集缺口、认知缺陷、外国拒止与欺骗、分析与政策关系、不确定性、反恐斗争、国内情报等，是情报分析领域论述最为全面的书籍之一。

《情报分析案例·实操版：结构化分析方法的应用》 [美] 萨拉·毕比 伦道夫·弗森 著

本书是《情报分析案例：结构化分析方法的应用》的配套用书，采用情景化示范的方式，论证了结构化分析方法的实际应用，为情报分析及其他行业的决策者和管理者提供有效的工作指南。

《情报分析案例：结构化分析方法的应用》 [美] 萨拉·毕比 伦道夫·弗森 著

作者精选出 17 个经典案例，指导情报分析人员运用结构化分析方法处理实际问题。本书是《情报分析心理学》和《情报分析：结构化分析方法》的姊妹篇，与《情报分析案例·实操版：结构化分析方法的应用》是配套用书。

《情报分析：结构化分析方法》 [美] 小理查兹·J. 霍耶尔 伦道夫·弗森 著

本书采用结构化分析方法的新理念，将 55 种情报分析方法分成 8 大类，不仅阐述每一种分析方法本身的内容，还指出其适用场景、增加的价值、具体的操作步骤等，可有效提升情报用户的预测和决策能力。

《情报研究与分析入门》 [美] 杰罗姆·克劳泽 原著 [美] 简·戈德曼 改编

本书全面探讨了情报研究与分析的各个阶段，重点讨论了情报研究的规范程序和适用的分析方法工具、模型，优秀情报分析人员的必备特质，以及如何提升情报产品的质量，是情报研究与分析入门必备教材。

《战略情报的批判性思维》 [美] 凯瑟琳·弗森 伦道夫·弗森 著

本书关注如何在情报工作中应用批判性思维，系统阐述了 20 个重点问题，介绍了其中的各种实用技巧与工具，以及简单易懂的解决办法。这是一部情报工作者高效思考力指南，情报分析的三大黄金标杆教科书之一。

《情报搜集技术》 [美] 罗伯特·克拉克 著

本书是首部系统论述情报搜集技术的专著，集中讨论了各种技术搜集手段，情报搜集策略与管理问题等；重点探讨了搜集技术在国家安全领域的三大用途，让读者一窥美国情报界强大的情报搜集能力、发展动向及维护国家安全的最新思维。

《情报：从秘密到政策》 [美] 马克·洛文塔尔 著

本书详细阐述情报的概念、历史、流程、搜集、分析、反情报、隐蔽行动等问题，重点讨论情报在美国国家安全决策中的重要作用。本作品享有极高声誉，多次再版修订，已成为全美外交、国关、国安、情报等诸多学科的权威教材。

《情报分析心理学》 [美] 小理查兹·J. 霍耶尔 著

本书主要探讨了人类在判断不完整或模糊信息过程中的认知心理问题，以及这些问题如何对情报分析产生影响，而我们又怎样有效克服这些影响。本书既是美国情报机构培训员工的经典教科书，也是中情局情报官员的必备参考读物。

《情报分析：以目标为中心的方法》 [美] 罗伯特·克拉克 著

作者创造性地提出运用“以目标为中心”的情报分析方法，完善情报分析的逻辑过程，形成“确定目标—问题分解—建立模型—评估数据—填充模型—进行预测”的情报分析流程，称得上是一部名副其实的情报分析教科书。

《斯诺登档案：世界头号通缉犯的内幕故事》（修订版） [英] 卢克·哈丁 著

本书对“斯诺登事件”进行了全面介绍和解读。它详细追踪了斯诺登的泄密动机、获取机密文件的方式、媒体的报道过程及事件的后续发展，讲述了事件背后各方的博弈较量与攻防策略，披露了美英等国监控全球的手段和规模。

《二战后的美国对外政策》 [美] 史蒂文·胡克 约翰·斯帕尼尔 著

作者将美国置于全球背景下，系统讲述了 1945 年二战结束后该国对外战略的重大发展与变化，深刻剖析了其外交政策的决策机制，提示了其对外战略的形成过程与规律。通过本书，读者可以了解美国对外政策的根源和复杂性，深入理解其对外战略的全景图。

《谁来监管泄密者？：国家安全与新闻自由的冲突》 ［美］盖里·罗斯 著

通过美国政府历史上重大的泄密案例，作者探讨了未授权信息泄露背后的动机、代价、法律困境和解决之道，以提醒全美情报系统：对手如何获取美国情报，获得情报后会取得怎样的优势。本书是信息时代普及国家安全意识的必备佳作。

《情报术：间谍大师杜勒斯论情报的搜集处理》 ［美］艾伦·杜勒斯 著

本书作者以第一人称的视角展开，着重阐述了情报的实用技巧——情报如何搜集和处理，以及形成的结果怎样为制定国家政策服务。本书是“间谍大师”、中情局任期最长局长、美国现代情报系统缔造者杜勒斯的收官之作。

《骗中骗：克格勃与中情局的无声战争》 ［美］爱德华·爱泼斯坦 著

本书以美国反间谍头目詹姆斯·安格尔顿之死为缘起，追踪了苏联从建国伊始到冷战末期“欺骗对手”的各种行动，以及美国是如何应对和接招的。该书呈现了中情局与克格勃在情报与反情报上的较量，是国家安全研究的重要资料。

《全民监控：大数据时代的安全与隐私困境》 ［英］约翰·帕克 著

阿桑奇、斯诺登等的接连爆料警示我们，“全民监控”的时代已经来临。为了获得全方位的监控能力，西方国家利用闭路系统、窃听设备、身份识别技术、定位追踪装置等随时随地监视民众。本书是读者迅速掌握隐私与信息安全知识的必读之作。

《网络战：信息空间攻防历史、案例与未来》 ［美］保罗·沙克瑞恩 等著

通过梳理各种经典案例，本书系统探讨了网络战历史、现实和未来。以跨学科的研究方法，作者有机融合理论与实例，涵盖了从个人、组织机构到国家的网络安全问题，细致阐述了网络空间的生存之道。

《秘密情报与公共政策：保密、民主和决策》 ［美］帕特·霍尔特 著

全书讲述了美国安全情报的起源与演变，介绍了与国家安全政策制定相关的四大情报活动，穿插了一些情报利用、误用、滥用等的经典案例，并展望了情报和政策两者的未来关系。

《国家安全与情报政策研究：美国安全体系的起源、思维和架构》 ［美］伯特·查普曼 著

本书总结和收集了大量以美国为主的世界各国国家安全政策资料，重点介绍了美国国家安全思想和架构的起源和发展历程，以及作为其国家安全基石的情报政策的历史变迁，具有极强的资料性和实用性，是研究国家安全历史的重要案头书。

《恐怖主义如何终结：恐怖活动的衰退与消亡》 ［美］奥德丽·克罗宁 著

通过精心研究各种恐怖组织，本书总结出终结恐怖组织的六种模式，分别系统、深入地加以论述，辅以大量实际数据、案例研究和图表作支撑。本书极具历史性、实践性和经典性，论证严谨，是反恐领域的一部不可多得的标杆性读物。

《21 世纪犯罪情报：公共安全从业者指南》 ［美］理查德·赖特 等主编

本书全面、系统、深入地介绍了以美国为主的西方国家犯罪情报工作的过去、现在和未来，论述了犯罪情报工作的思想、流程、方法、工具和实践。全书在理论上揭示了犯罪情报工作的基本规律；在实践上提供了犯罪情报工作的方法工具。

《数据与监控：信息安全的隐形之战》 ［美］布鲁斯·施奈尔 著

在西方世界，大量的个人数据会被政府和企业监控，政治自由与公平、商业公平与平等，甚至隐私以及安全等都因监控岌岌可危。本书给出切实可行的建议，探讨如何才能有效应对监控，保护信息安全和隐私。作者被誉为信息领域的“安全教父”。

《金融情报学》 王幸平 著

本书探讨了金融情报的概念，金融情报的搜集、撰写和分析，金融情报人员的定位，金融情报机构与金融决策机构的关系，以及金融反情报等等。全书思想丰沛，案例多样，构建了一套专业情报学框架，对金融理论创新和国家安全研究均有参考价值。